PETRA FRANTZIOCH

Abhängige Selbständigkeit im Arbeitsrecht

Schriften zum Sozial- und Arbeitsrecht

Band 183

Abhängige Selbständigkeit im Arbeitsrecht

Eine Untersuchung der rechtlichen Stellung von Selbständigen in persönlicher oder wirtschaftlicher Abhängigkeit

Von

Petra Frantzioch

Duncker & Humblot · Berlin

Die Deutsche Bibliothek – CIP-Einheitsaufnahme

Frantzioch, Petra:
Abhängige Selbständigkeit im Arbeitsrecht : eine Untersuchung der rechtlichen Stellung von Selbständigen in persönlicher oder wirtschaftlicher Abhängigkeit / von Petra Frantzioch. – Berlin : Duncker und Humblot, 2000
(Schriften zum Sozial- und Arbeitsrecht ; Bd. 183)
Zugl.: Hamburg, Univ., Diss., 1998/99
ISBN 3-428-10148-0

Fremddatenübernahme und Druck:
Berliner Buchdruckerei Union GmbH, Berlin
Printed in Germany

ISSN 0582-0227
ISBN 3-428-10148-0

Gedruckt auf alterungsbeständigem (säurefreiem) Papier
entsprechend ISO 9706 ♾

Vorwort

Die vorliegende Arbeit wurde im Wintersemester 1998/99 vom Fachbereich Rechtswissenschaften der Universität Hamburg als Dissertation angenommen; Tag der mündlichen Prüfung war der 29. November 1999.

Seit der Einreichung der Arbeit ist das Thema des Umgangs mit der „Scheinselbständigkeit“ durch Tätigkeiten des Gesetzgebers auch auf breiteres öffentliches Interesse gestoßen. Ein „Gesetz zu Korrekturen in der Sozialversicherung und zur Sicherung der Arbeitnehmerrechte“ vom 19. Dezember 1998 (BGBl. I, S. 3843), das zum 1. Januar 1999 in Kraft getreten war, hatte eine kontroverse öffentliche Debatte nach sich gezogen. Dieser Kritik folgte die Einsetzung einer Kommission zur Überarbeitung des Gesetzes. Das geänderte „Gesetz zur Förderung der Selbständigkeit“ vom 20. Dezember 1999 (BGBl. 2000 I, S. 2) ist mittlerweile am 1. Januar 2000 rückwirkend zum 1. Januar 1999 in Kraft getreten. Im Hinblick auf diese Debatte ist die Arbeit aktualisiert und sind Literatur und Rechtsprechung bis Januar 2000 berücksichtigt.

Zu danken habe ich allen, die an dem Erscheinen der Arbeit mitgewirkt haben. *Prof. Dr. Heide Pfarr* danke ich für die Betreuung der Arbeit sowie für ihre kritischen Anregungen während ihrer Erstellung. Sie hat die Entstehung der Arbeit mit großem Interesse begleitet und mir wertvolle Anregungen, gerade im Hinblick auf die verfassungsrechtlichen Aspekte der Arbeit, gegeben. Zu danken habe ich auch *Prof. Dr. Klaus Moritz,* der das Zweitgutachten für die Arbeit übernommen hat.

Schließlich danke ich der *Hans-Böckler-Stiftung,* deren finanzielle Förderung sowohl die zügige Erstellung der Arbeit als auch deren Veröffentlichung überhaupt erst ermöglicht hat. Als deren Vertrauensdozent hat sich *Prof. Dr. Zachert* der Arbeit angenommen, dem ich für seine Anregungen und Verbesserungsvorschläge herzlich danke.

Hamburg, im September 2000 *Petra Frantzioch*

Inhaltsverzeichnis

Kapitel 2

Rechtliche Erfassung der abhängigen Selbständigkeit 55

Einleitung

Immer mehr Erwerbstätige werden in die Selbständigkeit entlassen. Hierbei sind es vor allem Beispiele wie das folgende, die solche unternehmerischen Entscheidungen höchst umstritten machen[1]:

In der Hoffnung auf Selbständigkeit unterschrieb ein Beschäftigter einen Vertrag als selbständiger Fuhrunternehmer. Die Vertragsgestaltung sah jedoch nicht so aus, daß er tatsächlich als gleichberechtigter Geschäftspartner zusammen mit dem Fuhrunternehmen agieren konnte. Durch die Vertragsgestaltung wurden ihm sämtliche Kosten und Risiken der Rentabilität aufgebürdet. Die negativen Seiten des Unternehmertums waren dem Fahrer hierbei lediglich unzulänglich bekannt. Erst nach einem knappen Jahr, als die Rechnungen aus dem Vertragsabschluß zu begleichen waren, stellten sich die Risiken der unternehmerischen Tätigkeit für den Betroffenen im ganzen Ausmaß heraus. Diese waren zum einen die Kosten für den Unterhalt des Lieferwagens, zum anderen die eigenen Versicherungskosten und die Rechnungen für Vemittlungstätigkeiten des auftraggebenden Fuhrunternehmens. Aber auch durch die Vertragsgestaltung mit dem Fuhrunternehmen im einzelnen entstanden ihm weitere finanzielle Belastungen: Dem Fuhrunternehmen stand eine hohe Vertragsstrafe zu, sofern der Fahrer die vertraglichen Abmachungen nicht ordnungsgemäß erfüllen konnte. Ein nicht ausgeliefertes Paket, eine nicht ordnungsgemäß unterzeichnete Empfangsbescheinigung, fehlende Kenntlichmachung der Lieferzeit auf dem Beleg – für alle diese Fälle hatte das Fuhrunternehmen Anspruch auf einen finanziellen Ausgleich, der schnell 5.000,– DM erreichen konnte.

Die Hoffnungen des Fuhrunternehmers, auf dieser Basis einen Gewinn erwirtschaften zu können, erfüllten sich nicht. Damit das Geschäft sich auszahlen konnte, nahm er Ausfuhrzeiten von fünf Uhr früh bis sechs oder sieben Uhr abends in Kauf. Anschließend kümmerte er sich um die Organisation des Betriebes. Auch seine Ehefrau half schließlich, die Arbeit zu bewältigten und war zwölf Stunden täglich unterwegs. Anzeichen von Krankheiten wurden weitgehend verdrängt, um nicht für Ersatzfahrer aufkommen zu müssen.

Aber auch die Tatsache, daß der Fuhrunternehmer diese Arbeitsbedingungen in Kauf nahm, änderte nichts daran, daß das Geschäft nicht rentabler wurde und die Schulden wuchsen. Das Unternehmen drängte ihn mehrfach, den Vertrag nicht zu kündigen, da dies seine einzige Gelegenheit sei, die Schulden zurückzuzahlen. Als der Fahrer sich schließlich durchrang, den Vertrag zu kündigen, hatte er aus seiner unternehmerischen Betätigung ganz erhebliche Schulden. Offene Forderungen in

---

1 Angelehnt an das Beispiel „Der Fahrer" in: DIE ZEIT Nr. 24 vom 6. Juni 1997, S. 25 f.

Höhe von 270.000,– DM ziehen für ihn eine ernsthafte Gefährdung seiner Existenz nach sich. Angst vor der Pfändung und um die Zukunft der Familie prägen seither den Alltag des Fahrers.

Um eine Zerstörung seiner Existenz abzuwenden, hat er das Fuhrunternehmen verklagt. Er klagt darauf, als Arbeitnehmer anerkannt zu werden, den der Paketdienst abhängig beschäftigt hat. Er verlangt einen finanziellen Ausgleich für sämtliche Risiken, die er als Unternehmer hatte tragen müssen, in Höhe von insgesamt einer halben Million Mark.

Plastische Fälle wie dieser tragen zu einer starken Emotionalisierung der Debatte um den Umgang mit solchen Beschäftigungsformen bei. Kritiker dieser Entwicklung sehen den eben geschilderten Fall als repräsentativ für einen neuen Trend zu Ein-Personen-Unternehmen an. Sie bezeichnen diese Unternehmensform als reine Selbständigkeit zum Schein, also Scheinselbständigkeit[2]. Die Befürworter einer solchen Entwicklung begrüßen sie als „neue Kultur" der Selbständigkeit[3] und sehen sie als steigende unternehmerische Initiative[4]. Fälle wie den geschilderten bezeichnen sie daher als Ausreißer oder Einzelfall. Die sog. neue Selbständigkeit wird in diesem Zusammenhang als eine Möglichkeit gesehen, eine eigene unternehmerische Existenz aufzubauen. In der neuen Selbständigkeit wird insoweit sogar ein Fortschritt gesehen als zur Unternehmensgründung kein eigenes Kapital in nennenswertem Ausmaß benötigt wird[5].

Der Trend zur Gründung von Ein-Personen-Unternehmen ist vielfach durch ein schwieriges Geflecht von Abhängigkeiten und Selbständigkeiten geprägt. Er erschöpft sich nicht in einer Schwarz-Weiß-Malerei. Eine allgemeine Zustimmung oder allgemeine Ablehnung dieser Entwicklung wird dem wachsenden Grenzbereich zwischen abhängiger und selbständiger Tätigkeit nicht hinreichend gerecht. Nicht lediglich skrupelloses unternehmerisches Kalkül auf der einen Seite oder neue unternehmerische Initiative auf der anderen Seite prägen das Bild dieses Graubereichs zwischen abhängiger und selbständiger Tätigkeit. Vor diesem Hintergrund scheinen auch die beiden in diesem Zusammenhang benutzten Begriffe „Scheinselbständigkeit" und „neue Selbständigkeit" nur bedingt geeignet, das Phänomen zu erfassen, da sie beide bereits mit einer eindeutigen Wertung des Phänomens belastet sind. Stattdessen kann neutraler von einer abhängigen Selbständigkeit gesprochen werden. Hierdurch werden beide Elemente des in Frage stehenden Grenzbereichs erfaßt. Einerseits handelt es sich um eine Beschäftigung, die vertraglich als selbständig deklariert wurde, andererseits ist die vertragliche Ausgestaltung so, daß zumindest einige Abhängigkeiten des Beschäftigten gegenüber dem Unternehmen bestehen.

---

2 Wirtschaftswoche 28/1994, 21 ff.; Die Welt vom 16. Juli 1994; Handelsblatt vom 10. Februar 1995; Handelsblatt vom 30. Juni 1994; Die Woche, 17/1995; DIE ZEIT 25/1995.

3 *Worzalla,* AG 1995, 47 ff.; *Ettwig,* AG 1997, 265 ff.

4 *Worzalla,* Arbeitsverhältnis – Selbständigkeit, Scheinselbständigkeit, S. 4.

5 *Ettwig,* AG 1997, 265.

Wie abhängige Selbständigkeit ausgestaltet sein kann und welche Vertragsgestaltungen dazu führen können, abhängige Selbständigkeit als prekär zu bezeichnen, soll im *ersten Kapitel* dieser Arbeit behandelt werden, um zu umreißen, in welchem Spannungsfeld sich der Bereich der abhängigen Selbständigkeit bewegt. Es wird aufgezeigt, wie Gesetzgeber und Rechtswissenschaft im Bereich des Sozialrechts aktiv geworden sind, um dem Problem gerecht zu werden.

Ausgehend von diesen Feststellungen wird im *zweiten Kapitel* untersucht werden, welcher Handlungsbedarf im rechtsdomgatischen Bereich im individuellen Arbeitsrecht besteht. Hierfür sind zunächst die tradierten Abgrenzungskriterien zwischen Arbeitnehmern und Selbständigen, wie sie das Bundesarbeitsgericht herausgearbeitet hat, auf ihre Tauglichkeit im Umgang mit der abhängigen Selbständigkeit zu überprüfen. Es ist dann zu erörtern, inwieweit alternative Modelle zur Definition des Arbeitnehmerbegriffs das Problem der rechtlichen Einordnung abhängiger Selbständiger zu lösen vermögen. Schließlich wird untersucht werden, welche anderen Rechtsfiguren dafür fruchtbar gemacht werden können, dem Problem der abhängigen Selbständigkeit unter Berücksichtigung der häufig einander gegenüberstehenden Interessen von Unternehmen und Beschäftigten sachgerecht zu begegnen. Dies betrifft insbesondere die Frage, ob mit der rechtlichen Einordnung der abhängigen Selbständigen als *arbeitnehmerähnliche Personen* materiellrechtliche Ansprüche verbunden sein können, die einen hinreichenden arbeitsrechtlichen Schutz gewährleisten können.

Im *dritten Kapitel* wird zu entwickeln sein, daß eine offensichtliche Diskrepanz zwischen den ursprünglichen Regelungsabsichten, die mit der Einführung des Begriffs der arbeitnehmerähnlichen Personen verbunden waren, und dem nahezu vollständigen Fehlen materiellrechtlicher Ansprüche nach jetziger Rechtslage besteht. In diesem Abschnitt wird erörtert werden, ob die Grundsätze der Inhaltskontrolle von Verträgen anhand der zivilrechtlichen Generalklauseln geeignet sein können, ein Mindestmaß an materiellrechtlichem Schutz für arbeitnehmerähnliche Personen zu gewährleisten. Diese Überlegungen knüpfen an grundrechtliche Aspekte an. Hierbei wird insbesondere erörtert, inwieweit die Rechtsfigur des grundrechtlichen Untermaßverbots fruchtbar gemacht werden kann. Das *grundrechtliche Untermaßverbot* gebietet es, schutzbedürftige Träger eines Grundrechts nicht gänzlich schutzlos von seiten des Staates zu lassen.

Im *vierten Kapitel* schließlich wird dargestellt werden, wie eine grundrechtskonforme Auslegung der zivilrechtlichen Generalklauseln im Hinblick auf den Schutz arbeitnehmerähnlicher Personen ausgestaltet sein kann. Dieses Problemfeld wird anhand einiger Anwendungsbereiche exemplarisch dargestellt. Dies betrifft unter anderem die Frage, wie ein angemessenes Entgelt im Bereich arbeitnehmerähnlicher Personen festzulegen ist, in welchem Rahmen ein Kündigungsschutz arbeitnehmerähnlicher Personen möglich ist und wie ein Schutz arbeitnehmerähnlicher Personen vor der Abwälzung des Unternehmerrisikos von seiten des Betriebs auf die abhängigen Selbständigen aussehen kann.

Kapitel 1

Abhängige Selbständigkeit als Element eines Arbeitsmarktes im Umbruch

Die Erwerbsarbeit in der Bundesrepublik Deutschland hat in den letzten Jahren grundlegende Veränderungen erfahren. Steigender Wettbewerbsdruck, die Erkenntnis, daß sich Märkte nicht grenzenlos erweitern lassen sowie die technologische Entwicklung haben dazu geführt, daß sich Betriebs- und Unternehmensstrukturen erheblich gewandelt haben.

A. Outsourcing als Unternehmenspolitik

Im Rahmen der damit einhergehenden Umstrukturierung von Unternehmen ist das Konzept des „schlanken Unternehmens"[1] Bestandteil der Politik der Kostenminimierung. Unter dem Gesichtspunkt der „unternehmerorganisatorischen Rationalisierung" finden Betriebsaufspaltungen und Unternehmensteilungen statt; unter dem Gesichtspunkt von „lean-production" werden Prozesse, die extern wirtschaftlicher erbracht werden können, ausgelagert[2]. Die Unternehmen selbst konzentrieren sich auf das Kerngeschäft, also auf den Hauptbestandteil ihres Unternehmens. Dies sind die Geschäftsbereiche mit den höchsten Umsätzen, Gewinnen und Renditen[3]. Während früher ein Großteil der benötigten Güter nach Möglichkeit im Unternehmen selbst produziert wurde, ist der Grundgedanke der alternativ formulierten Unternehmensstrategie „make or buy"[4] mittlerweile fester Bestandteil von Managementpolitik.

Outsourcing geschieht entweder durch Auftragsvergabe an „echte" Externe oder durch die Gründung von verbundenen Unternehmen, die sich auf diese Aufgaben spezialisieren[5]. Hierbei sind verschiedene Varianten denkbar, die alle eine Ausgliederung von Betriebsteilen zur Risikominimierung darstellen, von Joint-Ventures

1 *Vgl. Lieb,* AiB 1996, 140.

2 *Linnenkohl,* BB 1998, 45 f. konstatiert, es handele sich um eine „Virtualisierung von Arbeitsbeziehungen"; *Wendeling-Schröder,* AuR 1995, 126 (127).

3 *Trittin,* AiB 1996, 396.

4 Vgl. *Lieb,* AiB 1996, 140.

5 *Wendeling-Schröder,* AuR 1995, 126 (127).

über die Verlagerung in Niedriglohnländer bis hin zum Verkauf von Betriebsteilen[6].

Das Risiko der Wirtschaftlichkeit der ausgelagerten Betriebsteile trägt nicht mehr das ehemalige Unternehmen, sondern der ausgelagerte Betrieb selbst. Diese Art der Risikoverlagerung tritt insbesondere beim sogenannten Management-buy-out zutage. In solchen Fällen treten die Führungskräfte des verkaufenden Unternehmens selbst als Käufer auf, um den ausgelagerten Teil des Betriebs in eigener Verantwortung weiterzuführen[7].

Durch diese Maßnahmen verringert das Unternehmen seine Stammbelegschaft.

Die arbeitsrechtlichen Vorschriften, die von einem traditionellen Unternehmens- und Betriebsbegriff ausgehen, erfassen diese rasanten Entwicklung auf dem Arbeitsmarkt nur unvollkommen. Bereits den Bereich des Outsourcing rechtlich überhaupt zu erfassen, stellte Rechtsprechung und Literatur vor erhebliche Schwierigkeiten. Denn während die Anwendbarkeit des § 613 a BGB zumindest schwierig erscheinen kann[8], so findet sich auch keine andere Regelung, um die Unternehmenspolitik des Outsourcings rechtlich zu regulieren. Tarifverträge, die auf ein bestimmtes Unternehmensgefüge abgestimmt sind, greifen durch das Outsourcing bedingt für einen immer kleiner werdenden Teil der Belegschaften; auch die anwendbaren Tarifverträge wollen auf die Umstrukturierung der Unternehmen nicht mehr recht passen. Ob an die Stelle der alten arbeitsrechtlichen Regelungen neue treten sollen, die einen vergleichbaren Standard wahren, kann im Rahmen dieser Einleitung unbeantwortet bleiben. Zumindest eine Intensivierung der Debatte der Tarifpartner über Regelungsmöglichkeiten wäre jedoch angezeigt.

B. Zunahme atypischer Beschäftigungsverhältnisse

Der Prozeß des Outsourcings, der Auslagerung, beschränkt sich aber nicht nur auf den Bereich ganzer Betriebs- oder Unternehmensteile. Das Auslagern betrieblicher Risiken findet auch dadurch statt, daß einzelne Arbeitsverhältnisse neu beziehungsweise unter anderen Bedingungen geregelt werden.

---

6 Vgl. *Lieb,* AiB 1996, 140.

7 Vgl. *Lieb,* AiB 1996, 140.

8 Anwendung im Grundsatz bejahend EuGH vom 14. April 1994, AuR 1994, 294; Wendeling-Schröder, AuR 1995, 126 (128); ablehnend LAG Düsseldorf vom 9. November 1994, DB 1995, 275 f.

I. Erosion des „Normalarbeitsverhältnisses"

Die Risikoauslagerung im individuellen Arbeitsrecht findet ihren Niederschlag in der Erosion des sogenannten „Normalarbeitsverhältnisses". Unter dem Normalarbeitsverhältnis ist ein auf unbestimmte Dauer vereinbartes Vollzeitarbeitsverhältnis zu verstehen[9]. Damit gemeint ist eine Beschäftigung, deren Wochenarbeitszeit 35 bis 40 Stunden beträgt und deren Normalarbeitstag acht Stunden beträgt. Der Betrieb weist weiter eine Mindestgröße von fünf bzw. zehn Arbeitnehmern auf. Der Arbeitsplatz ist daher mit einem gewissen Bestandsschutz versehen, was zumindest zur Zahlung von Abfindungen bei Massenentlassungen führt[10].

1. „Normalarbeitsverhältnis" in tatsächlicher Hinsicht

Als „Normalarbeitsverhältnis" sind solche Arbeitsplätze zum einen deshalb zu bezeichnen, weil sie in Zeiten der Hochkonjunktur und Vollbeschäftigung statistisch die Regel waren[11]. Insofern sind sie als „normal" zu bezeichnen, da sie in den vergangenen Jahrzehnten quantitativ betrachtet die häufigste Erscheinungsform abhängiger Erwerbsarbeit darstellten.

Dennoch war das Normalarbeitsverhältnis auch bereits zu dieser Zeit eine Fiktion, denn durch dieses wurde ein erheblicher Teil der Erwerbstätigen nicht erfaßt. Das betrifft zum einen, bis in die fünfziger Jahre hinein, vor allem Arbeitsverhältnisse in der Landwirtschaft und der Bauwirtschaft, sowie die Heimarbeit[12]. Neben den Arbeitsverhältnissen betrifft dies jedoch ebenso mithelfende Familienangehörige, insbesondere einen Großteil der Frauen[13]. Auch entstanden in den sechziger Jahren bereits eine Reihe von Teilzeitarbeitsplätzen[14].

2. „Normalarbeitsverhältnis" als normatives Leitbild

Das Normalarbeitsverhältnis dient darüber hinaus den arbeitsrechtlichen Regelungen überwiegend als normatives Leitbild[15]. An den Anforderungen dieser Ar-

---

9 *Plander*, Flucht aus dem Normalarbeitsverhältnis, Rdnr. 1; *Däubler*, AuR 1988, 302 f.; *Mückenberger*, ZSR 1985, 415 (422 ff.); *Zachert*, AuR 1988, 129; *Zachert*, WSI-Mitteilungen 1988, 457 (458).

10 Vgl. *Däubler*, AuR 1988, 302 f.

11 *Plander*, Flucht aus dem Normarbeitsverhältnis, Rdnr. 1; *Büchtemann*, Die Mitbestimmung 1987, 585 (588).

12 *Zachert*, FS Gnade, S, 143 (147).

13 *Matthies / Mückenberger / Offe / Peter / Raasch*, Arbeit 2000, S. 26.

14 *Zachert*, FS Gnade, S. 143 (147).

15 *Däubler*, AuR 1988, 302; *Mückenberger*, GMH 1989, 211.

beitsverhältnisse orientieren sich überwiegend die Gesetze, Tarifverträge, Betriebs- und Dienstvereinbarungen. Ziel dieser normativen Regelungen ist es, hinsichtlich eines Normalarbeitsverhältnisses für angemessene Einkommen zu sorgen und vor Risiken während der Arbeit, sowie im Anschluß daran, also im Ruhestand oder bei Arbeitslosigkeit, zu schützen. Diese Ausgestaltung des Normalarbeitsverhältnisses gibt ihm einen weiteren prägenden Charakter[16].

Daher knüpfen sich an die Beschäftigung in einem Normalarbeitsverhältnis vielfach Rechte, die sich aus anderen Beschäftigungsformen nicht ergeben. Eine Reihe von arbeitsrechtlichen Regelungen lassen solche Beschäftigungsformen, die nicht diesem Typus entsprechen, ungeschützt[17].

3. Normen des Normalarbeitsverhältnisses verlieren regulierenden Charakter

Die Normen, die auf dieses Normalarbeitsverhältnis abstellen, verlieren jedoch insofern an regulierender Kraft, als in den letzten Jahren ein Trend zu einer Reihe von neuen Beschäftigungsformen eingesetzt hat, die sich nicht am Normalarbeitsverhältnis orientieren.

Diese Abkehr vom Normalarbeitsverhältnis hat sowohl quantitative als auch qualitative Elemente. Die Anzahl an sogenannten Normalarbeitsverhältnissen ist bereits seit über zehn Jahren stark rückläufig[18]. Statt einer ganztägigen unbefristeten Beschäftigung werden vermehrt andere Beschäftigungsformen gewählt, auf die später noch weiter einzugehen ist. Aber auch qualitative Veränderungen sind zu verzeichnen. Verändert hat sich das Ausmaß, in dem das Einsetzen verschiedenster sog. atypischer Beschäftigungsverhältnisse Bestandteil der Unternehmenspolitik geworden ist. War zuvor das Entstehen minder geschützter Beschäftigungsformen auch maßgeblich durch die Familienstrukturen geprägt, so sind atypische Beschäftigungsverhältnisse in großem Umfang nunmehr zu einem festen Bestandteil unternehmerischer Politik geworden. Dies stellt das Normalarbeitsverhältnis als *normatives Leitbild* zunehmend in Frage.

4. Impliziter Abbau von Schutzvorschriften

Die „Erosion des Normalarbeitsverhältnisses" findet auch in der rechtlichen Ausgestaltung des Schutzes von Arbeitnehmern seinen Niederschlag, der dadurch gekennzeichnet ist, daß bei der Ausgestaltung der neuen Formen abhängiger Beschäftigung im Rahmen der Risikoauslagerung „Normalarbeitsverhältnisse" ver-

---

16 *Plander*, Flucht aus dem Normalarbeitsverhältnis, Rdnr. 1; *Däubler*, AuR 1988, 302 f.

17 *Matthies / Mückenberger / Offe / Peter / Raasch*, Arbeit 2000, S. 25.

18 *Matthies / Mückenberger / Offe / Peter / Rausch*, Arbeit 2000, S. 26.

mieden werden. Das sind vor allem Vorschriften, die Arbeitnehmer vor verschiedenen Risiken schützen sollen. Soweit Arbeitnehmern ein diesbezüglicher Schutz nicht gewährt wird, fehlt es weitgehend an einer Kompensation dieses Verlustes[19]. Diese Entwicklung wird durch den Gesetzgeber unterstützt. Dies verdeutlicht das 1985 erstmals verabschiedete und 1990 und 1994 verlängerte Beschäftigungsförderungsgesetz, das die Befristung von Arbeitsverhältnissen erleichtert. Nicht geregelt hat der Gesetzgeber jedoch die durch die Befristung entstehenden Risiken und Probleme. Diese resultieren aus dem geringeren Bestandsschutz einer befristeten Beschäftigung.

Der Ausbau atypischer Beschäftigung liegt vielfach vor allem im Arbeitgeberinteresse. Er ermöglicht in zunehmendem Maße eine Variation der Anzahl der Beschäftigten, sowie deren individueller Arbeitszeit.

Je stärker das betrieblich benötigte Arbeitsvolumen Schwankungen unterworfen ist, desto notwendiger sind aus betrieblicher Sicht flexible Beschäftigungsanpassungen[20]. Hierbei spielt die Möglichkeit der Erprobung eine große Rolle. Trotz des Auswahlverfahrens bleibt für den Betrieb eine gewisse Unsicherheit über die Geeignetheit des Beschäftigten für die Tätigkeit bestehen. Oft zeigt sich erst im Beschäftigungsverhältnis, ob der Beschäftigte den Anforderungen der Arbeit gewachsen ist. Temporäre Erwerbsformen steigern daher die Möglichkeit der Erprobung hinsichtlich der getroffenen Auswahl[21].

Durch den Einsatz atypischer Beschäftigung können in vielen Betrieben Personalkosten reduziert werden, und diese Reduzierung nimmt aufgrund der immer enger werdenden Verteilungsspielräume[22] und des daraus folgenden internationalen steigenden Verdrängungswettbewerbs auf dem Arbeitsmarkt auch zu[23]. Der Einsatz atypischer Beschäftigung ist daher für die Unternehmen eine Möglichkeit der Anpassung an die Globalisierung der Märkte.

Fehlt es an einem Ausgleich dieser ausgelagerten Risiken für die Beschäftigten, so kann atypische Beschäftigung in prekäre Beschäftigung abgleiten. Davon ist m.E. zu sprechen, wenn durch das regelmäßige Einkommen sowie eine nur zum Teil vorhandene Alters- und Krankenvorsorge die Bestreitung des Lebensunterhalts nicht hinreichend gesichert ist.

---

19 *Däubler,* AuR 1988, 302 (304).

20 *Walwei,* Ökonomisch-rechtliche Analyse befristeter Arbeitsverhältnisse, S. 149 ff.

21 *Walwei,* Atypische Beschäftigungsverhältnisse, in: *Keller/Seifert,* Atypische Beschäftigung, 9 (14).

22 *Zachert,* AuR 1988, 129 (132).

23 *Keller/Seifert,* Regulierung atypischer Beschäftigungsverhältnis, in: *Keller/Seifert,* Atypische Beschäftigung, 233 (236).

5. Individualisierung der Lebensstile

Diese Erosion des Normalarbeitsverhältnisses ist jedoch nicht lediglich eine Strategie auf Arbeitgeberseite, um das Eingreifen rechtlicher Regelungen zu umgehen. Sie ist auch Ausdruck der veränderten Lebenssituation und der damit einhergehenden veränderten Ansprüche an die Arbeitsplatzgestaltung vieler Erwerbstätiger[24]. Traditionelle Unterschiede in der Lebensgestaltung, die sich an sozialen Schichten orientieren, verlieren aufgrund des gestiegenen durchschnittlichen Bildungsniveaus an Bedeutung[25]. Weibliche Biographien verändern sich durch die steigende Erwerbstätigkeit von Frauen, ohne daß damit gleichzeitig die traditionelle Rollenverteilung in bezug auf den Haushalt durchbrochen werden kann[26].

Die Bereitschaft, eine zeitlich unbegrenzte Vollzeitbeschäftigung anzunehmen, nimmt daher infolge fortschreitender Individualisierung zum Teil auch auf der Beschäftigtenseite ab. Es besteht hier ein steigendes Interesse an Flexibilität und Zeitsouveränität[27]. Atypische Beschäftigungsformen erlauben eine größere Flexibilität im Umgang mit dem Umfang der Erwerbstätigkeit[28].

Die mit der Individualisierung entstehenden Veränderungen der Anforderungen der Beschäftigten können daher nicht ausschließlich unter dem Gesichtspunkt einer bedenklichen Bedrohung des Normalarbeitsverhältnisses betrachtet werden[29]. Manche neuen Beschäftigungsformen können den Vorstellungen der Beschäftigen nach Zeitsouveränität näher kommen als das Normalarbeitsverhältnis. Es wäre deshalb verfehlt, jede neue Beschäftigungsform als prekär zu bezeichnen. Es kommt stattdessen darauf an, wie diese Beschäftigungsverhältnisse jeweils ausgestaltet sind.

II. Atypische Beschäftigung in unselbständiger Form

Gegenüber dem sogenannten Normalarbeitsverhältnis gewinnen Arbeitsverhältnisse an Bedeutung, die unter dem Begriff der atypischen Beschäftigung zusammengefaßt werden. Dieser Begriff ist zwar als Kategorie insoweit problematisch, als daß darunter sehr unterschiedlich abgesicherte Beschäftigungen gefaßt werden, wie im folgenden noch zu zeigen sein wird. Auch wenn die aufgezeigten Bedenken bestehen, kann er m.E. verwendet werden, denn er trifft in quantitativer Hinsicht

---

24 *Oppolzer,* AuR 1998, 45 (53).

25 *Matthies / Mückenberger / Offe / Peter / Raasch,* Arbeit 2000, S. 22.

26 *Däubler,* AuR 1988, 302 (304).

27 *Keller / Seifert,* Regulierung atypischer Beschäftigungsverhältnisse, in: *Keller / Seifert,* Atypische Beschäftigung, 233 (238).

28 *Walwei,* Atypische Beschäftigungsformen, in: *Keller / Seifert,* Atypische Beschäftigung, 9 (16).

29 Vgl. *Matthies / Mückenberger / Offe / Peter / Raasch,* Arbeit 2000, S. 23.

nach wie vor zu. Trotz des Zurückdrängens sogenannter Normalarbeitsverhältnisse machen diese immer noch die Mehrzahl der Arbeitsverhältnisse aus[30].

Die unterschiedlichen Ausprägungen atypischer Beschäftigungen in der Praxis sind vielfältig:

1. Befristung

Eine Möglichkeit atypischer Beschäftigung ist, Arbeitsverhältnisse zu befristen. Grund für den Abschluß von befristeten Arbeitsverträgen ist in erster Linie das Kündigungsrecht. Je weniger ausgeprägt der gesetzliche Kündigungsschutz ist, desto geringer ist, im internationalen Vergleich betrachtet, die Verbreitung befristeter Arbeitsverträge[31]. 1995 betrug sie in Deutschland 1,5 bis 1,6 Millionen, was einem Anteil von 6% der Arbeitsverhältnisse entspricht[32]. Ob und inwieweit ein befristetes Arbeitsverhältnis prekär ist, hängt unter anderem davon ab, ob die Befristung auf Wunsch des Beschäftigten erfolgte. Dies trifft auf etwa jede vierte befristete Beschäftigung zu[33]. Befristete Beschäftigungen können dann prekär sein, wenn die Beschäftigten auf das Einkommen existentiell angewiesen sind und kein angemessener Ausgleich für die Befristung des Arbeitsverhältnisses besteht. Ein solcher Ausgleich könnte zum Beispiel die Gewährung von Abfindungsprämien sein.

2. Teilzeit

Ein anderer Bereich der atypischen Beschäftigung ist die Teilzeitarbeit. Teilzeitarbeit ist vor allem Frauenarbeit. Die Erhöhung der Frauenerwerbsquote korrespondiert mit dem Anstieg von Teilzeitarbeit. Mehr als jede dritte Frau steht in einem Teilzeitbeschäftigungsverhältnis[34]. Potentielle Vorteile kann Teilzeit vor allem im Bereich qualifizierter Teilzeitarbeit bieten, deren Ausmaß jedoch begrenzt ist. Bei qualifizierter Teilzeitarbeit handelt es sich in der Regel um eine freiwillige Entscheidung, die eine Zunahme der Zeitsouveränität bedeutet[35]. Sind diese Voraussetzungen nicht gegeben, so ist die Ausübung von Teilzeitarbeit jedoch mit ei-

---

30 *Matthies/Mückenberger/Offe/Peter/Raasch,* Arbeit 2000, S. 25.

31 *Bielinski/Kohler,* Wie un-normal sind befristete Arbeitsverträge?, in: *Keller/Seifert,* Atypische Beschäftigung, 139 (144).

32 *Bielinski/Kohler,* Wie un-normal sind befristete Arbeitsverträge?, in: *Keller/Seifert,* Atypische Beschäftigung, 139 (144).

33 *Bielinski/Kohler,* Wie un-normal sind befristete Arbeitsverträge?, in: *Keller/Seifert,* Atypische Beschäftigung, 139 (144).

34 *Bäcker/Stolz-Willig,* Förderung von Teilzeitarbeit, in: *Keller/Seifert,* Atypische Beschäftigung, S. 25 (26 f).

35 *Klein,* Zur Ambivalenz von Teilzeitarbeit, in: *Klein,* Nicht immer aber immer öfter, S. 8 (11).

ner Reihe von Nachteilen verbunden. Diesen teilzeitbeschäftigten Frauen steht in der Regel ein erheblich eingeschränkteres Berufs- und Tätigkeitsfeld zur Verfügung als vollzeitbeschäftigten Frauen. Sie sind beim Übergang von der Voll- in die Teilzeitbeschäftigung von erheblichen Dequalifizierungs- und Abstiegsrisiken betroffen, die häufig nicht nur vorübergehend sind, sondern das gesamte weitere Berufsleben prägen[36].

3. Geringfügige Beschäftigung

Eine weitere Variante der Teilzeitarbeit ist die geringfügige, das heißt sozialversicherungsfreie Beschäftigung. Grundsätzlich sind in der Bundesrepublik Deutschland alle Arbeitnehmer gegen das Risiko von Krankheit, Arbeitslosigkeit, Berufs- und Erwerbsunfähigkeit und Pflegebedürftigkeit versichert. Ausnahmen von diesem Grundsatz gibt es nur, wenn entweder der Verdienst sehr gering ist, nur wenige Stunden in der Woche gearbeitet wird oder die Arbeitsverhältnisse von vornherein auf maximal 50 Arbeitstage oder zwei Monate befristet sind[37]. Diese Ausnahmeregelungen wurden geschaffen, weil man davon ausging, daß es sich bei geringfügiger Beschäftigung nicht um eine dauerhaft auf Erwerb ausgerichtete Tätigkeit handele und der Betroffene daher anderweitig sozial abgesichert sei. Auch hierbei gilt, daß nicht jede Form der geringfügigen Beschäftigung prekär sein muß. Wird die geringfügige Beschäftigung tatsächlich nur für kurze Zeit ausgeübt oder ergeben sich anderweitige Ansprüche auf Sozialleistungen, so kann die geringfügige Beschäftigung auch Vorteile bieten, da keine Sozialabgaben anfallen. Prekär wird die Beschäftigung jedoch, wenn sie über einen längeren Zeitraum ausgeübt wird oder wenn gar mehrere sozialversicherungsfreie Tätigkeiten nebeneinander ausgeübt werden. In diesem Falle entsteht trotz fehlender anderweitiger Absicherung kein Anspruch auf Sozialleistungen. Als kritisch erweist sich diese Beschäftigungsform dann, wenn ein Versicherungsfall eintritt, für den die Beschäftigten selbst aufkommen müssen.

4. Leiharbeit

Zur atypischen Beschäftigung ist auch die Leiharbeit zu zählen. Charakteristisch für diese Erwerbsform ist, daß Leiharbeitnehmende ihre Arbeitsleistung nicht ihrem Arbeitsvertragspartner, sondern einem Dritten gegenüber erbringen[38]. Dies betrifft vor allem die gewerbsmäßig ausgeübte, also nicht nur gelegentlich, sondern

---

36 *Bücker/Stolz-Willig*, Förderung von Teilzeitarbeit, in: *Keller/Seifert*, Atypische Beschäftigung, S. 25 (28).

37 *Friedrich*, Sozialversicherungsfreie Beschäftigungsverhältnisse, in: *Keller/Seifert*, Atypische Beschäftigung, S. 65.

38 *Rüppel/Kröll*, SozVers 1992, 259 (262).

auf gewisse Dauer angelegte und auf Erzielung wirtschaftlicher Vorteile ausgerichtete Arbeitnehmerüberlassung[39]. Geregelt ist diese Art der Leiharbeit im Arbeitnehmerüberlassungsgesetz (AÜG)[40].

Legal sind im Bereich der Leiharbeit 115.000 Beschäftigte tätig, was einem Anteil von 0,5% der Beschäftigten[41] entspricht.

Auf Leiharbeit wird von betrieblicher Seite insbesondere dann zurückgegriffen, wenn vorübergehend erhöhter Arbeitskräftebedarf ohne Einstellung eigenen Personals gedeckt werden soll. Leiharbeit kann auch dazu dienen, temporäre Ausfallzeiten von fest Beschäftigten zu überbrücken. Ein weiteres Motiv kann ein situationsgebundener Bedarf an spezifischen Qualifikationen sein, der mit der Reduzierung des allgemeinen Qualifikationsniveaus im Betrieb einhergeht[42]. Auch Leiharbeit ist damit nicht generell eine Form der prekären Beschäftigung. Problematisch ist häufig die Ausgestaltung der Verträge. So wirbt die Verleihbranche selbst mit Kostensenkung und dem Abbau von Stammarbeitsplätzen durch den Einsatz von Leiharbeitnehmenden. Tatsächlich verdienen die Leiharbeitnehmenden erheblich weniger als Festangestellte bei gleicher Qualifikation, teilweise bis zu 30–40%[43] weniger. Das liegt zum einen daran, daß im Entleihbetrieb geltende Tarifverträge nicht auf Leiharbeitnehmende angewandt werden, zum anderen am Ausschluß von vielen betrieblichen Zusatzleistungen[44].

5. Telearbeit

Ein Anstieg atypischer Beschäftigung ist auch im Bereich der Heimarbeit zu verzeichnen. Nahm die klassische Heimarbeit in den letzten Jahren einerseits ab, so arbeiten auf der anderen Seite eine steigende Anzahl von Beschäftigten im Bereich neuer Heimarbeit. Der Trend zu dieser Art der Heimarbeit wird durch den Einsatz neuer Technologien vorangetrieben[45]. Insbesondere die Einrichtung von häuslichen Arbeitsplätzen im Bereich der Textbearbeitung und -verarbeitung ist das Ergebnis des Einsatzes neuer Technologien[46]. Auch hier greift nicht das Leitbild des Normalarbeitsverhältnisses. Die Telearbeitenden sind in ihrer täglichen

39 *Plander,* Flucht aus dem Normalarbeitsverhältnis, Rdnr. 24.

40 Arbeitnehmerüberlassungsgesetz vom 7. August 1972, BGBl. 1972 I, S. 1393, Fassung der Neubekanntmachung vom 3. Februar 1995, BGBl. 1995 I, S. 158, zuletzt geändert durch Gesetz vom 16. Dezember 1997, BGBl. 1997 I, S. 2970.

41 *Voswinkel,* Die Regulierung der Leiharbeit, in: *Keller/Seifert,* Atypische Beschäftigung, S. 108 (117).

42 *Voswinkel,* Die Regulierung der Leiharbeit, in: *Keller/Seifert,* Atypische Beschäftigung, S. 108 (123).

43 *Rüppel/Kröll,* SozVers 1992, 259 (263).

44 Vgl. *BT-Drucksache 11/2639, S. 16.*

45 *Rüppel/Kröll,* Die Sozialversicherung 1992, 259 (263).

46 *Schaub,* Arbeitsrechtshandbuch, S. 1072 f.

Arbeit nicht in den Betriebsablauf und das Betriebsleben eingebunden, weshalb die Schutzvorschriften des Normalarbeitsverhältnisses nicht greifen. Dementsprechend schwierig gestaltet sich auch ihre rechtliche Einordnung[47].

C. Abhängige Selbständigkeit als Erscheinungsform atypischer Beschäftigung

Die jüngste Erscheinungsform in dieser Palette der atypischen Beschäftigung bewegt sich im Bereich der Vergabe von Dienst- oder Werkverträgen. Hierbei handelt es sich um Verträge, die die Beschäftigten formell zu Selbständigen machen. Die Ausgestaltung des Beschäftigungsverhältnisses läßt jedoch häufig Zweifel an dieser vertraglich vereinbarten Selbständigkeit aufkommen. Bei näherer Betrachtung erhalten diese Dienst- oder Werkverträge eine Reihe von Elementen, die zu einer tatsächlichen Abhängigkeit der Beschäftigten von ihrem Auftraggeber führen. Dadurch bewegt sich dieser Personenkreis im Grenzbereich zwischen Arbeitnehmereigenschaft und Selbständigkeit[48].

I. Risikominimierung durch abhängige Selbständigkeit

Arbeitsmarktpolitisch geht jedenfalls der Trend dahin, viele Arbeiten, die bisher traditionell von Arbeitnehmern ausgeübt wurden, an Selbständige zu übertragen. Dies paßt sich in die Unternehmenspolitik ein, Kosten zu reduzieren und die Stammbelegschaft des Unternehmens möglichst zu verkleinern.

1. Zunehmender Trend zur Vermeidung des Arbeitnehmerstatus

Zwar ist dieses Phänomen auf dem Arbeitsmarkt keine strukturell gänzlich neue Entwicklung. Selbständigkeit nimmt zumeist in wirtschaftlichen Krisenzeiten zu, in denen Existenzgründungen ohnehin nicht auf die besten Rahmenbedingungen hoffen können[49]. Das Ergreifen einer selbständigen Tätigkeit ist für viele ein letzter Versuch, um den Weg in die Arbeitslosigkeit abzuwenden[50].

Auch daß sich im Bereich der als selbständig ausgelobten Beschäftigungsformen solche Tätigkeiten befinden, die auch Merkmale einer abhängigen Beschäftigung

---

47 *Pfarr/Drüke,* Rechtsprobleme der Telearbeit, S: 30 ff.

48 *Steinmeyer,* Behandlung von Scheinselbständigkeit aus sozialversicherungsrechtlicher Sicht unter Einbeziehung arbeitsrechtlicher Aspekte, S. 2.

49 *Sitte,* ZSR 1997, 544 (546).

50 *Mayer/Paasch,* Ein Schein von Selbständigkeit, S. 11.

aufweisen, ist kein historisches Novum. Insbesondere der Grenzbereich zwischen selbständigen Handelsvertretern und abhängigen Handelsgehilfen kann bereits als klassisches Abgrenzungsproblem zwischen abhängiger und selbständiger Beschäftigung gesehen werden. Ebenfalls seit einiger Zeit, nämlich seit den sechziger Jahren, hält die Beschäftigung von Selbständigen, sog. freie Mitarbeitern, Einzug in die Personalpolitik der Presseunternehmen und der Rundfunkanstalten.

Vor allem in diesen Bereichen werden im großen Umfang Mitarbeiter beschäftigt, die fest und ausschließlich für diesen einen Auftraggeber tätig sind[51].

2. Vermeidung arbeits- und sozialrechtlicher Schutzvorschriften

Vor dem Hintergrund des Outsourcings von betrieblichen Risiken nimmt die Vermeidung des Arbeitnehmerstatus durch die Beschäftigung von „Selbständigen" im Zusammenhang mit dieser Managementpolitik zu. Der Trend, Mitarbeiter im Grenzbereich zwischen abhängiger und selbständiger Beschäftigung anzustellen, ist mittlerweile berufsgruppenübergreifend. Er beschränkt sich nicht mehr auf die freien Mitarbeiter.

Das ist darin begründet, daß sich die Unternehmen durch die Beschäftigung von Selbständigen anstatt Arbeitnehmern einer ganzen Reihe von arbeits- und sozialrechtlichen Pflichten entledigen. Für das Eingreifen dieser Schutzvorschriften ist von ausschlaggebender Bedeutung, ob die Beschäftigten als Arbeitnehmer oder als Selbständige anzusehen sind.

a) Sozialrechtliche Schutzvorschriften

Dies gilt zum einen für den sozialrechtlichen Bereich, dessen Ausgangspunkt für die Gewährung von Schutzvorschriften weitgehend die Arbeitnehmereigenschaft ist, wobei hier an das Leitbild des Normalarbeitsverhältnisses angeknüpft wird[52]. § 5 Abs. 1 Nr. 1 SGB V benennt vorrangig Arbeiter und Angestellte als versicherungspflichtigen Personenkreis in der gesetzlichen Krankenversicherung. Gleiches gilt für die Regelungen über die gesetzliche Renten- und Unfallversicherung. Nur in besonderen Fällen sind auch Selbständige in die sozialversicherungsrechtlichen Pflichten miteinbezogen. Als beispielhaft gilt hier die Künstlersozialversicherung, die Künstler und Publizisten nach § 2 SGB IV zu Pflichtversicherten in der gesetzlichen Krankenversicherung macht[53]. Im Grundsatz gilt jedoch, daß Selbständige nicht in die Sozialversicherung einbezogen sind. Den Unternehmen,

---

51 *Mayer/Paasch,* Ein Schein von Selbständigkeit, S. 11.

52 Vgl. *Steinmeyer,* Behandlung von Scheinselbständigkeit aus sozialversicherungsrechtlicher Sicht unter Einbeziehung arbeitsrechtlicher Aspekte, S. 3.

53 Zu Einzelheiten vgl. *Mayer/Paasch,* Ein Schein von Selbständigkeit, S. 193 ff.

die abhängige Selbständige beschäftigen, entstehen dadurch weniger Kosten als bei der Beschäftigung von Arbeitnehmern.

b) Arbeitsrechtliche Schutzvorschriften

Im Arbeitsrecht stellt sich die Situation ähnlich dar. Voraussetzung für die Anwendung der arbeitsrechtlichen Schutzvorschriften, die Arbeitgebern typischerweise Pflichten und Arbeitnehmern Rechte einräumen, ist die Einordnung als Arbeitnehmer[54].

Zum einen sind wesentliche gesetzliche Ansprüchen nicht gegeben. Dies umfaßt unter anderem das Kündigungsschutzgesetz, sowie spezielle Kündigungsschutzvorschriften für besonders schutzwürdige Arbeitnehmer sowie die kollektivrechtlichen Beteiligungs- und Schutzrechte nach dem BetrVG.

Zum anderen betrifft dies auch Ansprüche, die sich aus Tarifverträgen ergeben. Tarifverträge kommen nicht zum Tragen, da sie nur die Arbeitsbedingungen von Arbeitnehmern schützen. Dadurch greifen eine Reihe von arbeitsrechtlichen Schutzvorschriften nicht ein. Dies betrifft unter anderem einen tariflich gesicherten Mindestlohn, die wöchentliche Höchstarbeitszeit, die Zahlung von Überstundenzuschlägen, sowie weitere Leistungen, wie Gratifikationen oder Sonderzuwendungen und die Entgeltfortzahlung im Krankheitsfall. Eine Ausnahme kann nach § 12 a TVG jedoch für die Selbständigen gelten, die arbeitnehmerähnliche Personen im Sinne des Gesetzes sind. Auf diese kann der Wirkungsbereich von Tarifverträgen erstreckt werden. Hiervon machen die Tarifvertragsparteien jedoch nur eingeschränkt Gebrauch, wie später noch näher auszuführen ist[55].

Schließen Unternehmen Dienst- und Werkverträge mit Selbständigen ab, so vermeiden sie dadurch die Übernahme dieser zahlreichen arbeits- und sozialrechtlichen Pflichten. Die auf Beschäftigtenseite entstehenden Verluste an sozialer Sicherheit werden in der Regel nicht hinreichend, zum Beispiel durch höhere Einkommen, ausgeglichen[56]. Den Unternehmen wird auf der anderen Seite durch eine Vertragskonstellation mit Selbständigen ein erheblich höheres Maß an Dispositionsfreiheit eingeräumt als bei Vertragsschlüssen mit Arbeitnehmern.

Beweggründe für diese Entwicklung sind insoweit in erster Linie auf Seiten derer zu suchen, die als Arbeitgeber anzusehen wären, wenn es sich um ein Arbeitsverhältnis handeln würde[57]. Sie entledigen sich durch die gewählte Beschäftigungsform den eben genannten arbeits- und sozialrechtlichen Verpflichtungen.

---

54 *Steinmeyer*, Behandlung von Scheinselbständigkeit aus sozialversicherungsrechtlicher Perspektive unter Einbeziehung arbeitsrechtlicher Aspekte, S. 4.

55 Vgl. die Ausführungen auf S. 97 ff.

56 Zum Beipsiel bo-frost vgl. *Pfau/Spiekermann/Wahsner*, Selbst ist der Mann?, S. 35.

57 Vgl. *Schliemann*, RdA 1997, 322 (324).

II. Prekäre Ausgestaltung abhängiger Selbständigkeit in der Praxis

In einigen Berufsfeldern ist der Zusammenhang zwischen abhängiger Selbständigkeit und den möglichen prekären Folgen augenfällig. Hierbei handelt es sich auch um die Bereiche, in denen die abhängige Selbständigkeit besonders verbreitet ist. In diesen Berufsfeldern fehlt es weitgehend an einer angemessenen Verteilung der Risiken, die der Betrieb ausgelagert hat. Es ist festzuhalten, daß abhängige Selbständigkeit nicht automatisch auch prekär sein muß. Werden die überbürdeten Risiken angemessen ausgeglichen, so kann eine Situation entstehen, die die Beschäftigten durchaus besser stellt als in einem Arbeitsverhältnis[58]. Dies ist jedoch lediglich in einigen Ausnahmefällen der Fall. Der Trend geht dagegen dahin, abhängige Selbständigkeit mit prekären Vertragsausgestaltungen zu verknüpfen. Diese sollen im folgenden dargestellt werden.

1. Güterkraftverkehr

Der erste Bereich, in dem Probleme mit der Beschäftigung als abhängige Selbständige offenbar wurde, ist das Gebiet des Güterkraftverkehrs[59].

Augenfällig sind hier insbesondere Fälle bei solchen Unternehmen geworden, die Tiefkühlkost und Speiseeis herstellen und diese durch Verkaufsfahrer vertreiben lassen. In solchen Fällen wird ein Franchisingvertrag mit den Verkaufsfahrern abgeschlossen. Eine typisierbare Fallgestaltung stellt sich so dar, daß diese Verkaufsfahrer eine Eintrittsgebühr in Höhe von 20.000,– DM bezahlen. Sie tragen die Fahrzeug- und Betriebskosten und haben während der Laufzeit des Vertrages Lizenzgebühren in Höhe von 6% des Netto-Warenwertes der gelieferten Produkte zuzüglich Umsatzsteuer an den Auftraggeber zu entrichten[60]. Gemessen an ihrem Verdienst wird ihnen eine zu hohe finanzielle Belastung auferlegt.

Als prekär im Bereich des Güterkraftverkehrs gelten insbesondere die „selbstfahrenden Unternehmer“, die nur ein einziges Fahrzeug besitzen[61]. Sie sind nicht selten ehemalige Mitarbeiter größerer Frachtunternehmen, denen ein Fahrzeug des Unternehmens überlassen wurde und die jetzt immer noch für ihren früheren Arbeitgeber tätig sind[62]. Dieser beschäftigt sie nach dem Frachtaufkommen[63]. Die

58 Vgl. DIE ZEIT Nr. 24 vom 6. Juni 1997, S. 25 f. In einem Beispiel wurde einem Softwareentwickler eine äußerst lukrative Gewinnbeteiligung gewährt und darüber hinaus weitgehende Freiheit bei der Entwicklung seiner Produkte gelassen.

59 *Mayer*, AiB 1998, 259.

60 *Wank*, Behandlung von Scheinselbständigkeit aus sozialversicherungsrechtlicher Sicht unter Einbeziehung arbeitsrechtlicher Aspekte, S. 21 f.

61 *Mayer/Paasch*, Ein Schein von Selbständigkeit, S. 71 f.

62 Wirtschaftswoche Nr. 28/1994, Schöner Schein, S. 21: Aus Kostengründen drängt die Dortmunder Kronenbrauerei ihre Fahrer, in Zukunft als selbständige Gewerbetreibende weiter zu arbeiten.

Belastung für die Beschäftigten resultiert daraus, daß sie das Fahrzeug käuflich erwerben müssen.

Dies gilt auch für den Bereich des Güterverkehrs im Nahbereich und der Frachtenvermittlung. Der Transport findet in diesem Bereich mit einheitlich gestalteten Wagen statt, so daß der Eindruck entstehen kann, es handele sich um ein einziges Güterunternehmen. Das Unternehmen fungiert jedoch lediglich als Spediteur für die selbstfahrenden Unternehmer. Die Fahrer haben gegenüber den Kunden keinen eigenen finanziellen Spielraum, denn die Beförderungsentgelte werden von dem Frachtenvermittler festgelegt. Der Frachtenvermittler erhält in der Regel eine Provision, sowie zum Teil auch eine Miete für Funkgerät und Taxameter[64]. Im Güternahverkehr betrifft diese Form abhängiger Selbständigkeit besonders die Kurierfahrer.

Ein Beispiel der Beschäftigung im Güterkraftverkehr ist die Anstellung als sog. Unterfrachtführer[65]. Die als Unterfrachtführer angestellten Fahrer verfügen ausschließlich über eigene Betriebsmittel in Form ihrer Transportfahrzeuge. Bezüglich der Fahrzeuge hatte sich die Firma jedoch in umfassender Weise Kontrollrechte vorbehalten. Sämtliche Fahrzeuge haben ein dem Betrieb der Auftraggeberin dienliches äußeres Erscheinungsbild sowohl hinsichtlich Farbe und Beschriftung als auch im Hinblick auf den technischen Zustand erhalten. Den Unterfrachtführern ist jede eigene Anwerbung von Kunden vertraglich untersagt worden. Sie dürfen lediglich zugunsten der Auftraggeberin Kunden anwerben. Auch ist die Arbeitsleistung durch die Unterfrachtführer persönlich zu erbringen. Schließlich unterliegen sie einer laufenden Kontrolle im täglichen Arbeitsablauf und sind vertraglich verpflichtet, die ihnen angedienten Transportaufträge zu übernehmen. Letztlich fahren die Unterfrachtführer ausschließlich für die Auftraggeberin in einer vollen Erwerbstätigkeit. In solchen Fällen sind die Grenzen zwischen abhängigen Selbständigen und Arbeitnehmern fließend, wie in Kapitel 2 noch näher ausgeführt werden wird[66].

Gerade die Beschäftigung im Frachtbereich bringt durch die Überbürdung sämtlicher betrieblicher Risiken ein erhebliches Konkursrisiko für die Beschäftigten mit sich. Können die Fahrer die laufenden Kosten für den Wagen und auch den aufgenommenen Kredit nicht bedienen, so bleibt ihnen nichts anderes übrig, als die Eröffnung des Konkursverfahrens zu beantragen. Da unter die laufenden Kosten auch das Risiko einer umfangreichen Reparatur des Fahrzeugs nach einem schweren Unfall fällt, kann die finanzielle Belastung der „Unterfrachtführer" in ungünstigen Fällen durchaus mehrere 100.000,– DM erreichen[67], wenn keine Versicherung eintritt.

---

63 *Wank*, Behandlung von Scheinselbständigkeit aus sozialversicherungsrechtlicher Sicht unter Einbeziehung arbeitsrechtlicher Aspekte, S. 23.

64 *Mayer/Paasch*, Ein Schein von Selbständigkeit, S. 74 ff.

65 Sachverhalt nach LSG Berlin vom 27. Oktober 1993, DB 1994, 1829 ff.

66 Vgl. die Ausführungen auf S. 56 ff.

2. Baugewerbe

Ein weiterer Bereich, in dem Probleme mit der Beschäftigung im Bereich der abhängigen Selbständigkeit virulent wurden, ist das Baugewerbe.

Das begründet sich unter anderem darin, daß die Tätigkeit im Baugewerbe Saisonarbeit ist. Da im Winter die Bautätigkeit aus Witterungsgründen oft monatelang ruht, können die Bauarbeiter in dieser Zeit nicht beschäftigt werden. Seit der tariflich durchgesetzten Zahlung von Schlechtwettergeld 1959 müssen die als Arbeitnehmer beschäftigten Bauarbeiter aber dennoch für die Zeit, in der sie nicht arbeiten können, bezahlt werden[68].

Vor diesem Hintergrund wird gerade im Baugewerbe der Personalbestand flexibilisiert.

In diesem Bereich ist insbesondere die Beschäftigung ausländischer abhängiger Selbständiger von aktueller Bedeutung. Die so Beschäftigten sind insbesondere Briten, die von niederländischen Vermittlungsagenturen als selbständige Unternehmer, wie z. B. Maurer, Dachdecker, Klempner oder Elektriker, auf deutsche Baustellen vermittelt werden. Auf diese Weise werden nach Schätzungen etwa 50.000 bis 60.000 ausländische abhängige Selbständige beschäftigt[69].

Die Risikoauslagerung der Beschäftigten im Bau läßt sich im wesentlichen dadurch vollziehen, daß arbeits- und sozialrechtliche Schutzvorschriften nicht eingreifen. Es werden also keine Kosten für Leistungen wie Urlaubsgeld, die Arbeitgeberkasse zur Sozialversicherung, die Zusatzversorgungskasse des Baugewerbes und ähnliche Leistungen fällig. Zum Teil gleichen die Unternehmen dies im Hinblick auf das monatliche Entgelt aus. Zum Teil liegt das Entgelt jedoch noch unterhalb dessen, was Arbeitnehmer aufgrund der Lohn- und Akkordtarifverträge erhalten[70]. Auch die Tarifverträge greifen bei Selbständigen nicht ein, so daß die Unternehmen an das diesbezügliche Entgeltniveau nicht gebunden sind.

3. Kaufhäuser

Die Kaufhäuser unterhalten Spezialabteilungen, in denen ausschließlich einige Produkte, wie z. B. Parfums oder Modeschmuck, angeboten werden. Für eine Tätigkeit dort werden sog. Propagandisten als selbständige Verkäufer eingestellt. Ein Propagandist soll die Aufgabe haben, durch Ansprechen und Beraten der Kunden, Verteilen von Werbematerialien oder Proben den Absatz eines bestimmten Produk-

---

67 Vgl. DIE ZEIT Nr. 24 vom 6. Juni 1997, S. 25 f.: Hier geht es um die Erstattung von 500.000,– DM nach einem Schadensfall.

68 *Mayer/Paasch*, Ein Schein von Selbständigkeit, S. 112.

69 Wirtschaftswoche Nr. 28/1994, Schöner Schein, S. 21 ff.

70 *Mayer/Paasch*, Ein Schein von Selbständigkeit, S. 122.

tes zu unterstützen. Die tatsächliche Arbeit der sog. Propagandisten sieht jedoch häufig anders aus. Sie werden überwiegend ebenso wie Verkäufer eingesetzt und führen alle mit dem Beruf des Verkäufers zusammenhängenden Tätigkeiten aus: Warenauszeichnung, Einpacken, Verkauf, Kassieren oder auch Mitarbeit bei der Inventur[71].

In den so gestalteten Verträgen wird häufig explizit darauf hingewiesen, daß es sich um eine selbständige und nicht um eine abhängige Beschäftigung handelt und die Beschäftigten daher keinen Weisungen unterliegen[72]. An einer anderen Stelle des Vertrages sind dennoch nicht selten die Arbeitszeiten und Pausenregelungen aufgeführt[73].

Zum Teil sind die Propagandisten Weisungen in dem Ausmaße unterworfen, daß sie in die betrieblichen Arbeits- und Organisationszusammenhänge der Kaufhäuser eingebunden sind[74]. Das drückt sich darin aus, daß sie tägliche feste Arbeitszeiten einhalten und Schichtpläne beachten müssen. In solchen Fällen bleibt von der vertraglich proklamierten unternehmerischen Freiheit nicht mehr viel übrig. Einige befragte Propagandisten sagten, daß sie sich eher unfreier in ihren eigenen Gestaltungsspielräumen fühlen als vergleichbar beschäftigte Angestellte[75].

Die Beschäftigung als Propagandistin in einem Kaufhaus kann sich wie folgt darstellen[76]: Die Auftraggeberin der Propagandistin bleibt Eigentümerin des Standes und ebenfalls der zu verkaufenden Waren. Sie bestimmt auch die Lage des Standes. Die Propagandistin hat weder Einfluß auf die Preise der verkauften Waren noch darauf, welche Waren aus dem Warenbestand der Auftraggeberin angeboten werden. Auch beim Anbieten von Sonderangeboten hat die Propagandistin kein Mitspracherecht. Fest vorgeschriebene Arbeitszeiten hat die Propagandistin nicht. Auch in die schriftlichen Dienstpläne ist sie nicht einbezogen. Festgelegt ist jedoch die Zahl der wöchentlichen Einsatztage. Die Propagandistin rechnet die von ihr verkauften Waren gegenüber der Auftraggeberin ab. Hieraus wird das vertragliche Entgelt berechnet.

Eine spezifische Auslagerung betrieblicher Risiken ist in diesem Bereich darin zu sehen, daß die Bezahlung der „Selbständigen" auf reiner Provisionsbasis erfolgt. Das steht in einem gewissen Widerspruch zu den engen vertraglichen Vorgaben, die sie hinsichtlich des Abschlusses von Verträgen erhalten haben. Sie erlauben es ihnen nicht, ihr Einkommen selbst durch das Aushandeln günstiger Abschlüsse zu beeinflussen. Ihnen wird insoweit lediglich das Risiko überbürdet, daß

71 *Mayer/Paasch,* Ein Schein von Selbständigkeit, S. 100.

72 *Wank,* Behandlung von Scheinselbständigkeit aus sozialversicherungsrechtlicher Sicht unter Einbeziehung arbeitsrechtlicher Aspekte, S. 34.

73 *Mayer/Paasch,* Ein Schein von Selbständigkeit, S. 103.

74 LSG Hamburg vom 19. Juni 1984, AiB 1988, 117 f.

75 *Mayer/Paasch,* Ein Schein von Selbständigkeit, S. 103.

76 Sachverhalt nach LAG Köln vom 30. Juni 1995 LAGE Nr. 29 zu § 611 BGB – Arbeitnehmerbegriff mit Anmerkung *Brehm.*

sie nicht genügend Abschlüsse erzielen, ohne daß dafür ein hinreichender Ausgleich erfolgt.

Durch die Beschäftigung auf Provisionsbasis tragen sie weiterhin das Risiko, daß aus Gründen, die im Bereich des Unternehmens liegen, eine Beschäftigung mangels geeigneter Produkte oder anderer Fehler in der Unternehmensführung nicht möglich ist. Während im Rahmen eines Arbeitsverhältnisses dennoch ein gleichbleibendes monatliches Entgelt gezahlt würde, entfällt eine entsprechende Bezahlung bei Vereinbarung einer Provision. Auch dies ist insoweit eine einseitige Auslagerung von Risiken als die „Selbständigen" die Planung der Unternehmenspolitik nicht mitgestalten können und mithin keinen Einfluß auf eventuelle Engpässe haben.

4. Versicherungsaußendienst

Abhängige Selbständige sind im Versicherungsaußendienst als selbständige Versicherungsvertreter tätig. Sie sind überwiegend für ein Unternehmen tätig. Zum Teil ist ihnen die Tätigkeit für ein anderes Unternehmen ausdrücklich untersagt. Verglichen mit der Arbeit angestellter Mitarbeiter im Versicherungsaußendienst ergibt sich häufig, daß zwar die rechtliche Benennung des Beschäftigungsverhältnisses unterschiedlich, die Arbeit jedoch identisch ist[77].

In diesem Bereich erscheint die Grenzziehung zwischen abhängiger und selbständiger Beschäftigung oft willkürlich. Der Außendienst von Versicherungen ist dadurch gekennzeichnet, daß die Tätigkeit nur geringe Gestaltungsspielräume läßt. Gerade da es an einer signifikanten Unterscheidung zwischen den beiden möglichen Beschäftigungsformen mangelt, hat eine selbständige Beschäftigung von Mitarbeitern im Versicherungsaußendienst in den letzten Jahren Konjunktur. Eine solche Umstellung ist mit keinen nachhaltigen Umstellungsmaßnahmen verbunden, so daß es auf keine praktischen Schwierigkeiten stößt, von der Beschäftigung von Angestellten zur Beschäftigung von Selbständigen überzugehen[78].

Eine Versicherungsvermittlerin wird unter anderem unter folgenden vertraglichen Abmachungen tätig[79]: Die Versicherungsvermittlerin darf Spar- und Versicherungsverträge nur für die Auftraggeberin vermitteln. Ohne entsprechenden Auftrag ist es ihr auch nicht gestattet, Kunden der Auftraggeberin mit dem Ziel der Änderung eines bestehenden Vertrages anzusprechen. Die Geschäftsausrüstung, die der Versicherungsvermittlerin gestellt wurde, bleibt Eigentum der Auftraggebe-

---

77 *Mayer/Paasch,* WSI-Mitteilungen 1987, 581 ff.

78 *Wank,* Behandlung von Scheinselbständigkeit aus sozialversicherungsrechtlicher Sicht unter Einbeziehung arbeitsrechtlicher Aspekte, S. 27.

79 Sachverhalt nach ArbG Nürnberg vom 31. Juli 1996, NZA 1997, 37 ff. Das Arbeitsgericht entschied, daß die Versicherungsvermittlerin nicht selbständig, sondern als Arbeitnehmerin beschäftigt war.

rin. Gleiches gilt für das zur Verfügung gestellte Adressenmaterial. Weiterhin muß sich die Versicherungsvermittlerin stets sofort als Vertreterin der Auftraggeberin zu erkennen geben und entsprechend ausweisen. Schließlich ist es ihr nicht gestattet, versicherungsfremde Geschäfte zu vermitteln. Die Versicherungsvermittlerin erhält ausschließlich eine erfolgsbezogene Vergütung in Form von Abschlußprovisionen. Einfluß auf die Wahl der Versicherungsprodukte hat sie ebensowenig wie auf den Preis der Produkte und die Prämien. Sie hat keinen Gebiets- oder Kundenschutz. Mit den Unterlagen der Auftraggeberin arbeitet die Auftragnehmerin die ihr zur Verfügung gestellten Adressen unter Absprache mit der Auftraggeberin ab. Darüber hinausgehende feste Arbeitszeiten hat die Versicherungsvermittlerin nicht. Sie arbeitet insoweit nach freier Zeiteinteilung. Außerdem führt sie ihre Arbeit ohne eigenes Personal und weitgehend ohne eigenen Kapitaleinsatz aus.

Auch in solchen Fällen findet eine spezifische Risikoüberbürdung dadurch statt, daß die Bezahlung auf Provisionsbasis erfolgt, ohne daß die Beschäftigten Einfluß auf ihre Verdienstmöglichkeiten durch eine eigene unternehmerische Planung nehmen könnten.

5. Druckindustrie

Im Bereich der Druckindustrie ist insbesondere der Bereich der Tele-Heimarbeit ein Arbeitsfeld, das sich für eine Beschäftigung im Graubereich zwischen abhängiger und selbständiger Betätigung anbietet. Hierbei handelt es sich um solche Tätigkeiten, bei denen die Beschäftigten in der eigenen Wohnung an einem Bildschirmgerät arbeiten. Aber auch Korrekturarbeiten werden nicht selten an Beschäftigte vergeben, die vom Auftraggeber als Selbständige oder freie Mitarbeiter behandelt werden. Es wird in beiden Fällen erwartet, daß sie täglich ihre Arbeiten im Betrieb abholen und abliefern. Die Vergütung erfolgt nach der Menge der erbrachten Arbeit[80].

Auch diese beiden Beispiele zeigen, daß trotz einer Beschäftigung als freie Mitarbeiter in der konkreten Ausgestaltung des Vertrages solche Bindungen an den Auftraggeber vorhanden sind, daß dennoch ein faktisches Abhängigkeitsverhältnis zwischen Auftraggeber und Auftragnehmer entsteht.

Hier erfolgt die Risikoüberbürdung für diesen speziellen Bereich dadurch, daß die Bezahlung auf Provisionsbasis erfolgt. Hinzu kommt, daß das Unternehmen keinen Arbeitsplatz und damit auch keine Arbeitsmaterialien stellen muß. Auch diesbezügliche Risiken liegen bei den Beschäftigten. Diese Risikoüberbürdung zieht regelmäßig kein so hohes Konkursrisiko nach sich wie im Güterkraftverkehr. Dennoch besteht für die Beschäftigten ein gewisses Investitionsrisiko.

---

80 *Mayer/Paasch,* Ein Schein von Selbständigkeit, S. 139 f.

6. Franchising

Als Rechtsform wählen die Auftraggeber häufig das Franchising aus. Franchising ist ein Absatzsystem, das die Erlaubnis beinhaltet, Rechte, die einem anderen gehören, wirtschaftlich zu nutzen[81].

Der Ehrenkodex der Mitglieder des Deutschen Franchise-Verbandes beschreibt das System des Franchising wie folgt: Dieses System tritt am Markt einheitlich auf und wird geprägt durch das arbeitsteilige Leistungsprogramm der Systempartner, sowie ein Leistungs- und Kontrollsystem zur Sicherung eines systemkonformen Verhaltens. Das Leistungsprogramm des Franchisegebers ist das Franchisepaket. Dieses besteht aus einem Beschaffungs-, Absatz- und Organisationskonzept, der Nutzung von Schutzrechten, der Ausbildung des Franchisenehmers und der Verpflichtung des Franchisegebers, den Franchisenehmer aktiv und laufend zu unterstützen und das Konzept ständig weiter zu entwickeln. Der Franchisenehmer ist in eigenem Namen und für eigene Rechnung tätig. Er hat das Recht und die Pflicht, das Franchisepaket gegen Entgelt zu nutzen. Als Leistungsbeitrag stellt er Arbeit, Kapital und Information zur Verfügung[82].

Die Tätigkeit der Franchisenehmer gestaltet sich unterschiedlich. Häufig jedoch unterliegen Franchisenehmer einer Reihe von Vorgaben durch den Franchisegeber, die die eigenen Gestaltungsmöglichkeiten erheblich einschränken. In solchen Fällen gibt der Franchisegeber die Herstellungsbedingungen der Waren, die zu beliefernden Mengen an Waren, die Verkaufspreise und auch die Zeiten, zu denen Sonderangebote in den Verkauf kommen können, vor. Gestaltet sich der Franchisevertrag praktisch so, daß der Franchisegeber alle diese Bedingungen diktiert, so ist die Beschäftigung als Franchisenehmer insofern prekär, als die Risiken des Unternehmertums von ihnen zu tragen sind, während sie gleichzeitig kaum unternehmerische Chancen aus eigener Entscheidung wahrnehmen können.

Ein Fall von Franchising im Kurierbereich war beim Landesarbeitsgericht Hamburg[83] anhängig. Die durch die Kurierfahrer ausgeführten Beförderungsaufträge kamen durch die Vermittlung einer Funkstelle oder durch Vermittlung eines Kontaktes mit möglichen Auftraggebern zustande. Die Kurierfahrer waren verpflichtet, die Aufträge persönlich durchzuführen. Hinzu kam eine vertraglich festgelegte Mindestarbeitszeit von täglich fünf Stunden.

Auch hier erstreckt sich die Risikoauslagerung sowohl auf die erfolgsabhängige Bezahlung als auch auf die Beschaffung und Wartung von Arbeitsmaterialien.

---

81 *Gittermann,* Arbeitnehmerstatus und Betriebsverfassung in Franchisesystemen, S. 13.

82 Abgedruckt bei *Skaupy,* Franchising, S. 5.

83 LAG Hamburg vom 6. Februar 1990 3 Sa 50/89. Das LAG Hamburg bejahte den Arbeitnehmerstatus des Klägers.

7. Zwischenergebnis

Diese Beispiele sind weder abschließend, noch erfassen sie sämtliche Fallgestaltungen der abhängigen Selbständigkeit. Aktuell ist das Problem der abhängigen Selbständigkeit ebenso im Bereich der selbstverwalteten Zimmererunternehmen[84], der Gebäudereinigung[85] und der selbständigen Ausbeiner und Entbeiner in der Fleischwirtschaft geworden[86]. Wenngleich in den aufgeführten Bereichen der Handlungsbedarf besonders offenkundig wird, ist bezeichnend für die abhängige Selbständigkeit, daß sie sich nicht abschließend auf bestimmte Berufsbilder eingrenzen läßt, sondern daß diese Beschäftigungsform mittlerweile in nahezu allen Wirtschaftszweigen eingesetzt wird. Dies zeigt auch der von der Bundesregierung in Auftrag gegebene Forschungsbericht, der dem Grenzbereich zwischen abhängiger und selbständiger Beschäftigung Berufsgruppen von der Anwältin über den Fliesenleger bis zum Zeitungsausträger zuordnet[87].

Übereinstimmend kennzeichnet abhängige Selbständigkeit jedoch, daß durch die Umgehung des Arbeitnehmerstatus ein Teil des unternehmerischen Risikos den Beschäftigten überbürdet wird, während es hierfür an einem angemessenen Ausgleich fehlt. Es erfolgt insoweit eine einseitige Risikoauslagerung aus dem Bereich des Unternehmens in den Bereich des Beschäftigten.

Zum Teil haben die Beschäftigten im Bereich der Arbeitsorganisation und der Tagesplanung Freiheiten, die Arbeitnehmern auch unter der Berücksichtigung von flexiblen Arbeitszeiten nicht zustehen. Aber auch das ist nicht bei allen Beschäftigungen der Fall. Zum Teil sind sie fest in die betrieblichen Arbeitsplanungen zusammen mit den Arbeitnehmern eingebunden.

Von nicht abhängigen Selbständigen unterscheiden sie sich dadurch, daß sie an einen Auftraggeber gebunden sind, der ihnen feste vertragliche Vorgaben in bezug auf z. B. die Preisgestaltungen macht. Ein eigenständiges Gestalten des Arbeitsbereichs im Hinblick auf wirtschaftliche Aspekte ist ihnen daher nicht möglich.

D. Empirische Untersuchungen zur Verbreitung der abhängigen Selbständigkeit

Um die Relevanz der abhängigen Selbständigkeit oder Scheinselbständigkeit einschätzen zu können, ist es notwendig, genauere Zahlen über die abhängig Selbständigen auf dem Arbeitsmarkt zu erhalten.

---

84 BAG vom 4. Oktober 1991 AP Nr. 54 zu § 611 BGB – Abhängigkeit.

85 Vgl. BT-Drucksache 8/4509, S. 18.

86 Wirtschaftswoche Nr. 24/1994, Schöner Schein, S. 21 ff.

87 *Dietrich,* BMA Band 262, Empirische Befunde zur „Scheinselbständigkeit“, S. 159 ff.

I. Empirische Studien der siebziger und achtziger Jahre

In den siebziger und achtziger Jahren wurden mehrere empirische Untersuchungen durchgeführt. Beschränkt auf die freien Mitarbeiter im Rundfunk wurde 1978 im Rahmen eines juristischen Gutachtens eine Schätzung zum Anteil von freien Mitarbeitern bei den Rundfunkanstalten von ARD und ZDF erstellt. Auf Basis einer Datengrundlage von 1971 kommt die Untersuchung hierbei zu einer Zahl von 100.000 freien Mitarbeitern[88].

Eine ähnliche Zahl ergibt eine Umfrage des FORSA-Insituts aus dem Jahre 1986. Hiernach übernahmen 4% der Selbständigen Arbeitnehmertätigkeiten mit einer dem Selbständigenstatus angepaßten Vertragsregelung. Dies ergab ebenfalls eine Verbreitung der abhängigen Selbständigkeit auf etwa 100.000 Selbständige.

Eine größere Verbreitung der abhängigen Selbständigkeit stellt sodann eine Untersuchung von *Mayer/Paasch,* veröffentlicht 1990, fest. Sie kommen für die alten Bundesländer auf 600.000 Personen, die im Grenzbereich zwischen abhängiger und selbständiger Beschäftigung tätig sind[89].

Jüngere Schätzungen gehen von einer Verbreitung zwischen 500.000 und einer Million abhängigen Selbständigen aus[90].

II. Studie „Empirische Befunde zur Scheinselbständigkeit" des Bundesarbeitsministeriums

Diese Erhebungen und Schätzungen beziehen sich jedoch ausschließlich auf die Situation der alten Bundesländer. Eine empirische Untersuchung, die sowohl die Situation in den alten als auch in den neuen Bundesländern berücksichtigt, liegt mit der von der Bundesregierung in Auftrag gegebenen Studie zum Thema „Scheinselbständigkeit" vor[91]. Im Rahmen dieser 1996 veröffentlichten Studie wurde in einer repräsentativen telefonischen Umfrage versucht, das ungefähre Ausmaß der abhängigen Selbständigkeit in der Bundesrepublik Deutschland zu ermitteln. Hierbei wurden sowohl Personen mit in die Untersuchung einbezogen, die sich selbst als Arbeitnehmer einstuften, als auch Personen, die sich selbst als Selbständige ansehen[92].

---

88 *Ossenbühl,* Rechtsprobleme der Freien Mitarbeiter im Rundfunk, S. 13.

89 *Mayer/Paasch,* Ein Schein von Selbständigkeit, S. 28.

90 *Steinmeyer,* Behandlung von Scheinselbständigkeit aus sozialversicherungsrechtlicher Sicht unter Einbeziehung arbeitsrechtlicher Aspekte, S. 52.

91 *Dietrich,* BMA Band 262, Empirische Befunde zur Scheinselbständigkeit; Zusammenfassung der wichtigsten Ergebnisse bei *Kepper,* BABl. 1997, 3 ff.

92 *Dietrich,* BMA Band 262, Empirische Befunde zur Scheinselbständigkeit, S. 29.

Zur Verbreitung der abhängigen Selbständigkeit ließen sich im Rahmen einer Expertenbefragung während der Studie insbesondere folgende Personengruppen ausmachen[93]:

„1) Personen, die unmittelbar aus ihrer abhängigen Beschäftigung ausgegliedert wurden und die gleiche Tätigkeit nunmehr in selbständiger Form ausüben;

2) Existenzgründer, die in ihrer Tätigkeit eine Möglichkeit zur späteren Begründung einer selbständigen Beschäftigung sehen;

3) Gruppen, denen weder eine selbständige Tätigkeit noch eine Tätigkeit als Arbeitnehmer offensteht."

Die Ergebnisse der Studie haben diese Schätzungen zur Strukturierung der abhängigen Selbständigkeit lediglich zum Teil bestätigt. Zwar sind auch die eben benannten Bevölkerungsgruppen als abhängig Selbständige tätig. Die Gesamtbetrachtung der Grauzone zwischen abhängiger und selbständiger Beschäftigung ergibt jedoch ein differenzierteres Bild. Die Studie geht zunächst auf Haupterwerbstätige und Nebenerwerbstätige ein.

1. Haupterwerbstätige

Insgesamt wurden im Rahmen der statistischen Erhebung hochgerechnet auf die deutschsprachige Wohnbevölkerung ab 14 Jahren 938.000 Personen ausgemacht, die eine Haupterwerbstätigkeit ausüben, die der Grauzone zwischen selbständiger und abhängiger Beschäftigung zuzuordnen ist[94].

Diese Personen wurden in drei verschiedene Gruppen eingeteilt: Je nach Vertragsgestaltung wurden sie entweder als Arbeitnehmer, als semiabhängige Beschäftigte oder als Selbständige erfaßt.

Wer hierbei als scheinselbständig, also tatsächlich als Arbeitnehmer, wer als selbständig und wer einer dazwischen liegenden Gruppe als semiabhängig zuzuordnen ist, divergiert jeweils danach, welche Definition der Einordnung als Arbeitnehmer oder selbständig zugrunde zu legen ist.

Ein restriktiveres Modell lehnt sich an die Rechtsprechung des Bundesarbeitsgerichts an, das als Abgrenzungskriterium auf die persönliche Abhängigkeit abstellt[95]. Hiernach sind 48% und damit 450.000 der befragten Personen als beruflich selbständig einzustufen, sowie 19% und damit 179.000 als abhängig Beschäftigte. Währenddessen weisen hiernach 30%, was 282.000 Beschäftigten entspricht, sowohl Merkmale als Selbständige als auch als abhängig Beschäftigte auf und wurden dementsprechend im Rahmen der Studie als „semiabhängig" eingestuft[96].

---

93 *Dietrich,* BMA Band 262, Empirische Befunde zur Scheinselbständigkeit, S. 13.

94 *Dietrich,* BMA Band 262, Empirische Befunde zur Scheinselbständigkeit, S. 83.

95 Zum Arbeitnehmerbegriff des Bundesarbeitsgerichts vergleiche die näheren Ausführungen auf S. 56 ff.

Alternativ wurde die Unterteilung nach einem Arbeitnehmerbegriff vorgenommen, der die freiwillige Übernahme des Unternehmerrisikos als Abgrenzungskriterium heranzieht. Hiernach sind 30% und damit 292.000 der in der Grauzone Beschäftigten als Selbständige anzusehen, dagegen werden 44% und damit 410.000 als Arbeitnehmer eingestuft. Als „semiabhängig" sind nach diesem Modell 24% der Beschäftigten einzuordnen, was 226.000 Personen entspricht[97].

2. Nebenerwerbstätige

Niedrigere Selbständigenanteile ergeben sich im Bereich der Nebenerwerbstätigen. Nach den Umfragen des Instituts für Arbeitsmarkt- und Berufsforschung (IAB) sind im bezug auf ihre Nebentätigkeit 1,5 Millionen Personen der Grauzone zwischen abhängiger und selbständiger Beschäftigung zuzuordnen. 585.000 Personen hiervon gehen in ihrer Haupterwerbstätigkeit einer abhängigen Beschäftigung nach und üben zusätzlich eine Nebenbeschäftigung in der Grauzone zwischen abhängiger und selbständiger Beschäftigung aus. 954.000 Personen gehören im Rahmen dieser Gruppe als Schüler, Studierende, Hausfrauen und -männer, Arbeitslose und Frührentner den Nichterwerbstätigen an, üben jedoch in beachtlichem Umfang Nebentätigkeiten aus[98].

Auch hier ergeben sich, je nach Abgrenzung zwischen abhängiger und selbständiger Beschäftigung, unterschiedliche Ergebnisse hinsichtlich des Anteils an Arbeitnehmern und Selbständigen. Nach dem restriktiveren BAG-Modell sind 610.000 des betroffenen Personenkreises als Selbständige einzustufen, 573.000 als „semiabhängig", sowie 329.000 als Arbeitnehmer. Nach dem anderen, weiteren Modell dagegen sind lediglich 217.000 Personen als selbständig, 402.000 als semiabhängig, sowie 901.000 als abhängig beschäftigt anzusehen.

3. Personengruppen im Grenzbereich

Die Studie des IAB versucht auch zu klären, welche Personengruppen insbesondere im Grenzbereich zwischen selbständiger und abhängiger Beschäftigung tätig sind.

a) Alte und neue Bundesländer

Hierbei liefert sie zunächst einen Vergleich zwischen der Verbreitung abhängiger Selbständigkeit in den alten und den neuen Bundesländern. Nach Ergebnissen

96 *Dietrich,* BMA Band 262, Empirische Befunde zur Scheinselbständigkeit, S. 83.

97 *Dietrich,* BMA Band 262, Empirische Befunde zur Scheinselbständigkeit, S. 84.

98 *Dietrich,* BMA Band 262, Empirische Befunde zur Scheinselbständigkeit, S. 85.

der Studie ist der Anteil der Befragten aus den alten Bundesländern, die eine solche Tätigkeit ausüben, signifikant höher als der entsprechende Anteil der Bevölkerung der neuen Bundesländer insgesamt in der Erhebung[99]. Der Anteil der Erwerbstätigen in der Grauzone von selbständig und abhängig ausgeübter Erwerbsarbeit bezogen auf die erwerbstätige Bevölkerung in der Bundesrepublik Deutschland beträgt nach den Erhebungen der Studie in den alten Bundesländern 4,2%, während in den neuen Bundesländern lediglich 2,8% der Erwerbstätigen im Bereich der abhängigen Selbständigkeit tätig sind.

b) Abhängige Selbständigkeit und Frauenerwerbsarbeit

Die Berufsfelder, die im wesentlichen mit abhängiger Selbständigkeit verbunden werden, insbesondere im Bau- und Transportgewerbe, sind zwar überwiegend männlich geprägt. Die Umfrage des IAB kommt dennoch zu dem Ergebnis, daß überwiegend Frauen im Bereich der abhängigen Selbständigkeit tätig sind[100]. Zwar sind in absoluten Zahlen gesehen mehr Männer in der Grauzone zwischen selbständiger und abhängiger Arbeit tätig. Bezogen auf jeweils alle erwerbstätigen Männer und Frauen ist der Anteil der Frauen, die im Bereich der abhängigen Selbständigkeit tätig sind mit 3,3% jedoch erheblich höher als der der Männer mit 2,79%. Das gilt nicht nur für die Arbeit in diesem Bereich allgemein, sondern auch für die letztlich im Rahmen der Studie vorgenommen Einteilung als Arbeitnehmer, als Selbständige oder als Semiabhängige. Nach beiden im Rahmen der Studie gewählten Modellen sind erheblich mehr Frauen als Männer materiell als abhängig beschäftigt anzusehen. Das spiegelt sich auch im Bereich der Semiabhängigkeit wieder. Auch hier nennt die Studie mehr Frauen als Männer, die als semiabhängig zu beurteilen wären[101]. Tatsächlich selbständig sind nach der Studie also erheblich weniger Frauen als Männer.

c) Schulabschluß

Die oben erwähnten Beispiele zur Beschreibung der abhängigen Selbständigkeit könnten es nahelegen, daß gerade Personen ohne oder mit nur geringer Schulbildung im Grenzbereich zwischen abhängiger und selbständiger Tätigkeit beschäftigt werden. Diese Vermutung wird aber durch die Studie des IAB nicht bestätigt. Stattdessen weisen die befragten Haupterwerbstätigen in der Grauzone im Vergleich zu den deutschen Erwerbstätigen insgesamt einen deutlich höheren Anteil an Abiturienten und einen deutlich niedrigeren Anteil an Hauptschulabsolventen auf[102].

99 *Dietrich,* BMA Band 262, Empirische Befunde zur Scheinselbständigkeit, S. 86.

100 *Dietrich,* BMA Band 262, Empirische Befunde zur Scheinselbständigkeit, S. 89.

101 *Dietrich,* BMA Band 262, Empirische Befunde zur Scheinselbständigkeit, S. 89 f.

102 *Dietrich,* BMA Band 262, Empirische Befunde zur Scheinselbständigkeit, S. 95.

d) Motive der Beschäftigten

Die Motive der Beschäftigten versuchte die Studie durch die mögliche Konfrontation mit der Arbeitslosigkeit zu untersuchen. Hierbei ist, so die Studie, der Wunsch, der Arbeitslosigkeit durch Aufnahme der Tätigkeit zu entkommen, nur bei knapp 30% der Befragten anzunehmen. 28,1% der Haupterwerbstätigen waren unmittelbar vor der Aufnahme der fraglichen Vertragsverhältnisse arbeitslos oder von der Arbeitslosigkeit bedroht. Dies unterteilt sich in 16,4%, die zum Zeitpunkt der Vertragsaufnahme arbeitslos waren und 11,7%, die vorher in einem Arbeitsverhältnis tätig waren und vor der Alternative standen, den angebotenen Vertrag zu akzeptieren oder arbeitslos zu werden[103].

4. Aussagekraft der Studie

Mit dieser Untersuchung sind erstmals seit 1990 Zahlen verfügbar, die aufgrund einer repräsentativen Untersuchung ermittelt wurden und dadurch geeignet sein können, ein Bild von der Verbreitung abhängiger Selbständigkeit in Deutschland zu zeichnen. Genaue Zahlen, die eine exakte Bestimmung der Ausbreitung der abhängigen Selbständigkeit ermöglichen, kann jedoch auch die Studie nicht liefern. Das liegt in der Natur des zu untersuchenden Betätigungsfeldes. Da es sich um eine „Grauzone" zwischen zwei Tätigkeitsfeldern handelt, ist es äußerst schwierig, objektiv zu bestimmen, wie die Grauzone exakt zu umreißen ist. Die Vermutung, daß die Größenordnung wohl zwischen 500.000 und 1.000.000 Personen zu bestimmen ist, hat die Studie bestätigt. Diese Größenordnung legt nahe, daß es sich bei der abhängigen Selbständigkeit einerseits um eine Beschäftigungsform handelt, die fester Bestandteil von Unternehmenspolitik ist und sich auf eine nicht zu vernachlässigende Zahl von Beschäftigten erstreckt. Andererseits ist die Verbreitung der abhängigen Selbständigkeit nicht so groß, daß sie den Beschäftigungsmarkt gänzlich verändern wird. Sie ist, neben anderen Formen der atypischen Beschäftigung, ein weiteres Element zur Veränderung des Arbeitsmarkts.

Keinen Aufschluß gibt die Studie jedoch darüber, wie die von den Befragten ausgeübte Tätigkeit in der Praxis tatsächlich aussieht. Zwar unterscheidet die Studie nach verschiedenen Wirtschaftszweigen des Auftraggebers[104]. Jedoch wird nicht deutlich, wie sich die praktische Arbeit in diesen Berufsfeldern von der eines Normalarbeitsverhältnisses unterscheidet. So fehlt es an einem Vergleich mit den oben[105] exemplarisch angeführten Tätigkeitsfeldern und damit, inwieweit diese Gestaltung der Dienst- oder Werkverträge den Graubereich zwischen Abhängigkeit und Selbständigkeit prägt.

---

103 *Dietrich*, BMA Band 262, Empirische Befunde zur Scheinselbständigkeit, S. 125.

104 *Dietrich*, BMA Band 262, Empirische Befunde zur Scheinselbständigkeit, S. 111.

105 Vgl. die Ausführungen auf S. 36 ff.

Diese fehlende Gegenüberstellung führt dazu, daß eine wesentliche Frage im Zusammenhang mit der Untersuchung unbeantwortet bleiben mußte. Die Studie fragt nicht, wann abhängige Selbständigkeit auch gleichzeitig eine prekäre Beschäftigung ist. Handlungsbedarf im Bereich der abhängigen Selbständigkeit ist lediglich dann gegeben, wenn diese Beschäftigungsform dazu führt, daß arbeits- und sozialrechtliche Schutzmodelle unterlaufen werden und hierfür keinerlei Ausgleich stattfindet. Die mit der abhängigen Selbständigkeit einhergehenden Probleme in diesem Bereich waren der Ansatzpunkt für die Bundesregierung, eine solche Studie in Auftrag zu geben[106]. Auf diese Problemlage geht die Studie jedoch nur eingeschränkt ein.

Schließlich beschränkt sich die Studie darauf, die deutschsprachige Bevölkerung in die Studie einzubeziehen. Ein nicht unerheblicher Teil der abhängigen Selbständigen, gerade im Baugewerbe, kommt jedoch aus dem europäischen Ausland, insbesondere aus Großbritannien, wo das Betreiben eines Gewerbes keinen hinreichenden Kontrollen unterliegt[107]. Ein wichtiger Bereich der abhängigen Selbständigkeit wird daher durch den Befragtenkreis überhaupt nicht erfaßt. Somit weist die Studie im Bereich der prekären abhängigen Selbständigkeit durch die Beschränkung auf die deutschsprachige Bevölkerung einige Defizite auf.

Nicht hinreichend Aufschluß gibt die Studie damit über die Frage, wann abhängige Selbständigkeit eine prekäre Beschäftigungsform ist und wie sich diese, insbesondere bei ausländischen Unternehmern, verbreitete. Die Studie bietet jedoch einen Überblick über die Größenordnung, die die abhängige Selbständigkeit in Deutschland erreicht hat. Die bisherigen Schätzen in einem Umfang von 500.000 bis zu 1.000.000 abhängigen Selbständigen werden durch die Studie bestätigt. Damit ist eine Größenordnung erreicht, die von Politik und Rechtsprechung nicht mehr vernachlässigt werden können[108]. Da bis dato noch keine rechtlichem Maßnahmen verabschiedet sind, besteht hier von seiten der Politik und der Justiz erheblicher Handlungsbedarf.

5. Zwischenergebnis

Ergebnis der Untersuchung des Bundesarbeitsministeriums ist zunächst, daß erstmals verläßliche Zahlen zum ungefähren Umfang der Verbreitung abhängiger Selbständigkeit vorliegen. Der so bezeichnete Graubereich zwischen abhängiger und selbständiger Tätigkeit umfaßt einen Personenkreis in der Größenordnung von

106 BT-Drucksache 12/7484, Antwort auf die Kleine Anfrage der Abgeordneten *Regina Kolbe, Brigitte Adler, Gerd Andres,* sowie weiterer Abgeordneter und der Fraktion der SPD – BT-Drucksache 12/7279.

107 Vgl. „Schöner Schein", Wirtschaftswoche Nr. 28/1994, S. 28 ff.; *Mankowski,* BB 1997, 465.

108 Vgl. auch *Kepper,* BABl. 1997, 3 (5).

etwa 938.000 Beschäftigten. Dies entspricht einem Anteil von etwa 4% der deutschen Bevölkerung im Alter von über 14 Jahren[109]. Deren Einordnung in das bestehende rechtliche System gestaltete sich im Rahmen der Untersuchung als schwierig. Hierfür wurde eine Dreiteilung in Arbeitnehmer, Selbständige und Semiabhängige vorgenommen. Je nach vorhandenem rechtlichen Modell ergab sich ein erheblicher Unterschied hinsichtlich der Zuordnung zu diesen Gruppen.

Das Phänomen von Beschäftigungsformen, die unter dem Begriff „Scheinselbständigkeit“ erörtert werden, sollte aufgrund dieser zahlreichen Unsicherheiten und der erheblichen Größenordnung einen Handlungsbedarf von seiten der Gesetzgebung und der Rechtsprechung nach sich ziehen.

E. Initiativen zum Umgang mit der abhängigen Selbständigkeit

Diesem Handlungsbedarf hat die Bundesregierung zunächst durch die Verbesserung von Kontrollen Rechnung getragen. Nach Angaben der Bundesregierung sind die Instrumentarien zur Aufdeckung von Scheinselbständigkeit insbesondere durch folgende Maßnahmen verbessert worden[110]:

> "– Seit 1995 sind regelmäßige Übermittlungen von Gewerbeanzeigen an die Einzugsstellen vorgeschrieben;
>
> – die Prüfungsbefunde nach der Beitragsüberwachungsordnung sind seit Mitte 1996 verbessert worden. Jetzt können Betriebsprüfer – auch ohne Verdachtsmomente – über den Bereich der Lohn- und Gehaltsabrechnung hinaus Unterlagen einsehen, also auch Verträge mit freien Mitarbeitern, um etwaige der Versicherungspflicht unterliegende Beschäftigung zu ermitteln."

Im übrigen verwies die Bundesregierung darauf, daß sie eine Gesamtlösung zur Problematik der Scheinselbständigkeit und der geringfügigen Beschäftigung anstrebe[111]. Die sozialrechtlichen Probleme durch die Beschäftigung in Form von freien Mitarbeiterverträgen sind bisher besonders augenfällig geworden. Ausbleibende Sozialversicherungsbeiträge lassen nicht nur Probleme für die Betroffenen im Bereich der Kranken- und Altersversicherung vermuten, sondern führen auch zu erheblichen finanziellen Einbußen bei den Sozialversicherungsträgern.

Vor diesem Hintergrund trat im Zusammenhang mit der abhängigen Selbständigkeit insbesondere der Gedanke in den Vordergrund, diese in die Sozialversicherungssysteme einzubeziehen. Durch eine Neufassung des Begriffs der nichtselb-

---

[109] Vgl. auch *Papier/Möller*, VSSR 1996, 243 (254).

[110] BT-Drucksache 13/11261, S. 22: Antwort der Bundesregierung auf die kleine Anfrage des Bundestagsabgeordneten *Karl Hermann Haack* (SPD), vgl. auch den Bericht in AuR 1998, 371.

[111] BT-Drucksache 13/9439, S. 2.

ständigen Arbeit sollten auch diejenigen in die Sozialversicherung einbezogen werden, die nicht Arbeitnehmer sind, aufgrund ihrer tatsächlichen Beschäftigungsform jedoch schutzbedürftig bezüglich ihrer Altersversorgung und im Krankheitsfall sind[112]. Diese Überlegungen sind in einen Vorschlag für die Neufassung des § 7 SGB IV eingegangen[113], der dem Problem der abhängigen Selbständigkeit zumindest auf der sozialrechtlichen Seite insoweit abhelfen soll, daß im Krankheits- und Rentenfall eine soziale Absicherung gewährleistet wird. Die im Rahmen der Neufassung angestrebte Neudefinition des Beschäftigtenbegriffs sollte nach dem Vorschlag dadurch verstärkt werden, daß eine Vermutung dafür spreche, daß die abhängigen Selbständigen als abhängige Beschäftigte anzusehen sind[114].

Der Vorschlag lautete:

„Das Vierte Buch Sozialgesetzbuch vom 23. Dezember 1976 (BGBl. I S. 3845) wird wie folgt geändert:

§ 7 wird wie folgt geändert:

a) Nach Absatz 1 wird folgender neuer Absatz 2 eingefügt:

(2) Nichtselbständige Arbeit liegt auch vor bei Personen, die erwerbsmäßig tätig sind und insbesondere

1. im Zusammenhang mit ihrer Tätigkeit mit Ausnahme von Famillienangehörigen keine Arbeitnehmer beschäftigen,
2. regelmäßig nur für einen Auftraggeber tätig sind,
3. für Beschäftigte typische Arbeitsleistungen erbringen und
4. nicht aufgrund unternehmerischer Tätigkeit am Markt auftreten.

Nehmen Personen eine dem äußeren Anschein nach selbständige Tätigkeit auf und liegen mindestens zwei der in Satz 1 genannten Umstände vor, besteht die widerlegbare Vermutung, daß eine Beschäftigung ausgeübt wird.

b) Der bisherige Absatz 2 wird Absatz 3.

c) Nach Absatz 3 wird folgender neuer Absatz 4 angefügt:

(4) Bei einer nichtselbständigen Tätigkeit nach Absatz 2 gilt der Auftraggeber als Arbeitgeber. Auftraggeber ist jede natürliche oder juristische Person oder Personengesamtheit, die im Wege eines Auftrages oder in sonstiger Weise eine andere Person mit einer Tätigkeit betraut, sie ihr vermittelt oder ihr Vermarktung oder Verkauf von Produkten nach einem bestimmten Organisations- und Marketingkonzept überläßt."

Diesen Vorschlag griff die Bundesregierung im Oktober 1998 auf und legte einen Gesetzentwurf vor, der nach seiner Verabschiedung zum 1. Januar 1999 in

---

112 *Einem,* BB 1994, 60 ff.; *Kretschmer,* ZSR 1994, 462; *Kretschmer,* AuR 1997, 327 (328 ff.); *Papier/Möller,* VSSR 1996, 243; *Rüppel/Kröll,* SozVers 1992, 259; *Vogel,* AuA 1997, 303.

113 Gesetzentwurf der Länder NRW und Hessen vom 23. Oktober 1996 – BR-Drucksache 793/96; wortgleicher Gesetzentwurf der SPD-BT-Fraktion vom 11. Dezember 1996 – BT-Drucksache 13/6549; Regelungsinitiative Bündnis 90/Die Grünen vom 15. April 1997 – BT-Drucksache 13/7421; ablehnend hierzu *Ettwig,* AG 1997, 562 ff.

114 Gesetzentwurf der SPD zur Bekämpfung von Scheinselbständigkeit, BT-Drucksache 13/6549, S. 6: *Steinmeyer,* Lohn- und Sozialdumping als Folge von Scheinselbständigkeit, S. 32.

Kraft trat[115]. § 7 SGB IV wurde um einen vierten Absatz ergänzt. Dieser lautete wie folgt:

„Bei Personen, die erwerbsmäßig tätig sind und

1. im Zusammenhang mit ihrer Tätigkeit mit Ausnahme von Familienangehörigen keinen versicherungspflichtigen Arbeitnehmer beschäftigen,

2. regelmäßig und im wesentlichen nur für einen Auftraggeber tätig sind,

3. für Beschäftigte typische Arbeitsleistungen erbringen, insbesondere Weisungen des Auftraggebers unterliegen und in die Arbeitsorganisation des Auftraggebers eingegliedert sind, oder

4. nicht aufgrund unternehmerischer Tätigkeit am Markt auftreten,

wird vermutet, daß sie gegen Arbeitsentgelt beschäftigt sind, wenn mindestens zwei dieser Merkmale vorliegen. [...]"

§ 2 Nr. 9 des SGB VI ging noch über diesen Ansatzpunkt hinaus und bezog erstmals arbeitnehmerähnliche Personen in die Versicherungspflicht ein. Er lautete:

„Personen, die im Zusammenhang mit ihrer selbständigen Tätigkeit mit Ausnahme von Familienangehörigen (§ 7 Abs. 4 Satz 3 Viertes Buch) keine versicherungspflichtigen Arbeitnehmer beschäftigen sowie regelmäßig und im wesentlichen nur für einen Auftraggeber tätig sind (arbeitnehmerähnliche Selbständige)"

Diese gesetzliche Regelung stieß auf nachhaltige Kritik[116]. Das neue Gesetz führe zu einer erheblichen finanziellen Belastung der Arbeitgeber und zu Rechtsunsicherheiten. Es sei nicht geeignet, arbeitsmarktpolitische Probleme zu lösen sondern führe zu einem Anstieg von Schwararbeit. Vor dem Hintergrund dieser massiven Kritik rief die Bundesregierung eine Kommission ins Leben, die die Kritik auswerten und die Notwendigkeit einer Gesetzesänderung ausloten sollte. Die Kommission schlug nach ausführlicher Debatte[117] einige Änderungen der bestehenden Regelung vor, die in einen neuerlichen Gesetzentwurf der Regierungsfraktionen, das „Gesetz zur Förderung der Selbständigkeit", mündeten[118]. Hierbei sollten unter anderem die folgenden Punkte aufgegriffen werden:

– Klarstellung, daß die Grundsätze zur Abgrenzung zwischen abhängiger und selbständiger Tätigkeit sowie der Amtsermittlungsgrundsatz in der Sozialversicherung unverändert weitergelten,

– Präzisierung und Ergänzung der Vermutungsmerkmale,

– Erweiterte Möglichkeiten zur Befreiung von der Rentenversicherungspflicht für Selbständige, insbesondere zur Förderung von Existenzgründungen,

– Verlängerung der Frist für den Befreiungsantrag von Selbständigen.

---

115 BGBl. 1998 I, S. 2343.

116 *Bauer/Diller/Lorenzen,* NZA 1999, 169 ff.; Buchner, DB 1999, 146 ff.

117 Vgl. den Zwischenbericht der Kommsission, RdA 1999, 350 ff. und den Abschlußbericht der Kommission, NZA 1999, 1260 ff.

118 BT-Drucksache 14/1855.

§ 7 Abs. 4 des SGB IV wurde wie folgt neu gefaßt:

„Bei einer erwerbsmäßig tätigen Person, die ihre Mitwirkungspflichten nach § 206 des Fünften Buchs Sozialgesetzbuch oder nach § 196 Abs. 1 des Sechsten Buchs Sozialgesetzbuch nicht erfüllt, wird vermutet, daß sie beschäftigt ist, wenn mindestens drei der folgenden fünf Merkmale vorliegen:

1. Die Person beschäftigt im Zusammenhang mit ihrer Tätigkeit regelmäßig keinen versicherungspflichtigen Arbeitnehmer, dessen Arbeitsentgelt aus diesem Beschäftigungsverhältnis regelmäßig im Monat 630 DM übersteigt,
2. sie ist auf Dauer und im wesentlichen für einen Auftraggeber tätig;
3. ihr Auftraggeber oder ein vergleichbarer Arbeitgeber läßt entsprechende Tätigkeiten regelmäßig durch von ihm beschäftigte Arbeitnehmer verrichten;
4. ihre Tätigkeit läßt typische Merkmale unternehmerischen Handelns nicht erkennen;
5. ihre Tätigkeit entspricht dem äußeren Erscheinungsbild nach der Tätigkeit, die sie für denselben Arbeitgeber zuvor aufgrund eines Beschäftigungsverhältnisses ausgeübt hat. [...]"

Das Gesetz trat am 1. Januar 2000 in der geänderten Fassung rückwirkend zum 1. Januar 1999 in Kraft. Zwar konnte auch die neue Gesetzesfassung nicht alle rechtspolitischen Bedenken ausräumen[119], stieß jedoch auf erheblich weniger nachhaltige Kritik als die vorangegangene Gesetztesfassung.

Die rechtspolitische Debatte über die arbeitsrechtlichen Probleme ist durch die Auseinandersetzung um dieses Gesetz nicht befördert worden. Vielmehr wurde sich darauf zurückgezogen, die sozialrechtlichen Änderungen enthielten keine arbeitsrechtlichen Implikationen[120]. Die Chance, die sozialrechtliche Debatte auch für das Arbeitsrecht fruchtbar zu machen, blieb damit weitgehend ungenutzt. Lediglich rechtswissenschaftlich gibt es einige Ansätze zur rechtlichen Einbeziehung abhängiger Selbständiger. Es wird unter anderem diskutiert, inwieweit bezogen auf das Franchising eine Einbeziehung der abhängigen Selbständigen im kollektiven Arbeitsrecht durch Auslegungsmethoden und Analogiebildungen möglich erscheint[121].

Demgegenüber gibt es wenige innovative Ansätze für eine Einbeziehung der abhängigen Selbständigen in arbeitsrechtliche Vorschriften. Eingang hat die Diskussion um die abhängige Selbständigkeit in gewissem Rahmen in die Debatte um die Kodifikation des Arbeitsrechts in einem Arbeitsvertragsgesetz gefunden. Trotz dieser Bemühungen um eine gesetzliche Kodifikation des Arbeitnehmerbegriffs, deren Tauglichkeit im weiteren Rahmen der Untersuchung erörtert wird[122], muß je-

---

119 *Bauer/Diller,* NZA 1999, 745 f.; *Bauer/Diller/Schuster,* NZA 1999, 1297 ff.

120 *Bauer/Diller/Lorenzen,* NZA 1999, 169, 174 f.; *Buchner,* DB 1999, 146, 147.

121 *Gittermann,* Arbeitnehmerstatus und Betriebsverfassung in Franchise-Systemen; *Selzner,* Betriebsverfassungsrechtliche Mitbestimmung in Franchisesystemen; *Buschbeck-Bülow,* BB 1989, 352; *Buschbeck-Bülow,* BB 1990, 1061; *Skaupy,* BB 1990, 134; *Skaupy,* BB 1990, 1061.

122 Vgl. die Ausführungen auf S. 75 ff.

doch davon ausgegangen werden, daß im Bereich des Individualarbeitsrechts keine tiefgreifenden gesetzlichen Änderungen erfolgen, die den juristischen Umgang mit der abhängigen Selbständigkeit vereinfachen und kanalisieren[123].

Gerade eine rechtswissenschaftliche Debatte um die abhängigen Selbständigen ist daher zu wünschen. Einige Ansätze hierfür sind bereits vorhanden[124]. Eine Vertiefung dieser Diskussion soll erfolgen. Für den weiteren Umgang mit der abhängigen Selbständigkeit ist vor dem Hintergrund der Unwahrscheinlichkeit einer Kodifikation des Arbeitsrechts besonders von Bedeutung, welche Möglichkeiten sich aufgrund der geltenden Rechtslage ergeben. Die grundlegenden Veränderungen in der Arbeitswelt zeigen, daß ein Umgang mit arbeitsrechtlichen Begriffen, der übermäßig dem traditionellen Betriebs- und Unternehmensbegriff verhaftet ist, den gesellschaftlichen Entwicklungen nicht gerecht wird. Darum sind gerade die Spielräume von Bedeutung, die das geltende Recht für neue, diesen Anforderungen gewachsene, Lösungswege offenhält.

---

123 *Appel/Frantzioch,* AuR 1998, 93 (94).

124 *Hromadka,* NZA 1997, 569 ff.; *Hromadka,* NZA 1997, 1249 ff.; *Hromadka,* NZA 1998, 1 ff.; *Hromadka,* DB 1998, 195 ff.

Kapitel 2

Rechtliche Erfassung der abhängigen Selbständigkeit

Um Spielräume im geltenden Recht zu ermitteln, die es ermöglichen, den mit der abhängigen Selbständigkeit zusammenhängenden Problemen zu begegnen, ist zunächst zu klären, welche rechtlichen Alternativen bestehen, um das Phänomen der abhängigen Selbständigkeit zu erfassen.

Die rechtliche Erfassung eines Bereichs, der als Grauzone bezeichnet werden muß, stellt die arbeitsrechtliche Literatur und Rechtsprechung, wie sich schon aus dieser Bezeichnung ergibt, vor einige Schwierigkeiten[1].

Um die hiermit zusammenhängenden Probleme aufzeigen zu können, ist zu klären, inwieweit die traditionelle arbeitsrechtliche Begrifflichkeit in der Lage ist, die abhängige Selbständigkeit zu erfassen.

Bei den abhängigen Selbständigen könnte es sich um Arbeitnehmer handeln. Um zu zeigen, welche Probleme eine solche – eindeutige – Zuweisung in der Praxis macht, ist es erforderlich, zunächst den von der Rechtsprechung entwickelten und verwendeten Begriff des Arbeitnehmers herauszuarbeiten. Hierbei ist insbesondere aufzuzeigen, in welchem Spannungsverhältnis der herrschende Arbeitnehmerbegriff zu den neuen Beschäftigungsformen steht.

Daran anschließend ist die Kritik an diesem Arbeitnehmerbegriff zu bewerten. Es findet eine Konzentration auf die jüngere Literatur statt, die den Arbeitnehmerbegriff vor dem Hintergrund atypischer Beschäftigungen kritisiert hat[2]. Auf eine darüber hinausgehende Erörterung der Debatte in der Lehre kann verzichtet werden, da der Arbeitnehmerbegriff auf seine Tauglichkeit im Hinblick auf die Erfassung der abhängigen Selbständigkeit untersucht werden soll.

Eine weitere Lösungsmöglichkeit zur sachgerechten Erfassung der abhängigen Selbständigkeit könnte jenseits der Debatte um einen neuen Arbeitnehmerbegriff zu suchen sein. Neben den Begriffen der Selbständigkeit und der Arbeitnehmereigenschaft kennt das Arbeitsrecht eine Zwischenfigur, die arbeitnehmerähnliche Person. Vor dem Hintergrund der Anwendungsprobleme des Arbeitnehmerbegriffs

---

1 Zusammenfassung des aktuellen Stands der rechtswissenschaftlichen Debatte bei *Popp*, MDR 1998, 18 ff.; *Berndt*, BB 1998, 894 ff. und *Reiserer*, BB 1998, 1258 ff. Bezogen auf den Bereich des Franchisings fassen *Horn/Hennsler*, ZIP 1998, 589 ff. den aktuellen Stand der Diskussion zusammen.

2 Zu älteren Ansätzen in der Lehre vgl. *Wank*, Arbeitnehmer und Selbständige, S. 27 ff.

ist daher zu fragen, inwieweit der Begriff der arbeitnehmerähnlichen Person geeignet ist, den abhängigen Selbständigen, die mit den verschiedenen in der Debatte befindlichen Arbeitnehmerbegriffen nicht zu erfassen sind, dennoch einen adäquaten rechtlichen Schutz zu gewähren.

A. Der Arbeitnehmerbegriff

Obwohl der Arbeitnehmerbegriff ein Schlüsselbegriff des Arbeitsrechts ist, mangelt es an einer alle Berufsgruppen erfassenden Legaldefinition. Das BGB definiert den Arbeitnehmerbegriff nicht. Nach § 611 BGB besteht kein Unterschied zwischen abhängiger und selbständiger Arbeit. Das Arbeitsrecht entstand als eigenständiges Rechtsgebiet erst nach dem Ersten Weltkrieg, so daß eine diesbezügliche Unterscheidung in den Beratungen zum BGB noch keine Rolle spielen konnte. Aber auch die in der Folge geschaffenen arbeitsrechtlichen Spezialgesetze enthalten keine Legaldefinition des Arbeitnehmerbegriffs. Zwar ist in § 5 BetrVG, § 3 MitbestG, § 2 BUrlG und § 15 Abs. 1 ArbPlSchG bestimmt, daß Arbeiter und Angestellte sowie die zur Ausbildung Beschäftigten Arbeitnehmer sind. Hiermit ist aber auch keine Definition des Arbeitnehmerbegriffs, sondern lediglich eine weitere Unterteilung des Anwendungsbereichs erfolgt. Weiterhin finden sich zum Teil Definitionen bestimmter Erwerbsgruppen. So nimmt § 2 HAG eine Bestimmung des Heimarbeiters vor. Die Definition eines allgemeinen Arbeitnehmerbegriffs blieb und bleibt somit weitgehend Rechtsprechung und Literatur überlassen.

I. Die Rechtsprechung des Bundesarbeitsgerichts

Das Bundesarbeitsgericht hat in seiner Rechtsprechung eine Reihe von Kriterien entwickelt, die für oder gegen das Vorliegen eines Arbeitsverhältnisses sprechen[3].

Demnach muß es sich bei einem Arbeitsverhältnis um eine unselbständige Tätigkeit handeln. Weiterhin muß der Arbeitnehmer zur Arbeit verpflichtet sein, nicht jedoch einen Arbeitserfolg schulden, da ein Werkunternehmer nicht Arbeitnehmer sein kann[4].

Unerheblich sei, wie die Parteien das Vertragsverhältnis bezeichnen. Der Status des Beschäftigten richte sich nicht nach den Wünschen und Vorstellungen der Vertragspartner, sondern danach, wie die Vertragsbeziehung nach ihrem Geschäftsinhalt objektiv einzuordnen sei[5]. Durch Vereinbarung der Parteien könne die Bewer-

---

3 Vgl. zur Rechtsprechung des Bundesarbeitsgerichts *Reinecke*, FS Dieterich, S. 463 ff.

4 BAG vom 23. April 1980 AP Nr. 34 zu § 611 BGB – Abhängigkeit.

5 BAG vom 27. März 1991 AP Nr. 53 zu § 611 BGB – Abhängigkeit; BAG vom 30. Oktober 1991 AP Nr. 59 zu § 611 BGB – Abhängigkeit; BAG vom 3. Juni 1998 5 AZR 656/97.

tung einer Rechtsbeziehung als Arbeitsverhältnis nicht abbedungen und der Geltungsbereich des Arbeitnehmerschutzrechts nicht eingeschränkt werden. Wenn der Vertrag abweichend von den ausdrücklichen Vereinbarungen vollzogen werde, sei die tatsächliche Durchführung maßgebend[6].

1. Persönliche Abhängigkeit

Als entscheidendes Merkmal zur Abgrenzung der abhängigen von der selbständigen Arbeit stützt sich die Rechtsprechung seit der Entscheidung des Reichsarbeitsgerichts vom 15. Februar 1930[7] auf das Ausmaß einer typischen persönlichen Abhängigkeit, in der sich der zur Dienstleistung Verpflichtete jeweils befindet. Das Bundesarbeitsgericht übernahm dieses vom Reichsarbeitsgericht entwickelte Merkmal in seiner ersten Entscheidung zum Arbeitnehmerbegriff[8] und hat es seitdem in ständiger Rechtsprechung als entscheidendes Abgrenzungskriterium zwischen Arbeitnehmern und Selbständigen beibehalten[9].

Eine wirtschaftlichen Abhängigkeit, welche zuvor vom Reichsarbeitsgericht als Abgrenzungsmerkmal verwendet wurde, ist nach der höchstrichterlichen Rechtsprechung nicht hinreichend, weil sie als Merkmal zur Bestimmung der Arbeitnehmereigenschaft ungeeignet sei. Eine wirtschaftliche Abhängigkeit sei zur Bestimmung des Arbeitnehmerstatus weder erforderlich noch hinreichend. Die wirtschaftliche Abhängigkeit sei nur ein Indiz für das Vorliegen personaler Gebundenheit, sie könne bei den Arbeitnehmern gelegentlich sogar ganz fehlen[10].

Das Bundesarbeitsgericht stützt sich für die Wertung dieser Kriterien auf die Vorschrift des § 84 HGB. Hiernach ist selbständig, wer im wesentlichen frei seine Tätigkeit gestalten und seine Arbeitszeit bestimmen kann. Unselbständig und deshalb persönlich abhängig sei somit der Mitarbeiter, dem dies nicht möglich sei[11]. Zwar gelte dieses Regelung unmittelbar nur für die Abgrenzung des selbständigen Handelsvertreters vom abhängig beschäftigten Handlungsgehilfen. Über ihren unmittelbaren Anwendungsbereich hinaus enthalte diese Bestimmung jedoch eine

---

6 BAG vom 23. April 1980 AP Nr. 34 zu § 611 BGB – Abhängigkeit; BAG vom 27. März 1991 AP Nr. 53 zu § 611 BGB – Abhängigkeit.

7 RAG vom 15. Februar 1930, ARS 8, 451 (452).

8 BAG vom 28. Februar 1962 AP Nr. 1 zu § 611 BGB – Abhängigkeit.

9 BAG vom13. Januar 1983 AP Nr. 42 zu § 611 – Abhängigkeit; BAG vom 28. Mai 1986 AP Nr. 102 zu § 620 BGB – Befristeter Arbeitsvertrag; BAG vom 3. Mai 1989, BB 1990, 779; BAG vom 22. April 1998, 5 AZR 191/97.

10 Ständige Rechtsprechung seit BAG vom 28. Februar 1962 AP Nr. 1 zu § 611 – Abhängigkeit; BAG vom 14. Februar 1974 AP Nr. zu § 611 BGB – Abhängigkeit; BAG vom 25. August 1982 AP Nr. 32 zu § 611 – Lehrer, Dozenten.

11 BAG vom 13. Januar 1983 AP Nr. 42 zu § 611 BGB – Abhängigkeit; zuletzt bestätigt durch BAG vom 14. Dezember 1999, AuR 2000, 23 f.

allgemeine gesetzliche Wertung, die bei der Abgrenzung des Dienstvertrages vom Arbeitsvertrag zu beachten sei, so das Bundesarbeitsgericht[12].

2. Eingliederung in den Betrieb

Ein wichtiges Kriterium für die persönliche Abhängigkeit ist nach Rechtsprechung des Bundesarbeitsgerichts die Eingliederung in den Betrieb[13]. Diese Eingliederung könne darin bestehen, daß der Arbeitnehmer fest in die Arbeitsabläufe des Unternehmens eingeplant sei und deshalb für ihn die Notwendigkeit bestehe, ständig eng mit den übrigen Mitarbeitern des Dienstberechtigten zusammenzuarbeiten[14]. Die Eingliederung kann sich auch darin ausdrücken, daß der Mitarbeiter für die Erfüllung seiner Aufgabe auf den technischen Apparat des Dienstberechtigten, wie das Labor oder die Büroräume, angewiesen ist[15]. Ein Indiz für die Eingliederung in den Betrieb soll weiterhin dann vorliegen, wenn der Mitarbeiter ausschließlich Arbeitsmaterial des Dienstberechtigten verwendet[16]. Der Arbeitgeber muß seinem Arbeitnehmer einen funktionsfähigen Arbeitsplatz zur Verfügung stellen[17]. Eine eigene Betriebsstätte des Beauftragten spricht mithin für die Selbständigkeit.

Von einer Eingliederung in den Betrieb kann demnach also nach Ansicht des Bundesarbeitsgerichts ausgegangen werden, sofern eine Zusammenarbeit mit anderen Mitarbeitern vorliegt und Hilfs- und Arbeitsmittel des Betriebes in Anspruch genommen werden.

3. Weisungsrecht

Zur Konkretisierung der persönlichen Abhängigkeit stellt das Bundesarbeitsgericht auch auf das Weisungsrecht ab[18].

---

12 BAG vom 13. Januar 1983 AP Nr. 42 zu § 611 BGB – Abhängigkeit; BAG vom 9. Mai 1984 AP Nr. 45 zu § 611 – Abhängigkeit.

13 BAG vom 13. August 1980 AP Nr. 37 zu § 611 BGB – Abhängigkeit; BAG vom 9. September 1981 AP Nr. 38 zu § 611 BGB – Abhängigkeit.

14 BAG vom 9. März 1977 AP Nr. 21 zu § 611 BGB – Abhängigkeit; BAG vom 15. März 1978 AP Nr. 26 zu § 611 BGB – Abhängigkeit; BAG vom 23. April 1980 AP Nr. 34 zu § 611 BGB – Abhängigkeit.

15 BAG vom 9. März 1977 AP Nr. 21 zu § 611 BGB – Abhängigkeit; BAG vom 15. März 1978 AP Nr. 26 zu § 611 BGB – Abhängigkeit; BAG vom 23. April 1980 AP Nr. 34 zu § 611 BGB – Abhängigkeit.

16 BAG vom 8. Oktober 1975 AP Nr. 18 zu § 611 BGB – Abhängigkeit.

17 BAG vom 21. März 1985 AP Nr. 35 zu § 615 BGB.

18 BAG vom 3. Juni 1998 5 AZR 656/97.

Die Eingliederung in die fremde Arbeitsorganisation zeige sich insbesondere darin, daß der Arbeitnehmer einem umfassenden Weisungsrecht seitens des Arbeitgebers unterliege[19]. Dieses Weisungsrecht könne hinsichtlich Zeit, Dauer und Ort der Ausführung der versprochenen Dienste vorliegen[20].

Hinsichtlich der Zeithoheit ist als Arbeitnehmer zu qualifizieren, wem Beginn und Ende seiner täglichen Arbeitszeit vorgeschrieben sind. Hierbei ist das einseitige Aufstellen von Dienstplänen nach Ansicht des Bundesarbeitsgerichts ein wichtiges Indiz für die Arbeitnehmereigenschaft[21]. Die bloße Festlegung des zeitlichen Umfangs berühre die persönliche Unabhängigkeit jedoch dann nicht, wenn der Mitarbeiter innerhalb eines vereinbarten zeitlichen Rahmens die Zeit seiner Tätigkeit frei bestimmen könne[22]. Daher verneint das Bundesarbeitsgericht bei freier Einteilung der Arbeitszeit regelmäßig eine Arbeitnehmereigenschaft[23]. Wird jedoch die Arbeitszeit eines vollschichtig beschäftigten Arbeitnehmers erreicht und ist die Dienstleistung im Betrieb zu erbringen, so kann davon ausgegangen werden, daß dem Beschäftigten kein hinreichender Dispositionsspielraum bleibt. Dies ist auch bei einer Tätigkeit außerhalb des Betriebes sorgfältig zu prüfen[24]. Es ist nicht erforderlich, daß der Arbeitnehmer tatsächlich in dem vereinbarten Umfang beschäftigt wird. Es genügt, wenn der Dienstberechtigte die Arbeit so organisiert hat, daß er von der ständigen Dienstbereitschaft des Mitarbeiters ausgeht[25].

Wieviel Zeit der Beschäftigte für den Arbeitgeber arbeitet, ist darüber hinaus für die Arbeitnehmereigenschaft nicht entscheidend. Das Bundesarbeitsgericht bejahte sowohl die Arbeitnehmereigenschaft eines Beschäftigten, der mehr Stunden arbeitete als andere Angestellte, die in vergleichbaren Bereichen tätig waren[26], als auch die von Teilzeitbeschäftigten[27].

Die örtliche Weisungsgebundenheit ist zwar generelle Voraussetzung für die Arbeitnehmereigenschaft. Bei Arbeiten im Außendienst wird auf die örtliche Bindung jedoch aufgrund der Eigenart der Tätigkeit weniger Wert gelegt[28].

---

19 BAG vom 15. März 1978 AP Nr. 26 zu § 611 – Abhängigkeit; BAG vom 13. Januar 1983 AP Nr. 42 zu § 611 BGB – Abhängigkeit.

20 BAG vom 21. September 1977 AP Nr. 24 zu § 611- Abhängigkeit; BAG vom 15. März 1978 AP Nr. 26 zu § 611 – Abhängigkeit.

21 BAG vom 20. Juli 1994 AP Nr. 73 zu § 611 BGB – Abhängigkeit.

22 BAG vom 9. September 1981 AP Nr. 38 zu § 611 BGB – Abhängigkeit; BAG vom 9. Mai 1984 AP Nr. 45 zu § 611 – Abhängigkeit.

23 BAG vom 9. September 1981 AP Nr. 38 zu § 611 BGB – Abhängigkeit.

24 BAG vom 7. Mai 1980 AP Nr. 35 zu § 611 BGB – Abhängigkeit.

25 BAG vom 9. Juli 1993 AP Nr. 66 zu § 611BGB – Abhängigkeit; BAG vom 20. Juli 1994 AP Nr. 73 zu § 611 BGB – Abhängigkeit.

26 BAG vom 2. Juni 1976 AP Nr. 20 zu § 611 BGB – Abhängigkeit.

27 BAG vom 12. April 1969 AP Nr. 32 zu § 620 BGB – Befristeter Arbeitsvertrag; BAG vom 14. Januar 1982 AP Nr. 65 zu § 620 BGB – Befristeter Arbeitsvertrag; BAG vom 16. März 1972 AP Nr. 10 zu § 611 BGB – Lehrer, Dozenten.

28 BAG vom 21. Januar 1966 AP Nr. 2 zu § 92 HGB.

Weiterhin müssen auch fachliche Weisungen vorliegen, durch die die Art der Arbeit und die Arbeitsmethoden geregelt werden. Das Merkmal der fachlichen Weisungsgebundenheit soll allerdings insbesondere in Berufen, in denen eine gewisse Selbständigkeit vorausgesetzt wird, nur eingeschränkte Bedeutung haben[29]. Bei Diensten höherer Art sei eine tatsächliche fachliche Weisungsgebundenheit auch im Arbeitsverhältnis nicht typisch[30].

4. Typologische Bestimmung der Arbeitnehmereigenschaft

Das Bundesarbeitsgericht hat in seinen Entscheidungen weiterhin eine Reihe von Indizien und Umständen herangezogen, um über die Arbeitnehmereigenschaft zu befinden. Unter anderem führte es an: Die Zulässigkeit von Nebentätigkeiten oder die Pflicht, die gesamte Arbeitskraft dem Dienstherrn zu Verfügung zu stellen, die Art der Vergütung, die Abführung von Steuern und Sozialversicherungsbeiträgen, die Gewährung von Urlaub, sowie die Führung von Personalunterlagen[31]. Zum Teil bejahte es die Arbeitnehmereigenschaft auch im Hinblick auf die soziale Schutzbedürftigkeit der Beschäftigten[32].

Das Bundesarbeitsgericht bedient sich somit einer ganzen Reihe von Kriterien, um über die Arbeitnehmereigenschaft zu entscheiden. Eine Gewichtung der einzelnen Kriterien und ihres Zusammenspiels nimmt das Bundesarbeitsgericht nicht vor. Bei seinen Entscheidungen betont das Bundesarbeitsgericht, daß stets auf die Wertung im Einzelfall abzustellen sei. Es gebe keine abstrakten Kriterien, die für alle Arten von Arbeitnehmern zuträfen. Für die sehr unterschiedlichen Berufsfelder könne es kaum einen einheitlichen Maßstab geben[33]. Daher gebe es keine unverzichtbaren Merkmale der persönlichen Abhängigkeit[34]. Es sei für die Entscheidung über den Arbeitnehmerstatus eine Gesamtschau entscheidend. Sämtliche Aspekte seien in die Betrachtung miteinzubeziehen und bei der Ergebnisfindung zu berücksichtigen[35].

Bei dieser Methode kann das Fehlen eines Umstandes, der in einem Fall zur Bejahung der Unselbständigkeit geführt hat, in einem anderen Fall durch andere Umstände kompensiert werden. So qualifizierte das Bundesarbeitsgericht Dozenten in Weiterbildungseinrichtungen als selbständig Tätige[36]. In einer anderen Entschei-

---

29 BAG vom 24. Oktober 1963 AP Nr. 26 zu § 611 BGB – Ärzte, Gehaltsansprüche.

30 BAG vom 13. Januar 1983 AP Nr. 42 zu § 611 BGB Abhängigkeit.

31 BAG vom 8. Juni 1967 AP Nr. 6 zu § 611 BGB – Abhängigkeit.

32 BAG vom 23. April 1980 Nr. 34 zu § 611 BGB – Abhängigkeit.

33 BAG vom 15. März 1978 AP Nr. 26 zu § 611 BGB Abhängigkeit.

34 BAG vom 23. April 1980 AP Nr. 34 zu § 611 BGB – Abhängigkeit.

35 BAG vom 13. August 1980 AP Nr. 37 zu § 611 BGB – Abhängigkeit; BAG vom 22. April 1998 5 AZR 191/97.

36 BAG vom 25. August 1982 AP Nr. 32 zu § 611 BGB – Lehrer, Dozent; BAG vom 30. Oktober 1991, DB 1992, 742.

dung bejahte es gleichwohl das Mitbestimmungsrecht des Betriebsrates nach § 99 BetrVG bei der Einstellung von Dozenten, weil diese in den Betrieb der Weiterbildungsstätte eingebunden waren[37].

Dieses Heranziehen verschiedenster Einzelpunkte, aus deren Betrachtung die Arbeitnehmereigenschaft zu bejahen oder zu verneinen ist, ist eine typologische Bestimmung eines Begriffs. Die Bildung eines Typus ist ähnlich wie die Bildung eines Begriffs. Bei der Bildung eines Begriffs werden jedoch Eigenschaften festgelegt, die stets vorhanden sein müssen. Der Typus dagegen hat keine feste Anzahl der ihn bestimmenden Merkmale, sondern lediglich eine Vielzahl von typischen Merkmalen, die im Einzelfall in sehr verschiedener Intensität vorliegen können, aber nicht vorliegen müssen[38]. Es kommt lediglich darauf an, ob die typischen Merkmale in solcher Zahl und Stärke vorliegen, daß im Ganzen der Typus vorliegt[39]. Im Fall der Arbeitnehmereigenschaft soll sich aufgrund einer Vielzahl von Indizien ein solches Erscheinungsbild ergeben, daß der „Typus" des Arbeitnehmers als gegeben angesehen werden kann[40].

Aufgrund dieser typologischen Bestimmung des Arbeitnehmerstatus blieb die Rechtsprechung des Bundesarbeitsgerichts stark kasuistisch geprägt. Da eine abschließende Klärung der Subsumtion anhand des Arbeitnehmerbegriffs dadurch schwierig blieb und bleibt, wird in der Literatur häufig eine Auflistung der berufsgruppenbezogenen Entscheidungen vorgenommen, um im Einzelfall eine Entscheidung darüber zu ermöglichen, ob die Arbeitnehmereigenschaft vorliegt[41].

5. Anwendung des Arbeitnehmerbegriffs durch das Bundesarbeitsgericht auf Fälle abhängiger Selbständigkeit

Das Bundesarbeitsgericht beschäftigte sich in seinen Urteilen auch mit der rechtlichen Einordnung neuer Beschäftigungsformen im Zusammenhang mit der Frage, ob die Arbeitnehmereigenschaft zu bejahen ist.

a) Freie Mitarbeiter beim Rundfunk

Mit Formen atypischer Beschäftigung im Zusammenhang mit dem Arbeitnehmerbegriff beschäftigte sich das Bundesarbeitsgericht zum ersten Mal in größerer

---

37 BAG vom 3. Juli 1990, BB 1990, 2188.

38 *Gittermann*, Arbeitnehmerstatus und Betriebsverfassung in Franchisesystemen, S. 55.

39 *Larenz*, Methodenlehre der Rechtswissenschaft, S. 200.

40 *Griebeling*, Der Arbeitnehmerbegriff und das Problem der „Scheinselbständigkeit", RdA 1998, 208 (209); Berichte über *Griebelings* Referat sowie über das zweite Europarechtssymposium im Bundesarbeitsgericht, in dessen Rahmen dieser Beitrag gehalten wurde: *Hanau*, NZA 1998, 467 und *Udke*, AuA 1998, 203 f.

41 *Hille*, Freie Mitarbeit, B III; *Schaub*, Arbeitsrecht, § 8 III; *Kunz/Kunz*, BuW 1995, 407 ff., 447 ff.

Zahl bei den freien Mitarbeitern der Rundfunkanstalten. In den sechziger Jahren gingen die Rundfunkanstalten dazu über, eine Reihe ihrer Beschäftigten nicht als Arbeitnehmer, sondern als „freie Mitarbeiter" anzustellen. Nach Angaben des Hessischen Rundfunks waren 1967 neben rund 16.000 Arbeitnehmern etwa 100.000 freie Mitarbeiter für die Rundfunkanstalten tätig[42]. Einige freie Mitarbeiter erhoben Statusklagen auf Feststellung, daß sie nicht als freie Mitarbeiter, sondern als Arbeitnehmer beschäftigt seien. Hiervon waren die meisten erfolgreich. Von den 550 Klagenden wurden 450 vom Bundesarbeitsgericht als Arbeitnehmer angesehen[43]. Die Rechtsprechung hat damit überwiegend die freien Mitarbeiter als Arbeitnehmer eingeordnet[44]. Zwar führte das Bundesarbeitsgericht in seinen Entscheidungen einige neue Indizien für das Vorliegen der Arbeitnehmereigenschaft ein. Insbesondere sah das Bundesarbeitsgericht als Indiz für die persönliche Abhängigkeit das Angewiesensein der freien Mitarbeiter auf den Apparat der Anstalten und das Mitarbeiterteam[45]. Im großen und ganzen hielt das Bundesarbeitsgericht jedoch an seinen bisher entwickelten Kriterien fest[46].

Die rechtliche Erfassung der freien Mitarbeiter im Rundfunk stellte die Rechtsprechung des Bundesarbeitsgerichts noch vor keine größeren Probleme. Da es sich bei den freien Mitarbeitern um eine klar umrissene Berufsgruppe handelte, konnte das Bundesarbeitsgericht mit einer nur leichten Modifikation seiner Kriterien eine Lösung für das rechtliche Problem finden. Ein grundlegender Reformbedarf des Arbeitnehmerbegriffs war daher vor dem Hintergrund dieses neuen Berufsfelds noch nicht ersichtlich.

b) Neuere Entscheidungen des Bundesarbeitsgerichts

In seinen jüngeren Entscheidungen befaßte sich das Bundesarbeitsgericht nur vereinzelt mit abhängiger Selbständigkeit. Hierbei handelte es sich überwiegend um solche Fälle atypischer Beschäftigung, die das Gericht auch bereits in früheren

---

42 *Maus,* RdA 1968, 367.

43 Zitiert nach BVerfG vom 13. Januar 1982 E 59, 231 (237).

44 BAG vom 14. Februar 1974 AP Nr. 12 zu § 611 BGB – Abhängigkeit; BAG vom 3. Oktober 1975 AP Nr. 16 zu § 611 BGB – Abhängigkeit; BAG vom 3. Oktober 1975 AP Nr. 17 zu § 611 BGB – Abhängigkeit; BAG vom 8. Oktober 1975 AP Nr. 18 zu § 611 BGB – Abhängigkeit; BAG vom 2. Juni 1976 AP Nr. 20 zu § 611 BGB – Abhängigkeit; BAG vom 9. März 1977 AP Nr. 21 zu § 611 BGB – Abhängigkeit; BAG vom 15. Februar 1978 AP Nr. 25 zu § 611 – Abhängigkeit.

45 BAG vom 9. März 1977 AP Nr. 21 zu § 611 BGB – Abhängigkeit.

46 Streitig war in diesem Zusammenhang insbesondere, ob im Anschluß an die Entscheidung des BVerfG 59, 231 ff. die Rundfunkfreiheit stärkeren Eingang in die Auslegung des Arbeitnehmerbegriffs finden sollte. Da das Urteil des BVerfG sich ausdrücklich nur auf befristete Beschäftigungsverhältnisse bezog, hielt das BAG an seiner bisherigen Rechtsprechung fest, BAG vom 13. Januar 1983 AP Nr. 42 zu § 611 BGB – Abhängigkeit, zustimmend Staudinger-*Richardi,* BGB, Rdnr. 184 vor §§ 611 ff.; aA *Dörr,* ZTR 1994, 355 (356 f.).

Urteilen zu bewerten hatte, z. B. Volkshochschuldozenten und freie Mitarbeiter im Rundfunk.

In der Entscheidung über den Status der oben angesprochenen Volkshochschuldozenten ordnete das Bundesarbeitsgericht[47] diese wiederum als freie Mitarbeiter und damit als Selbständige ein. Die Volkshochschuldozenten unterlagen inhaltlich den ministeriell vorgegebenen Curricula sowie hinsichtlich Lehrstoff und Prüfungswesen der Fachaufsicht. Sie waren an den Unterrichtsort und an die Stundenpläne gebunden. Sie nahmen auch an den Noten- und Prüfungskonferenzen teil. In seinen Entscheidungen stützte das Bundesarbeitsgericht sich darauf, daß der Volkshochschuldozent vertraglich so weitgehend gebunden sei, daß der einzelnen Volkshochschule die Einflußnahme auf den Unterricht und damit die Ausübung des Weisungsrechts weitgehend unmöglich gemacht werde.

Ebenso wertete das Bundesarbeitsgericht, daß ein Verlagslektor als freier Mitarbeiter einzuordnen sei[48]. Im Rahmen seiner Abgrenzungskriterien wies das Bundesarbeitsgericht insbesondere darauf hin, daß der Arbeitgeber innerhalb eines abgesteckten Rahmens über die Arbeitsleistung seines Mitarbeiters verfügen können müsse. Da der Lektor seine Aufgaben in selbstbestimmter Arbeitszeit und an selbstgewählten Arbeitsplätzen durchführe, fehle es an der erforderlichen persönlichen Abhängigkeit.

Weiterhin verneinte das Bundesarbeitsgericht die Arbeitnehmereigenschaft eines pauschal bezahlten Bildberichterstatters[49]. Es lehnte eine persönliche Abhängigkeit mit der Begründung ab, daß der Bildberichterstatter zwar eine bestimmte Anzahl von Bildern abzuliefern habe, er jedoch nicht zur Übernahme bestimmter Aufträge verpflichtet sei. Daß der Bildberichterstatter ihm angebotene Aufträge noch nie abgelehnt hatte, erachtete das Bundesarbeitsgericht als unerheblich für seine Entscheidung. Auch sei darauf abzustellen, daß der Bildberichterstatter keine vorgeschriebenen Arbeitszeiten habe.

Mit neueren Formen abhängiger Selbständigkeit beschäftigte sich das Bundesarbeitsgericht erst in einem Fall. Hier klagte ein Transporteur mit eigenem Fahrzeug im Güternahverkehr auf Feststellung des Arbeitnehmerstatus. Dem Beschäftigten waren tägliche feste Arbeitszeiten vorgeschrieben; er fuhr nur für einen Auftraggeber, dessen Firmenlogo auf seinem Kraftfahrzeug angebracht war. Das Bundesarbeitsgericht bejahte aufgrund dieser Tatsachen eine Weisungsbindung und damit die persönliche Abhängigkeit von dem Transportkonzern[50].

---

47 BAG vom 30. Oktober 1991 AP Nr. 59 zu § 611 BGB – Abhängigkeit; BAG vom 13. November 1991 AP Nr. 60 zu § 611 BGB Abhängigkeit.

48 BAG vom 27. März 1991 AP Nr. 53 zu § 611 BGB – Abhängigkeit.

49 BAG vom 29. Januar 1992 AP Nr. 47 zu § 5 BetrVG 1972.

50 BAG vom 19. November 1997, ZIP 1998, 612, mit zustimmender Anmerkung *Mayer*, AiB 1998, 295.

c) Zwischenergebnis

Eine Weiterentwicklung des Arbeitnehmerbegriffs nahm das Bundesarbeitsgericht im Hinblick auf die abhängige Selbständigkeit nicht vor.

Dies erklärt sich bereits aufgrund der Fälle, die beim Bundesarbeitsgericht überhaupt zur Entscheidung anstanden. Diese Fälle zur abhängigen Selbständigkeit orientieren sich weitgehend an solchen Beschäftigungsformen, die bereits seit geraumer Zeit auf dem Arbeitsmarkt zu finden sind. Jene Beschäftigungsverhältnisse im Bereich der abhängigen Selbständigkeit, die erst in den letzten Jahren Eingang in die Unternehmenspolitik gefunden haben, lagen dem Bundesarbeitsgericht bisher nur vereinzelt zur Entscheidung vor. Daher ist ein Umgang mit diesen Beschäftigungsformen abhängiger Selbständigkeit für das Bundesarbeitsgericht noch nicht virulent geworden. Für eine kritische Überprüfung der eigenen Abgrenzungsmerkmale im Hinblick auf diese neu entstandenen Abhängigkeiten gab es auf seiten des Bundesarbeitsgerichts deshalb noch keine hinreichenden praktischen Ansatzpunkte.

II. Rechtsprechung des Bundessozialgerichts

Ausgangspunkt für die Debatte um den Arbeitnehmerbegriff des Sozialrechts ist § 7 Abs. 1 SGB IV. Die Pflichtversicherung findet danach auf jede nichtselbständige Tätigkeit, insbesondere Arbeitsverhältnisse, Anwendung. Ähnlich wie der Arbeitnehmerbegriff für das Arbeitsrecht nimmt der Beschäftigtenbegriff im Sozialversicherungsrecht deshalb eine Schlüsselstellung ein[51].

1. Persönliche Abhängigkeit

Zwar geht der Begriff Beschäftigte nach dem reinen Wortlaut über den arbeitsrechtlichen Arbeitnehmerbegriff hinaus. Aus der gesetzlichen Formulierung „insbesondere in einem Arbeitsverhältnis“ wird jedoch geschlossen, daß der Begriff des Beschäftigungsverhältnisses sich weitgehend mit dem Begriff des Arbeitsverhältnisses decken soll[52]. Hierfür spricht weiterhin der Wille des historischen Gesetzgebers. Die Bismarckschen Sozialversicherungsgesetze sahen als Beschäftigte Arbeiter, Gehilfen und Gesellen an. Erst nach der Verabschiedung der Sozialversicherungsgesetze 1891 wurde hierfür zu Beginn des 20. Jahrhunderts der einheitliche Begriff des Arbeitnehmers verwendet[53]. Eine Ausweitung über den Begriff des

---

51 BSG vom 27. April 1982 E 53, 242 (244).

52 *Berning*, Die Abhängigkeit des Franchisenehmers, S. 67; *Vogel*, AuA 1997, 303.

53 *Hromadka*, DB 1998, 195.

Arbeitnehmers hinaus ist daher mit dem Begriff des Beschäftigten nicht beabsichtigt.

Das zentrale Merkmal, das das Bundessozialgericht zur Abgrenzung von abhängiger und selbständiger Arbeit verwendet, deckt sich deshalb mit der Rechtsprechung des Bundesarbeitsgerichts. Entscheidend für eine Beschäftigung in unselbständiger Tätigkeit soll hiernach ein Wirken in persönlicher Abhängigkeit vom Arbeitgeber sein[54]. Die persönliche Abhängigkeit setze die Eingliederung in den Betrieb und eine Unterordnung unter das Weisungsrecht des Arbeitgebers voraus, insbesondere im Hinblick auf Zeit, Dauer und Ort der Tätigkeit.

Die Weisungsgebundenheit zeige sich vor allen Dingen darin, daß der Dienstverpflichtete laufend Bericht zu erstatten habe, seine ganze Arbeitskraft nur einem Dienstherrn zur Verfügung stellen dürfe, die Tätigkeit persönlich durchzuführen und nicht die Möglichkeit zur eigenen Preisgestaltung habe sowie in der Genehmigungspflicht des Urlaubs, so das Bundessozialgericht[55].

Selbständig ist dagegen, wer über die eigene Arbeitskraft aufgrund eigener Dispositionen verfügen kann[56].

Nicht entscheidend für das Vorliegen der Arbeitnehmereigenschaft ist dagegen, ebenso wie in der Rechtsprechung des Bundesarbeitsgerichts, die wirtschaftliche Abhängigkeit[57].

2. Unternehmerrisiko

Neben der Eingliederung in den Betrieb stellt das Bundessozialgericht auf das Kriterium der freiwilligen Übernahme unternehmerischen Risikos ab, um Arbeitnehmer und Selbständige von einander abzugrenzen[58]. Gerade die Übernahme des Unternehmerrisikos sei für eine selbständige Tätigkeit typisch[59].

Die Übernahme unternehmerischen Risikos sieht das Bundessozialgericht dann gegeben, wenn einem nur geringen Fixeinkommen eine große Provisionspanne gegenüberstehe oder der Dienstnehmer ein entsprechendes Haftungsrisiko für Fehlbeträge übernehme[60]. Das soll jedoch nur dann für die Selbständigkeit sprechen,

---

54 *Vogel,* AuA 1997, 303.

55 BSG vom 11. August 1966 AP Nr. 5 zu § 611 BGB – Abhängigkeit; BSG vom 31. Oktober 1972 E 35, 20, 24.

56 BSG vom 28. Januar 1992, Die Beiträge 1992, 310 ff.

57 BSG vom 12. August 1994, ZIP 1995, 1179 ff.; BSG vom 16. 2. 1982, SozSich 1982, 330; BSG vom 27. Juli 1977, Die Beiträge 1979, 348 ff.

58 BSG vom 12. Dezember 1990, NZA 1991, 907.

59 BSG vom 28. Januar 1960 E 11, 257; BSG vom 13. Juli 1978 AP Nr. 29 zu § 611 BGB – Abhängigkeit.

60 BSG vom 12. Januar 1977 E 45, 199 (201).

wenn gleichzeitig unternehmerische Chancen hinsichtlich der Freiheit der Gestaltung der Tätigkeit, des Umfangs des Arbeitseinsatzes sowie davon abhängiger Verdienstmöglichkeiten eingeräumt werden[61]. Gegen die Einräumung solcher Chancen spreche in der Regel die Bindung an einen Arbeitgeber sowie die Genehmigungspflicht einer Stellvertretung[62].

Eine Gegenüberstellung der Entscheidungen des Bundessozialgerichts und des Bundesarbeitsgerichts zeigt, daß die Verteilung unternehmerischer Risiken in der Rechtsprechung des Bundessozialgerichts einen größeren Stellenwert einnimmt als in der Rechtsprechung des Bundesarbeitsgerichts.

3. Typologische Betrachtung

Ebenso wie das Bundesarbeitsgericht geht auch das Bundessozialgericht davon aus, daß der Arbeitnehmerbegriff typologisch zu bestimmen ist. Nach Rechtsprechung des Bundessozialgerichts ist die Grenze zwischen abhängiger und selbständiger Beschäftigung unter Berücksichtigung sämtlicher Umstände des Einzelfalls zu ziehen[63]. Es gebe keine unverzichtbaren Merkmale zur Bestimmung der Arbeitnehmereigenschaft.

4. Ergebnis

Die Rechtsprechung des Bundessozialgerichts deckt sich weitgehend mit der Rechtsprechung des Bundesarbeitsgerichts. Das Bundessozialgericht stellt in Übereinstimmung mit dem Bundesarbeitsgericht auf die persönliche Abhängigkeit als entscheidendes Abgrenzungsmerkmal zwischen abhängiger und selbständiger Tätigkeit ab. Auch die hierfür entwickelten Kriterien über die Eingliederung in den Betrieb stimmen weitgehend mit der Rechtsprechung des Bundesarbeitsgerichts überein. Unterschiede ergeben sich lediglich im Hinblick auf die Anerkennung des Unternehmerrisikos als Merkmal für die persönliche Abhängigkeit. Während dieses Merkmal in der Rechtsprechung des Bundesarbeitsgerichts eine untergeordnete Rolle spielt, erkennt das Bundessozialgericht in ständiger Rechtsprechung an, daß in der Verteilung unternehmerischer Chancen und Risiken ein Anhaltspunkt für das Vorliegen persönlicher Abhängigkeit gesehen werden kann.

Im wesentlichen ergeben sich jedoch keine Unterschiede in der Rechtsprechung von Bundesarbeitsgericht und Bundessozialgericht. Das gilt insbesondere für den Ansatz, den Arbeitnehmerbegriff typologisch zu bestimmen. Ebenso wie das Bun-

---

61 BSG vom 12. Dezember 1990, NZA 1991, 907 (908).

62 BSG vom 31. Oktober 1972 E 35, 20 (26).

63 BSG vom 12. September 1996, Die Beiträge 1997, Beilage, 234 ff.; BSG vom 21. April 1993, SozR 3-4100, Nr. 11 zu § 168.

desarbeitsgericht geht auch das Bundessozialgericht davon aus, daß die Abgrenzung zwischen Arbeitnehmern und Selbständigen nach allen Umständen des Einzelfalls zu treffen ist. Auch hinsichtlich des methodischen Herangehens decken sich insoweit die Rechtsprechung von Bundesarbeitsgericht und Bundessozialgericht.

III. Kritik am herrschenden Arbeitnehmerbegriff

Die Begründung der ständigen Rechtsprechung des Reichs- und Bundesarbeitsgerichts sowie des Bundessozialgerichts fällt in eine Zeit, in der das sog. Normalarbeitsverhältnis die Arbeitswelt fast ausschließlich geprägt hat.

1. Ausschließliche Orientierung am Normalarbeitsverhältnis

Orientiert an diesen sozialen Gegebenheiten haben Reichsarbeitsgericht, Bundesarbeitsgericht und Bundessozialgericht Kriterien für den Arbeitnehmerbegriff geschaffen, die das Normalarbeitsverhältnis zutreffend erfassen können. Der Oberbegriff der persönlichen Abhängigkeit rekurriert insoweit auf das Normalarbeitsverhältnis. Wer mit einer regelmäßigen täglichen Arbeitszeit in den Arbeitsräumen des Arbeitgebers tätig ist, kann nach der Rechtsprechung des Bundesarbeitsgerichts unproblematisch als Arbeitnehmer erfaßt werden. Insofern hat das Kriterium der persönlichen Abhängigkeit durchaus Berechtigung[64]. Allerdings ist es zu sehr den traditionellen Formen der Erwerbstätigkeit verhaftet.

Diese bisherige Definition des Arbeitnehmerbegriffs hat sich angesichts des Vordringens abhängiger Selbständigkeit auf dem Arbeitsmarkt als nur bedingt geeignet gezeigt, um abhängige und selbständige Beschäftigung von einander abzugrenzen[65]. So ist mit der Orientierung des Arbeitnehmerbegriffs an der persönlichen Abhängigkeit zwar nach wie vor für einen erheblichen Teil der Beschäftigten die Zuordnung als Selbständiger oder Arbeitnehmer möglich, jedoch nimmt die Zahl der Zweifelsfälle erheblich zu[66]. Die Kriterien der persönlichen Abhängigkeit hinsichtlich Zeit und Dauer, Durchführung und Ort der Tätigkeit erweisen sich als in dem Maße unpräzise bei der begrifflichen Bestimmung, wie sich die Beschäftigungsmodelle vom klassischen „Normalarbeitsverhältnis" entfernen[67].

---

64 Vgl. *Steinmeyer,* DVBl. 1995, 962 (967).

65 Zur „Erosion des Arbeitnehmerbegriffs" vgl. auch *Linnenkohl,* BB 1998, 45, 48.

66 Vgl. *Steinmeyer,* DVBl. 1995, 962 (967).

67 *Vgl. Kreuder,* AuR 1996, 386 (391); *Mückenberger,* ZRP 1992, 457 (458); ähnlich *Bauschke,* RdA 1994, 209 (210), der konstatiert, daß die Kriterien des BAG kaum noch in die Arbeitswelt passen und nicht in der Lage sind, neue Entwicklungen zu erfassen.

Die abhängige Selbständigkeit als Phänomen ist daher nicht vollständig durch die Orientierung des Arbeitnehmerbegriffs an der persönlichen Abhängigkeit erfaßbar. Das Kriterium der persönlichen Abhängigkeit erweist sich als nicht ausreichend, um den veränderten Beschäftigungsformen gerecht zu werden[68].

Lediglich in solchen Fällen, in denen trotz formeller Selbständigkeit ein klares Weisungsrecht von seiten des Auftraggebers, sowie eine Eingliederung in den Betrieb vorliegt, könnte der Arbeitnehmerbegriff der persönlichen Abhängigkeit greifen. In solchen Fällen, da von einem offensichtlichen Mißbrauch der Vertragsform und damit von tatsächlicher Scheinselbständigkeit gesprochen werden kann, sind die Abgrenzungen dieses Arbeitnehmerbegriffs zum Teil eine Hilfe. Gerade für jene Grenzfälle, in denen kein offensichtlicher Mißbrauch der Vertragsform vorliegt, bietet der Begriff der persönlichen Abhängigkeit keine überzeugende Lösung.

2. Umgehung des Arbeitnehmerstatus

Eine Folge dieser unscharfen Abgrenzung ist, daß dieser herrschende Begriff eine Umgehung des Arbeitnehmerstatus leicht zuläßt. Zwar ist nie ganz zu verhindern, daß aufgestellte Abgrenzungskriterien juristisch umgangen werden können. Den Arbeitnehmerstatus jedoch an solchen, vorwiegend an die äußerliche Erscheinungsform geknüpften, Kriterien festzumachen, läßt eine Umgehung des Arbeitnehmerstatus durchaus als machbar erscheinen[69]. Den Auftraggebern ist es nach den Kriterien des Bundesarbeitsgerichts ohne Schwierigkeiten möglich, etwa durch die Ausgliederung der Aufträge aus ihrem Bereich zur Umgehung des Arbeitnehmerstatus zu gelangen. So kann etwa sogar eine höhere Belastung des Auftragnehmers dadurch, daß ihm die notwendigen Gerätschaften nicht mehr gestellt werden, die Konsequenz haben, daß das Arbeitsrecht keine Anwendung finden soll.

3. Mangelnde Rechtssicherheit

Schließlich ist zu beachten, daß die stark kasuistisch und berufsgruppenbezogene Rechtsprechung des Bundesarbeitsgerichts offenbar zu einer starken Verunsicherung der möglichen betroffenen Personen- bzw. Arbeitnehmerkreise führt[70]. Demgemäß haben solche berufsbezogenen[71] oder an den Merkmalen des Bundes-

---

68 Vgl. *Bauschke*, RdA 1994, 209 (210).

69 In die gleiche Richtung geht auch die Kritik bei *Steinmeyer*, DVBl. 1995, 962 (967), der fordert, daß der Arbeitnehmerbegriff so weiterzuentwickeln ist, daß einem mißbräuchlichen Ausweichen in die Scheinselbständigkeit begegnet werden kann.

70 Vgl. *Vogel*, AuA 1997, 303.

71 *Hille*, Freie Mitarbeit, B III; *Schaub*, Arbeitsrecht, § 8 III; *Kunz/Kunz*, BuW 1995, 407 ff.; 447 ff.

arbeitsgerichts orientierte[72] Auflistungen zur Abgrenzung des Arbeitnehmerstatus vom Selbständigenstatus in den letzten Jahren in der juristischen Literatur eine gewisse Konjunktur. Hierin drücken sich die verstärkenden Abgrenzungsschwierigkeiten zwischen Arbeitnehmern und Selbständigen aus.

Trotz eines erheblichen Ansteigens atypischer Beschäftigung in den vergangenen Jahren hat sich das Bundesarbeitsgericht mit diesem Phänomen nur vereinzelt auseinandergesetzt[73].

Aufgrund dieses Erscheinungsbildes kann festgestellt werden, daß den Betroffenen der Weg vor das Bundesarbeitsgericht bisher trotz eines erheblichen Klärungsbedarfes versperrt geblieben ist. Einerseits die sehr restriktive, andererseits die schwer prognostizierbare Auslegung des Arbeitnehmerbegriffs führen offensichtlich dazu, daß gerade die abhängigen Selbständigen den Gang vor das Bundesarbeitsgericht, wenn er ihnen eröffnet ist, scheuen. Vor diesem Hintergrund scheint die Rechtsprechung des Bundesarbeitsgerichts fragwürdig. Ein Kriterienkatalog, der das Beschreiten des Rechtsweges als geradezu unabsehbar und risikobelastet erscheinen läßt, ist auch aus diesem prozessualen Aspekt dringend reformbedürftig.

IV. Überlegungen zu einem neuen Arbeitnehmerbegriff

Angesichts dieser Kritikpunkte an dem herrschenden Arbeitnehmerbegriff lag es nahe, daß in der Literatur über Alternativen diskutiert wurde. Ihren ersten Anschub bekam die Debatte anläßlich des Streits um die Arbeitnehmereigenschaft der freien Mitarbeiter im Rundfunk[74].

In der jüngeren Literatur steht der Arbeitnehmerbegriff angesichts der grundlegenden Umbrüche in der Arbeitswelt erneut in der Kritik. Zum einen wird bemängelt, das Arbeitsrecht lasse eine grundsätzliche Neudefinition der Begriffe Arbeitnehmer und Arbeitgeber in Anbetracht veränderter sozialer Bedingungen vermissen[75]. Aber auch die Unzufriedenheit mit dem Arbeitnehmerbegriff des Bundesarbeitsgerichts nimmt vor dem Hintergrund der neuen Beschäftigungsformen erneut zu[76]. *Hilger*[77] empfiehlt, den Begriff der persönlichen Abhängigkeit wegen seiner

---

72 *Kunz/Kunz*, DB 1993, 326 ff.; *Oetker*, AuA 1995, 342 f.

73 Jedoch mindern auch andere Prozeßrisiken, die nicht mit der Unbestimmtheit des Arbeitnehmerbegriffs zusammenhängen, die Bereitschaft der Betroffenen, ihren möglichen Arbeitnehmerstatus im Klagewege durchzusetzen. Zu diesem allgemeinen prozessualen und taktischen Problemen bei der Geltendmachung der Arbeitnehmereigenschaft vgl. die Ausführungen bei *Reinecke*, DB 1998, 1282 ff.

74 *Becker*, Die freie Mitarbeit; *Buhl*, Zur Problematik des Arbeitnehmerbegriffs; *Traeger*, Die Reichweite des arbeitsrechtlichen Sozialschutzes; *Rosenfelder*, Der arbeitsrechtliche Status von freien Mitarbeitern.

75 *Gast*, BB 1993, 66 ff.; *Siepmann*, BB 1991, 1931.

76 *Kunz/Kunz*, DB 1993, 326 (327).

Mißverständlichkeit in Zukunft zu vermeiden. Gemeint sei damit in Abgrenzung zur wirtschaftlichen Abhängigkeit die Verpflichtung zu fremdbestimmter, unselbständiger Arbeit.

Ausgehend von den Abgrenzungsproblemen, die der herrschende Arbeitnehmerbegriff nach sich zieht, sind in der Literatur alternative Definitionen des Arbeitnehmerbegriffs diskutiert worden. Diese beabsichtigen, die neuen Beschäftigungsformen besser einzufangen, als dies der Rechtsprechung des Bundesarbeitsgerichts gelingt.

1. Informationelle Abhängigkeit

Nach *Linnenkohl/Rauschenberg/Reh*[78] ist das Kriterium der persönlichen Abhängigkeit zu erweitern. Sie soll auch dann vorliegen, wenn sich diese ausschließlich in informationeller Abhängigkeit ausdrückt. So ermöglichten die modernen Informations- und Kommunikationsstrukturen die Lockerung der Weisungsgebundenheit. Sie bewirkten aber zugleich auch, daß eine vollständige Überwachung möglich sei. Die Notwendigkeit zur Kontrolle der Arbeitnehmer werde noch durch die Flexibilisierung der Arbeitsbedingungen verstärkt. Insbesondere die Flexibilisierung der Arbeitszeit mache eine Planung und Kontrolle hinsichtlich der Erfüllung des Zeitkontingents erforderlich. Auch bei räumlicher Trennung von Betrieb und Arbeitsplatz werde die Kontrolle durch die Dokumentation der Inbetriebnahme und des Abschaltens des Terminals erreicht. Die informationelle Abhängigkeit sei daher ein weiteres wesentliches Merkmal für die Definition des Arbeitnehmerbegriffs. Ein allgemeingültiger Arbeitnehmerbegriff solle daher sowohl die traditionellen Merkmale als auch die besonderen Entwicklungstendenzen, die durch den Einsatz der modernen Technologien entstehen würden, berücksichtigen.

Der Ansatz *Linnenkohl/Rauschenberg/Rehs* befaßt sich lediglich mit einem abgegrenzten Berufsfeld. Er will eine Lösung für die Abhängigkeiten finden, die aufgrund des vermehrten Einsatzes von Bildschirmarbeit entstanden sind. Für diesen Bereich spielt das Problem der informationellen Abhängigkeit eine relevante Rolle. Einen Ansatz, dem Phänomen der abhängigen Selbständigkeit berufsgruppenübergreifend gerecht zu werden, stellt das Kriterium der informationellen Abhängigkeit jedoch nicht dar. Dieser Ansatz kann daher in der weiteren Erörterung um einen alternativen Arbeitnehmerbegriff zurückgestellt werden.

---

77 *Hilger,* RdA 1989, 1 (3).

78 *Linnenkohl/Rauschenberg/Reh,* AuR 1991, 203 (205 f.).

2. Alternativen zum Konzept der „persönlichen Abhängigkeit"

Überwiegend wird der Begriff der persönlichen Abhängigkeit nicht für geeignet gehalten, um über die Arbeitnehmereigenschaft zu entscheiden. Diesen Überlegungen liegt weitgehend der Gedanke zugrunde, daß ein Sinnzusammenhang zwischen dem Merkmal der persönlichen Abhängigkeit und der Rechtsfolge, nämlich der Anwendung des Arbeitsrechts, nicht erkennbar sei[79]. Insbesondere werden die Wertungsmaßstäbe des Bundesarbeitsgerichts als so unbestimmt eingestuft, daß die Entscheidung darüber, wer als Arbeitnehmer anzusehen ist, letztlich ausschließlich beim Bundesarbeitsgericht liege[80]. Der Rückgriff auf den Grad der persönlichen Abhängigkeit bedeute im Grunde eine Wiederholung der Fragestellung und damit den Verzicht auf eine allgemeine Erfassung[81].

a) Soziale Schutzbedürftigkeit

Bei dem Versuch einer Neudefinition des Arbeitnehmerbegriffs wird zum Teil auf die soziale Schutzbedürftigkeit abgestellt.

aa) Literatur

Nach *Paasch*[82] ist das Kriterium der persönlichen Abhängigkeit deshalb zu hinterfragen, da soziale Schutzbedürftigkeit der Arbeitnehmer und die persönliche Abhängigkeit nur in einem mittelbaren Zusammenhang stünden. So ergebe sich gerade im Falle der abhängigen Selbständigen die Situation, daß trotz ähnlicher ökonomischer Situation zwei rechtlich unterschiedlich zu behandelnde Untergruppen vorhanden seien: Auf der einen Seite diejenigen abhängigen Selbständigen, die persönlich abhängig seien und damit rechtlich als Arbeitnehmer eingeordnet würden. Auf der anderen Seite gebe es solche abhängigen Selbständigen, die zwar einem Arbeitnehmer vergleichbar sozial schutzbedürftig seien, bei denen es jedoch an der persönlichen Abhängigkeit fehle. Bei ökonomischer Betrachtungsweise wären sie, so *Paasch,* als abhängig Beschäftigte zuzuordnen. Laut Rechtsprechung des Bundesarbeitsgerichts seien sie jedoch Selbständige.

Einen ähnlichen Ansatz verfolgen die DGB-Thesen für ein Arbeitsverhältnisgesetz[83]. Nach § 1 Abs. 2 der Thesen soll auch Arbeitnehmer sein, wer zwar Zeit und

79 *Gittermann,* Arbeitnehmerstatus, S. 52.

80 *Rüthers/Beninca,* Anmerkung zu BAG vom 30. November 1994 EzA Nr. 55 zu § 611 BGB – Arbeitnehmerbegriff..

81 *Staudinger-Richardi,* BGB, Rdnr. 165 vor §§ 611 ff.

82 *Paasch,* WSI-Mitt. 1991, 216 (218).

83 DGB-Thesen für ein Arbeitsverhältnisgesetz, AuR 1992, 267 ff.

Art der Ausführung seiner Arbeit selbst bestimmen kann, nach der sozialen Stellung jedoch schutzbedürftig ist.

Auch für *Lieb*[84] ist die Schutzbedürftigkeit der Dienstverpflichteten das entscheidende Element für die Arbeitnehmereigenschaft. Er bemängelt, dem Bundesarbeitsgericht fehle es an materiell aussagekräftigen Kriterien zur Bestimmung des Arbeitnehmerstatus. Unter Hinweis auf neuere Vertragsgestaltungen, die „Flucht aus dem Normalarbeitsverhältnis"[85], untermauert er die Notwendigkeit zu einer solchen Neudefinition. Wesentlicher Punkt ist für *Lieb* die Fremdnützigkeit der Arbeit. Er weist darauf hin, daß ein so Dienstverpflichteter über seine Arbeitskraft nicht selbständig disponieren könne, sondern diese kraft Arbeitsvertrag auf den Arbeitgeber zu übertragen habe. Dadurch ergebe sich die Unmöglichkeit eines eigenen unternehmerischen Einsatzes seiner Arbeitskraft. Aus diesem Grunde sei dem Dienstverpflichteten die Möglichkeit zur Eigenvorsorge genommen. Daher sei er der Fremdvorsorge durch arbeitsrechtliche Schutzvorschriften bedürftig. Wer dagegen seine Arbeitskraft mangels einer dauerhaften Verpflichtung mehreren Auftraggebern zur Verfügung stellen könne, sei als selbständig einzustufen[86]. Gerade bei den abhängigen Selbständigen könnten erhebliche Risiken mit nur geringen unternehmerischen Chancen verbunden sein, so daß die Entlassung aus dem Arbeitsrecht unbegründet erscheine[87].

bb) Stellungnahme

Wenngleich die soziale Schutzbedürftigkeit in der Debatte um die Arbeitnehmereigenschaft nicht vernachlässigt werden kann, so ist sie dennoch als alleiniger Ansatz für einen neuen Arbeitnehmerbegriff keine hinreichende Alternative zum bisherigen Arbeitnehmerbegriff. Das Kriterium der sozialen Schutzbedürftigkeit ist zu allgemein, als daß es operationalisiert werden kann. Ein Abgrenzungskriterium zwischen Arbeitnehmereigenschaft und Selbständigkeit muß sich jedoch auch in der Praxis als hinreichend konkret erweisen, um ein gewisses Maß an Vorhersagbarkeit und Rechtssicherheit zu gewährleisten. Mit dem Kriterium der sozialen Schutzbedürftigkeit hingegen könnte dem jetzigen Problem mangelnder Rechtssicherheit nicht abgeholfen werden.

Bei einer Alternative zum Arbeitnehmerbegriff des Bundesarbeitsgerichts muß es sich daher um eine konkrete Eingrenzung der Frage, woraus sich soziale Schutzbedürftigkeit ergeben kann, handeln.

---

84 *Lieb,* Arbeitsrecht, § 1 I.

85 *Lieb,* Arbeitsrecht, § 1 I 1.

86 *Lieb,* Arbeitsrecht, § 1 I 2.

87 *Lieb,* Arbeitsrecht, § 1 I 3 b.

b) Freiwillige Übernahme des Unternehmerrisikos

Wank[88] hat mit seinem Vorschlag zur Neudefinition des Arbeitnehmerbegriffs diesen Ansatz weiterentwickelt. Er kritisiert ebenfalls den fehlenden Sinnzusammenhang zwischen persönlicher Abhängigkeit und der Geltung arbeitsrechtlicher Normen[89]. So sei nicht dargelegt worden, daß für nicht weisungsgebundene Beschäftigte Lohnfortzahlung, Mutterschutz und Kündigungsschutz unangemessen seien[90]. Weisungsabhängig und sozial schutzbedürftig könnten im Einzelfall sowohl Selbständige wie auch Arbeitnehmer sein. Beide könnten ihre Dispositionsmöglichkeiten zugunsten eines Auftraggebers gebunden haben[91].

Wank geht von einem dualen Modell der Erwerbstätigkeit aus. Der Begriff des Arbeitnehmers und der des Selbständigen seien nur als aufeinander bezogene Gegenbegriffe teleologisch interpretierbar[92]. Dem Modell der abhängigen Arbeit steht hiernach das Modell der selbständigen Tätigkeit gegenüber[93]. Während die abhängige Arbeit mit einem umfassenden Berufs- und Existenzschutz versehen sei, müsse bei der selbständigen Tätigkeit der Beschäftigte selbst für seinen Berufs- und Existenzschutz sorgen. Gegenüberzustellen seien also der Beschäftigte, der einen umfassenden Berufs- und Existenzschutz durch den Arbeitgeber erhalten soll, und der Beschäftigte, der die Möglichkeit hat, für seinen Berufs- und Existenzschutz selbst zu sorgen[94].

Zur Abgrenzung des Arbeitnehmers vom Selbständigen zieht *Wank* ein Kriterium heran, das das Bundesarbeitsgericht in der Kantinenpächterentscheidung für erheblich erachtet hat[95]. Das Bundesarbeitsgericht verneinte in seiner Entscheidung die Arbeitnehmereigenschaft des Betreibers einer Bundeswehrkantine, da dieser freiwillig das Unternehmerrisiko übernommen hätte. Dies blieb jedoch eine Einzelentscheidung, da das Bundesarbeitsgericht diesen dogmatischen Gedanken in seinen folgenden Urteilen nicht wieder aufgriff. Da die Tatbestandsvoraussetzungen laut *Wank* beim Selbständigenbegriff und beim Arbeitnehmerbegriff darüber entscheiden, wie auf der Rechtsfolgenseite die Risiken verteilt werden, sei ein Tatbestandsmerkmal zu wählen, das auf das Risiko Bezug nehme[96]. Maßgeblich für die Abgrenzung sei damit, ob der Beschäftigte ein Unternehmerrisiko oder ein Ar-

88 *Wank*, Arbeitnehmer und Selbständige; *Wank*, DB 1992, 90 ff.; *Wank*, BMA Band 262a, Empirische Befunde zur Scheinselbständigkeit – Juristischer Teil –.

89 *Wank*, BMA Band 262a, Befunde zur Scheinselbständigkeit – Juristischer Teil –, S. 58 ff.

90 *Wank*, Arbeitnehmer und Selbständige, S. 35.

91 *Wank*, Arbeitnehmer und Selbständige, S. 120.

92 *Wank*, Arbeitnehmer und Selbständige, S. 121.

93 *Wank*, Arbeitnehmer und Selbständige, S. 120.

94 *Wank*, Arbeitnehmer und Selbständige, S. 120.

95 BAG vom 13. August 1980 AP Nr. 37 zu § 611 BGB – Abhängigkeit.

96 *Wank*, Arbeitnehmer und Selbständige, S. 122.

beitnehmerrisiko tragen soll. Der Selbständige nehme maßgeblichen Einfluß auf die Art der Betriebsorganisation. Der Arbeitnehmer habe dagegen nur geringe Möglichkeiten, durch unternehmerische Entscheidungen sein Arbeitsergebnis zu verändern[97].

So lägen in der unternehmerischen Entscheidungsfreiheit Chancen und Risiken begründet. Der Unternehmer könne durch seinen Kapitaleinsatz und durch Änderungen in der Betriebsorganisation solche Gewinne erzielen, die das Einkommen vergleichbarer Beschäftigter weit überstiegen. Ebenso könne er aber auch durch eine Fehlinvestition sein gesamtes Kapital verlieren[98]. Insofern könne die private Existenz des Selbständigen sowohl übersichert als auch untersichert sein. Der Arbeitnehmer dagegen sei mit den Risiken der Unternehmensorganisation nicht befaßt, da er andererseits auch an den Chancen nicht partizipiere.

Die Problematik der abhängigen Selbständigkeit gestaltet sich laut *Wank* so, daß die Auftraggeber versuchen, sich das jeweils beste aus Arbeitsrecht und Selbständigenrecht herauszusuchen. Durch das Übertragen der Aufträge an die abhängigen Selbständigen verlagerten sie die unternehmerischen Risiken, die sie eigentlich selbst tragen müßten, auf die bei ihnen Beschäftigten[99]. Unternehmerische Chancen räumten sie ihnen dagegen nicht ein, sondern nähmen sie selber wahr. Daher sei es Aufgabe der Gerichte, die Vertragsgestaltung in Zweifelsfällen darauf zu überprüfen, ob eine bloße Verlagerung von Risiken auf den Beschäftigten vorliege. Erst wenn die Vertragsgestaltung eine ausgewogene Verteilung von Risiken und Chancen erkennen lasse, unterliege der Vertrag dem Selbständigenrecht.

Von Selbständigkeit ist daher nach *Wank* bei freiwilliger Übernahme eines Unternehmerrisikos, Auftreten am Markt und Ausgewogenheit im Hinblick auf unternehmerische Chancen und unternehmerisches Risiko auszugehen.

Für diese Kriterien hat *Wank* Merkmale entwickelt, bei deren Vorliegen typischerweise von einem Arbeitsverhältnis auszugehen ist. Diese typischen Arbeitnehmermerkmale sind[100]:

„1. Das Vorliegen einer auf Dauer angelegten Tätigkeit.

2. Kein Auftreten am Markt, d. h.
– Tätigkeit für nur einen Auftraggeber.

3. Keine eigene Unternehmensorganisation, d. h.
– keine eigenen Mitarbeiter;
– keine eigenen Geschäftsräume;
– kein eigenes Betriebskapital[101]

---

97 *Wank*, Arbeitnehmer und Selbständige, S. 128.

98 *Wank*, Arbeitnehmer und Selbständige, S. 129.

99 *Wank*, DB 1992, 90 (91).

100 *Wank*, BMA Band 262a, Empirische Befunde zur Scheinselbständigkeit – Juristischer Teil –, S. 76 f.

101 *Wank*, DB 1992, 90 (91).

4. Keine angemessene Verteilung von Chancen und Risiken[102], d. h.
- keine örtliche unternehmerische Freiheit,
- keine zeitliche unternehmerische Freiheit,
- kein eigener Kundenstamm,
- keine freie Preisbildung."

Der Ansatz *Wanks* hat in der Literatur[103] einige Anhänger gefunden. Diese folgen im wesentlichen seinem dogmatischen Ausgangspunkt und spitzen ihn auf einzelne Berufsfelder zu.

Darüber hinaus ist das *Wanksche* Modell auch Gegenstand gesetzgeberischer Initiativen und instanzlicher Entscheidungen geworden.

aa) Entwürfe für ein Arbeitsvertragsgesetz

Wanks Überlegungen fanden insbesondere Eingang in die jüngeren Entwürfe für ein einheitliches Arbeitsvertragsgesetz. Nach Art. 30 des Einigungsvertrages ist als Aufgabe des Gesetzgebers bestimmt worden, möglichst bald eine Kodifikation des Arbeitsvertragsrechts zu schaffen. Der Arbeitskreis „Deutsche Rechtseinheit im Arbeitsrecht" legte 1992 einen Entwurf vor, der sich auch mit einer möglichen Neudefinition des Arbeitnehmerbegriffs befaßte.

§ 1 Abs. 2 Satz 1 E-ArbVG lautet:

„Der Arbeitnehmer verpflichtet sich durch den Arbeitsvertrag, die vereinbarte Arbeit zu leisten (Arbeitsaufgabe), der Arbeitgeber, das vereinbarte Entgelt zu zahlen. Ein Entgelt gilt als stillschweigend vereinbart, wenn die Arbeit den Umständen nach nur gegen ein Entgelt zu erwarten ist."

In § 1 Abs. 3 E-ArbVG heißt es:

„Personen, die aufgrund unternehmerischer Tätigkeit am Markt auftreten, sind keine Arbeitnehmer[104]."

Der Entwurf folgte damit weitgehend Wanks Entwurf eines neuen Arbeitnehmerbegriffs. Zwar fand der Entwurf im Vorfelde[105] und bei den Verhandlungen des 59. Deutschen Juristentages einige Zustimmung[106]. Die gegen eine Neudefinition

---

102 *Wank,* Arbeitnehmer und Selbständige, S. 159 ff.

103 *Berning,* Die Abhängigkeit des Franchisenehmers, S 94; *Einem,* BB 1994, 60 ff.; *Fischer,* AiB 1998, 297 (299); *Gittermann,* Arbeitnehmerstatus und Betriebsverfassung in Franchisesystemen, S. 69 f.; *Julius,* Die rechtliche und rechtstatsächliche Lage der „Neuen Selbständigen, S. 67; *Preis,* AuA 1996, 40 (44); *Steinmeyer,* in: Lohn- und Sozialdumping als Folge von Scheinselbständigkeit, S. 17 ff.

104 Gutachten zum 59. Deutschen Juristentag (I), D 19; Begründung hierfür auf Seite D 86.

105 *Buchner,* DB 1992, 1930 (1932); *Richardi,* NZA 1992, 769 (774); die fehlende Marktorientierung als Kriterium der persönlichen Abhängigkeit befürwortet *Henssler,* JZ 1992, 833 (836).

geäußerten Bedenken, eine diesbezügliche Änderung würde eine erhebliche Rechtsunsicherheit hervorrufen und gleichzeitig eine sachlich nicht gerechtfertigte Ausweitung des Arbeitnehmerbegriffs nach sich ziehen[107], führten jedoch zu einer Ablehnung der Neudefinition durch den Deutschen Juristentag[108]. Stattdessen soll an den bisherigen Abgrenzungskriterien nach § 84 HGB in der durch die Rechtsprechung vorgenommenen Ausformung festgehalten werden.

Die freiwillige Übernahme des Unternehmerrisikos als Abgrenzung gegenüber dem Arbeitnehmerbegriff setzte sich auch in Entwürfen einiger Bundesländer für ein einheitliches Arbeitsvertragsgesetz durch.

Der Entwurf eines Arbeitsvertragsgesetzes des Landes NRW definiert in § 2 I als Arbeitnehmer denjenigen, der in einem privaten Dienstverhältnis steht und nicht aufgrund freiwillig übernommenen Unternehmerrisikos am Markt auftritt. Die von der Rechtsprechung bisher entwickelten Abgrenzungskriterien seien wenig geeignet, da die Schutzbedürftigkeit des Arbeitnehmers darin zu sehen sei, daß er wirtschaftlich, in seiner Existenzgrundlage, vom Arbeitgeber abhängig sei[109]. Nur wenn stattdessen auf die unternehmerischen Chancen und Risiken abgestellt würde, sei es möglich, die um sich greifende vorgetäuschte Selbständigkeit zu bekämpfen.

Diese Kriterien legt auch der ins Gesetzgebungsverfahren eingebrachte brandenburgische Entwurf für ein Arbeitsvertragsgesetz zugrunde[110].

§ 2 des Entwurfs lautet:

" (1) Arbeitnehmer ist, wer persönlich aufgrund eines privatrechtlichen Vertrages weisungsgebunden für einen anderen Dienste leistet, ohne aufgrund freiwillig übernommenen Unternehmerrisikos selbständig am Markt aufzutreten. Auch die zu ihrer Berufsausbildung Beschäftigten sind Arbeitnehmer.

(2) Kann jemand nicht im wesentlichen frei seine Tätigkeit gestalten und seine Arbeitszeit bestimmen, wird unwiderlegbar vermutet, daß er Arbeitnehmer ist. Arbeitet jemand ohne eigene Mitarbeiter oder ohne eigenes Betriebskapital für einen anderen, so wird vermutet, daß er Arbeitnehmer ist.

(...)

(4) Die in Heimarbeit Beschäftigten sind Arbeitnehmer. Auf sie finden die Vorschriften dieses Gesetzes Anwendung, soweit das Heimarbeitsgesetz nichts abweichendes bestimmt[111]."

---

106 *Köbl*, 59. Deutscher Juristentag (II), P 41; *Laux*, 59. Deutscher Juristentag (II), P 143; *Wank*, 59. Deutscher Juristentag (II).

107 *Seifert*, 59. Deutscher Juristentag (II), P 146, 148.

108 59. Deutscher Juristentag (II), P 198.

109 Entwurf ArbVG NRW, 150 f.

110 BR-Drucksache 671/96.

111 BR-Drucksache 671/96, S. 14 f.

Einen ähnlichen Ansatz verfolgt auch der sächsische Entwurf für ein Arbeitsvertragsgesetz[112].

§ 1 Abs. 3 des Entwurf lautet:

> „Arbeitnehmer ist, wer seine Arbeit im Rahmen einer fremdbestimmten Organisation nach Weisungen oder vertraglichen Vorgaben verrichtet. Personen, die freigewählt unternehmerisch tätig werden, sind keine Arbeitnehmer[113]."

Trotz aller gesetzgeberischer Initiativen zur gesetzlichen Definition des Arbeitnehmerbegriffs bleiben erhebliche Zweifel, welche Verabschiedungschancen diese Entwürfe für ein Arbeitsvertragsgesetz haben werden. Zwar wird die Notwendigkeit einer Kodifikation des Arbeitsvertragsrechts und damit auch des Arbeitnehmerbegriffs allseits gesehen[114]. Gegenüber den konkret zur Debatte stehenden Entwürfen gibt es jedoch erhebliche Bedenken und es steht zu befürchten, daß sie schließlich, wie auch alle Kodifikationsbemühungen in der Vergangenheit, scheitern werden. Insofern ist realistisch davon auszugehen, daß es wohl noch geraume Zeit bei der jetzigen Rechtslage bleiben wird[115].

bb) Instanzentscheidungen

Die freiwillige Übernahme des Unternehmerrisikos als Abgrenzungskriterium zwischen Arbeitnehmern und Selbständigen wurde auch von Instanzgerichten zur Entscheidung herangezogen.

Das Landesarbeitsgericht Hamburg urteilte in einem Fall von Franchising[116]. Das Landesarbeitsgericht Niedersachsen beschäftigte sich mit der rechtlichen Stellung freier Mitarbeiter im Werbeaußendienst eines Versicherungsunternehmens[117]. Das Landesarbeitsgericht Köln war mit dem Status einer Propagandistin im Kaufhaus befaßt[118]; dem Arbeitsgericht Nürnberg lag der Status einer Versicherungsvermittlerin zur Entscheidung vor[119]. Im Anschluß daran bestätigte das Landesar-

---

112 BR-Drucksache 293/95.

113 BR-Drucksache 293/95, 15.

114 *Grafe,* AuA 1997, 3 ff.; *Trimbach/Kutterer,* NJ 1997, 58 ff.; *Adomeit,* NJW 1996, 1710 ff.; *Hanau,* ZRP 1996, 349 ff.; *Griese,* NZA 1995, 300 ff.; *Neumann,* DB 1995, 2013 ff.; *Hegels,* AuA 1994, 83 f.; *Hromadka,* NJW 1992, 1985 ff.; *Däubler,* AuR 1992, 129 ff.; *Adomeit/Thau,* ZRP 1992, 350 ff.; *Richardi,* NZA 1992, 767 ff.; *Buchner,* DB 1992, 1930 ff.; *Wank,* DB 1992, 1826 ff.

115 *Appel/Frantzioch,* AuR 1998, 93 (94); *Vogel,* AuA 1997, 303.

116 LAG Hamburg vom 6. Februar 1990 3 Sa 50/89.

117 LAG Niedersachsen vom 7. September 1990 LAGE Nr. 24 zu § 611 BGB – Arbeitnehmerbegriff.

118 LAG Köln vom 30. Juni 1995 LAGE Nr. 29 zu § 611 BGB – Arbeitnehmerbegriff mit Anmerkung Behm; Revision vor dem BAG mit Entscheidung vom 23. April 1997 – 5 AZR 727/95 mit der Begründung zurückgewiesen, daß die Klage insgesamt unzulässig ist.

119 ArbG Nürnberg vom 31. Juli 1996, NZA 1997, 37 ff.

beitsgericht Nürnberg[120], daß Versicherungsvermittler ohne unternehmerische Chancen rechtlich als Arbeitnehmer einzustufen sind.

Auch in der Sozialgerichtsbarkeit war das Problem der abhängigen Selbständigkeit Anlaß für eine Erörterung des Arbeitnehmerbegriffs. Das LSG Berlin entschied über den Status sog. Unterfrachtführer im Bereich des Güterkraftverkehrs[121].

Die Gerichte urteilten jeweils, daß die Beschäftigten Arbeitnehmer, nicht Selbständige seien. Als entscheidend sahen die Gerichte jeweils an, daß ihnen aufgrund der vertraglichen Vorgaben keine unternehmerischen Chancen eingeräumt wurden. Zwar wurden sie zum Teil erheblich mit betrieblichen Risiken belastet. Dem stand jedoch kein Ausgleich durch die Einräumung unternehmerischer Chancen gegenüber.

Trotz dieser Entwicklung hin zu einem neuen Arbeitnehmerbegriff muß gesagt werden, daß diese Entscheidungen vereinzelt stehen. Mit diesen Entscheidungen zeichnet sich keineswegs ein einheitlicher Trend auf dem Weg zu einem neuen richterrechtlichen Arbeitnehmerbegriff ab. Gegen die oben genannten Entscheidungen, die die abhängigen Selbständigen in den Arbeitnehmerbegriff einbeziehen wollen, stehen Entscheidungen des Landesarbeitsgerichts Schleswig-Holstein[122], des Landesarbeitsgerichts Rheinland-Pfalz[123] und des Landesarbeitsgerichts Düsseldorf[124] die unter Hinweis auf die bisherige Rechtsprechung an der persönlichen Abhängigkeit als Abgrenzungskriterium festhalten wollen.

Es muß daher davon ausgegangen werden, daß es in absehbarer Zeit durch die Rechtsprechung nicht zu einer Lösung des Problems durch eine Vereinheitlichung des Arbeitnehmerbegriffs kommen wird.

---

120 LAG Nürnberg vom 25. Februar 1998, ZIP 1998, 617; mit zustimmender Anmerkung *Fischer,* AiB 1998, 297 (299). Das Unternehmen legte Revision gegen die Entscheidung des Landesarbeitsgerichts ein. Das Bundesarbeitsgericht gab mit zwei Urteilen vom 16. Juni 1998, Az.: 5 AZR 255/98 und 5 AZR 256/98, der Revision aus prozessualen Gründen statt und verwies die Sache an das Landesarbeitsgericht Nürnberg zurück.

121 LSG Berlin vom 27. Oktober 1993, DB 1829 ff.; die Verleiher legten gegen diese Entscheidung Verfassungsbeschwerde ein, die jedoch mit Beschluß vom 20. Mai 1996, NZA 1996, 1063 vom BVerfG für unzulässig erklärt wurde.

122 LAG Schleswig-Holstein vom 25. März 1996 5 Sa 655/95.

123 LAG Rheinland-Pfalz vom 12. Juli 1996, BB 1996, 1890.

124 LAG Düsseldorf vom 9. September 1997, DB 1998, 207 – Arbeitnehmereigenschaft eines Sargträgers; LAG Düsseldorf vom 4. September 1997, BB 1997, 891 – Frachtführer; LAG Düsseldorf vom 2. Mai 1997 – 2 Sa 1461/96; LAG Düsseldorf vom 12. März 1996 AR-Blattei ES 720 Nr. 23; LAG Düsseldorf vom 13. Januar 1996, BB 1997, 791; LAG Düsseldorf vom 9. April 1996, BB 1997, 891.

cc) Kritik am Konzept der Übernahme des Unternehmerrisikos

Teilweise wird der Sinn einer Neudefinition des Arbeitnehmerbegriffs, wie Wank sie vorgeschlagen hat, in Abrede gestellt[125].

Worzalla[126] vertritt, man könne nach wie vor mit den bisher angewandten Kriterien zu sachgerechten Ergebnissen kommen. Richtig verstanden könne die Debatte um abhängige Selbständigkeit nur Fälle des Rechtsformmißbrauchs betreffen. Es ginge hierbei nicht darum, neue Kriterien für den Arbeitnehmerbegriff aufzustellen, sondern Praktiken zu sanktionieren, durch die die bisherige Abgrenzung umgangen werden sollte. Daher solle eine Konkretisierung des Grundsatzes des § 242 BGB in seiner Ausformung als Rechtsmißbrauchstatbestand erfolgen. Für eine mißbräuchliche Ausnutzung der Scheinselbständigkeit spreche hiernach unter anderem die Durchführung einer Tätigkeit als Selbständiger, die zuvor als Arbeitnehmer ausgeführt wurde, der Übergang in die Selbständigkeit allein auf Veranlassung des bisherigen Arbeitgebers, sowie die Erhöhung der Arbeitsbelastung bei gleichbleibender oder gleiche Arbeitsbelastung bei schlechterer wirtschaftlicher Stellung[127].

Im Ansatz geht diese Kritik davon aus, daß das Problem der abhängigen Selbständigkeit bereits mit dem Begriff „Mißbrauch" hinlänglich erfaßt ist. Dem ist jedoch entgegenzuhalten, daß der Mißbrauch der Rechtsform lediglich einen Teil des Problems repräsentiert. In diesen Bereichen können der Arbeitnehmerbegriff des Bundesarbeitsgerichts und die allgemeinen Regeln des § 242 BGB tatsächlich eine Lösung darstellen. Dem Problem, daß der herrschende Arbeitnehmerbegriff in den zunehmenden Zweifelsfällen versagt, tritt diese Kritik jedoch nicht entgegen. Sie zeigt stattdessen implizit auf, daß es in Zweifelsfällen einer Definition, die über die jetzigen Kriterien hinausgeht, bedarf.

dd) Stellungnahme

Zu dem Versuch *Wanks,* die Arbeitnehmereigenschaft nach der freiwilligen Übernahme des Unternehmerrisikos abzugrenzen, sind folgende Aspekte anzumerken:

(1) Rechtliche Erfassung einer veränderten Arbeitswelt

Das Abgrenzungskriterium der freiwilligen Übernahme des Unternehmerrisikos hat einiges für sich. Die Veränderung von Arbeitsrealitäten findet sich hier zu einem erheblichen Maße wieder. Daher erfaßt der Ansatz Wanks die Schutzbedürf-

125 *Worzalla,* AG 1995, 41 (48); *Worzalla,* Arbeitsverhältnis – Selbständigkeit, Scheinselbständigkeit, S. 66 ff.

126 *Worzalla,* AG 1995, 47 (48).

127 *Worzalla,* AG 1995, 47 (49).

tigkeit, die sich aus den neu entstehenden Beschäftigungsformen ergibt, besser als der Begriff der persönlichen Abhängigkeit, den das Bundesarbeitsgericht als ausschlaggebend für die Arbeitnehmereigenschaft nennt. Schutzbedürftigkeit ergibt sich durch die Veränderung von Beschäftigungsformen und damit auch Abhängigkeiten nicht mehr ausschließlich aus einer persönlichen Abhängigkeit von Beschäftigten[128].

Charakteristisch für die Ausgliederung der oben genannten Bereiche ist, daß es den Beschäftigten vielfach an einer Weisungsbindung fehlt. Damit ist aber für sie auf der gestalterischen Ebene nichts gewonnen. Auch wenn sie sich selbst die Arbeitszeit einteilen können, so verbleibt die Entscheidung über die Konditionen, zu denen die Beschäftigten tätig werden können, beim Unternehmen. Wenn jedoch der Beschäftigte nicht unternehmerisch tätig werden kann, so scheint es willkürlich, ihm dennoch die hiermit verbundenen Risiken überbürden zu wollen.

Die Kriterien *Wanks* sind daher geeigneter, die Schutzbedürftigkeit neuer Beschäftigungsformen zu erfassen als das Abgrenzungskriterium der persönlichen Abhängigkeit, das durch das Bundesarbeitsgericht verwendet wird. Von den beiden Arbeitnehmerbegriffen erweist sich die Abgrenzung nach der freiwilligen Übernahme des Unternehmerrisikos als geeigneter, Outsourcing-Prozesse dahingehend zu untersuchen, ob sie lediglich Risiken delegieren oder den Beschäftigten tatsächlich unternehmerische Betätigung ermöglichen.

(2) Spezifische Schutzbedürftigkeit aufgrund persönlicher Abhängigkeit

Damit entfällt jedoch nicht gleichzeitig jede Schutzbedürftigkeit aufgrund einer persönlichen Abhängigkeit der Beschäftigten. Der Arbeitnehmerbegriff des Bundesarbeitsgerichts wird durch den *Wankschen* Arbeitnehmerbegriff nicht entbehrlich. Dadurch, daß der Beschäftigte nicht über die Organisation und Ausgestaltung seiner Tätigkeit selbst entscheiden kann, verpflichtet er sich in besonderem Maße gegenüber dem Arbeitgeber. Er ist in besonders starker Weise in den Betrieb eingebunden. Der Arbeitgeber verfügt nicht nur über die Arbeitsbedingungen des Beschäftigten, sondern gleichzeitig auch über die Arbeitsorganisation. Hier erschiene es verfehlt, die freiwillige Übernahme des Unternehmerrisikos zum zentralen Abgrenzungskriterium für die Arbeitnehmereigenschaft zu erheben. Bei einer Beschäftigung in Form des Normalarbeitsverhältnisses scheint es dagegen denkbar, daß der Beschäftigte, zum Beispiel durch eine Gewinn- und Verlustbeteiligung am dem Umsatz des Betriebes, einen Teil unternehmerischen Risikos übernimmt, ohne daß dadurch seine spezifische Schutzbedürftigkeit entfällt. Eine ausschließliche Anwendung des *Wankschen* Arbeitnehmerbegriffs würde deshalb zu einer sachlich nicht gerechtfertigten eingeschränkten Berücksichtigung der Schutzbedürftigkeit der Beschäftigten führen.

---

128 Zur ausführlichen Kritik am Arbeitnehmerbegriff des Bundesarbeitsgerichts vgl. die Ausführungen S. 67 ff.

(3) Keine Schutzbedürftigkeit „klassischer" Ein-Personen-Selbständiger

Eine alleinige Anwendung des Wankschen Arbeitnehmerbegriffs könnte daher auch dazu führen, daß klassische Ein-Personen-Selbständige, die nicht erst aufgrund der sich verändernden Arbeits- und Unternehmensstrukturen vermehrt in dieser Rechtsform beschäftigt werden, zu Arbeitnehmern gemacht werden, obgleich ihre Schutzbedürftigkeit dies nicht rechtfertigt[129]. Dies umfaßt sogar einige Bereiche, die gesetzlich als Selbständige erfaßt sind, deren besondere Schutzbedürftigkeit der Gesetzgeber jedoch speziell gesetzlich geregelt hat. Hierunter fallen unter anderem der selbständige Handelsvertreter nach § 92a HGB oder auch der selbständige Frachtführer nach § 407 n.F. HGB[130]. Auch sie werden häufig ohne eine eigene Unternehmensstruktur und Eigenkapital tätig. Der Auftraggeber legt darüber hinaus einen erheblichen Teil ihres Verhandlungsspielraums fest. Ihre spzifische Schutzbedürftigkeit ergibt sich darüber hinaus daraus, daß sie ausschließlich für einen Auftraggeber tätig sind. Diese Gruppe jedoch durch eine Neudefinition des Arbeitnehmerbegriffs regelmäßig zu Arbeitnehmern zu machen, würde eine Ausweitung des Arbeitnehmerbegriffs darstellen, die wiederum der abgestuften Schutzbedürftigkeit dieser Gruppe nicht gerecht würde. An diesen Gesichtspunkt knüpft auch die massive Kritik[131] an dem „Gesetz zur Bekämpfung der Scheinselbständigkeit"[132], das zum 1. Januar 1999 in Kraft getreten war, an. Zu Recht ist diese Kritik in dem neuen „Gesetz zur Förderung der Selbständigkeit"[133], das am 1. Januar 2000 in Kraft getreten ist, aufgenommen worden. Das neue Gesetz sieht nunmehr eine verlängerte Ausnahme von dem Gesetz für Exitengründungen sowie erweiterte Möglichkeiten für Kleinbetriebe, Ausnahmeanträge zu stellen, vor. Dies ist gesetzestechnisch für den Bereich des Sozialrechts sicherlich ein hilfreicher Ansatz. Es wird jedoch hieran symptomatisch deutlich, daß eine umfassende Definition des Arbeitnehmerbegriffs allein mit den *Wankschen Kriterien* an dieser Stelle zu einer zu weitgehenden Einbeziehung von Ein-Personen-Selbständigen führt. Allein mit den Kriterien, die Wank für eine freiwillige Übernahme des Unternehmerrisikos aufgestellt hat, ist eine Neudefinition des Arbeitnehmerbegriffs daher nicht zu bewerkstelligen.

---

129 Auf diese Gefahr weisen insbesondere *Ettwig,* AG 1997, 265 ff. und *Worzalla,* Arbeitsverhältnis – Selbständigkeit, Scheinselbständigkeit, S. 67 hin. *Worzalla* führt aus, insbesondere die Merkmale „auf Dauer angelegt" und „Arbeit nur für einen Auftraggeber" seien in verschiedenen Branchen üblich, ohne deshalb bereits von Scheinselbständigkeit gesprochen werden könne.

130 § 407 HGB n.F. entspricht § 425 HGB a.F. Die Änderung trat mit dem Gesetz zur Neuregelung des Fracht-, Speditions- und Lagerrechts, BGBl. 1998 I, S. 1588 ff. am 1. Juli 1998 in Kraft.

131 *Bauer/Diller/Lorenzen,* NZA 1999, 169 ff.; *Buchner,* DB 1999, 146 ff.

132 BGBl. 1998 I, S. 2343.

133 BT-Drucksache 14/1855.

(4) Zwischenergebnis

Es ist deshalb eine Neudefinition des Arbeitnehmerbegriffs wünschenswert, die die Aspekte der Wankschen Überlegungen aufnimmt, ohne sich gleichzeitig von dem Abgrenzungskriterium der persönlichen Abhängigkeit grundsätzlich zu verabschieden[134]. *Wank*[135] hat zwischenzeitlich selbst den Vorschlag gemacht, die Verteilung unternehmerischer Chancen und Risiken könnte als ein Anhaltspunkt für das Vorliegen persönlicher Abhängigkeit zu sehen sein. Diese Lösung ist m.E. überzeugend, um die eben beschriebenen Anwendungsprobleme, die mit einer grundlegenden Neudefiniton des Arbeitnehmerbegriffs einhergehen würden, zu relativieren. Eine solche Lösung ermöglicht es, sowohl neue Prozesse auf dem Arbeitsmarkt und damit einhergehende Schutzbedürftigkeiten zu erfassen, ohne daß die mit dem Begriff der freiwilligen Übernahme des Unternehmerrisikos zusammenhängenden Unschärfen zu unerwünschten Ergebnissen im Einzelfall führen.

Es ist daher m.E. darauf hinzuwirken, daß die Verteilung unternehmerischer Chancen und Risiken Eingang in die Prüfung der Rechtsprechung findet, ob die persönliche Abhängigkeit eines Beschäftigten vorliegt, mithin also der Arbeitnehmerstatus zu bejahen ist[136].

V. Grenzen des Arbeitnehmerbegriffs

Der Ansatz, die Arbeitnehmereigenschaft nach dem Unternehmerrisiko zu bestimmen, vermag eine Reihe von Problemen im Zusammenhang mit der abhängigen Selbständigkeit zu lösen. Das Festhalten an Kriterien, die einer traditionellen Beschäftigung verhaftet sind, wird damit aufgegeben. Gegenüber den Kriterien des Bundesarbeitsgerichts beweisen die Abgrenzungskriterien Wanks erheblich mehr Trennschärfe im Hinblick auf neue Beschäftigungsformen.

Ob jedoch allein mit einer Neudefinition des Arbeitnehmerbegriffs alle Probleme im Hinblick auf die sich verändernde Arbeitswelt zu erfassen sind, ist damit noch nicht geklärt.

---

134 *Griebeling,* Der Arbeitnehmerbegriff und das Problem der „Scheinselbständigkeit", RdA 1998, 208 (213) weist über dogmatische Bedenken hinaus auch noch auf die europarechtliche Situation hin. Er konstatiert, daß im europäischen Ausland ganz überwiegend ebenfalls der Begriff der „persönlichen Abhängigkeit" als Abgrenzungskriterium bei der Prüfung der Arbeitnehmereigenschaft herangezogen wird. Im Rahmen einer europäischen Harmonisierung des Arbeitsrechts muß daher damit gerechnet werden, daß sich dieses Kriterium ohnehin erneut durchsetzen wird.

135 *Wank,* DB 1992, 90 (91 ff.).

136 Für eine solche Kombination der Abgrenzungskriterien tritt auch *Popp,* MDR 1998, 18 (20 f.) ein, der diese Kriterien allerdings nicht ausdrücklich unter die „persönliche Abhängigkeit" subsumiert.

Um diese Frage zu beantworten, ist zunächst zu untersuchen, ob die Wanksche Definition die Zweifelsfälle im Grenzbereich zwischen abhängiger und selbständiger Beschäftigung hinreichend zu klären vermag.

1. Erhebliche Anzahl an Zweifelsfällen

Hinsichtlich dieser Frage kann ein erneuter Blick auf die Studie, die von der Bundesregierung in Auftrag gegeben wurde, weiterhelfen.

Im Rahmen der Untersuchung wurden die Begriffe des Bundesarbeitsgerichts und Wanks alternativ zugrunde gelegt, um die Befragten als abhängig oder selbständig Beschäftigte einzuordnen. Sofern trotz aller Abgrenzungskriterien eine eindeutige Zuordnung nicht möglich erschien, wurden die Befragten jedoch einer dritten Kategorie, als „Semiabhängige", zugeteilt[137].

Hinsichtlich der Einordnung als abhängig oder selbständig Beschäftigte führte die Zugrundelegung der beiden verschiedenen Rechtsmodelle zu sehr unterschiedlichen Ergebnissen. Nach dem Modell des Bundesarbeitsgerichts waren 48% der befragten Haupterwerbstätigen als Selbständige einzustufen, während lediglich 19% der Befragten Arbeitnehmerstatus gewährt wurde[138]. Anders sieht die Verteilung nach der *Wankschen* Definition aus. Hiernach waren lediglich 30,1% der Befragten als Selbständige einzuordnen, während 43,7% als Arbeitnehmer eingestuft wurden[139].

Weniger signifikant unterscheiden sich die beiden Modelle jedoch hinsichtlich der Betroffenen, bei denen eine eindeutige rechtliche Zuordnung nicht möglich ist. Nach der Definition des Bundesarbeitsgerichts können 30% der Befragten nicht eindeutig rechtlich zugeordnet werden und sind deshalb als „semiabhängig" erfaßt worden[140]. Beim Modell Wanks ist die Anzahl der Zweifelsfälle zwar mit 24,1% etwas geringer[141], bleibt jedoch mit etwa einem Viertel der betroffenen Personenkreise ebenfalls sehr erheblich.

Wenngleich sich die Gewichtungen im Hinblick auf die Erfassung als Selbständige oder Arbeitnehmer bei den beiden Modellen unterscheiden, so kommen sie jedoch in einem Bereich zu ähnlichen Ergebnissen: Beide haben erhebliche Anteile an Zweifelsfällen hinsichtlich der rechtlichen Einordnung. Auch die Neudefinition des Arbeitnehmerbegriffs hilft nicht aus dem Dilemma heraus, daß allein der Streit um den Arbeitnehmerbegriff der schwierigen rechtlichen Lage in der „Grauzone" zwischen Arbeitnehmereigenschaft und Selbständigkeit nicht gerecht zu werden vermag.

137 *Dietrich,* BMA Band 262, Empirische Befunde zur Scheinselbständigkeit, S. 40.

138 *Dietrich,* BMA Band 262, Empirische Befunde zur Scheinselbständigkeit, S. 58.

139 *Dietrich,* BMA Band 262, Empirische Befunde zur Scheinselbständigkeit, S. 74.

140 *Dietrich,* BMA Band 262, Empirische Befunde zur Scheinselbständigkeit, S. 58.

141 *Dietrich,* BMA Band 262, Empirische Befunde zur Scheinselbständigkeit, S. 74.

Sowohl die Versagung als auch die Einräumung sämtlicher Arbeitnehmerrechte kann für diesen Personenkreis keine befriedigende Lösung darstellen. Es wird ihrer Schutzbedürftigkeit nicht gerecht, da sie sich in tatsächlicher Hinsicht bezüglich der Schutzbedürftigkeit zu einem erheblichen Anteil zwischen Arbeitnehmern und Selbständigen befinden. Hinsichtlich der Organisation ihrer Tätigkeit besitzen sie mehr Freiräume und sind in dieser Hinsicht eher mit Selbständigen zu vergleichen. In wirtschaftlicher Hinsicht weisen sie jedoch eine Reihe von Übereinstimmungen mit Arbeitnehmern auf, so daß diesbezüglich das Eingreifen arbeitsrechtlicher Schutzrechte sachgerecht erscheint.

In dieser Hinsicht ist auch die Neudefinition durch Wank zu kritisieren. Während er die Abgrenzungskriterien zwischen Arbeitnehmern und Selbständigen verschiebt, vernachlässigt sein Ansatz die Frage, wie sich eine Zwischenfigur (arbeitnehmerähnliche Personen) zu dieser rechtlichen Neuordnung stellt[142]. In Anbetracht der Tatsache, daß auch nach seiner Definition jedoch ein erheblicher Anteil an Personen bleibt, die weder eindeutig als Arbeitnehmer noch als Selbständige einzuordnen sind, vermag daher allein eine Verschiebung der Abgrenzungskriterien zwischen Arbeitnehmern und Selbständigen ohne eine Zwischenfigur das Problem der abhängigen Selbständigkeit nicht vollständig zu lösen.

In tatsächlicher Hinsicht greift deshalb die Debatte um eine Neudefinition des Arbeitnehmerbegriffs zu kurz.

2. Statusrechtlicher Begriff

Die ausschließliche Konzentration der Debatte auf den Arbeitnehmerbegriff scheint jedoch auch aus rechtlicher Sicht fraglich. Die stattfindende Konzentration auf den Arbeitnehmerbegriff führt dazu, daß ihm eine fast ausschließliche Bedeutung im Hinblick auf die Anwendung des Arbeitsrechts zugemessen wird.

Durch den Arbeitnehmerbegriff werden eine Reihe von Rechtsfolgen festgelegt[143]. Der Arbeitnehmerbegriff ist deshalb ein Statusbegriff[144]. Die Debatte um den Arbeitnehmerbegriff geht jedoch noch über diese zentrale Stellung des Arbeitnehmerbegriffs hinaus. Sie setzt eine Ausschließlichkeit im Hinblick auf die Anwendbarkeit des Arbeitsrechts voraus.

Wer Arbeitnehmer ist, genießt den gesamten Schutz des Arbeitsrechtes. Wer nicht als abhängig Beschäftigter gilt, fällt aus diesem Schutz völlig heraus. Die Rechte und Pflichten der so – selbständig – Beschäftigten ergeben sich im wesentlichen aus dem privatrechtlichen Vertrag, den der Beschäftigte mit dem Unternehmer abgeschlossen hat.

---

142 *Griebeling*, Der Arbeitnehmerbegriff und das Problem der „Scheinselbständigkeit", RdA 1998, 208 (214).

143 BAG vom 13. Januar 1983 AP Nr. 42 zu § 611 BGB-Abhängigkeit

144 *Wank*, Die juristische Begriffsbildung, S. 47 f.

Eine Abstufung zwischen diesen beiden Positionen wird in der Debatte um den Arbeitnehmerbegriff weitgehend vernachlässigt. So kommt der Definition des Arbeitnehmerbegriffs eine enorme Bedeutung zu. Diese ausschließlich Stellung des Arbeitnehmerbegriffs stellt das Arbeitsrecht vor eine „Alles-oder-Nichts-Entscheidung“[145], die häufig in die eine oder andere Richtung aber nicht sachgerecht erscheint.

Dem Arbeitnehmerbegriff kommt deshalb nahezu die Bedeutung eines Stausrechts zu, das auf die Zugehörigkeit zu einer bestimmten geschlossenen Gruppe abstellt[146].

Diese Ausschließlichkeit wird jedoch der Wirklichkeit nicht gerecht. Die Abhängigkeiten innerhalb von Verträgen gestalten sich tatsächlich differenzierter. Im Zusammenhang mit der abhängigen Selbständigkeit kann daher häufig nicht eindeutig von Abhängigkeit, die die Annahme eines Arbeitnehmerstatus rechtfertigt, oder überhaupt keiner Abhängigkeit gegenüber dem Unternehmen gesprochen werden. Stattdessen existiert eine gewisse Abhängigkeit bezogen auf das Auftreten am Markt, während die Arbeitsorganisation weitgehend den abhängigen Selbständigen überlassen bleibt. Dementsprechend unbefriedigend muß eine Lösung bleiben, die ausschließlich die Anwendung oder Versagung des gesamten Arbeitsrechts kennt. Es erscheint geboten, den Schutzbedürftigen zumindest einen Teilschutz in jenen Bereichen, die besonders regelungsbedürftig erscheinen, zu gewähren.

3. Methodische Aspekte

Dies ist auch im Hinblick auf methodische Gesichtspunkte zutreffend. Eine rechtswissenschaftliche Methode ist die Bildung und Auslegung eines Begriffs. Um diesen Bereich kreist ausschließlich die Debatte um die Erfassung abhängiger Selbständigkeit.

Dies wird jedoch nicht der Tatsache gerecht, daß die verschiedenen rechtswissenschaftlichen Methoden ineinander greifen sollen. Die Bildung und Auslegung eines Begriffs ist nur eine Methode zur Lösung rechtlicher Probleme. Gleichberechtigt neben der Auslegung stehen die Rechtsfortbildung durch Analogien und die Bildung allgemeiner Rechtssätze[147].

Um den Anwendungsbereich des Arbeitsrechts sachgerecht zu eröffnen, sind deshalb diese weiteren methodischen Ansätze neben der Begriffsbildung heranzuziehen.

---

145 LAG Köln vom 30. Mai 1995 LAGE Nr. 29 zu § 611 BGB – Arbeitnehmerbegriff; *Hromadka,* NZA 1997, 569 (577 f.); *Hromadka,* NZA 1997, 1249 ff.; *Hromadka,* NZA 1998, 1 (5); *Hromadka,* DB 1998, 195 (196); *Pfarr,* GMH 1995, 633 (636); *Pfarr,* FS *Kehrmann,* 75, 76; *Reinecke,* ZIP 1998, 581 (587 f.).

146 *Staudinger-Richardi,* BGB, Rdnr. 192 ff. vor §§ 611 ff.

147 *Larenz,* Methodenlehre der Rechtswissenschaft, S. 351.

4. Offener Arbeitnehmerbegriff

Dem Problem, daß der Arbeitnehmerbegriff eine „Alles-oder-Nichts-Entscheidung" nach sich zieht, versucht der Ansatz eines offenen Arbeitnehmerbegriffs[148] entgegenzutreten. Es sei teleologisch zu begründen, ob und inwieweit die tatbestandlichen Voraussetzungen vorlägen, an die das Arbeitsrecht seine Rechtsfolgen knüpfe. Daher sei zu berücksichtigen, daß mit dem Arbeitnehmerbegriff eine Vielzahl unterschiedlicher Rechtsfolgen verbunden seien[149]. Hieraus ergebe sich, daß die Arbeitnehmereigenschaft nur relativ festgelegt werden könne. So hätten die Gesetze, die den Arbeitnehmerbegriff verwendeten, zuweilen sehr unterschiedliche Schutzziele. Die Einbeziehung in das eine Gesetz zwinge daher nicht dazu, die gleiche Person auch in ein anderes Gesetz miteinzubeziehen[150]. Es sei vielmehr vom Normzweck der arbeitsrechtlichen Gesetze aus zu bestimmen, wie weit ihr Geltungsbereich gehe. Die Verschiedenheit des Normzwecks könne auch zu Abstufungen in der Anerkennung der Arbeitnehmereigenschaft führen[151].

Deshalb sei es möglich, daß Rechtsgrundsätze, die für das Arbeitsverhältnis maßgebend seien, auch auf Dienstverhältnisse mit Selbständigen Anwendung fänden, soweit nach dem Schutzbereich des Gesetzes die Unterscheidung in Abhängige und Selbständige bei der Erbringung einer Dienstleistung keine Rolle spiele[152].

Dieser Ansatz bietet eine Möglichkeit an, um zu einer lediglich teilweisen Anwendung des Arbeitsrechts zu kommen. Gegen diesen Ansatz steht jedoch, daß damit der Anspruch, einen einheitlichen Arbeitnehmerbegriff zu definieren, faktisch aufgegeben wird. Er führt damit letztlich zu einer Zerfaserung des Arbeitnehmerbegriffs. Hiermit ist den Beteiligten nicht gedient. Ein solcher Begriff würde ähnlich viel Unsicherheit schaffen wie der Begriff der persönlichen Abhängigkeit und würde deshalb keinen Fortschritt gegenüber der Definition des Bundesarbeitsgerichts darstellen.

Die im Zusammenhang mit diesem Ansatz erkennbaren Defizite weisen jedoch dahin, daß innerhalb der Debatte um den Arbeitnehmerbegriff das Problemfeld der Anwendung arbeitsrechtlicher Vorschriften nicht abschließend geklärt werden kann.

Statt dessen ist nach einer Zwischenfigur zu suchen, die eine Teilanwendung des Arbeitsrechts ermöglicht.

---

148 MüHandB-*Richardi,* Rdnr. 43 zu § 23; Staudinger-*Richardi,* BGB, Rdnr. 189 ff. vor §§ 611 ff.; *Gittermann,* Arbeitnehmerstatus und Betriebsverfassung in Franchisesystemen, S. 53; *Bauschke,* AR-Blattei SD 110 – Arbeitnehmerbegriff, Rdnr. 34.

149 Staudinger-*Richardi,* BGB, Rdnr. 176 vor §§ 611 ff.

150 Staudinger-*Richardi,* BGB, Rdnr. 181 vor §§ 611 ff.

151 MüHandB-*Richardi,* § 23 Rdnr. 51.

152 Staudinger-*Richardi,* BGB, Rdnr. 194 vor § 611 ff.

5. Ergebnis

In der Debatte um einen neuen Arbeitnehmerbegriff setzt insbesondere der Ansatz Wanks Akzente, mit denen die abhängigen Selbständigen adäquat erfaßt werden können. Die freiwillige Übernahme des Unternehmerrisikos ist deshalb in die Bestimmung der persönlichen Abhängigkeit einzubeziehen.

Auch die Neudefinition des Arbeitnehmerbegriffs vermag jedoch nicht alle Probleme im Zusammenhang mit der abhängigen Selbständigkeit zu lösen. Es verbleibt ein erheblicher Anteil an Personen, die weder eindeutig als Selbständige noch als Arbeitnehmer zu erfassen sind. Es erscheint weder sachgerecht, ihnen sämtliche Rechte aus einem Arbeitsverhältnis zukommen zu lassen, noch, ihnen sämtliche zu versagen. Die Debatte um eine Neudefiniton des Arbeitnehmerbegriffs greift deshalb zu kurz. Es ist zu erwägen, wie ein Teilschutz für diejenigen gewährt werden kann, bei denen eine eindeutige Zuordnung zu dem einen oder anderen Begriff unbefriedigend erscheint.

B. Die arbeitnehmerähnliche Person

Es ist deshalb zu fragen, auf welcher Grundlage dieser soziale Schutz in der Selbständigkeit gewährt werden könnte.

Hierfür könnte eine Zwischenfigur zwischen Arbeitnehmerbegriff und Selbständigkeit heranzuziehen sein.

Das Arbeitsrecht kennt selbst eine gesetzlich formulierte Ausnahme von der Alles-oder-Nichts-Entscheidung des Arbeitsrechts, die Regelung über die arbeitnehmerähnliche Person. § 5 Abs. 1, Satz 2 ArbGG dehnt die Zuständigkeit der Arbeitsgerichte auf die arbeitnehmerähnliche Person aus. Diese Verweisung ist auch im Falle von Statusklagen gegeben, wenn der Kläger entweder Arbeitnehmer oder arbeitnehmerähnliche Person ist[153]. Die Arbeitsgerichtsbarkeit ist damit auch zuständig, sofern der abhängige Selbständige arbeitnehmerähnliche Person ist.

Der Begriff der arbeitnehmerähnlichen Person findet weiterhin Erwähnung in § 2 BUrlG und § 12 a TVG.

Es ist zu untersuchen, ob die Beschäftigten, die nicht Arbeitnehmer sind, zumindest als arbeitnehmerähnliche Personen erfaßt werden können. Kommt eine solche Einordnung in Betracht, so ist zu fragen, welche Rechtsfolgen sich daraus ergeben.

---

153 BAG vom 16. Juli 1997, AiB 1997, 499 ff. mit Anmerkung *Buschmann;* BAG vom 14. Januar 1997 5 AZB 22/96; aA OLG Düsseldorf vom 30. Januar 1998, ZIP 1998, 624; bestätigt durch OLG Düsseldorf, ZIP 1998, 1039 ff.

I. Begriff der arbeitnehmerähnlichen Person

Hierfür ist zunächst zu klären, wie der Begriff der arbeitnehmerähnlichen Person zu definieren ist.

1. Die Definition durch die Rechtsprechung

Der Begriff der arbeitnehmerähnlichen Person wurde bereits in der Rechtsprechung anhand § 5 Abs. 1 Satz 2 ArbGG und § 2 Satz 2 BUrlG definiert.

§ 5 Abs. 1 Satz 2 ArbGG lautet:

" Als Arbeitnehmer gelten auch die in Heimarbeit Beschäftigten und die ihnen Gleichgestellten sowie sonstige Personen, die wegen ihrer wirtschaftlichen Unabhängigkeit als arbeitnehmerähnliche Personen anzusehen sind."

§ 2 Satz 2 BUrlG lautet:

„Als Arbeitnehmer gelten auch Personen, die wegen ihrer wirtschaftlichen Unselbständigkeit als arbeitnehmerähnliche Personen anzusehen sind; ..."

a) Die Rechtsprechung des Reichsarbeitsgerichts

Die Definition der arbeitnehmerähnlichen Person hat sich zur Abgrenzung vom Arbeitnehmerbegriff entwickelt. Wie oben dargelegt[154], hat sich das Reichsarbeitsgericht in seiner Entscheidung vom 15. Februar 1930 in der Definition des Arbeitnehmerbegriffs dahingehend festgelegt, daß für die Arbeitnehmereigenschaft die persönliche, nicht die wirtschaftliche Abhängigkeit ausschlaggebend sein sollte[155]. Zuvor hatte es eine Reihe von Kriterien zur Annahme der Arbeitnehmereigenschaft entwickelt, die sowohl für eine persönliche als auch eine wirtschaftliche Abhängigkeit sprechen.

Vor dieser Entscheidung war das Kriterium der wirtschaftlichen Abhängigkeit vom Reichsarbeitsgericht zunächst noch etwas zurückhaltend[156] als Kriterium für die arbeitnehmerähnliche Person herangezogen worden. Danach aber entwickelte sich dieses Kriterium als Abgrenzungskriterium zum Arbeitnehmer[157].

---

[154] Vgl. die Ausführungen auf S. 56 ff.

[155] RAG vom 15. Februar 1930 ARS 8, 451 mit zustimmender Anmerkung von Kerstel.

[156] RAG vom 27. November 1929 ARS 8 (21).

[157] In der Tendenz bereits in: RAG vom 18. Oktober 1930 ARS 10, 202 (208); RAG vom 17. Dezember 1930 ARS 10, 576 (579); RAG vom 9. Mai 1931 ARS 12, 271; Leitentscheidung vom 10. Juli 1931 ARS 12, 450; im Anschluß daran: RAG vom 14. Februar 1934 ARS20, 183, RAG vom 5. Juli 1939 ARS 36, 256; RAG vom 30. Juli 1943 ARS 46, 382.

Eine weitere dogmatische Konkretisierung der wirtschaftlichen Abhängigkeit von seiten des Reichsarbeitsgerichts blieb aus. Das Reichsarbeitsgericht betonte lediglich, daß dieses Kriterium nicht eng auszulegen sei[158].

Die Entwicklung einer Definition des Reichsarbeitsgerichts ging insoweit nicht darüber hinaus, die wirtschaftliche Abhängigkeit als Kriterium für arbeitnehmerähnliche Personen zu entwickeln.

b) Die Rechtsprechung in der Bundesrepublik

Die Rechtsprechung der Arbeitsgerichtsbarkeit in der Bundesrepublik Deutschland hatte eine Reihe von Einzelfällen zu entscheiden, nahm aber keine nähere dogmatische Bestimmung des Begriffs vor.

Das Bundesarbeitsgericht lehnte die Arbeitnehmerähnlichkeit bei Betreiben einer Bundeswehrkantine[159] ebenso ab wie bei einem Rechtsanwalt[160],einem Theaterintendanten[161] und einem Nachrichtensprecher[162].

Es verneinte, entgegen der Ansicht des Reichsarbeitsgerichts[163], daß eine Diakonissin eine arbeitnehmerähnliche Person sein könne[164], ebenso bei einer Rotkreuzschwester[165]. Das Landesarbeitsgericht Schleswig-Holstein[166] hingegen bejahte die Arbeitnehmerähnlichkeit von Rotkreuzschwestern.

Nebenberufliche Lehrkräfte ordnete das Bundesarbeitsgericht als arbeitnehmerähnliche Personen ein, sofern diese ihre Lehrtätigkeit weitgehend selbständig einteilen und ausüben könnten[167]. Weiterhin bejahte es die Arbeitnehmerähnlichkeit von Kameraleuten[168].

Aus den Unterinstanzen verneinte das Landesarbeitsgericht Düsseldorf[169] die Arbeitnehmerähnlichkeit eines Toilettenpächters, da sein Auftraggeber nicht an

---

158 RAG vom 10. August 1928 ARS 3, 207 (208).

159 BAG vom 13. August 1980 AP Nr. 37 zu § 611 – Abhängigkeit.

160 BAG vom 15. April 1993 AR-Blattei Nr. 10 zu Arbeitnehmerähnliche Person.

161 BAG vom 17. Dezember 1968 AP Nr. 17 zu § 5 ArbGG.

162 BAG vom 28. Juni 1973 AP Nr. 2 zu § 2 BUrlG mit zustimmender Anmerkung *Hueck*.

163 RAG vom 10. März 1931 ARS 12, 450.

164 BAG vom 17. Oktober 1956 AP Nr. 4 zu § 5 ArbGG 1953.

165 BAG vom 18. Februar 1956 AP Nr. 1 zu § 5 ArbGG 1953.

166 LAG Schleswig-Holstein vom 5. April 1993 LAGE Nr. 2 zu § 5 ArbGG.

167 BAG vom 16. Dezember 1957 AP Nr. 3 zu § 611 – Lehrer, Dozenten mit zustimmender Anmerkung *Hueck;* Prüfung der Arbeitnehmerähnlichkeit aus prozessualen Gründen abgelehnt in BAG vom 15. Februar 1965 AP Nr. 7 zu § 611 BGB – Lehrer, Dozenten mit kritischer Anmerkung *Fahrtmann*.

168 BAG AP Nr. 6 zu § 611 – Abhängigkeit mit zustimmender Anmerkung *Schnorr.*

169 LAG Düsseldorf vom 21. März 1957 AP Nr. 6 zu § 5 ArbGG 1953 mit ablehnender Anmerkung *Dersch*.

den Einnahmen des Pächters beteiligt sei. Das Landesarbeitsgericht Baden-Württemberg bejahte die Arbeitnehmerähnlichkeit eines Fahrers, der Bier und Getränke ausfuhr, das Landesarbeitsgericht Frankfurt die eines angestellten Geschäftsführers[170], das Landesarbeitsgericht Hamm[171] die eines Repetitors. Das OLG Köln[172] urteilte, der Geschäftsführer einer GmbH könne arbeitnehmerähnliche Person sein. Während das Landesarbeitsgericht Hamm einen Pharmaberater als Arbeitnehmer ansah[173], urteilte das Arbeitsgericht München[174], daß es sich um eine arbeitnehmerähnliche Person handelt. Ebenso wertete das Landesarbeitsgericht Hamburg bei formell selbständigen Kurierfahrern[175].

Strittig ist auch die dogmatische Einordnung der abhängigen Selbständigkeit in Form des Franchising[176]. Nach Ansicht des OLG Schleswig ist ein Franchisenehmer weder Arbeitnehmer noch arbeitnehmerähnliche Person[177]. Das LG Frankfurt bejahte die Arbeitnehmerähnlichkeit einer Kioskbetreiberin[178].

Die jüngeren Entscheidungen betreffen Beschäftigte, die zu einem gewissen Grad in den Betrieb des Auftraggebers eingebunden sind. Hier liegt ein Unterschied zu den Beispielen, die zu Beginn der Diskussion um die arbeitnehmerähnliche Person gebracht wurden. Diese waren gleichermaßen dadurch gekennzeichnet, daß sie Schutz solcher Personen anstrebten, die *außerhalb* des Betriebsortes tätig waren.

c) Kriterien der Arbeitnehmerähnlichkeit

Das Reichsarbeitsgericht hatte betont, daß die wirtschaftliche Abhängigkeit sich nicht aus einzelnen Merkmalen, sondern nur aus der Betrachtung der gesamten Verhältnisse bestimmen ließe[179], eine nähere Bestimmung solcher Merkmale nahm

---

170 LAG Frankfurt vom 24. Oktober 1984, AuR 1985, 133.

171 LAG Hamm vom 22. August 1989 AP Nr. 7 zu § 5 ArbGG 1979.

172 OLG Köln vom 28. März 1979, OLGZ 1980, 347.

173 *LAG Hamm Nr. 13 vom 10. Mai 1989 und Nr. 14 vom 13. Oktober 1989 zu LAGE § 611 BGB – Arbeitnehmer*begriff.

174 ArbG München vom 29. Mai 1990 EZA Nr. 33 zu § 611 – Arbeitnehmerbegriff.

175 LAG Hamburg vom 6. Februar 1990 3 Sa 50/89.

176 Die Arbeitnehmerähnlichkeit im Einzelfall erwägt *Matthießen,* ZIP 1988, 1089 (1094). Grundsätzlich verneint wird sie mangels wirtschaftlicher Abhängigkeit von *Weltrich,* DB 1988, 806 (808): Der Franchisenehmer lebe, mangels zentralen Entlohnungssystems, von den von ihm selbst erwirtschafteten Gewinnen. Bei der Erörterung der Notwendigkeit eines neuen Arbeitnehmerbegriffs zur Erfassung der abhängigen Selbständigkeit erörtert *Bauschke,* RdA 1994, 209 (211), auch die Rechtsfigur der arbeitnehmerähnlichen Person, ohne sie jedoch in seine weiteren Erwägungen miteinzubeziehen.

177 OLG Schleswig vom 27. August 1986, NJW-RR 1987, 220 (221).

178 LG Frankfurt vom 21. 4. 1993, NJW-RR 1993, 1152.

179 RAG vom 21. Juli 1937 ARS 30, 284 mit Anmerkung *Hueck.*

es jedoch nicht vor[180]. Die Rechtsprechung der bundesrepublikanischen Arbeitsgerichtsbarkeit hingegen konkretisierte in ihren Urteilen zum Teil den Begriff der wirtschaftlichen Abhängigkeit. Dabei wurde vor allem auf die Dauer des Dienst- oder Werkverhältnisses[181] und die Vergleichbarkeit mit Arbeitnehmern abgestellt. Das Vertragsverhältnis muß also wirtschaftlich einem Arbeitnehmerverhältnis nahekommen[182].

Wie auch sonst im Arbeitsrecht ist die Benennung des Vertragsverhältnisses nicht ausschlaggebend[183]. Statt dessen kommt es auf die tatsächliche Gestaltung der Dienstleistung an[184].

2. Definition in § 12 a TVG

Die Anregungen aus der Rechtsprechung wurden bei der Verabschiedung des § 12 a TVG aufgenommen.

§ 12 a Tarifvertragsgesetz lautet:

" (1) Die Vorschriften dieses Gesetzes gelten entsprechend

1. für Personen, die wirtschaftlich abhängig und vergleichbar einem Arbeitnehmer sozial schutzbedürftig sind (arbeitnehmerähnliche Personen), wenn sie aufgrund von Dienst- oder Werkverträgen für andere Personen tätig sind, die geschuldeten Leistungen persönlich und im wesentlichen ohne Mitarbeit von Arbeitnehmern erbringen und

a) überwiegend für eine Person tätig sind oder

b) ihnen von einer Person im Durchschnitt mehr als die Hälfte des Entgelts zusteht, das ihnen für ihre Erwerbstätigkeit insgesamt zusteht; ist dies nicht voraussehbar, so sind für die Berechnung, soweit im Tarifvertrag nichts anderes vereinbart ist, jeweils die letzten sechs Monate, bei kürzerer Dauer dieser Zeitraum maßgebend,

2. für die in Nummer 1 genannten Personen, für die die arbeitnehmerähnlichen Personen tätig sind, sowie für die zwischen ihnen und den arbeitnehmerähnlichen Personen durch Dienst- oder Werkvertrag begründeten Rechtsverhältnisse.

---

180 Kritisch dazu ArbG Heidelberg vom 30. 4. 1948, RdA 1949, 236; *Poelmann,* RdA 1949, 237.

181 BAG vom 13. September 1956 AP Nr. 2 zu § 5 ArbGG 1953; BAG vom 16. August 1997 AP Nr. 23 zu § 611 BGB – Abhängigkeit; LAG Mannheim vom 26. Juni 1951 Nr. 276 zu AP 51.

182 BAG vom 23. Dezember 1961 AR-Blattei – Nr. 2 zu Arbeitnehmerähnliche Person; BAG vom 17. Dezember 1968 AP Nr. 17 zu § 5 ArbGG; BAG vom 28. Juni 193 AP Nr. 2 zu § 2 BUrlG; BAG vom 7. Januar 1971 AP Nr. 8 zu § 611 BGB – Abhängigkeit; OLG Köln vom 13. August 1993 AP Nr. 5 zu § 12 a TVG; BAG vom 29. Dezember 1997 5 AZR 38/97; *Grunsky,* ArbGG, Rdnr. 17 zu § 5; *Seidel,* BB 1970, 972, *Herschel,* DB 1977, 1187.

183 LAG Bremen vom 26. Oktober 1955 AP Nr. 3 zu § 5 ArbGG 1953 mit zustimmender Anmerkung *Hueck.*

184 BAG vom 13. Dezember 1962 AP Nr. 3 zu § 611 – Abhängigkeit mit kritischer Anmerkung *Schnorr von Carolsfeld.*

(2) Mehrere Personen, für die arbeitnehmerähnliche Personen tätig sind, gelten als eine Person, wenn diese mehreren Personen nach der Art eines Konzerns (§ 18 des Aktiengesetzes) zusammengefaßt sind oder zu einer zwischen ihnen stehenden Organisationsgemeinschaft oder nicht nur vorübergehenden Arbeitsgemeinschaft gehören.

(3) Die Absätze 1 und 2 finden auf Personen, die künstlerische, schriftstellerische oder journalistische Leistungen erbringen, sowie auf Personen, die an der Erbringung insbesondere der technischen Gestaltung solcher Leistungen unmittelbar mitwirken, auch dann Anwendung, wenn ihnen abweichend von Absatz 1 Nr. 1 Buchstabe b erster Halbsatz von einer Person mindestens ein Drittel des Entgelts zusteht, das ihnen für ihre Erwerbstätigkeit insgesamt zusteht.

(4) Die Vorschrift findet keine Anwendung auf Handelsvertreter im Sinne des § 84 Handelsgesetzbuch."

Strittig ist, ob § 12 a TVG gleichzeitig den allgemeinen Begriff arbeitnehmerähnlicher Personen erfaßt[185] oder ob der Begriff in § 2 BUrlG und § 5 ArbGG anders zu definieren ist als im TVG[186]. Praktische Auswirkungen dieses Streits sind jedoch nicht ersichtlich. Da mit der Regelung des § 12 a TVG im wesentlichen die rechtswissenschaftliche Debatte kodifiziert wurde, kann davon ausgegangen werden, daß § 12 a TVG als allgemeine Definition der arbeitnehmerähnlichen Personen angesehen werden kann.

3. Subsumtion der abhängigen Selbständigen

Die in § 12 a TVG normierte Definition müßte auch auf die abhängigen Selbständigen Anwendung finden können. Bei arbeitnehmerähnlichen Personen ist das Ausmaß der Abhängigkeit gegenüber dem Unternehmen gelockert, doch bewirken die Umstände der Vertragsbeziehungen eine typischerweise vergleichbare Schutzbedürftigkeit, die auf eine wirtschaftliche Abhängigkeit innerhalb des Dienst- oder Werkvertrages zurückgeht[187].

Sofern die als selbständig bezeichneten Beschäftigungsformen nicht materiell als abhängige Beschäftigung einzuordnen sind, liegt eine rechtliche Einordnung als arbeitnehmerähnliche Personen nahe. Die abhängigen Selbständigen sind zumeist überwiegend oder ausschließlich für einen Auftraggeber tätig. Der Auftraggeber macht ihnen, typisierend betrachtet, Vorgaben zu den Konditionen, unter denen sie ihren Tätigkeiten nachgehen können. Gestaltet sich der Vertrag mit den Selbständigen in dieser Weise, so kann von wirtschaftlicher Selbständigkeit nicht gesprochen werden. Sie sind überwiegend für ein Unternehmen tätig und deshalb von diesem wirtschaftlich abhängig. Die abhängigen Selbständigen können daher

185 *Wank,* Arbeitnehmer und Selbständige, S. 237; *Lund,* BABl. 1974, 682 (683).

186 *Kunze,* UFITA 74, 19 (21); *Wiedemann/Stumpf,* TVG, Rdnr. 11 zu § 12a.

187 BAG vom 2. Oktober 1990 AP Nr. 1 zu § 12 a TVG; *Kempen/Zachert,* TVG, Rdnr. 11 zu § 12a.

regelmäßig als arbeitnehmerähnliche Personen angesehen werden, sofern sie keine Arbeitnehmer sind[188].

4. Ergebnis

Abhängige Selbständige, deren unternehmerische Betätigung durch Vorgaben des Auftraggebers stark eingeschränkt ist, können rechtlich regelmäßig als arbeitnehmerähnliche Personen eingeordnet werden, sofern sie nicht unter den Arbeitnehmerbegriff subsumiert werden können.

II. Gesetzliche Ansprüche arbeitnehmerähnlicher Personen

Um zu klären, wie hilfreich diese rechtliche Einordnung der abhängigen Selbständigen als arbeitnehmerähnliche Personen ist, ist entscheidend, welche materiellrechtlichen Ansprüche sich an diese Einordnung anschließen. Daher ist zu fragen, welchen rechtlichen Regelungen und Schutzvorschriften arbeitnehmerähnliche Personen unterliegen.

1. Arbeitsgerichtsgesetze

Erstmals wurden die arbeitnehmerähnlichen Personen durch § 5 ArbGG erfaßt.

Der Entwurf eines ArbGG von 1923 stellte noch nur „andere Personen (Heimarbeiter, Hausgewerbetreibende und sonstige Heimwerker)“ den Arbeitnehmern gleich[189]. Der Entwurf von 1924 übernahm bereits den Begriff der „arbeitnehmerähnlichen Person“. Das erste Arbeitsgerichtsgesetz von 1926[190] sah dann in § 5 für die arbeitnehmerähnlichen Personen die Zuständigkeit der Arbeitsgerichte vor. Nach der vom Reichstag zugrundegelegten Begründung[191] war die Schutzbedürftigkeit dieses Personenkreises darin zu sehen, daß dieser nach bürgerlichem Recht und Handelsrecht an sich selbständig sei, wirtschaftlich gesehen aber in einem dem Arbeitsverhältnis gleichartigen Verhältnis zu bestimmten Unternehmen stünde. Dies treffe unter anderem auch auf die formell selbständigen Versicherungsagenten zu.

---

188 Vgl. *Kempen/Zachert,* TVG, Rdnr. 11 zu § 12a; *Julius,* Die rechtliche und rechtstatsächliche Lage der „Neuen Selbständigen“, S. 175.

189 ArbR 1923, 519 (520).

190 RGBl. I 1926, 507.

191 RT-Drucksache 2065, 34 (35).

Im Arbeitsgerichtsgesetz von 1934[192] wurde die Tatbestandsvoraussetzung der wirtschaftlichen Unselbständigkeit ausdrücklich in den Gesetzestext aufgenommen.

Das Arbeitsgerichtsgesetz von 1953 übernahm die Regelung zu den arbeitnehmerähnlichen Personen aus dem ArbGG 1926, was in den Beratungen hierzu nicht umstritten war[193]. Andere Erwägungen als diejenigen, die die Begründung der ursprünglichen Fassung des ArbGG von 1926 enthielt, führte der Gesetzgeber nicht an. In Veränderung zur ursprünglichen Fassung bediente sich der Gesetzgeber lediglich des klareren Begriffs[194] der „wirtschaftlichen Unselbständigkeit" aus der Fassung von 1934. Ebenso war in den Landesgerichtsgesetzen verfahren worden, die zuvor in den Bundesländern verabschiedet worden waren[195].

Die Zuständigkeit der Arbeitsgerichtsbarkeit zieht jedoch keine materiellen Rechte der arbeitnehmerähnlichen Personen nach sich. Es handelt sich ausschließlich um eine prozessuale Verweisung.

2. Bundesurlaubsgesetz

Mit der Verabschiedung des Bundesurlaubsgesetzes am 8. Januar 1963[196] wurde erstmals gesetzlich ein materiellrechtlicher Anspruch für arbeitnehmerähnliche Personen geschaffen. Dahinter stand jedoch kein eigenständiger rechtspolitischer Wille des Bundesgesetzgebers. Die Aufnahme der arbeitnehmerähnlichen Personen rührt historisch aus deren Einbeziehung in die Landesurlaubsgesetze her: Mit Ausnahme von Bayern und Berlin erwähnen bereits die von 1947 bis 1953 erlassenen Urlaubsgesetze der Länder die arbeitnehmerähnlichen Personen als urlaubsberechtigt[197]. Art. 2 der bayerischen Durchführungsverordnung zum Urlaubsgesetz bezog nur die Heimarbeiter ein, § 2 des Berliner Urlaubsgesetzes außer den Heimarbeitern „die diesen nach dem Gesetz über die Heimarbeit gleichgestellten Personen". Weder bei der Vorstellung[198] des Entwurfs eines Bundesurlaubsgesetzes durch die SPD-Bundestagsfraktion[199] im November 1959 noch bei der des überarbeiteten Entwurfes im Januar 1962[200] wurde der Geltungsbereich des Gesetzes

192 RGBl. I 1934, 319.

193 BT-Drucksache I / 4372; BT-Drucksache I / 4652.

194 BT-Drucksache I / 3516, S. 25

195 Bayern: GVBl. 1947, 1; Hessen: GVBl. 1948, 57, 92, geändert durch GVBl 1949, 37; Württemberg-Baden RegBl. 1947, 173; geändert durch RegBl. 1949, 46; Rheinland-Pfalz VOBl. 1948, 105.

196 BGBl. I 1963, S. 2

197 § 2 Bad UrlG; § 1 BremUrlG, Ziffer b; § 2 HambUrlg; § 2 HessUrlg; § 1 I NiedersächsDVO zum Urlaubsgesetz; § 1 II WürttBadDVO zum UrlG.

198 107. Sitzung des 3. Bundestages, 5829 (D).

199 BT-Drucksache III / 1376.

200 BT-Drucksache IV / 142.

problematisiert. Auch nach dem Entwurf der Fraktion der CDU / CSU vom Februar 1962[201] sollte sich der persönliche Geltungsbereich des Gesetzes auch auf arbeitnehmerähnliche Personen erstrecken, ohne daß diese Frage problematisiert wurde. Die Begründung stellte lediglich klar, welcher Personenkreis zu den arbeitnehmerähnlichen Personen gehört, wobei neben den Heimarbeitern und ihnen Gleichgestellten insbesondere Handelsvertreter, Künstler, Musiker, Schriftsteller und Zeitungsberichterstatter in Betracht kommen sollten. Weiterhin verweist die Begründung darauf, daß die Formulierung den Landesurlaubsgesetzen und den Arbeitsgerichtsgesetzen entnommen sei.

Die dem Bundestag zum Beschluß vorgelegte Fassung des Entwurfs eines Bundesurlaubsgesetzes enthielt materiell unverändert die Vorschrift, daß sich der Geltungsbereich auch auf arbeitnehmerähnliche Personen erstrecken solle.

Auch nach der Verabschiedung des Bundesurlaubsgesetzes wurde dessen Geltungsbereich nicht in Frage gestellt[202].

3. § 12 a Tarifvertragsgesetz

Eine wichtige Rolle hat der Begriff der „arbeitnehmerähnlichen Person" im Zusammenhang mit dem rechtlichen Status der „freien Mitarbeiter" im Bereich der Medien gespielt.

a) Einführung des § 12 a TVG

In der Literatur erörterte als erster *Maus,* daß diejenigen freien Mitarbeiter, die nicht als Arbeitnehmer einzuordnen seien, sich als arbeitnehmerähnliche Personen nach Art. 9 Abs. 3 GG zu Koalitionen zusammenschließen könnten[203].

Anknüpfend an diese Überlegungen kam es bereits in der sechsten Legislaturperiode im Rahmen des zweiten Arbeitsrechtsbereinigungsgesetzes zum Entwurf eines § 12 a TVG[204]. Da die Legislaturperiode vorzeitig endete, legte die Bundesregierung[205] nach einer Initiative des Bundesrates[206] zu Beginn der siebten Legislaturperiode einen Entwurf zur Änderung des Heimarbeitsgesetzes vor, der auch einen § 12 a TVG enthielt. Der Gesetzentwurf wurde auch von der oppositionellen CDU / CSU begrüßt[207].

201 BT-Drucksache IV / 207.

202 Siehe *Dieckhoff,* DB 1963, 1120; *Schelp,* DB 1963, 30 (31); *Trieschmann,* DB 1963, 692 (297); *Seidel,* BB 1970, 971 (975); *Niessen,* DB 1963, 1120 (1121); *Niessen,* DB 1963, 308 (309).

203 *Maus,* RdA 1968, 367 (376).

204 BT-Drucksache, RdA 1971, 355 (357).

205 BT-Drucksache 7 / 975.

206 BR-Drucksache 395 / 73.

Nach dem Entwurf sollte es für die Arbeitnehmerähnlichkeit nicht erheblich sein, ob die Leistung aufgrund eines Dienst- oder eines Werkvertrages erbracht wurde. Hiermit ging der Entwurf auf die insbesondere in der Literatur[208], aber zum Teil auch in der Rechtsprechung[209] erörterte Frage ein, ob auch ein Auftragnehmer eines Werkvertrages eine arbeitnehmerähnliche Person sein kann.

Der Entwurf wurde im Ausschuß für Arbeit und Sozialordnung und im Ausschuß für Wirtschaft beraten. Hierbei beriet der Ausschuß für Arbeit und Sozialordnung insbesondere über das Merkmal, daß wirtschaftlich abhängig nur sein solle, wer mindestens die Hälfte des Entgelts von einer natürlichen oder juristischen Person beziehe[210]. Nach Ansicht der Ausschußmehrheit würde diese Einschränkung insbesondere im Bereich der freien Mitarbeiter der tatsächlichen Situation nicht gerecht. Hier sei es sozialtypisch, daß eine wirtschaftliche Bindung nicht an einen, sondern an mehrere Auftraggeber gegeben sei. Der Ausschuß schlug daher den neuen Absatz 3 des Gesetzes vor, nach dem es genügen sollte, wenn die Auftragnehmer mindestens ein Drittel ihres Einkommens von einer Person bezögen.

Der erste Entwurf der Bundesregierung in der siebten Legislaturperiode nahm auf Betreiben der betroffenen Interessenverbände die Handelsvertreter von dem Wirkungsbereich des § 12 a TVG aus. Dies blieb – auch auf Vorschlag des Ausschusses für Wirtschaft[211] – in den weiteren Beratungen unverändert.

Das Gesetz wurde am 11. Juni 1974 verabschiedet. Der Bundesrat äußerte Bedenken gegen den neu geschaffenen Absatz 3 des § 12 a TVG und rief deshalb den Vermittlungsausschuß an[212]. Nachdem dieser den Absatz 3 gebilligt hatte, erteilte der Bundesrat am 18. Oktober 1974 die Zustimmung, so daß das Gesetz am 1. November 1974 in Kraft trat[213].

Während die journalistischen Interessenverbände die Einführung des § 12 a TVG begrüßten[214], wurde § 12 a TVG in der Literatur kontrovers diskutiert[215]. Diese Kontroverse bezog sich zum einen auf die Abgrenzung zwischen Arbeitnehmern, arbeitnehmerähnlichen Personen und Unternehmern[216], weiterhin auf das Fehlen einer absoluten Einkommensgrenze[217], sowie schließlich die Vereinbarkeit

---

207 Abgeordneter *Gerlach* – 51. Sitzung des VII. Bundestages, 2866 (B).

208 Bejahend *Falkenberg*, DB 1969, 1409; Seidel, BB 1970 971 (973); *Wiedemann-Stumpf*, TVG, Rdnr. 33 zu § 12a; aA *Dersch-Neumann*, BUrlG, Rdnr. 72 § 2.

209 BAG vom 8. Juni 1967 AP Nr. 6 zu § 611 – Abhängigkeit.

210 BT-Drucksache 7 / 2025, 6.

211 *Lund*, BABl. 1974, 682.

212 BR-Drucksache 444 / 74.

213 BGBl. I 1974, 682.

214 *Gerschel*, FuR 1973, 538 (544); *Olenhusen*, FuR 1975, 98 ff.

215 *Eich*, DB 1973, 1699 ff.; *Stoltherfoth*, DB 1973, 1068 ff.; *Lieb*, RdA 1974, 257 ff.; *Wlotzke*, DB 1974, 2252 ff.

216 *Kunze*, UFIFTA 1975, 19 ff.

217 *Lieb*, RdA 1974, 259 (264); *Eich*, DB 1973, 1701 ff.

des § 12 a TVG mit Art. 9 Abs. 3 GG[218]. In der Praxis schlugen sich diese Bedenken jedoch nicht nieder.

Die Tauglichkeit der Abgrenzungskriterien des § 12 a TVG wurde unterschiedlich beurteilt. Während einerseits begrüßt wurde, daß die neue Bestimmung sich „zwanglos" in das deutsche Rechtssystem einfüge[219], wurden andererseits große Auslegungsschwierigkeiten[220] oder rechtstechnische Schwierigkeiten[221] bemängelt.

b) Tarifabschlüsse nach § 12 a TVG

Daß § 12 a TVG zum Schutz einer bestimmten Berufsgruppe geschaffen worden war, schlug sich auch in dem Abschluß der Tarifverträge nach § 12 a TVG nieder. Am 1. Juli 1976 trat der Tarifvertrag zwischen dem Bayrischen Rundfunk und der Rundfunk-Fernseh-Filmunion (RFFU) in Kraft,[222] am 1. Januar 1977 der für den Bereich des WDR[223]. Beim ersten Bericht der Bundesregierung über die Anwendung des § 12 a TVG[224] waren – im Zeitraum bis zum 1. Juni 1977 – acht Tarifverträge abgeschlossen worden. Von diesen Tarifverträgen wurden etwa 2.000 Personen erfaßt. Die Beschäftigungsbedingungen, die die bisher abgeschlossenen und die in Vorbereitung befindlichen Tarifverträge gewährten, lehnten sich vielfach an solche tariflichen Bestimmungen an, die bis dahin ausschließlich für Arbeitnehmer galten. Dies traf insbesondere für Sozialleistungen und die Leistungen bei Arbeitsunfähigkeit zu. Auch der Bestandsschutz für arbeitnehmerähnliche Personen wurde ausgeweitet, wenngleich nach wie vor eine Kündigung ohne Vorliegen eines sachlichen Grundes möglich blieb. Die Bundesregierung schätzte die Bereitschaft zum Abschluß weiterer Tarifverträge auf beiden Seiten positiv ein[225]. Die Tarifvertragsparteien konkretisierten den Begriff der arbeitnehmerähnlichen Person zum Teil in ihren Tarifverträgen, da der Begriff der arbeitnehmerähnlichen Person nach § 12 a TVG von ihnen als zu unkonkret eingeschätzt wurde. Das betraf unter anderem folgende Punkte: Der WDR führte in dem von ihm abgeschlossenen Tarifvertrag[226]

---

218 Dafür *Hueck-Nipperdey,* Arbeitsrecht II, § 6 III 1 b; *Nikisch,* Arbeitsrecht II § 58 II 3; *Maus,* RdA 1968, 367 (373); *Reichel,* RdA 1972, 143 (145); *Zeuner,* RdA 1975, 84 (87); *Wiedemann/Stumpf,* Rdnr. 5 zu 3 12a; *Kempen/Zachert,* TVG, Rdnr. 3 zu § 12a; *Däubler/Hege,* Tarifvertragsrecht, Rdnr. 156; aA *Stoltherfoth,* DB 1973, 1068 (1073).

219 *Lund,* BABl. 1974, 682 (684).

220 *Kunze,* UFITA 1975, 19, 21; Abgeordneter *Ziegler* – 106. Sitzung des VII. Bundestages, 7210 (B).

221 Bundesminister für Arbeits- und Sozialordnung – 51. Sitzung des VII. Bundestages, 2864 (B).

222 Film und Recht 1976, 778 ff.

223 Film und Recht 1977, 78 ff.

224 BT-Drucksache 8/716.

225 BT-Drucksache 8/716.

226 *Reuter,* FuR 1977, 78 (79).

zunächst einen Negativkatalog von freischaffenden Mitarbeitern auf, deren Arbeitszeit faktisch zu schwer zu erfassen sei, wie Autoren, Bühnenbildner, Komponisten, Lektoren oder Übersetzer. Diese Präzisierungen übernahmen auch der Bayerische Rundfunk und der Sender Freies Berlin[227].

Gemäß einem Beschluß des Deutschen Bundestages[228] legte die Bundesregierung 1981 einen weiteren Bericht über die Erfahrungen mit Tarifabschlüssen nach § 12 a TVG vor[229]. Die Anzahl der Tarifverträge belief sich bis dahin auf 89. Nach Abzug der Änderungs- und Paralleltarifverträge waren damit in insgesamt 49 Tarifverträgen die Arbeitsbedingungen für freie Mitarbeiter im journalistischen Bereich geregelt. Dies betraf insbesondere die Rundfunkanstalten, sowie die Tageszeitungen und Unternehmen des Grafikdesigns. Nach Schätzung der RFFU wurden durch diese Tarifverträge potentiell 20.000 freie Mitarbeiter bei den Rundfunkanstalten erfaßt[230].

Keine Verhandlungsaufnahme erfolgte trotz Hinweises des Bundesministers für Arbeits- und Sozialordnung im Bereich der Musiklehrer und Lehrbeauftragten für Musik, sowie im Bereich der Zeitschriftenverlage. In den nach dem ersten Bericht der Bundesregierung abgeschlossenen Tarifverträgen verstetigte sich der Trend, eine Annäherung an die für Arbeitnehmer geltenden tariflichen Regelungen zu erreichen. Der Bundesverband Deutscher Zeitungsverleger e.V. bemängelte erneut, daß die Definition des § 12 a TVG sehr unpräzise und kaum praktikabel sei. Mit Hinweis auf das Ausbleiben gerichtlicher Entscheidungen zur Auslegung des § 12 a TVG resümierte die Bundesregierung jedoch, daß in der Praxis keine nennenswerten Schwierigkeiten mit der Anwendung des § 12 a TVG aufgetaucht seien.

Der Abschluß der Tarifverträge wurde auch vom Justitiar der RFFU im DGB als großer Fortschritt zum Schutz der freien Mitarbeiter gewertet[231].

Diese Tendenz hat sich seitdem nicht wesentlich geändert. Im Bereich der Medien werden weiterhin überwiegend arbeitnehmerähnliche Personen in Tarifverträge einbezogen. In anderen Wirtschaftsbereichen fehlt es jedoch weitgehend an einer solchen Gleichstellung.

227 BT-Drucksache 8 / 716, 11.

228 BT-Drucksache 8 / 1483.

229 BT-Drucksache 9 / 993.

230 BT-Drucksache 9 / 993.

231 *Riepenhausen,* FuR 1977, 504 ff.; *Riepenhausen,* FuR 1982, 20 ff.; aA *Herschel,* FS für Samson, 504 ff.; *Herschel,* AuR 1982, 336 (337), der ausführte, die Regelungen nach § 12 a TVG seien weit davon entfernt, die üblichen Voraussetzungen eines Tarifvertrages zu erfüllen.

c) Statusklagen aufgrund § 12 a TVG

Aufgrund des § 12 a TVG gab es nur vereinzelt Statusklagen. Ein Rundfunkgebührenbeauftragter klagte auf Feststellung, arbeitnehmerähnliche Person zu sein. Der Kläger berief sich auf den für ihn geltenden Tarifvertrag. Nach diesem Tarifvertrag war der Personenkreis der arbeitnehmerähnlichen Personen erheblich erweitert worden. Er sollte unter anderem auch bei solchen Beschäftigten greifen, die lediglich sieben Tage im Monat für den Auftraggeber tätig wurden, sofern sie nicht mehr als 70.000,– DM verdienten. Während das Landesarbeitsgericht Hamburg der Klage stattgab, wies das Bundesarbeitsgericht die Klage ab[232]. Es urteilte, daß der Kläger aufgrund der geringen zeitlichen Verpflichtung gegenüber der Beklagten Gelegenheit gehabt hätte, anderweitig einen annähernd gleichen Verdienst zu erzielen. Solche anderweitigen Einkünfte seien jedoch ebenso wie die Höhe des Einkommens zu berücksichtigen. Beides könne dazu führen, daß die einem Arbeitnehmer vergleichbare Schutzbedürftigkeit entfalle. Dies hätten die Tarifvertragsparteien nicht berücksichtigt. Daher werde der Kreis der arbeitnehmerähnlichen Personen in unzulässiger Weise über den von § 12 a TVG erfaßten Personenkreis hinaus erweitert.

Das Bundesarbeitsgericht nahm außerdem eine arbeitnehmerähnliche vertragliche Bindung nach § 12 a TVG bei einer Beschäftigten an, die im Auftrag einer Sendeanstalt für eine Sendung recherchierte, dafür ein Drehbuch geschrieben, sowie die Vorgabe erhalten hatte, die Sendung aufnahmefertig zu bearbeiten[233].

4. Ergebnis

Durch die bestehenden gesetzlichen Vorschriften wird den arbeitnehmerähnlichen Personen lediglich in äußerst geringem Maß ein materiellrechtlicher Schutz gewährt. Materiellrechtliche Ansprüche werden arbeitnehmerähnlichen Personen lediglich in § 2 BurlG und § 1 Abs. 2 BeschäftigtenschutzG gewährt. Darüber hinaus hat nur die Einbeziehung der freien Mitarbeiter im Rundfunk in Tarifverträge aufgrund des § 12 a TVG für diese vereinzelt eine Situation geschaffen, die ihrer mit Arbeitnehmern vergleichbaren Schutzbedürftigkeit entspricht. Über diesen engen Bereich hinaus fehlt es jedoch insbesondere an Kündigungsschutzbestimmungen.

Die dogmatische Einordnung der abhängigen Selbständigen als arbeitnehmerähnliche Person muß jedoch eine wenig befriedigende Lösung bleiben, solange es an einem materiellen Schutz weitgehend mangelt. Diese offensichtliche Diskrepanz zwischen der Eröffnung des Rechtsweges und den daraus resultierenden Rechtsfolgen führte dazu, daß die Rechtsfigur der arbeitnehmerähnlichen Person als „seltsam“[234] oder gar „entbehrlich“[235] kritisiert wurde.

---

232 BAG vom 2. Oktober 1990, AiB 1991 128 f. mit ablehnender Anmerkung *Mayer.*

233 BAG vom 17. Oktober 1990 AP Nr. 9 zu § 5 ArbGG 1979.

Die arbeitsrechtliche Figur der arbeitnehmerähnlichen Person könnte jedoch angesichts der wachsenden Abgrenzungsschwierigkeiten des Arbeitnehmerbegriffs im Hinblick auf die abhängige Selbständigkeit von einiger Bedeutung sein. Es wäre zu erwägen, ob sich der Streit um den Arbeitnehmerbegriff entschärfen ließe, wenn Teile des arbeitsrechtlichen Schutzes auch auf die arbeitnehmerähnliche Person übertragen werden könnten[236].

Hierfür ist zu klären, welche Regelungsabsichten ursprünglich mit der Einführung des Begriffs der arbeitnehmerähnlichen Person verbunden waren und inwieweit sich hieran im Hinblick auf einen materiellrechtlichen Schutz der abhängigen Selbständigen anknüpfen läßt.

III. Regelungsabsichten für arbeitnehmerähnliche Personen

Es wurde bereits früh klar, daß mit dem Arbeitnehmerbegriff allein nicht alle schutzbedürftigen Gruppen arbeitsrechtlich erfaßt werden können. Bereits die Gewerbeordnung von 1869[237] sah den Schutz eines Personenkreises vor, der nicht dem klassischen Bild eines Arbeitnehmers entsprach. § 136 bestimmte, daß unter Arbeitnehmern auch diejenigen verstanden werden sollten, die außerhalb der Fabrikstätten, also hausgewerblich, für die Fabrikinhaber tätig wurden. Durch das Hausarbeitsgesetz vom 20. Dezember 1911[238] wurde der Schutz der Arbeitsbedingungen der Heimarbeiter erweitert.

Daran anknüpfend schlug *Potthoff*[239] vor, in dem einheitlichen deutschen Arbeitsrecht, das in der Weimarer Republik geschaffen werden sollte, für „verlegte" oder „verlagsmäßige Heimwerker" einen arbeitsrechtlichen Schutz vorzusehen. Während diese Schutzgesetze ausschließlich eine bestimmte Berufsgruppe betreffen sollten, ging *Merlsbach*[240] 1923 erheblich weiter: Der Ansatz *Potthoffs* erfasse nicht alle schutzbedürftigen Gruppen, da es sich nicht lediglich um eine Frage des Heimarbeitsrechts handele. Durch dieses seien insbesondere die sogenannten „qualifizierten Kopfarbeiter" nicht geschützt. Es müßten aber alle Personengruppen, die zwar nicht Arbeitnehmer seien, aber unter ähnlichen Arbeitsbedingungen wie Arbeitnehmer tätig würden, durch gesetzliche Sonderbestimmungen oder Analogiebildungen geschützt werden. Daher schlage er vor, diesen Personenkreis arbeitnehmerähnliche Personen zu nennen.

---

234 *Zöllner/Loritz*, Arbeitsrecht, § 4 VI 2 b.

235 *Reuter*, Die Arbeitsaufgabe und der Arbeitnehmerbegriff, S. 122 ff.

236 Vgl. *Hilger*, RdA 1989, 1; *Mückenberger*, ZRP 1992, 457 (458).

237 Vgl. *Endemann*, AuR 1954, 210.

238 RGBl. I 1911, Nr. 3980.

239 *Potthoff*, JW 1921, 519 (520).

240 *Merlsbach*, Deutsches Arbeitsrecht, S. 24.

In Erwartung einer materiellrechtlichen Kodifikation der arbeitnehmerähnlichen Person wurde diskutiert, welche formell Selbständigen als arbeitnehmerähnliche Personen angesehen werden könnten. Hierbei fand insbesondere die Diskussion um die Abgrenzung des Handlungsagenten vom Handlungsgehilfen ihre Fortsetzung. War zunächst umstritten gewesen, wann eine Einordnung als abhängig beschäftigter Handlungsgehilfe oder als selbständiger Handlungsagent vorzunehmen sei, wurde nach Verabschiedung des ArbGG diskutiert, wann der Handlungsagent als arbeitnehmerähnliche Person einzustufen sei[241].

Neben dieser Auseinandersetzung wurde eine Beschränkung auf bestimmte Berufszweige jedoch nicht befürwortet[242].

1. Entwürfe für ein Arbeitsvertragsgesetz

Diese Überlegungen fanden wurden auch in einem Entwurf für ein Arbeitsvertragsgesetzes während der Weimarer Republik aufgegriffen. In den ersten Entwurf eines Allgemeinen Arbeitsvertragsgesetzes von 1923[243] fanden die „arbeitnehmerähnlichen Personen" Eingang. § 4 Nr. 2 des Entwurfs sah vor, die „Hausgewerbetreibenden und sonstige arbeitnehmerähnliche Personen (Heimwerker)" den Arbeitnehmern gleichzustellen. Dies änderte sich auch nicht in der weiteren Debatte um ein Arbeitsvertragsgesetz[244]. Da eine Verabschiedung des Arbeitsvertragsgesetzes jedoch bis zum Ende der Weimarer Republik scheiterte, blieb die Kodifikation eines materiellrechtlichen Schutzes arbeitnehmerähnlicher Personen aus.

In der Bundesrepublik Deutschland wurde dieser Ansatz jedoch nicht wieder aufgegriffen. Die Arbeitsgesetzbuchkommission, die zu Beginn der siebziger Jahre einen Entwurf vorlegte, hat sich über die Definition des Arbeitnehmers und damit der Frage der Notwendigkeit eines Gebildes wie der arbeitnehmerähnlichen Person nicht einigen können; sie kam vielmehr zu der Auffassung, daß der Begriff des Arbeitnehmers in einem vorausgehenden Buch „Allgemeine Vorschriften" geregelt werden sollte, wozu aber Vorschläge nicht vorlagen[245]. Wie oben ausgeführt[246], griff der auf dem 59. Deutschen Juristentag vorgelegte Entwurf eines Arbeitsvertragsgesetzes die Kritik am Arbeitnehmerbegriff auf und brachte das Konzept einer „freiwilligen Übernahme des Unternehmerrisikos" als Neudefinition des Arbeitnehmerbegriffs[247] in die Debatte ein. Über eine eigenständige Rechtsfigur der ar-

---

241 *Silberschmidt*, LZ 1928, 1505 (1515); *Schieckel*, JW 1928, 2897 (2898).

242 *Silberschmidt*, LZ 1928, 1505 (1517 ff.).

243 ArbR 1923, 449 (450).

244 *Hueck/Nipperdey*, Arbeitsrecht I, § 9 I.

245 Arbeitsgesetzbuchkommission, Entwurf eines Arbeitsgesetzbuches, hrsg. v. Bundesminister für Arbeit und Sozialordnung, 1977.

246 Vgl. die Ausführungen auf S. 75 f.

247 Gutachten zum 59. Deutschen Juristentag (I), D 85.

beitnehmerähnlichen Person wurde in Abgrenzung zu einer Reform des Arbeitnehmerbegriffs nicht diskutiert. Es läßt sich festhalten, daß eine Auseinandersetzung um die Rechtsstellung der arbeitnehmerähnlichen Person insgesamt in der Bundesrepublik Deutschland kaum geführt wurde.

2. Rechtsprechung des Reichsarbeitsgerichts

Das Ziel, mit dem Begriff der arbeitnehmerähnlichen Person materiellrechtliche Ansprüche zu verknüpfen, verfolgte auch schon das Reichsarbeitsgericht. Diese Rechtsprechung[248] erkannte der arbeitnehmerähnlichen Person, nachdem eine Verabschiedung des Arbeitsvertragsgesetzes nicht mehr zu erwarten war, auch materiellrechtliche Ansprüche zu.

a) Anspruch auf Erstellung eines Zeugnisses

Das Reichsarbeitsgericht entschied einen Fall, in dem ein arbeitnehmerähnlicher Agent einen Anspruch auf Erstellung eines Zeugnisses nach § 630 BGB einklagte[249]. Das Gericht erörterte, daß es geboten sein könnte, arbeitnehmerähnlichen Personen in materiellrechtlicher Hinsicht die gleiche Behandlung wie den „Angehörigen der Gefolgschaft des Unternehmens" zukommen zu lassen, soweit wirtschaftliche und soziale Gründe sie fordern und die geltenden gesetzlichen Bestimmungen eine entsprechende Auslegung gestatten würden. Dies treffe insbesondere auf den Anspruch auf Erteilung eines Zeugnisses nach § 630 BGB zu. So sei der arbeitnehmerähnliche Agent ebenso wie der Handlungsgehilfe zur Erlangung einer neuen entsprechenden beruflichen Tätigkeit auf die Erstellung eines Zeugnisses angewiesen. Ebenfalls sei der Unternehmer nicht weniger in der Lage, ihm ein solches Zeugnis auszustellen, als er es gegenüber einem entsprechenden Angestellten sei. *Hueck*[250] begrüßte dieses Urteil und hob hervor, daß die Tragweite des Urteils weit über den Zeugnisanspruch hinausgehe. Auch sonstige Vorschriften des Arbeitsrechts könnten auf den arbeitnehmerähnlichen Agenten analoge Anwendung finden, soweit das dem Sinn und Zweck dieser Vorschriften entspreche.

b) Sittenwidrigkeit der Abwälzung des Unternehmerrisikos

Das Reichsarbeitsgericht hatte weiterhin zwei Fälle zu entscheiden, in denen Handlungsagenten für den Vertrieb von Büchern[251] in verschiedenen Städten zu-

---

248 RAG vom 25. 4. 1936 ARS 27, 7 mit zustimmender Anmerkung *Hueck;* RAG vom 8. Dezember 1937 ARS 31, 381 (383); RAG vom 28.1 Januar 1939 ARS 37, 293.

249 RAG von 25. April 1936 ARS 27, 7 mit zustimmender Anmerkung Hueck.

250 *Hueck,* Anmerkung zu RAG vom 25. April 1936 ARS 27, 7 (11).

ständig waren. In beiden Fällen wurde ein erheblicher Teil des Entgelts, 20% bzw. 30%, als Provision bei erfolgreichem Absatz ausgezahlt. In letzterem Fall hatte der Handlungsagent weiterhin die Fahrtkosten selbst zu tragen. Das Reichsarbeitsgericht entwickelte an diesen beiden Fällen den Grundsatz des Reichsgerichts weiter, daß die Abwälzung des Unternehmensrisikos auf Handlungsgehilfen zur Sittenwidrigkeit des Vertrages führen könne[252]. Das Gericht urteilte, diese Grundsätze seien auch bei tatsächlich Abhängigen, wenngleich formell Selbständigen, anwendbar[253].

An die materiellen Überlegungen des Reichsarbeitsgerichts, die arbeitnehmerähnliche Person durch die direkte oder analoge Anwendung allgemeiner Rechtsgrundsätze zu schützen, knüpfte das Bundesarbeitsgericht nicht an. Die Prognose[254], daß die arbeitnehmerähnlichen Personen durch die Rechtsprechung in steigendem Umfang auch in den sachlich-rechtlichen Bereich des Arbeitsrechts einbezogen werden würden, bestätigte sich für die Rechtsprechung des Bundesarbeitsgerichts nicht.

VI. Ergebnis

Abhängige Selbständige können arbeitnehmerähnliche Personen sein, sofern sie rechtlich nicht bereits als Arbeitnehmer einzustufen sind.

Mit dieser rechtlichen Einstufung allein ist jedoch noch nicht viel gewonnen. Gesetzlich ergeben sich materiellrechtliche Ansprüche lediglich im Hinblick auf § 2 BUrlG und § 12 a TVG. Darüber hinausgehende Ansprüche wurden von der Rechtsprechung kaum anerkannt. Zwar können arbeitsrechtliche Normen analog sowie allgemeine Rechtsgrundsätze auf arbeitnehmerähnliche Personen angewendet werden[255]. Eine Konkretisierung dieses Grundsatzes auf einzelne Schutzbereiche des Arbeitsrechts blieb jedoch aus.

Dies steht im Gegensatz zu dem Regelungsziel, das ursprünglich mit der Einführung des Begriffs der arbeitnehmerähnlichen Person verbunden war.

Der Wille des historischen Gesetzgebers war es, die arbeitnehmerähnlichen Personen sowohl formell als auch materiell den Arbeitnehmern gleichzustellen.

---

251 In einem Fall den „Praktischen Ratgeber für Verlobte", RAG vom 8. Dezember 1937 ARS 31, 381.

252 RG vom 26. November 1909, JW 1910, 5 Nr. 5.

253 RAG vom 8. Dezember 1937 ARS 31, 381 (384); RAG vom 28. November 1937 ARS 37, 392 (397).

254 *Siebert,* BB 1950, 47 (48).

255 *Hueck/Nipperdey,* Arbeitsrecht II, 60; *Nikisch,* Arbeitsrecht, 136; *Schaub,* Arbeitsrecht, § 9 II; *Buhl,* Zur Problematik des Arbeitnehmerbegriffs, 58.

Während ein Arbeitsgerichtsgesetz verabschiedet wurde, scheiterte die Verabschiedung des Arbeitsvertragsgesetzes. So entstand die Situation einer formellen Erfassung des Begriffs der arbeitnehmerähnlichen Person, der keine entsprechenden materiellen Schutzrechte gegenüberstanden. Das Reichsarbeitsgericht versuchte, dieser Diskrepanz mit der bereits von *Merlsbach* vorgeschlagenen Bildung von Analogien und der Anwendung allgemeiner Rechtsgrundsätze entgegenzuwirken.

Die Kodifikationsbemühungen des Arbeitsrechts der Weimarer Republik wurden in der Bundesrepublik Deutschland bis 1971 nicht wieder aufgenommen[256]. Auch in der Rechtsprechung trat ein Bruch gegenüber den Ansätzen des Reichsarbeitsgerichts ein. Statt die Rechtsprechung des Reichsarbeitsgerichts hinsichtlich der materiellrechtlichen Einbeziehung arbeitnehmerähnlicher Personen ins Arbeitsrecht aufzugreifen, begnügte sich das Bundesarbeitsgericht damit, einige weitere Kriterien zur Erfassung der arbeitnehmerähnlichen Person zu entwickeln. So entstand eine uneinheitliche Kasuistik, die nur selten eine durchgehende Linie erkennen läßt. Das ist wohl auch darin begründet, daß das Interesse an Statusklagen in Anbetracht des kaum vorhandenen materiellen Schutzes gering war und ist.

Die Möglichkeiten, die § 12 a TVG bot, wurden von den Betroffenen und den Tarifvertragsparteien nur zum Teil genutzt. Die Tarifvertragsparteien nahmen die Möglichkeiten, über § 12 a TVG einen Schutz für solche Berufsgruppen, die nicht als freie Mitarbeiter im Rundfunk tätig waren, zu gewähren, nicht wahr.

Die Rechtsfigur der arbeitnehmerähnlichen Person wurde nur am Rande behandelt. Eine Debatte über die Kriterien und die Anwendungsbereiche der arbeitnehmerähnlichen Person fand kaum statt. Stattdessen wurden die wenigen Kriterien, die die Rechtsprechung entwickelt hatte, in die Erörterungen ohne Auseinandersetzung oder Weiterentwicklung weitgehend übernommen. Der ursprüngliche Schutzgedanke, der zur Einführung des Begriffs der „arbeitnehmerähnlichen Person" führte, wurde nicht wieder aufgenommen. In den neueren Beratungen zu einem Arbeitsvertragsgesetz spielte die Rechtsfigur schließlich auch keine Rolle.

Die Nichtbeachtung dieser rechtlichen Alternative ist jedoch in Anbetracht der Schwierigkeiten der Definition um einen neuen Arbeitnehmerbegriff in Frage zu stellen. Allein mit einer Ausweitung des Arbeitnehmerbegriffs sind die verschiedenen neuen Beschäftigungsformen nicht hinreichend zu erfassen.

Vor diesem Hintergrund ist zu fragen, ob im geltenden Recht Spielräume bestehen, um einen materiellrechtlichen Schutz zu gewähren[257], oder es sogar grund-

---

256 RdA 1971, 49 zur Konstitution des Arbeitskreises.

257 Vgl. *Schliemann,* AuR 1997, 322 (326); bejahend auch *Däubler,* NJW 1998, 2573 (2574); vgl. zur Debatte um eine materiellrechtliche Unterfütterung des Begriffs der arbeitnehmerähnlichen Person auch den Diskussionsbericht über ein Symposium des Bundesarbeitsgerichts am 5./6. März 1998 in Kassel, *Strick,* RdA 1998, 228 (229). Kritisch zur Praktikabilität eines solchen Ansatzes jedoch *Kirsch,* AuR 1998, 29 (30).

rechtlich geboten ist, arbeitnehmerähnlichen Personen ein Mindestmaß an materiellem Schutz einzuräumen[258].

[258] Eine rechtliche Zwischengruppe von „Semi-Abhängigen" als arbeitnehmerähnliche Personen zu etablieren, befürwortet auch *Kramer,* Die Scheinselbständigkeit und ihre individualarbeitsrechtlichen Folgen, S. 62 ff. Er sieht hierin indes in erster Linie eine Aufgabe des Gesetzgebers. Auf Möglichkeiten einer richterlichen Rechtsfortbildung stellt *Kramer* dagegen nicht ab.

Kapitel 3

Kontrolle des Vertragsinhalts bei abhängigen Selbständigen

Um prekäre Auswirkungen der Nichtanwendung arbeitsrechtlicher Vorschriften auf arbeitnehmerähnliche Personen zu vermeiden, ist mangels spezialgesetzlicher Schutzvorschriften nach allgemeinen Grundsätzen zur Korrektur unangemessener Verträge zu fragen.

Um hierfür den Umfang möglicher Spielräume im geltenden Arbeitsrecht auszuloten, ist zu erörtern, welche allgemeinen Instrumente die arbeitsrechtliche Rechtsprechung nutzt, um eine Kontrolle des Vertrages vorzunehmen.

Dies ist abzugleichen mit bürgerlich-rechtlichen Instrumenten der Vertragskontrolle. Insbesondere der Verbraucherschutz ist hierfür heranzuziehen.

Die existierenden Instrumente sind sodann im Hinblick auf grundrechtliche Wertungen so weiterzuentwickeln, daß ein effektiver Schutz der abhängigen Selbständigen gewährleistet werden kann.

A. Billigkeitskontrolle

Im Bereich des Arbeitsrechts wird bei Feststellung von Disparitäten zumeist mit einer Kompensation der unterschiedlichen Verhandlungsstärke der beiden Vertragspartner in Form einer Billigkeitskontrolle der abgeschlossenen Verträge gearbeitet.

Das Bundesarbeitsgericht hat die gerichtliche Billigkeitskontrolle zunächst anhand von Betriebsvereinbarungen entwickelt[1]. Daran anschließend übertrug es das Instrument der Billigkeitskontrolle auch auf den Bereich des individuellen Arbeitsrechts[2].

Zu Beginn berief sich das Bundesarbeitsgericht als dogmatische Grundlage dabei auf § 2 Abs. 1 BetrVG. Später hat das Gericht die Billigkeitskontrolle ganz überwiegend auf § 315 BGB gestützt[3], vereinzelt jedoch auch auf § 138 BGB[4] oder auf die Drittwirkung der Grundrechte[5].

---

1 BAG vom 30. Januar 1970 AP Nr. 142 zu § 242 BGB – Ruhegehalt.

2 BAG vom 7. April 1972, SAE 1974, 155 ff.

Auch wenn das Bundesarbeitsgericht damit nicht stets die Vorschrift des § 315 BGB ausdrücklich heranzieht, geht es doch um die Beurteilung eines Falles nach den Grundsätzen der Billigkeit, die durch § 315 BGB geregelt werden[6]. Als dogmatische Grundlage für die Billigkeitskontrolle ist darum der – in jüngerer Zeit auch ausschließlich herangezogene – § 315 BGB zu betrachten. Daher ist zu fragen, welche Fälle die Vorschrift des § 315 BGB betreffen können.

I. Regelungsbereich des § 315 BGB

Die Norm des § 315 BGB betrifft nach ihrem klassischen Regelungsbereich die Fälle der einseitigen Leistungsbestimmung. Das Kriterium der Billigkeit hat die Aufgabe, die Leistung zu konkretisieren. § 315 BGB behandelt hierbei die Frage, welche Konsequenzen sich ergeben, wenn die Leistung vertraglich nicht geregelt ist, sondern durch einen der beiden Vertragspartner bestimmt werden soll. Ein Ausgleich der Interessen der beiden Vertragspartner ist dann nicht denkbar, da ein Aushandeln nicht erfolgt ist. Darum soll der Vertragspartner, der die Leistung bestimmt, an die Grundsätze der Billigkeit gebunden werden, das heißt er hat unter Berücksichtigung der Interessen beider Parteien und des in vergleichbaren Fällen Üblichen eine Entscheidung zu treffen[7].

Die Leistungsbestimmung darf nur nach billigem Ermessen erfolgen. Sie ist nach § 315 Abs. 3 Satz 1 BGB nur verbindlich, wenn sie nach diesen Vorgaben der Billigkeit entspricht. Entspricht sie nicht der Billigkeit, so bestimmt § 315 Abs. 3 Satz 2 BGB, daß die billige Leistungsbestimmung durch Urteil zu erfolgen hat.

II. Rechtsprechung des Bundesarbeitsgerichts

Die Vorschrift des § 315 BGB wurde wegen ihres begrenzten Anwendungsbereich zunächst selten in Prozessen herangezogen. Dies geschah nur in den wenigen Fällen, in denen tatsächlich eine Möglichkeit der einseitigen Leistungsbestimmung vertraglich vereinbart war[8]. Das Bundesarbeitsgericht zieht jedoch seit geraumer Zeit die Vorschrift des § 315 BGB zur allgemeinen Billigkeitskontrolle heran. Dies gilt im Bereich des individuellen Arbeitsrechts sowohl für die Kontrolle von Ein-

---

3 BAG vom 9. Juni 1965 AP Nr. 10 zu § 315 BGB; BAG vom 7. Januar 1971 AP Nr. 12 zu § 315 BGB, jeweils mit weiteren Nachweisen.

4 BAG vom 29. April 1966 AP Nr. 21 zu § 611 BGB – Konkurrenzklausel.

5 BAG vom 15. Januar 1995 AP Nr. 4 zu Art. 3 GG.

6 *Preis,* Grundfragen, S. 192.

7 Palandt-*Heinrichs,* BGB, Rdnr. 10 zu § 315.

8 *Hoyningen-Huene,* Die Billigkeit im Arbeitsrecht, S 55.

zelarbeitsverträgen, für die Zusage von Gratifikationen und Ruhegeldern, für allgemeine Arbeitsbedingungen als auch für die Ausübung des Direktionsrechts[9]. Mit dieser Rechtsprechung ist das Bundesarbeitsgericht über den eng begrenzten Regelungsbereich des § 315 BGB hinausgegangen.

Das Bundesarbeitsgericht sieht die Voraussetzungen einer Billigkeitskontrolle generell beim Vorliegen vertraglicher Einheitsregelungen als gegeben an. Bei sogenannten vertraglichen Einheitsbedingungen sowie bei der Bestimmung einer vertraglichen Leistung durch den Arbeitgeber oder bei der Ausschüttung freiwilliger Leistungen unter Ausschluß eines Rechtsanspruches setze ausschließlich eine der beiden Vertragsparteien die Leistungen fest, die der Arbeitnehmer erhalte oder zu erbringen habe. Der Arbeitgeber bestimme damit einseitig den Inhalt des Arbeitsverhältnisses. Die Vertragsparität könne in diesen Fällen generell einen Interessenausgleich nicht gewähren. Deshalb dürfe der Arbeitgeber nicht nur seine Interessen verfolgen, er müsse auch den Interessen des Arbeitnehmers angemessen Rechnung tragen. Seine Leistungsbestimmung müsse insofern billig und gerecht sein. Dies dürften die Gerichte im Streitfalle nachprüfen[10].

Es kann nach Ansicht des Bundesarbeitsgerichts keinen Unterschied machen, ob die einseitige Rechtsgestaltung einer Vertragspartei dem Vertragsabschluß nachfolge, wie dies bei § 315 BGB der Fall sei, oder ob sie, wie bei der einseitigen Festlegung der Vertragsbedingungen, dem Vertragsschluß vorausgehe. Denn ein Arbeitnehmer, dem jede Einwirkungsmöglichkeit auf einen vorformulierten Vertrag verwehrt sei, befinde sich in einer ähnlichen Abhängigkeitslage wie derjenige, der seinem Vertragspartner vertraglich Gestaltungsrechte nach § 315 BGB eingeräumt habe[11].

Hiervon ausgehend sieht das Bundesarbeitsgericht zum Teil eine weitgehende Billigkeitskontrolle für die Arbeitsgerichtsbarkeit eingeräumt[12].

III. Billigkeitskontrolle bei struktureller Disparität

Die Billigkeitskontrolle ist eine einzelfallbezogene Kontrolle. Sie ist an individuellen Besonderheiten ausgerichtet und stellt im Einzelfall auf die Zweckmäßigkeit des Vereinbarten ab[13]. Die Rechtsprechung des Bundesarbeitsgerichts müßte sich also maßgeblich am zu entscheidenden Einzelfall orientieren. Jedoch ist das

9 *Soergel-Wolf*, BGB, Rdnr. 2 zu § 315 BGB.

10 BAG vom 21. Dezember 1970 AP Nr. 1 zu § 305 BGB – Billigkeitskontrolle.

11 BAG vom 31. Oktober 1969 AP Nr. 1 zu § 242 BGB Ruhegehalt-Unterstützungskassen; BAG vom 21. Dezember 1970 AP Nr. 1 zu § 305 BGB – Billigkeitskontrolle; BAG vom 22. Dezember 1970 AP Nr. 2 zu § 305 BGB – Billigkeitskontrolle.

12 BAG vom 7. Januar 1971 AP Nr. 12 zu § 315 BGB.

13 *Preis*, Grundfragen, S. 193.

Bundesarbeitsgericht auch diesbezüglich über den Wortlaut des § 315 BGB hinausgegangen.

Dadurch ist das Bundesarbeitsgericht seiner eigenen Vorgabe, eine reine Billigkeitskontrolle von Verträgen vorzunehmen, nur sehr eingeschränkt gerecht geworden.

So hat das Bundesarbeitsgericht als Grundlage für die von ihm durchgeführte Billigkeitskontrolle das Argument einer strukturellen Disparität zwischen den beiden Vertragspartnern, Arbeitgeber und Arbeitnehmer, herangezogen. In seiner Leitentscheidung vom 31. Oktober 1969[14] erörterte das Bundesarbeitsgericht, daß ein Vertragswerk, das nicht zwischen den Beteiligten ausgehandelt, sondern praktisch vom Arbeitgeber allein festgelegt werde, sich eine Korrektur nach Billigkeitsgründen gefallen lassen müsse. Eine solche richterliche Inhaltskontrolle sei bei allen Vertragswerken geboten, bei deren Zustandekommen die Vertragsparität gestört sei. Diese Grundsätze bestätigte das Bundesarbeitsgericht in seiner weiteren Rechtsprechung: Ausgehend von der Versagung einer übertariflichen Leistung im Einzelfall hat das Bundesarbeitsgericht sich über die Auswirkungen arbeitsvertraglicher Einheitsregelungen auf die Vertragsparität Gedanken gemacht[15]. Das Bundesarbeitsgericht führte aus, das Schuldrecht beruhe auf dem Gedanken, daß die Vertragsgerechtigkeit in aller Regel dadurch gewährleistet sei, daß gleichstarke Vertragspartner im Wege des Aushandelns einen billigen Ausgleich des Vertragsinhaltes schaffen. Anders verhalte es sich dann, wenn kein Gleichgewicht der Vertragspartner einen angemessenen Vertragsinhalt gewährleisten könne, da entweder die Vertragsparität gestört sei oder eine Vertragspartei aus anderen Gründen allein den Inhalt des Vertragsverhältnisses bestimmen könne. Das Bundesarbeitsgericht hat die Notwendigkeit einer Billigkeitskontrolle also damit begründet, daß angesichts der Disparität zwischen Arbeitgeber und Arbeitnehmer ein Interessenausgleich zwischen den beiden Vertragsparteien nicht gewährleistet sei[16].

Hieran knüpft auch die jüngere Rechtsprechung des Bundesarbeitsgerichts an, nach der bei der gebotenen Interessenabwägung ein generalisierender Maßstab zugrunde zu legen ist[17]. Diese Rechtsprechung sieht in § 315 BGB einen allgemeinen Grundsatz, der für die gesamte Rechtsordnung gilt[18].

Auch in seiner Bewertung der zu prüfenden vertraglichen Absprachen geht das Bundesarbeitsgericht vielfach über den Maßstab der Billigkeit hinaus und prüft, ob ein Ausgleich zwischen den beiden Vertragspartnern erreicht wurde.

---

14 BAG vom 31. Oktober 1969 AP Nr. 1 zu § 242 BGB – Ruhegehalt-Unterstützungskassen,

15 BAG vom 22. Dezember 1970 AP Nr. 2 zu § 305 BGB – Billigkeitskontrolle.

16 BAG vom 31. Oktober 1969 AP Nr. 1 zu § 242 BGB – Ruhegehalt-Unterstützungskassen.

17 BAG vom 27. August 1996, 3 AZR 467/95 n.v.

18 BAG vom 5. April 1993, DB 1994, 383.

In einer Entscheidung behandelte das Bundesarbeitsgericht die Zulässigkeit sogenannter Mankoklauseln. Bei den zu beurteilenden Mankoklauseln hatte der Arbeitnehmer das Risiko zu tragen, falls an den von ihm geführten Fahrzeugen ein Mangel auftreten sollte. Das Bundesarbeitsgericht führte aus, die Wirksamkeit der Mankoabrede setze voraus, daß dem erhöhten Risiko des Arbeitnehmers ein angemessener wirtschaftlicher Ausgleich gegenüberstehe[19]. Im Bereich der abändernden Betriebsvereinbarungen nimmt das Bundesarbeitsgericht eine Prüfung am Grundsatz der Verhältnismäßigkeit und des Gedankens des Vertrauensschutzes vor[20].

Gemessen am Maßstab der Billigkeit, der lediglich ein krasses Mißverhältnis zwischen Leistung und Gegenleistung verhindern soll, scheint eine derart intensive Prüfung des Vertragsinhalts zumindest fragwürdig.

IV. Kritik an der Billigkeitskontrolle

Diese Auslegung des § 315 BGB durch das Bundesarbeitsgericht hat in der Literatur neben einiger Zustimmung[21] auch Kritik[22] erfahren. Das Kriterium der Billigkeitskontrolle und die Verwendung des § 315 BGB erwiesen sich hiernach zunehmend als ungeeignet, den Strukturen des Arbeitsrechts hinreichend gerecht zu werden.

Die Tendenzen in der jüngeren Rechtsprechung zeigen insoweit auch das Dilemma der Billigkeitskontrolle nach § 315 BGB auf: Die Ausweitung des Anwendungsbereichs des § 315 BGB weist dieser Norm eine Funktion zu, die über ihren ursprünglichen und klar abgrenzbaren Wirkungsbereich hinaus geht. Die Billigkeitskontrolle des Bundesarbeitsgerichts überfrachtet die Funktion des § 315 BGB damit in dreierlei Hinsicht.

1. Wortlaut des § 315 BGB

Erstens weitet es den im Gesetzestext klar umrissenen Anwendungsbereich erheblich aus. § 315 BGB war von Anfang an nicht dafür konstruiert, eine allgemeine richterliche Billigkeitskontrolle im Arbeitsrecht zu ermöglichen. Dafür spricht bereits der Wortlaut des § 315 BGB. Diese Norm bezieht sich ausschließlich auf die Situation nach Vertragsschluß. Auf der Grundlage des ausgehandelten

---

19 BAG vom 29. Januar 1985 AP Nr. 87 zu § 611 BGB – Haftung des Arbeitnehmers.

20 BAG vom 12. August 1981 AP Nr. 1 zu § 1 BetrAVG – Ablösung.

21 MüKo-*Söllner*, BGB, Rdnrn. 31 ff. zu § 315 BGB.

22 *Fastrich*, Richterliche Inhaltskontrolle, § 8 1 6; *Kronke*, AcP 183, 113 (136); *Preis*, Grundfragen, S. 195; *Pütz*, § 315 BGB, S. 42 ff.; *Wolf*, RdA 1988, 270 ff.

Vertrages darf der Weisungsgeber lediglich im Rahmen der Billigkeit Anweisungen erteilen. Diese Einschränkung soll der Tatsache gerecht werden, daß der Empfänger der Weisungen sich bereits vertraglich gebunden hat. Diese Situation unterscheidet sich jedoch von der Verhandlungsposition vor Vertragsschluß. In diesem Fall sind beide Seiten vertraglich gar nicht gebunden. Theoretisch steht beiden Vertragspartnern die Möglichkeit offen, auf den Vertragsschluß zu verzichten. Die Situation vor Vertragsschluß ist deshalb durch den Wortlaut des § 315 BGB nicht erfaßt.

Im Wortlaut des § 315 BGB sind insoweit keine allgemeinen oder verallgemeinerbaren Grundsätze für eine Billigkeitskontrolle angelegt. Die Rechtsprechung des Bundesarbeitsgerichts dehnt deshalb den sehr eingeschränkten Anwendungsbereich des § 315 BGB über seinen Wortlaut hinaus aus.

2. Gesetzessystematik

Diese extensive Prüfung des Bundesarbeitsgerichts auf der Grundlage des § 315 BGB widerspricht zweitens der Gesetzessystematik des BGB. Eine Billigkeitskontrolle kann erst dann zum Zuge kommen, wenn zuvor sowohl die Auslegungsregeln nach §§ 133, 157 BGB als auch die zivilrechtlichen Generalklauseln der §§ 134, 138 und 242 BGB beachtet wurden[23]. Anhand dieser allgemeinen Auslegungsregeln und der Generalklauseln müßte zunächst die Vertragsgestaltung überprüft werden. Erst danach käme eine Prüfung anhand des § 315 BGB in Betracht. Das Bundesarbeitsgericht läßt jedoch diese anderen Instrumente des BGB bei seiner Prüfung der Billigkeit des Vertrages außer Acht.

Der Prüfungsmaßstab des Bundesarbeitsgerichts, eine Billigkeitskontrolle gemäß §§ 242, 315 BGB vorzunehmen, widerspricht insoweit der Subsidiarität der Billigkeitskontrolle.

3. Strukturelle Disparität

Schließlich legitimiert das Bundesarbeitsgericht den Gedanken einer Billigkeitskontrolle aus der strukturellen Disparität zwischen den beiden Vertragspartnern Arbeitgeber und Arbeitnehmer.

§ 315 BGB geht jedoch von einem generellen Funktionieren des Vertragswerkes aus. Nur für den Einzelfall einer bestimmten einzelvertraglichen Abmachung sieht § 315 BGB die Möglichkeiten der ausgleichenden Vertragsfunktion gefährdet. Die typische Situation, die das Bundesarbeitsgericht in seinen Entscheidungen zu beurteilen hatte, unterscheidet sich jedoch von der in § 315 BGB umschriebenen nicht

---

23 *Hoyningen-Huene*, Billigkeit, S. 229.

nur in einigen Nuancen, sondern bereits im Grundsatz: Entgegen der einzelfallbezogenen Prüfung des § 315 BGB setzt sich das Arbeitsrecht, insbesondere das individuelle, mit typischen Ungleichgewichtslagen auseinander. Das individuelle Arbeitsrecht geht davon aus, daß der Arbeitnehmer nicht im Einzelfall, sondern in bestimmten Situationen typischerweise nicht in der Lage ist, seine Interessen angemessen in den Vertrag einzubringen. Das hat auch das Bundesarbeitsgericht erkannt, das formuliert, daß die Kontrolle von Individualarbeitsverträgen unter dem Gesichtspunkt fehlender Parität zwischen Arbeitnehmer und Arbeitgeber zu sehen und aufgrund der Schutzbedürftigkeit des unterlegenen Arbeitnehmers gerechtfertigt sei[24].

Das Bundesarbeitsgericht steht mit seiner Rechtsprechung vor einem grundsätzlichen Problem. Zum einen versucht es, dem Anspruch der Billigkeitskontrolle nach § 315 BGB gerecht zu werden. Darum setzt das Bundesarbeitsgericht mit einer Prüfung an, die vom Einzelfall ausgeht und auf dieser Grundlage fragt, inwieweit die in Frage stehenden Regelungen einer Prüfung zu unterziehen sind[25]. Auf der anderen Seite steht das Bundesarbeitsgericht jedoch der Tatsache gegenüber, daß sich die vertragliche Unterlegenheit des Arbeitnehmers in der Realität nicht nur als Einzelfall darstellt. Vielmehr zeigt sich diese Unterlegenheit in bestimmten Situationen, wie unter anderem der nachträglichen Versagung von Erfolgsprovisionen. So ergibt sich zunehmend die Tendenz zum Generalisieren und Bilden von Fallgruppen[26].

4. Ergebnis

Aus der aufgezeigten Kritik ergibt sich, daß eine Billigkeitskontrolle nach § 315 BGB als Instrument den Gegebenheiten des Arbeitsrechts nur sehr unzureichend gerecht wird. Der Situation der strukturellen Disparität wird man nicht mit einer einzelfallbezogenen Prüfung gerecht[27]. Die Billigkeitskontrolle muß hier schnell an ihre Grenzen stoßen. Sie ist als dogmatische Grundlage einer Vertragskorrektur im Arbeitsrecht nicht geeignet.

Dieses Dilemma sieht auch der „Professorenentwurf" für ein Arbeitsvertragsgesetz von 1992. In § 20 Abs. 3 des Entwurfes wird vorgeschlagen, daß allgemeine Vertragsbedingungen dann unwirksam sein sollen, wenn sie den Arbeitnehmer un-

---

24 BAG vom 31. März 1966 AP Nr. 54 zu § 611 BGB – Gratifikation; BAG vom 23. Februar1967 AP Nr. 57 zu § 611 BGB – Gratifikation; BAG vom 16. Januar 1967 AP Nr. 63 zu § 611 BGB – Gratifikation; BAG vom 17. Oktober 1968 AP Nr. 66 zu § 611 BGB – Gratifikation; BAG vom 4. Dezember 1969 AP Nr. 32 zu § 620 BGB – Befristeter Arbeitsvertrag; BAG vom 4. Februar 1971 AP Nr. 35 zu § 620 BGB – Befristeter Arbeitsvertrag; BAG vom 12. August 1976 AP Nr. 47 zu § 620 BGB – Befristeter Arbeitsvertrag.

25 BAG vom 22. März 1973, BB 1973, 1029.

26 Siehe hierzu auch die Ausführungen S. 150 ff.

27 Vgl. *Preis/Stoffels*, ZHR 160, 442 (456).

angemessen benachteiligen, insbesondere, wenn sie mit dem wesentlichen Grundgedanken einer gesetzlichen Regelung nicht vereinbar sind[28]. Der Professorenentwurf orientiert sich damit als Maßstab für eine Kontrolle der Verträge im individuellen Arbeitsrecht nicht am Maßstab des § 315 BGB, sondern an § 9 AGBG und § 242 BGB.

Eine Kontrolle arbeitsrechtlicher Verträge sollte daher, um der Situation des Arbeitsrechts gerecht zu werden, anders als die Billigkeitskontrolle generalisierende Maßstäbe aufstellen. Grundlage einer solchen Vertragskontrolle muß das strukturelle Ungleichgewicht der Vertragspartner sein.

B. Inhaltskontrolle

Ein anderes Instrument zur Überprüfung von Verträgen neben der Billigkeitskontrolle ist die Inhaltskontrolle. An den Anforderungen einer generaliserenden Vertragskontrolle aufgrund struktureller Störungen der Vertragsparität gemessen, könnte eine Inhaltskontrolle von Verträgen geeignet erscheinen, um der Situation im Arbeitsrecht gerecht zu werden.

Hierfür ist zu klären, welche Überlegungen einer Inhaltskontrolle von Verträgen zugrunde liegen und in welchen Bereichen sich eine Inhaltskontrolle von Verträgen durchgesetzt hat.

I. Der Gedanke der Inhaltskontrolle

Die Legitimation der Inhaltskontrolle von Verträgen ist mit der Frage verbunden, was unter dem Begriff „Vertragsfreiheit" zu verstehen ist. Diese Frage ergibt sich schon daraus, daß die Inhaltskontrolle in die privat gestaltete Vertragsbeziehung eingreift und daher besonderer Legitimation bedarf.

Die Frage nach der Vertragsfreiheit durchzieht die Debatte um das Vertragsverständnis bereits seit der Debatte um die Einführung des BGB[29]: Gerade in den letzten Jahren hat sich diese Frage wieder vermehrt in wissenschaftlichen Erörterungen niedergeschlagen[30].

---

28 Verhandlungen des 59. Deutschen Juristentag I, Gutachten D.

29 *Preis,* AuR 1994, 139 spricht von einem „Dauerbrenner" der Privatrechtsordnung.

30 Insbesondere die Habilitationsschriften von *Fastrich,* Richterliche Inhaltskontrolle im Privatrecht und *Preis,* Grundfragen der Vertragsgestaltung im Arbeitsrecht.

1. Privatautonomie als Rechtsgleichheit

Das Vertragsbild, das zur Zeit der Einführung des BGB prägend war, ging davon aus, daß die Privatautonomie im wesentlichen auf der Willensherrschaft der Individuen im außerstaatlichen Bereich beruhe[31]. Diesem liberalen Vertragsdenken lag die Vorstellung zugrunde, daß durch das freie Aushandeln der Vertragsbedingungen durch die Vertragspartner ein vertraglicher Ausgleich zustande kommen würde, der die Interessen beider Vertragspartner in gleicher Weise berücksichtigen würde[32]. Leitfigur dieses idealtypischen Vertragsbildes zur Zeit der Einführung des BGB ist der selbständige und verantwortungsvolle Bürger, dem durch die Rechtsfigur des Vertrages die Möglichkeit eröffnet wird, privatautonome Entscheidungen zu treffen. Das Prinzip der Eigenverantwortung jedes Vertragspartners steht somit im Vordergrund[33]. Soziale Harmonie wäre die konsequente Folge privatautonomen Handelns[34]. Nicht im Blickfeld dieser Vertragslehre stand der Gedanke, daß der Inhalt des Vertrages für die Einschätzung, ob die Vertragsfreiheit gewahrt wurde, von Bedeutung sein könnte.

Dieses Verständnis von Vertragsfreiheit prägt nach wie vor einen Teil der rechtswissenschaftlichen Literatur. Als zentralen Punkt der Gewährung von Privatautonomie nennt *Zöllner* neben der Abschlußfreiheit und der Partnerwahlfreiheit auch die Inhaltsfreiheit[35]. Einschränkungen der Vertragsfreiheit seien mit der Argumentation eines Ungleichgewichts der Vertragspartner nicht zu begründen. Für eine Selbstbestimmung der Vertragspartner komme es nicht auf ein Gleichgewicht zwischen den beiden Vertragspartnern an[36]. Stattdessen sei ein hinreichendes Maß an Entscheidungsfreiheit erforderlich. Sofern diese nicht vorliege, könne das System des Zivilrechts jedoch selbst daran Rechtsfolgen knüpfen. Eines allgemeinen Prinzips zur Reaktion auf Ungleichgewichtslagen bedürfe es daher nicht. Bloßes Rechtsgefühl oder persönliche Richtigkeits- und Angemessenheitsempfindungen seien dementsprechend kein Grund, um die Vertragsfreiheit in diesem Punkt einzuschränken[37]. Dieses Verständnis von Vertragsfreiheit rückt damit die formell gegebene Rechtsgleichheit in den Vordergrund und sieht darin die wesentliche Voraussetzung für die Verwirklichung der Vertragsfreiheit[38].

---

31 *Hönn,* Kompensation gestörter Vertragsparität, S. 5.

32 *Hildebrandt,* Disparität und Inhaltskontrolle im Arbeitsrecht, S. 1.

33 *Preis,* Grundfragen, S. 135.

34 *Limbach,* JuS 1985, 10 (11).

35 *Zöllner,* Inhaltsfreiheit von Gesellschaftsverträgen, in: FS 100 Jahre GmbH-Gesetz, S. 85.

36 *Zöllner,* AcP 196, 1 (35).

37 *Zöllner,* Inhaltsfreiheit von Gesellschaftsverträgen, in: FS 100 Jahre GmbH-Gesetz, S. 85 (125).

38 *Grün,* WM 1994, 713 (714).

2. Das gewandelte Vertragsverständnis

Es trat bereits während der Debatte um die Einführung des BGB zutage, daß das Idealbild des Vertragsschlusses im Bürgerlichen Recht nicht immer den materiellen Voraussetzungen des Vertragsschlusses entspricht. *Gierke* kritisierte, daß mit dem Freiheitsideal des BGB insbesondere die materielle Lage im Dienstvertragsrecht nicht hinreichend erfaßt werden könnte[39]. Gegen das Freiheitsmodell des BGB setzte er ein Freiheitsmodell, das es sich zur Aufgabe machen sollte, die durch das Modell des BGB gefährdeten Gesellschaftsschichten gegen den Druck wirtschaftlicher Übermacht zu schützen.

a) Der Ansatz Schmidt-Rimplers

Anknüpfend an diese Überlegungen entwickelte sich die Idee, Verträge unter bestimmten Voraussetzungen auf ihren Inhalt zu kontrollieren. Diese Idee einer Inhaltskontrolle von Verträgen geht auf *Schmidt-Rimpler*[40] zurück. Nach seinen Überlegungen kann generell angenommen werden, daß die Richtigkeit der durch Vertrag geschaffenen Regelungen durch das Vertragsprinzip gewährt wird. Der Vertrag bewirkt einen Ausgleich entgegengesetzter Interessen, weil jeder der Vertragschließenden bei der Vertragsgestaltung auf die Wahrung seiner Interessen achtet. Hierbei prüft jeder Vertragspartner die Rechtsfolgen des Vertrages daraufhin, ob sie ihm gegenüber rechtlich unrichtig, insbesondere ungerecht sind[41]. Da ein gegenseitiger Vertrag nur bei Zustimmung der beiden Vertragspartner geschlossen werden kann, ist generell davon auszugehen werden, daß der Vertrag eine „richtige" Regelung enthält[42]. „Unrichtige" Verträge können dadurch verhindert werden, daß ein Antrag auf Abschluß des Vertrages durch den anderen Verhandlungspartner abgelehnt wird[43]. Hieraus ergibt sich nach *Schmidt-Rimpler* sowohl eine positive als auch eine negative Richtigkeitsgewähr von Verträgen: Die positive liegt darin, daß der Vertrag „richtig" ist, sofern er geschlossen wurde. Die negative Richtigkeitsgewähr geht dahin, daß der Vertragsschluß abgelehnt wird, sofern der Vertrag einen Vertragsteil zu seinem Nachteil belasten würde. Daraus ergibt sich, daß die Richtigkeit der durch den Vertrag geschaffenen Regelung auch dann gewährleistet ist, wenn sich ein Vertragspartner auf eine für ihn negative Regelung einläßt. Liegt diese Richtigkeitsgewähr vor, so verbietet sich jede Kontrolle des Vertrages, da sich aufgrund der Vertragsfreiheit die beiden Parteien in der Weise binden können, wie sie es für angemessen empfinden.

---

39 *Gierke,* Die soziale Aufgabe des Privatrechts, S. 23.

40 *Schmidt-Rimpler,* AcP 147, 130 ff.; *Schmidt-Rimpler,* FS für Raiser, S. 3 ff.

41 *Schmidt-Rimpler,* FS für Raiser, S. 5.

42 *Schmidt-Rimpler,* AcP 147 (155 f.).

43 *Schmidt-Rimpler,* FS für Raiser, S. 6.

Die Richtigkeitsgewähr tritt jedoch nur unter bestimmten Voraussetzungen und in bestimmten Grenzen ein. Im Ausnahmefall fehlt es nach Ansicht *Schmidt-Rimplers* an dieser Richtigkeitsgewähr. Bei typischer Machtungleichheit ist der Vertrag als Ordnungsmittel nach seiner Ansicht ungeeignet, da der vertragliche Interessenausgleich zugleich auch immer ein Machtausgleich ist[44], der nur dann gelingen kann, wenn ein gewisses Gleichgewicht der Kräfte gewährleistet ist.

Hierbei soll jedoch keineswegs jede Störung des ausgewogenen Kräfteverhältnisses der Vertragspartner die Richtigkeitsgewähr des Vertrages in Frage stellen. Vielmehr muß der Machtunterschied eine sehr hohe Stärke haben, um den Vertragsmechanismus zu stören[45]. Auch bleibt zu beachten, daß die Richtigkeit einer Gegenleistung nach so vielen verschiedenen Kriterien bestimmt werden kann, daß eine einheitliche Linie zur Bestimmung einer „richtigen" Gegenleistung nicht festgelegt werden kann. Erst dann sei die Richtigkeitsgewähr anzuzweifeln, wenn die Entscheidung nicht von Wertungskriterien für das Verhältnis der beiderseitigen Leistungen und Bedingungen ausgehe, sondern von anderen Motiven, wie etwa der Angst, der Not oder ähnlichen Kriterien bestimmt werde[46].

In diesen engen Grenzen befürwortet *Schmidt-Rimpler* einen hoheitlichen Eingriff in das vertraglich Vereinbarte. Hiergegen läßt sich nach seiner Ansicht nicht der Aspekt der Vertragsfreiheit anführen, da in einem Fall, in dem mit Wahrscheinlichkeit von einem unrichtigen Ergebnis des Vertrages ausgegangen werden muß, die „Willkür" des einen Vertragspartners Vertragsinhalt geworden ist[47].

b) Weiterentwicklung in der Literatur

Dieser Gedanke ist vor dem Hintergrund fortschreitender wirtschaftlicher Macht- und Kapitalakkumulation aufgegriffen und weiterentwickelt worden[48]. Das klassische Vertragsmodell erlebt angesichts eines sich immer weiter ausdifferenzierenden und komplizierenden Systems vorformulierter Vertragswerke eine Krise, die dazu führt, daß von einer allgemeinen Richtigkeitsgewähr des Individualvertrages immer zurückhaltender die Rede ist[49].

Vor dem Hintergrund, daß frei ausgehandelter Verträge immer seltener vorkommen, spielt zunehmend der Gedanke, daß die Gewährleistung der Vertragsfreiheit über deren formelle Gewähr hinausgehen muß, eine wichtiger werdende Rolle in der rechtswissenschaftlichen Literatur. Dem „freien Spiel der Kräfte" zwischen den Vertragspartnern stünden zunehmend wirtschaftliche Machtkonzentrationen

---

44 *Schmidt-Rimpler,* AcP 147, 147 (152).

45 *Schmidt-Rimpler,* FS für Raiser, S. 14.

46 *Schmidt-Rimpler,* FS für Raiser, S. 15.

47 *Schmidt-Rimpler,* FS für Raiser, S. 22.

48 Vgl. *Canaris,* FS *Lerche,* 873 (881 ff.).

49 *Preis,* Grundfragen der Vertragsgestaltung im Arbeitsrecht, S. 136.

gegenüber, die ihrerseits den Gedanken des frei ausgehandelten Vertrages in Frage stellten[50]. Hierauf basierend findet eine Unterscheidung zwischen formeller und materieller Privatautonomie statt. Wenngleich nicht von einem generellen Versagen des Vertrages gesprochen werden könne, gebe es dennoch zunehmend typisierbare Fallgestaltungen, bei denen der Vertragsmechanismus versage[51]. Nach einem materiellen Verständnis der Privatautonomie ist vor allem auf die real existierende Vertragsgleichheit der beiden Parteien abzuheben[52].

Ausgehend von diesen Prämissen konstatiert *Raiser,* daß im Rahmen von Freiheit und Selbstbestimmung selbst immanente Schranken bestehen[53]. Dies folge daraus, daß der Vertrag als Instrument nicht nur an die Freiheit der Vertragspartner, sondern auch an deren Gleichheit gebunden sei[54]. Daher könne solches Handeln nicht rechtlich geschützt sein, das eine von der Rechtsordnung eingeräumte Rechtsstellung mißbrauche. Lediglich so sei in rechtlichen Spannungen und Konflikten ein Ausgleich zwischen den widerstreitenden Interessen zu erreichen[55].

Ähnlich argumentiert *Flume.* Zwar betont er generell in größerem Ausmaß die Berücksichtigung des Willens der Parteien. Auch er hält jedoch fest, daß Privatautonomie als Rechtsprinzip nur dann verwirklicht werden könne, wenn auch tatsächlich die Macht zur Selbstbestimmung bestehe. Habe ein Vertragspartner eine faktische Monopolstellung, so bleibe wegen der einseitigen Machtstellung des Monopolisten für einen Vertrag als Akt der Selbstbestimmung der beiden Vertragspartner kein Raum[56]. Daher müsse ein annähernd gleiches Machtverhältnis beider Vertragspartner gegeben sein, um die privatautonome Gestaltung des Vertrages rechtlich anzuerkennen[57].

Die Inhaltskontrolle legt insoweit, anders als die Billigkeitskontrolle, verallgemeinernde Maßstäbe an. Sie geht davon aus, daß es typisierbare Situationen gibt, in denen die alleinige Verweisung auf den Vertrag als regulierendes Element versagt. Die Inhaltskontrolle legitimiert sich durch ein strukturelles Ungleichgewicht zwischen den beiden Vertragspartnern und legt dementsprechend auch generalisierende Maßstäbe zur Regulierung an.

---

50 *Fischer,* DRiZ 1974, S. 209 ff.

51 *Coester-Waltjen,* AcP 190, 1 (33).

52 *Grün,* WM 1994, 713 (714).

53 *Raiser,* JZ 1972, 732.

54 *Raiser,* Vertragsfunktion und Vertragsfreiheit, S. 101 (106).

55 *Raiser,* Grundgesetz und Privatautonomie, S. 3 (30).

56 *Flume,* Rechtsgeschäft und Privatautonomie, S. 135 (143 f.).

57 *Flume,* Rechtsgeschäft und Privatautonomie, S. 135 (147).

3. Stellungnahme

Der Gedanke, in den Begriff der Vertragsfreiheit auch die tatsächliche Position der beiden Vertragschließenden einzubeziehen, erscheint überzeugend. Die Vertragsfreiheit des unterlegenen Vertragspartners kann in jenen Fällen, da die Vertragsbedingungen von einer Seite ausschließlich bestimmt werden, materiell nicht mehr ausgeübt werden. Auf die Ausgestaltung eines Vertrages hat der unterlegene Vertragspartner in solchen Fällen keinen Einfluß. Ein Verweis auf die Tatsache, daß beide Vertragspartner sich durch Willenserklärungen binden wollen, reicht in solchen Fällen nicht hin. Fälle, in denen sich ein Vertragspartner nicht oder kaum in den Vertrag einbringen konnte, hat der Gedanke der Vertragsfreiheit nicht im Blick gehabt. Stattdessen soll durch die Vertragsfreiheit gewährleistet bleiben, daß sich die Parteien aus freiem Entschluß binden können, ohne daß diese Möglichkeit durch eine staatliche Macht eingeschränkt wird. Konnte bei einem der beiden Vertragspartner aufgrund seiner strukturellen Unterlegenheit eine freie Entscheidungsfindung jedoch nicht stattfinden, so vermag alleine der Verweis auf eine formelle Vertragsfreiheit keine überzeugende Lösung darzustellen.

Für das Problemfeld der abhängigen Selbständigkeit ist eine Lösung, die von einer strukturellen Störung der Vertragsparität ausgeht, eine angemessenere Lösung als die Vorstellung, sachgerechte Lösungen mit einer reinen Billigkeitskontrolle begründen zu können. Typisierend ist davon auszugehen, daß sich abhängige Selbständige nicht angemessen in die Vertragsgestaltung einbringen können. Das Resultat ist häufig eine Vertragsgestaltung, die das Unternehmen einseitig bevorteilt und die abhängigen Selbständigen im Umkehrschluß einseitig benachteiligt. Diesem strukturellen Problem ist mit einem strukturell angelegten Lösungsmodell wie der Inhaltskontrolle von Verträgen zu begegnen.

Überzeugend ist auch die Überlegung, daß eine solche Situation lediglich in Ausnahmefällen eintritt. Nicht jede Störung der Parität führt zu einer einseitig begünstigenden Vertragsgestaltung und nicht jede einseitig begünstigende Vertragsgestaltung ist für den anderen Vertragspartner so belastend, daß bereits von einem Versagen des Vertragsmechanismus gesprochen werden muß. Kann jedoch das Versagen des Vertragsmechanismus in solchen Ausnahmefällen festgestellt werden, so scheint es sachgerecht, durch korrigierende Maßnahmen von staatlicher Seite die Ausübung der Vertragsfreiheit durch den unterlegenen Vertragspartner zu sichern.

Wenn *Schmidt-Rimpler* für das Vorliegen einer Richtigkeitsgewähr eines Vertrages jedoch auf die Motive der Vertragschließenden, wie etwa Angst oder Unerfahrenheit, abstellen will, so greift diese Überlegung zu kurz. Dies ist sicherlich in vielen Fällen der Hintergrund für Vertragsgestaltungen, die einen Vertragspartner einseitig bevorzugen. Es dürfte schwierig sein, im nachhinein eindeutig festzustellen, welche Motive die Vertragschließenden zum Zeitpunkt des Vertragsschlusses hatten. Entscheidend für die Frage, inwieweit sich der unterlegene Vertragspartner in den Vertrag einbringen konnte, kann ausschließlich die Vertragsausgestaltung sein. Ist diese ausschließlich einseitig begünstigend und gleichzeitig erheblich belastend für den unterlegenen Vertragspartner, so kann typisierend davon ausgegangen werden, daß der unterlegene Vertragspartner keine Gelegenheit hatte, seine eigenen Vorstellungen in den Vertrag einzubringen.

Hierin ist insoweit ebenfalls keine ausschließliche Einschränkung der Vertragsfreiheit, sondern eine Gewähr der Vertragsfreiheit für den unterlegenen Vertragspartner zu sehen.

4. Zwischenergebnis

Eine Inhaltskontrolle von Verträgen ist dann legitim, wenn eine „Richtigkeitsgewähr“ des in Frage stehenden Vertrages nicht vorliegt. Das ist lediglich in Ausnahmefällen gegeben. Ein solcher Ausnahmefall liegt dann vor, wenn zwischen den beiden Vertragspartnern ein so starker Machtunterschied besteht, daß davon ausgegangen werden muß, daß der unterlegene Vertragspartner seine Interessen im Rahmen des Vertrages überhaupt nicht beziehungsweise nicht angemessen wahren konnte.

Hiermit ist allerdings noch keine dogmatische Einordnung der Vorstellung einer Inhaltskontrolle von Verträgen gefunden. Damit der Gedanke einer Inhaltskontrolle von Verträgen auch hilfreich sein kann, um der mißlichen Situation der abhängigen Selbständigen gerecht zu werden, müßte sich für die Inhaltskontrolle eine Stütze im Gesetz finden, die auch auf arbeitnehmerähnliche Personen Anwendung finden kann.

Daher ist zu erörtern, nach welchen Grundsätzen die Inhaltskontrolle von Verträgen bisher Eingang in Gesetzgebung und Rechtsprechung gefunden hat und inwieweit diese Ansätze auf die Situation der arbeitnehmerähnlichen Personen angewendet und weiterentwickelt werden kann.

II. Inhaltskontrolle im Verbraucherschutzrecht

Während das Problem faktisch nicht gleichberechtigter Vertragspartner bereits relativ rasch nach der Verabschiedung des BGB erkannt wurde, fanden diese Überlegungen erst im Zusammenhang mit einem sich ausdifferenzierenden Verbraucherschutz Eingang in Rechtsprechung und Gesetzgebung[58].

Die Inhaltskontrolle von Verträgen ist seit der Einführung des AGB-Gesetzes für vorformulierte Verträge gesetzlich geregelt und zwar in den §§ 8 ff. AGB-Gesetz. Sie gilt in diesem Bereich daher als gesichertes Rechtsinstitut[59]. Seit der Ein-

---

58 Vgl. *Preis*, Grundfragen, § 8 I 1.

59 Generell ablehnend zur Inhaltskontrolle vor Einführung des AGBG jedoch *Zöllner*, AcP 176 (221 ff.); vgl. aber *Zöllner*, RdA 1989, 152 ff.

führung des AGB-Gesetzes hat sich im Bereich des allgemeinen Zivilrechts das Instrument der Inhaltskontrolle zumindest für den Bereich der vorformulierten Klauseln als Instrument gegen eine unangemessene Übervorteilung des Verbrauchers bewährt. Die Kontrolldichte hat sich durch die Einführung des § 24a AGB-Gesetz[60] weiter erhöht. Nach dieser Vorschrift kann das AGB-Gesetz sogar verwendet werden, wenn Klauseln lediglich gegenüber einer Einzelperson verwendet werden.

Zwischen der Kontrolldichte vertraglicher Regelungen im bürgerlichen Recht einerseits und im Arbeitsrecht andererseits ist seit dem Inkrafttreten und der weiteren Konkretisierung der Vorschriften des AGB-Gesetzes ein deutlicher Unterschied entstanden[61]. Das ist auch darin begründet, daß das AGB-Gesetz nach § 23 keine Anwendung auf das Arbeitsrecht findet.

Während seit der Schaffung des AGB-Gesetzes vor allem der Verbraucherschutz mehr ins Blickfeld des Zivilrechts rückte, sind parallele Entwicklungen im Bereich des Arbeitsrechts ausgeblieben. Im Vergleich zum allgemeinen Zivilrecht entsteht dadurch im Bereich des Arbeitsrechts sogar in manchen Bereich ein Schutzdefizit[62]. Daher ist zu fragen, inwieweit die Grundsätze des Verbraucherschutzes eine Anregung für den Bereich des Arbeitsrechts darstellen können.

1. Zivilrechtliche Generalklauseln

Sofern bei der Inhaltskontrolle von Verbraucherverträgen auf die zivilrechtlichen Generalklauseln zurückgegriffen wurde, ist zu fragen, ob dieser Ansatz auch für eine Inhaltskontrolle im Arbeitsrecht tauglich erscheint.

a) § 138 BGB

Als möglicher Ansatzpunkt für eine Inhaltskontrolle von Verträgen wurde hier zunächst § 138 BGB gesehen.

Das Reichsgericht[63] zog die Sittenwidrigkeit als Ansatzpunkt für eine Inhaltskontrolle heran. Ziel des § 138 Abs. 1 BGB sei es, schwächere Vertragspartner zu schützen. Der eigentliche Anwendungsbereich der Norm liege nämlich typischerweise gerade da, wo es gelte, die aus einem Machtvorsprung herrührende Benachteiligung des einen Vertragspartners zu korrigieren[64]. Bereits das Reichsgericht sah

---

60 Gesetz zur Änderung des AGB-Gesetzes und der Insolvenzordnung vom 19. Juli 1996, BGBl. 1996 I, S. 1013.

61 *Preis,* Grundfragen, S. 60 ff.; *Derleder,* KJ 1995, 320 (335).

62 *Preis/Stoffels,* ZHR 160, 442 (492).

63 RG vom 11. Februar 1888 mit allgemeinem Verweis auf die Möglichkeit der Sittenwidrigkeit.

64 *Hönn,* JZ 1983, 677 (688); *Westphalen,* MDR 1994, 5 (8).

einen diesbezüglichen Handlungsbedarf im Bereich des Verbraucherschutzes. Das Reichsgericht wandte zum einen § 138 BGB in jenen Fällen an, in denen eine Monopolstellung eines Anbieters gegenüber einem Verbraucher mißbräuchlich ausgenutzt wurde[65]. Zum anderen dehnte das Reichsgericht die Überprüfung von AGB in Kaufverträgen jedoch auch auf die Fälle aus, in denen der Unternehmer ein für den Bereich unentbehrliches Gewerbe betrieb und damit quasi eine Monopolstellung oder aus anderen Gründen eine wirtschaftliche Machtstellung innehatte[66].

Die hohen Anforderungen der Sittenwidrigkeit nach § 138 Abs. 1 BGB für eine allgemeine Inhaltskontrolle wurden vielfach als nicht hinreichend angesehen[67], um vertraglichen Ungleichgewichten gerecht zu werden. Dort, wo eine Verfeinerung des Prüfungsmaßstabes geboten sei, bilde § 138 Abs. 1 BGB nicht das geeignete Instrument[68]. Die Norm sei somit dort nicht hinreichend, wo zwar ein strukturelles Ungleichgewicht vorliege, das Ausmaß der Sittenwidrigkeit jedoch nicht erreicht sei. Das Reichsgericht brachte in einer seiner späteren Entscheidungen zum Ausdruck, daß formularmäßige Klauseln, die jedwede Haftung des Verkäufers ausschließen, gegen § 242 BGB verstoßen können[69]. Hieran knüpfte der Bundesgerichtshof später an, wie unter c) ausführlicher darzustellen sein wird.

b) § 315 BGB

Vereinzelt wurden jedoch in der Rechtsprechung auch die Möglichkeiten einer verbraucherschützenden Inhaltskontrolle nach § 315 BGB erwogen.

Anknüpfend an Vorschläge von *Larenz*[70] stützte der Bundesgerichtshof in seiner Entscheidung vom 29. Oktober 1962[71] die Inhaltskontrolle Allgemeiner Geschäftsbedingungen auf den Schutzgedanken des § 315 BGB. Das Gericht führte aus, daß derjenige, der nach Art der geschäftlichen Beziehung oder des konkreten Vertragsabschlusses mehr als die sich üblicherweise aus der eigenen Privatautonomie ergebenden Gestaltungsbefugnisse verwalte, diese Befugnisse nicht willkürlich ausüben und den anderen übervorteilen dürfe.

---

65 RG vom 15. Februar 1933 Z 143, 24.

66 RG vom 26. Oktober 1921 Z 103, 82 (83); RG vom 8. November 1926 Z 115 und 218.

67 Ständige Rechtsprechung seit BGH vom 29. Oktober 1956 Z 22, 90 (97 f.;) MüKo-*Ulmer*, BGB, Rdnr. 107 zu § 765.

68 *Preis*, Grundfragen, § 7 IV.

69 RGZ 168, 329.

70 *Larenz*, Lehrbuch des Schuldrechts I, S. 78.

71 BGH vom 29. Oktober 1962 Z 38, 183.

c) § 242 BGB

Der Schwerpunkt der Entwicklung einer Inhaltskontrolle von Verträgen vor Einführung des AGB-Gesetzes lag jedoch in Anknüpfung an die Wertungen des Reichsgerichts im Bereich des Verbraucherschutzes in der Kontrolle der Verträge anhand des § 242 BGB. Im Hinblick auf die zahlreichen Defizite der Inhaltskontrolle aus § 138 Abs. 1 BGB leiteten ein Teil des Schrifttums[72] und der Bundesgerichtshof[73] die Inhaltskontrolle aus § 242 BGB ab.

Insbesondere im Bereich des Verbraucherschutzrechts sind damit die Anforderungen des § 242 BGB konkretisiert worden, die den inhaltlichen Anforderungen des AGB-Gesetzes bei seiner Verabschiedung zugrundelagen.

In seiner Leitentscheidung vom 29. Oktober 1956 nahm der Bundesgerichtshof zum ersten Mal an, daß der generelle Ausschluß von Mängelgewährleistungsansprüchen gegen die Grundsätze von § 242 BGB verstoßen sollte. Ein schützenswertes Interesse der Verbraucher sah der Bundesgerichtshof vor allem dann, wenn es sich im konkret zu entscheidenden Fall typischerweise um eine Käuferschicht handele, die geschäftsunerfahren und geschäftsungewandt sei und sich demzufolge über die Tragweite der sie unbillig belastenden Freizeichnungsklauseln nicht im klaren sei.

Diesen Grundsatz entwickelte der Bundesgerichtshof zu einer generellen Inhaltskontrolle von vorformulierten Verträgen im Bereich des Verbraucherschutzes weiter, die immer dann durch § 242 BGB gestattet sein sollte, wenn durch die AGB die Rechtsposition der Parteien grob einseitig geregelt, dem Verbraucher ein unzumutbares Risiko auferlegt oder der Verbraucher durch die AGB unbillig belastet würde. Die AGB durften deshalb nach der Rechtsprechung des Bundesgerichtshofs dispositivem Recht nur noch dann vorgehen, wenn dafür sachliche Gründe erkennbar waren. Diese Gründe mußten um so triftiger sein, je höher der „Gerechtigkeitsgehalt" der verdrängten Norm einzustufen war oder je weiter sich die AGB-Regelung von dem Leitbild des dispositiv geregelten Vertragstypes entfernte[74].

Die vom Bundesgerichtshof zu § 242 BGB im Bereich des Verbraucherschutzes entwickelten Grundsätze gingen weitgehend in dem am 9. Dezember 1976 eingeführten AGB-Gesetz auf. Infolgedessen ist für eine Anwendung des § 242 BGB in diesem Bereich nun kein Raum mehr[75].

---

72 *Hönn*, Kompensation, S. 159; Palandt-*Heinrichs*, BGB, Rdnr. 40 zu § 242; *Weber*, DB 1971, 177 ff.

73 BGH vom 29. Oktober 1956 Z 22, 90 (97 f.); BGH vom 28. Februar 1973 Z 60, 243 (245); BGH vom 12.1975 Z 65, 364 (365); BGH vom 20. März 1978 Z 71, 167 (169).

74 BGH vom 17. Februar 1964 Z 41, 151 (154).

75 BGH vom 17. Mai 1991 NJW 1991, 2141 (2142).

d) Eignung der zivilrechtlichen Generalklauseln für eine Inhaltskontrolle bei abhängigen Selbständigen

Im Verbraucherschutz haben Rechtsprechung und Literatur durch Rechtsfortbildung anhand der Generalklauseln bereits vor geraumer Zeit Anstöße für den Gesetzgeber gegeben, der Situation zwischen formell gleichgestellten, faktisch jedoch ungleich starken Vertragspartnern gerecht zu werden. Dieser Ansatz könnte geeignet sein, um der zum Teil prekären Situation der abhängigen Selbständigen gerecht zu werden. Hierfür müßten jedoch zwei Voraussetzungen erfüllt sein, um die Ansätze der Rechtsprechung im Bereich des Verbraucherschutzes im Hinblick auf die abhängigen Selbständigen weiterzuentwickeln. Zum einen müßte es sich um einen verallgemeinerbaren Ansatz handeln, der über den Bereich des Verbraucherschutzes hinaus Wirkung entfalten kann. Zum anderen müßten Literatur und Rechtsprechung die zivilrechtlichen Generalklauseln zutreffend ausgelegt haben. Diese Frage ist anhand der allgemeinen Auslegungsregeln zu klären.

aa) Auslegung anhand des Wortlauts der Generalklauseln des BGB

Der Wortlaut der §§ 138, 242 BGB spricht zunächst für eine Inhaltskontrolle von Verträgen anhand der zivilrechtlichen Generalklauseln. Mit einer Inhaltskontrolle von Verträgen anhand der §§ 138, 242 BGB greifen Rechtsprechung und Literatur die Generalklauseln auf, die auf eine unausgewogene Vertragsgestaltung reagieren. Der Grundsatz des § 242 BGB benennt einen allgemeinen Anspruch auf eine ausgewogene Vertragsgestaltung aus Treu und Glauben und hat damit eine generalisierende Tendenz[76]. § 138 BGB nennt darüber hinaus Anhaltspunkte, wann typischerweise von einem in besonderem Maße unausgewogenen und damit sittenwidrigen Vertrag gesprochen werden kann.

Ungeeignet ist dagegen die lediglich kursorisch in die Rechtsprechung zum Verbraucherschutz eingeflossene Inhaltskontrolle anhand des § 315 BGB. Die Anforderung, das strukturelle Ungleichgewicht zwischen den Vertragspartnern zu berücksichtigen, erfüllt der vom Bundesarbeitsgericht für die Billigkeitskontrolle herangezogene § 315 BGB nicht. Er bestimmt Rechtsfolgen für den Fall einseitiger Weisungen, nicht zweiseitiger Vertragsaushandlungen. Zum anderen stellt § 315 BGB nicht auf typische Ungleichgewichtslagen ab. Es ist nicht der Fall der Durchsetzung einseitiger Interessen unter Ausnutzung struktureller Disparität erfaßt. Er geht lediglich von einer möglichen Störung des Gleichgewichts zwischen den Vertragspartnern im Einzelfall aus, wo die Vertragspartner ein einseitiges Leistungsbestimmungsrecht vereinbart haben. Strukturell geht § 315 BGB von der Richtigkeit des Vertrages aus. Ebensowenig wie die Billigkeitskontrolle des Bundesarbeitsgerichts für die Situation im Arbeitsrecht einen hinreichenden Ansatzpunkt darstellen

---

76 *Hoyningen-Huene*, Billigkeit, S 229.

kann, kann insofern § 315 BGB eine Grundlage für eine Inhaltskontrolle von Verträgen sein. Dementsprechend wird § 315 BGB für den Bereich der allgemeinen Inhaltskontrolle heute auch kaum mehr herangezogen[77].

Dagegen erscheint der Wortlaut der §§ 138, 242 BGB geeignet, als Grundlage für eine allgemeine Inhaltskontrolle von Verträgen bei abhängigen Selbständigen zu dienen.

bb) Historische Auslegung

Eine historische Auslegung der §§ 138, 242 BGB dagegen läßt die Heranziehung zivilrechtlicher Generalklauseln für eine Inhaltskontrolle fraglich erscheinen. Die Konstruktion des BGB müßte davon ausgegangen sein, daß die Verhandlungsstärke ein Kriterium für den Abschluß eines zivilrechtlichen Vertrages sein kann. Solche Überlegungen lagen der Konzeption des BGB jedoch nicht zugrunde. Das BGB ging in seiner Anlage gerade nicht von der Unterlegenheit eines Vertragspartners aus[78]. Stattdessen herrschte in der ersten Zeit der Geltung des BGB eine idealtypische Betrachtung der Vertragsfreiheit vor[79]. Die Verfasser des BGB hatten nicht bedacht, daß eine unbeschränkte Anwendung der Vertragsfreiheit des einen Vertragspartners sich über die – unter anderem sozialen – Bedürfnisse des anderen Vertragspartners gänzlich hinwegsetzen könnte[80].

Die vom BGB, unter anderem in § 138 BGB erfaßten Anknüpfungspunkte, die die Richtigkeit des Vertrages in Frage stellen, gehen daher im allgemeinen von einzelfallbezogenen Ausreißern, nicht von strukturellen Äquivalenzstörungen, aus[81].

Dies belegen die zahlreichen Reformen zum Schutz strukturell unterlegener Vertragspartner innerhalb oder außerhalb des BGB. Der Gesetzgeber hat entweder durch Novellen innerhalb des BGB oder mit Sondergesetzen dort korrigierend eingegriffen, wo die Reformfähigkeit des BGB durch Auslegung und Rechtsfortbildung überfordert war[82].

Im Verbraucherschutz wurde die Zuverlässigkeit und Reichweite der Inhaltskontrolle mit § 242 BGB als unzureichend empfunden und das AGBG geschaffen. Hierdurch sollten die Verbraucher gegen das einseitige Ausnutzen der Vertragsgestaltungsfreiheit geschützt werden[83]. Zu nennen ist ebenfalls die Einführung des Verbraucherkreditgesetzes zum Schutz der Verbraucher. Im Reisevertrag fand der

77 *Staudinger-Mader,* BGB, Rdnr. 9 zu § 315.

78 So bereits die Kritik bei *Gierke,* Die soziale Aufgabe des Privatrechts, 1889.

79 *Limbach,* JuS 1985, 10.

80 Vgl. *Geißler,* JuS 1991, 617 (620).

81 Vgl. *Schmidt,* DRiZ 1991, 81 (87).

82 *Limbach,* KritV 1986, 165.

83 *Coester-Waltjen,* Jura 1995, 26 (27).

Schutz des unterlegenen Vertragspartners durch die Einführung der §§ 651a-l BGB statt. Ebenso hat das Mietrecht neben dem MHG im BGB eine Reihe von Ergänzungen zum Schutz des Mieters erfahren.

Entgegen der Auslegung der Generalklauseln anhand ihres Wortlautes spricht eine historische Auslegung der §§ 138, 242 BGB eher gegen deren Geeignetheit, eine Inhaltskontrolle von Verträgen zu rechtfertigen.

cc) Zwischenergebnis

Rechtsprechung und Literatur haben im Bereich des Verbraucherschutzes die zivilrechtlichen Generalklauseln zur Grundlage einer Inhaltskontrolle von Verträgen gemacht, bevor dieser Bereich 1976 durch den Gesetzgeber geregelt wurde. Dieser Ansatz könnte auch für den Bereich des Arbeitsrechts fruchtbar gemacht werden. Hierfür müßten Literatur und Rechtsprechung die zivilrechtlichen Generalklauseln jedoch zutreffend ausgelegt haben, als sie sie zur Grundlage einer Inhaltskontrolle gemacht haben. Hierfür spricht der Wortlaut der zivilrechtlichen Generalklauseln. Die §§ 138, 242 BGB stellen auf eine vertragliche Ungleichgewichtslage zwischen den Vertragspartnern ab. Nicht geeignet für eine Inhaltskontrolle ist dagegen § 315 BGB[84].

Gegen eine richtige Auslegung der Generalklauseln könnte dagegen deren historische Auslegung sprechen. Die Konzeption des BGB hatte typische Ungleichgewichtslagen nicht im Blick. Das BGB ging in seiner Konzeption von zwei gleich starken Vertragspartnern aus.

Läßt sich trotz dieser beiden Auslegungsregeln noch nicht klären, ob eine Inhaltskontrolle von Verträgen anhand der §§ 138, 242 BGB geboten ist, so ist nach weiteren Auslegungsregeln zu fragen.

III. Grundrechtliches Fundament einer Inhaltskontrolle

Die durch die Grundrechte verkörperten Wertenscheidungen könnten geeignet sein, ein Fundament für eine Inhaltskontrolle darzustellen.

Hierfür ist entscheidend, welche Wirkung die Grundrechte entfalten und inwieweit sich für das Arbeitsrecht hieraus ein Anspruch auf eine Inhaltskontrolle von Verträgen ableiten läßt.

---

[84] Vgl. *Zöllner,* RdA 1989, 152 (158).

1. Grundrechtspositionen im Arbeitsrecht

Im Arbeitsrecht stehen sich typischerweise zwei Grundrechtsträger gegenüber. Das sind üblicherweise das Unternehmen, das Aufträge vergibt und ein abhängig Beschäftigter, der seine Arbeitskraft anbietet. In diesem speziellen Fall handelt es sich um Auftraggeber auf der einen und arbeitnehmerähnliche Beschäftigte auf der anderen Seite. Es ist zu fragen, auf welche Grundrechtspositionen sie sich berufen können.

a) Art. 12 Abs. 1 GG

Die beiden im Arbeitsleben beteiligten Grundrechtsträger sind jeweils Träger des Grundrechts auf Berufsfreiheit nach Art. 12 Abs. 1 GG[85].

Historisch betrachtet sollte Art. 12 Abs. 1 GG vorrangig die Freiheit, eine den Erwerbszwecken dienende Tätigkeit, insbesondere ein Gewerbe auszuüben, sichern[86]. Es war damit zunächst vorrangig als Arbeitgebergrundrecht ausgelegt. Art. 12 Abs. 1 GG ist jedoch zugleich auch ein Arbeitnehmergrundrecht[87].

Sofern Art. 12 Abs. 1 GG lediglich Arbeitgeber und Arbeitnehmer schützen sollte, könnte zweifelhaft sein, ob hiervon auch arbeitnehmerähnliche Personen erfaßt sein sollen. Der Schutz des Art. 12 Abs. 1 GG ist jedoch nicht auf Arbeitnehmer beschränkt, denn der Begriff des Berufs ist weit auszulegen[88]. Der Schutz des Art. 12 Abs. 1 GG beschränkt sich nicht nur auf bestimmte, traditionell oder rechtlich vorgegebene Berufsbilder oder Berufsinhalte[89]. Unerheblich ist für den Schutzbereich des Art. 12 Abs. 1 GG, ob es sich um selbständig oder unselbständig ausgeübte Berufe handelt[90]. Der Berufsbegriff erfaßt nicht nur Unternehmer oder Arbeitnehmer, sondern auch andere Berufsformen, wie die arbeitnehmerähnlichen Personen[91].

Durch diesen weiten Berufsbegriff sind auch die abhängigen Selbständigen vom Schutzbereich des Art. 12 Abs. 1 GG erfaßt.

Dieser weite Berufsbegriff des Art. 12 Abs. 1 GG umfaßt auch die Bereiche des Berufs, die durch Art. 12 Abs. 1 GG geschützt sind. In Art. 12 Abs. 1 GG ist

---

85 BVerfG vom 11. Juni 1958 E 7, 377 (398); *Maunz/Dürig-Scholz,* GG, Rdnr. 1 zu Art. 12 GG.

86 BVerfG vom 16. März 1971 E 30, 292 (312); BVerfG vom 1. März 1979 E 50, 290 (367).

87 BVerfG vom 11. Juni 1958 E 7, 377 (397); *Kempen/Zachert,* TVG, Rdnr. 189 zu Grundlagen.

88 BVerfG vom 11. Juni 1958 E 7, 377 (397); *Schneider,* VVDStRL 1985, 3, 25.

89 BVerfG vom 1. März 1979 E 50, 290 (362).

90 BVerfG vom 11. Juni 1958 E 7, 377 (398 f.); BVerfG vom 18. Juni 1980 E 54, 301 (322).

91 *Maunz/Dürig-Scholz,* GG, Rdnr. 7 zu Art. 12 GG.

die freie Wahl des Arbeitsplatzes geregelt. Geschützt wird dadurch jedoch nicht nur die Entscheidung, eine Beschäftigung aufzunehmen, sondern auch der Wille, sie beizubehalten oder aufzugeben[92]. Dies ist auch für den Schutz der abhängigen Selbständigen von Bedeutung, denn durch Art. 12 Abs. 1 GG geschützt ist nicht lediglich die Situation bei Vertragsschluß selbst, sondern auch während der Ausübung des Berufs oder bei der Kündigung des Vertragsverhältnisses durch einen der beiden Vertragspartner.

Schließlich ist durch Art. 12 Abs. 1 GG mit der Berufsfreiheit auch die Vertragsfreiheit verbürgt[93]. Als allgemeine Zusicherung, privatautonome Entscheidungen beider Vertragspartner zu gewähren, ist auch dieser Teil des Schutzbereichs von Art. 12 Abs. 1 GG für die in Frage stehende Gewähr eines materiellrechtlichen Mindestschutzes arbeitnehmerähnlicher Personen in der weiteren Untersuchung zu berücksichtigen. Denn die Gewähr von Privatautonomie *beider* Vertragspartner ist durch Art. 12 Abs. 1 GG geschützt.

Grundlage für eine grundrechtskonforme Auslegung der zivilrechtlichen Generalklauseln stellt im Bereich der abhängigen Selbständigkeit insoweit Art. 12 Abs. 1 GG dar.

b) Objektiv-rechtliche Grundsatznormen

Damit ist jedoch noch nicht geklärt, in welcher Art und Weise die Grundrechte eine Bindungswirkung im Bereich einfachgesetzlicher Normen erzeugen. Daher ist zu untersuchen, wie die Grundrechte in einfachgesetzliche Normen hineinwirken.

Die Grundrechte sind objektiv-rechtliche Grundsatznormen.[94] Hieraus ergibt sich, daß sie für alle Bereiche der Rechtsordnung gelten und Richtlinien für Gesetzgebung, Verwaltung und Rechtsprechung geben[95].

Die Wirkung der Grundrechte fand im Arbeitsrecht zunächst über die Lehre von der „unmittelbaren Drittwirkung" der Grundrechte Eingang[96].

Nach dieser Ansicht verpflichten die Grundrechte auch Privatpersonen unmittelbar und binden diese im Verhältnis untereinander.

---

92 BVerfG vom 24. 4. 1991 E 84, 133 (146).

93 *Maunz/Dürig-Scholz*, GG Rdnr. 83 zu Art. 12; *Papier*, DVBl. 1984, 801 (813).

94 BVerfG vom 15. Januar 1958 E 7, 198 (204 f.); BVerfG vom 8. August 1978 E 49, 89 (141 f.); BVerfG vom 19. Januar 1981 E 56, 54 (73); BVerfG vom 23. 4. 1986 E 73, 261 (269); BVerfG vom 7. Februar 1990 E 81, 242 (254). Die Terminologie schwankt insoweit; während das BVerfG zunächst von einer objektiven Wertordnung sprach, spricht es in jüngerer Zeit zurückhaltender von einer objektiven Grundentscheidung bzw. objektiven Normen.

95 BVerfG vom 15. Januar 1958 E 7, 198 (204 f.)

96 BAG vom 23. März 1957 AP Nr. 16 zu Art 3 GG; BAG vom 25. Januar 1963 AP Nr. 77 zu Art. 3 GG; BAG vom 28. September 1972 AP Nr. 2 zu § 134 BGB; Leisner, Grundrechte und Privatrecht, S. 356 ff.; *Kempff*, Grundrechte, S. 17 ff.

Demgegenüber wurde die Auffassung vertreten, daß die Grundrechte lediglich mittelbare Wirkung entfalten und zur Inhaltsbestimmung der ausfüllungsbedürftigen Generalklauseln des BGB heranzuziehen sind[97].

Zwischenzeitlich ist das Bundesarbeitsgericht[98] von seiner früheren Rechtsprechung abgerückt und geht ebenfalls von einer mittelbaren Wirkung der Grundrechte aus.

Diese Auseinandersetzung wird jedoch dem Stand der verfassungsrechtlichen Debatte nicht mehr gerecht[99]. Sofern man davon ausgeht, daß die Grundrechte nicht nur subjektive Abwehrrechte des Einzelnen gegen den Staat enthalten, sondern gleichzeitig eine objektive Wertordnung verkörpern, die für alle Bereiche des Rechts gilt und Richtlinien für Gesetzgebung, Verwaltung und Rechtsprechung gibt[100], ist hinreichend bestimmt, daß die Grundrechte in die Rechtsordnung hineinwirken. Der Begriff der Ausstrahlungswirkung der Grundrechte ist insoweit besser geeignet, ihre Wirkungsweise zu bestimmen.

Eine unmittelbare Wirkung ist auch nicht gleichbedeutend mit einer stärkeren Wirkung der Grundrechte im Privatrecht[101]. Die entscheidende Wertung des Bundesverfassungsgerichts ist darin zu sehen, daß die Grundrechte nicht lediglich unverbindliche Wertentscheidungen sind, sondern, wie Art. 1 Abs. 3 GG sagt, alle staatlichen Gewalten binden. Ob die Grundrechte hierbei direkt oder über einfachgesetzliche Normen zur Geltung kommen, ist zweitrangig. Das zeigt sich bereits in der Rechtsprechung des Bundesarbeitsgerichts selbst. Es ist nicht ersichtlich, daß mit der dogmatischen Wende in der Rechtsprechung des Bundesarbeitsgerichts ein Wechsel in der materiellen Bewertung der zu entscheidenden Fälle einhergegangen ist[102].

Die Wirkung der Grundrechte ist insofern als objektive Wertentscheidung zu bestimmen, die für alle Bereiche des Rechts gilt[103]. Dies umfaßt insofern auch das Zivilrecht[104] und damit auch das Arbeitsrecht[105].

---

97 BVerfG vom 15. Januar 1958 E 7, 198 (204 f.) – Lüth; Maunz/Dürig-Scholz, GG, Rdnrn. 127 ff. zu Art. 1; *Söllner,* Grundriß des Arbeitsrechts, S. 32 ff.

98 BAG vom 27. Mai 1986 AP Nr. 15 zu § 87 BetrVG 1972 – Überwachung.

99 Vgl. *Kühling,* AuR 1994, 126 (127).

100 BVerfG vom 15. Januar 1958 E 7, 198 (205) – Lüth; BVerfG vom 29. Mai 1973 E 35, 79 (114); BVerfG vom 25. Februar 1975 E 39, 1 (41).

101 aA *Hager,* JZ 1994, 373, der die mittelbare Drittwirkung als verringerte Grundrechtswirkung ablehnt.

102 Vgl. *Singer,* JZ 1995, 1133 (1134).

103 *Gegen jede „Drittwirkung" der Grundrechte noch Flume,* Rechtsgeschäft und Privatautonomie, S. 140.

104 *Kempen/Zachert,* TVG, Rdnr. 151 zu Grundlagen.

105 aA *Zöllner,* AcP 196, 1 ff.

c) Ergebnis

Die abhängigen Selbständigen sind Träger des Grundrechts des Art. 12 Abs. 1 GG. Das gilt ebenso für deren Auftraggeber, deren Berufsfreiheit ebenfalls durch Art. 12 Abs. 1 GG geschützt ist. Die Grundrechte wirken als objektiv-rechtliche Grundsatznormen in alle Teilbereiche des Rechts hinein. Das gilt uneingeschränkt auch für das Arbeitsrecht.

Hiermit ist jedoch noch nicht geklärt, wie die Berufsfreiheit durch Art. 12 Abs. 1 GG gewährt werden kann und welche Rechte sich hieraus für arbeitnehmerähnliche Personen ergeben können. Deshalb ist die Wirkungsweise des Art. 12 Abs. 1 GG zu klären.

2. Abwehrfunktion der Grundrechte

Historisch betrachtet sind die Grundrechte des Bonner Grundgesetzes zunächst als Abwehrrechte zu verstehen gewesen[106]. Als Reaktion auf die nationalsozialistische Diktatur sollten die Einzelnen vor staatlichem Handeln geschützt und die persönlichen Freiheitsrechte garantiert werden. Der nationalsozialistische Staat erschien als freiheitsfeindliches Konstrukt[107]. Daher sind die Freiheitsrechte des Grundgesetzes zumeist als Abwehrrechte gefaßt[108].

Die Abwehrrechte sollen dem Bürger eine von staatlicher Einmischung freie, eigenverantwortliche Lebensgestaltung gewährleisten. Die klassische Funktion der Grundrechte liegt damit darin, Verletzungen dieses Freiheitsraumes durch übermäßige Eingriffe der staatlichen Gewalt abzuwehren[109]. Das Abwehrrecht zielt darauf ab, die Freiheit des Bürgers vor ungerechtfertigten Eingriffen des Staates zu bewahren. Es garantiert Bereiche selbstbestimmten Handelns, in die die öffentliche Gewalt nicht eindringen darf. Ein staatlicher Eingriff wird damit unter einen Rechtfertigungszwang gestellt, seine Zulässigkeit ist stets an die Erfüllung formeller und materieller Voraussetzungen geknüpft. Freiheit im Sinne des Abwehrrechts bedeutet Abwesenheit von staatlichem Zwang. Der Staat tritt in diesem Zusammenhang als potentieller Verletzer des Grundrechts in Erscheinung[110].

Im Verhältnis zwischen Privaten können sich die Grundrechte als Abwehrrechte gegen den Staat auswirken, wenn der Staat die Durchsetzung privatrechtlicher Ansprüche durch die Justiz vollzieht. Hierbei ist der Staat gehalten, die Grundrechte

---

106 *Kühling,* AuR 1994, 126 (127).

107 *Stern,* Staatsrecht III 1, S. 937 spricht von einem „Feindbild"; *Raiser,* Grundgesetz und Privatrechtsordnung, B 12.

108 *Isensee,* Handbuch des Staatsrechts V, Rdnr. 9 zu § 111.

109 *Sachs,* GG, Rdnrn. 55 ff. vor Art. 1; *Dreier,* GG, Rdnrn. 80 ff. zu Vorbemerkung; Sondervotum *Rupp-von Brüneck/Simon* zu BVerfG vom 25. Februar 1975 E 39, 1 (70).

110 *Isensee,* Handbuch des Staatsrechts V, Rdnr. 2 zu § 111.

der Betroffenen zu wahren[111]. Art. 12 Abs. 1 GG entfaltet insoweit auch in seiner Funktion als Abwehrrecht Wirkung zwischen Privaten.

a) Übermaßverbot

Ausprägung und Konkretisierung der Abwehrrechte gegen des Staat ist das grundrechtliche Übermaßverbot. Das Bundesverfassungsgericht hat herausgestellt, daß es ein grundrechtlich gewährtes Übermaßverbot gibt[112]. In den angegriffenen Schutzvorschriften[113] sahen die Beschwerdeführer ihre Grundrechte aus den Art. 2 Abs. 1, 12 Abs. 1 und 14 Abs. 1 GG zu stark eingeschränkt, da sie mit zu weitgehenden Einschränkungen belastet wurden[114].

Nach der Figur des Übermaßverbotes beschränkt sich der vom Bundesverfassungsgericht zu gewährende Grundrechtsschutz auf die Abwehr verfassungswidriger, da etwa übermäßig belastender, nicht zumutbarer gesetzlicher Auflagen[115]. Der Eingriff muß somit verhältnismäßig zu dem gegebenen Anlaß und dem mit ihm verfolgten Zweck sein[116].

Das Übermaßverbot hat erstmals im Bereich des Verwaltungsrechts durch das Verhältnismäßigkeitsprinzip seinen Ausdruck gefunden. Der Grundsatz der Verhältnismäßigkeit verlangt, daß der vom Staat verfolgte Zweck als solcher verfolgt werden und mit den vom Staat gewählten Mitteln durchgesetzt werden darf, daß der Einsatz des Mittels zur Erreichung des Zwecks geeignet ist, und daß der Einsatz des Mittels erforderlich ist[117].

Einfachgesetzliche Vorschriften dürfen also nach dem Übermaßverbot die Vertragschließenden nicht so weitreichend binden, daß ihr eigener, grundrechtlich verbriefter Gestaltungsspielraum so weit eingeschränkt wird, daß die Ausübung ihrer Grundrechte weitgehend durch staatliche Vorschriften, nicht jedoch durch die Vertragspartner selbst bestimmt wird. Das Übermaßverbot ist daher ein Ausdruck der Abwehrfunktion der Grundrechte. Das Übermaßverbot konkretisiert die Obergrenze, die sich aufgrund der Abwehrfunktion der Grundrechte für staatliches Handeln ergibt. Bis zu der Grenze des Übermaßverbotes sind Eingriffe des Staates zulässig.

---

111 BVerfG vom 15. Januar 1958, 198 ff. – Lüth.

112 BVerfG vom 1. März 1979 E 50, 290 – Mitbestimmung.

113 Hierbei handelte es sich um einzelne Bestimmungen des Gesetzes über die Mitbestimmung der Arbeitnehmer (Mitbestimmungsgesetz – MitbestG) vom 4. Mai 1976, BGBGl. 1976 I, S. 1153 ff.

114 Zu den Auswirkungen des Übermaßverbotes auf das BGB: Canaris, JZ 1987, 993 ff.

115 BVerfG vom 11. Juni 1958 E 7, 377 (405 f.); BVerfG vom 21. Februar 1961 E 14, 19 (22); BVerfG vom 19. Dezember 1962 E 15, 226 (234); BVerfG vom 3. Mai 1967 E 22, 1 (20 f.); BVerfG vom 29. Mai 1974 E 37, 271 (289).

116 BVerfG vom 19. 12. 1962 E 15, 226 (234).

117 *Canaris,* JuS 1989, 161 (162); *Pieroth/Schlink,* Staatsrecht II, Rdnr. 318.

Überschreitet der Staat diese Grenze, so greift er unzulässig in die Grundrechte des Einzelnen ein.

b) Zwischenergebnis

Die Grundrechte gewähren einen Abwehranspruch gegen staatliche Eingriffe. Dieser Abwehranspruch richtet sich jedoch nicht gegen staatliches Handeln schlechthin. Er beschränkt sich auf übermäßig belastende, nicht zumutbare Eingriffe.

Der Problemkreis der arbeitnehmerähnlichen Personen ist mit der Funktion des Art. 12 Abs. 1 GG als Abwehrrecht jedoch nicht erfaßt. Die Regelungsprobleme in diesem Bereich ergeben sich nicht aus übermäßigem staatlichen Handeln, sondern daraus, daß staatliches Handeln weitgehend ausbleibt. Insoweit ist zu fragen, ob sich aus Art. 12 Abs. 1 GG noch weitere Ansprüche ergeben können.

3. Schutzfunktion der Grundrechte

Die Grundrechte haben noch eine weitere Funktion neben den Abwehrrechten gegen den Staat[118]. Sie wirken auch als Schutzgebote an die Adresse der staatlichen Instanzen, die den Bürger gegen Eingriffe anderer Privater schützen sollen[119].

a) Grundsätze der Schutzfunktion

Das läßt sich bereits aus der Lüth-Entscheidung ableiten, in der darauf hingewiesen wird, daß der Grundrechtskatalog eine objektiv-rechtliche Dimension hat[120]. Ausdrücklich anerkannt wurden die staatlichen Schutzpflichten erstmals im ersten Abtreibungsurteil des Bundesverfassungsgerichts[121]. Seitdem entspricht es der ständigen Rechtsprechung des Bundesverfassungsgerichts, und der überwiegenden Ansicht in der Literatur[122], daß den Grundrechten nicht nur eine Abwehrfunktion zukommt, sondern daß diese auch Schutzgebote für den Staat und seine Organe beinhalten[123]. Hiernach verbietet die Schutzpflicht des Staates nicht nur unmittelbare staatliche Eingriffe gegen die Grundrechte, sondern gebietet es dem Staat auch, sich schützend und fördernd vor diese Grundrechte zu stellen[124], das heißt vor al-

118 *Raiser*, Grundgesetz und Privatautonomie, B 13.

119 Vgl. *Söllner*, RdA 1989, 144 (146); *Hager*, JZ 1994, 373 (381).

120 BVerfG vom 15. Januar 1958 E 7, 198.

121 BVerfG vom 25. Februar 1975 E 39, 1 (42).

122 *Canaris*, AcP 184, 201 (225); *Höfling*, Vertragsfreiheit, S. 52; *Klein*, NJW 1989, 1633; Maunz / Dürig-*Scholz*, GG, Rdnr. 2 zu Art. 1; *Pietzcker*, FS *Dürig*, 345 (346).

123 BVerfG vom 29. Oktober 1987 E 77, 170, 214 f.

124 BVerfG vom 25. Februar 1975 E 39, 1.

lem, das Grundrecht auch vor Eingriffen von seiten anderer zu bewahren. An diesem Gebot haben sich die einzelnen Bereiche der Rechtsordnung auszurichten[125]. Der Staat muß dadurch einen der Bedeutung des zu sichernden Rechtsgutes entsprechenden Schutz gewährleisten[126] und bestehende Schutzlücken schließen[127]. Damit wird nicht nur ein Abwehranspruch gegen den Staat, sondern auch ein Justizgewährleistungsanspruch gegenüber dem Staat anerkannt. Die Abwehrfunktion der Grundrechte versagt in diesem Fall, da dem Einzelnen mit dem Unterlassen von seiten des Staates gerade nicht gedient wäre. Diese Schutzpflichten können Gesetzgeber und Fachgerichte zu aktivem Tun verpflichten[128].

Durch den Schutzpflichtcharakter der Grundrechte soll ihrem freiheitlichen und sozialen Charakter größere Wirksamkeit verliehen werden. Das Ausmaß der Schutzpflicht ist jedoch insofern begrenzt, als der Einzelne einen Anspruch aus der grundrechtlichen Schutzpflicht nur dann herleiten kann, wenn der Staat trotz eines hohen Gefährdungspotentials untätig geblieben ist und die getroffenen Maßnahmen offensichtlich unzureichend und ungeeignet sind[129]. Die Verwirklichung des Schutzgebotes ist überwiegend Aufgabe des einfachen Rechts. Dieses hat unter Berücksichtigung eines weiten Ermessensspielraums die Aufgabe, die Voraussetzungen zu schaffen, aufgrund derer für den Einzelnen die Wahrnehmung und Ausübung der Grundrechte faktisch ermöglicht und erhebliche Gefährdungen begrenzt werden[130]. Im Bereich der Ausfüllung der Schutzpflichten des Staates läßt das Bundesverfassungsgericht eine erhebliche Entscheidungsfreiheit zu. Der Staat muß daher seine Regelungen nicht so treffen, daß sie Grundrechtsgefährdungen mit absoluter Sicherheit ausschließen[131].

b) Wirkungsbereich der Schutzfunktion

Zunächst hat das Bundesverfassungsgericht Schutzpflichten des Staates aus Art 2 Abs. 2 1 GG hergeleitet. Das ist dadurch zu erklären, daß sich die meisten Entscheidungen des Bundesverfassungsgerichts zu den staatlichen Schutzpflichten auf Gefahren für Leben und Gesundheit beziehen [132].

---

125 BVerfG vom 25. Februar 1975 E 39, 1 (42).

126 BVerfG vom 25. Februar 1975 E 39, 1 (46).

127 BVerfG vom 25. Februar 1975 E 39, 1 (55).

128 *Medicus,* AcP 192, 35 (68).

129 *Gotzen,* VR 1994, 139.

130 BVerfG vom 16. Oktober 1977 E 46, 160 (164); BVerfG vom 20. 12. 1979 E 53, 30 (71); BVerfG vom 29. Oktober 1987 E 77, 170, 214 (222).

131 *Pieroth/Schlink,* Staatsrecht II, Rdnr. 97.

132 BVerfG vom 15. Oktober 1977 E 46, 160 – Schleyer; BVerfG vom 8. August 1978 – Kalkar; BVerfG vom 20. 12. 1979 E 53, 30, 57 ff. – Mülheim-Kärlich; BVerfG vom 14. Januar 1981 E 56, 54 – Fluglärm.

In der weiteren Entwicklung der Schutzpflichten wurde dieser Ansatz jedoch auf alle Grundrechte ausgeweitet. Die Theorie von den staatlichen Schutzpflichten gilt nunmehr als Ausdruck eines allgemeinen Grundsatzes, der bei Art 2 Abs. 2 1 GG zwar aufgrund der hier geschützten Rechtsgüter besonders ernst zu nehmen ist, im übrigen Grundrechtsbereich dadurch aber nicht ausgeschlossen wird[133].

c) *Arbeitsrechtliche Schutzpflichten*

Anknüpfend an diese allgemeine grundrechtliche Schutzpflicht soll auch der berufsbezogenen Privatautonomie aus Art. 12 Abs. 1 GG eine doppelte Funktion zukommen: Einerseits gibt es einen Anspruch auf privatautonome Vertragsgestaltungen, für die der Staat keine übermäßigen Vorgaben machen darf[134], andererseits sind Staat und Gerichtsbarkeit aufgefordert, die privatautonome Regelung im Hinblick auf die objektiv-rechtlichen Wertungen des Grundgesetzes durchzusetzen[135]. Dies gilt um so mehr als die Schutzgebotsfunktion sich auch in der Privatrechtsbeziehung ausdrücken soll, die durch Ungleichgewichtslagen gekennzeichnet ist. In dem Ausnahmefall, da private Macht die Individualfreiheit gefährdet, hat der Staat schützend einzugreifen[136].

d) *Funktionswidrigkeit der Schutzpflichtenlehre*

Gegen eine Schutzpflichtfunktion der Grundrechte wird eingewendet, die Grundrechte würden in dieser Funktion dem Grundrechtsberechtigten selbst das wieder nehmen, was sie ihm an Freiheit gewährleistet haben. Die Grundrechtsgewährleistungen würden sich somit selbst aufheben. Eine Schutzpflicht aus den Grundrechten sei daher abzulehnen[137].

Diese Kritik verkennt jedoch, daß es sich bei der Auseinandersetzung zwischen zwei Vertragspartnern um eine Kollision gegenläufiger Interessen der Grundrechtsträger handelt. Diese Kollision ist nach allgemeinen Prinzipien der Auslegung des Grundgesetzes im Rahmen praktischer Konkordanz zu lösen. Mit der vorhandenen Grundrechtskollision ist so umzugehen, daß die Rechte der beiden Grundrechtsträger zu jeweils relativ optimaler Entfaltung kommen[138]. Eine Ansicht, die sich auf

---

133 BVerfG vom 17. Januar 1957 E 6, 55 (76); BVerfG vom 13. Januar 1979 E 52, 357 (365); BVerfG vom 7. Oktober 1980 E 55, 37 (68); BVerfG vom 8. April 1987 E 75, 40 (62); Pieroth / Schlink, Staatsrecht II, Rdnr. 95; *Stern*, Staatsrecht III 1, S. 944.

134 BVerfG vom 16. Januar 1957 E 6, 32 (36); BVerfG vom 3. Juni 1980 E 54, 148 (153); Jarass, NJW 1989, 857.

135 *Söllner*, RdA 1989, 144 (146).

136 *Stern*, Staatsrecht III 1, S. 1595.

137 *Hillgruber*, Der Schutz des Menschen vor sich selbst, S. 148.

138 *Jarass/Pieroth*, GG, Rdnr. 6 zur Einleitung.

die Abwehrfunktion der Grundrechte beschränken würde, hätte das entgegengesetzte Ergebnis: Die Grundrechte würden nur für denjenigen zur Geltung kommen, der sich auf ihre Abwehrfunktion beruft. Die Grundrechte des anderen Vertragspartners würden nicht zur Geltung kommen können, da er sich auf keine Durchsetzungmöglichkeit berufen könnte. Das würde jedoch dazu führen, daß statt eines möglichst schonenden Eingriffs in das Grundrecht des einen Grundrechtsträgers, der größtmögliche Eingriff, nämlich die praktische Versagung der Grundrechtsausübung eintritt.

Die Schutzpflichtenlehre verstößt daher auch nicht gegen die Schutzrichtung der Grundrechte.

e) Zwischenergebnis

Aus Art. 12 Abs. 1 GG leiten sich nicht nur Abwehrrechte gegen den Staat, sondern auch Schutzpflichten des Staates ab. Der Staat könnte hieraus zum Schutz arbeitnehmerähnlicher Personen verpflichtet sein. Hierfür ist zu klären, welche Wirkungsweise und Konkretisierung die Schutzpflichten aus Art. 12 Abs. 1 GG im Hinblick auf den Umfang der Bindungswirkung von Grundrechten entfalten.

4. Konkurrierende Grundrechtspositionen und Untermaßverbot

Der Gedanke der staatlichen Schutzpflichten hat in der jüngeren Debatte eine Weiterentwicklung und Konkretisierung erfahren. Als Pendant zum Übermaßverbot gewinnt eine zweite Grenze der privatautonomen Vertragsgestaltung, das grundrechtliche Untermaßverbot, an Kontur[139].

a) Entscheidung des Bundesverfassungsgerichts vom 28. Mai 1993

Die zweite Abtreibungsentscheidung des Bundesverfassungsgerichts hat den Gedanken eines „Untermaßverbotes" verdeutlicht. Anknüpfend an den Grundsatz der Schutzpflichtfunktion der Grundrechte hat das Bundesverfassungsgericht in seiner zweiten Abtreibungsentscheidung[140] festgehalten, daß das Schutzpflichtgebot ein Untermaßverbot enthält. Das in den Grundrechten enthaltene Untermaßverbot ist hiernach darin zu sehen, daß der Staat zur Erfüllung seiner Schutzpflichten ausreichende Maßnahmen normativer und tatsächlicher Art ergreifen muß. Dies hat dazu zu führen, daß ein angemessener und als solcher wirksamer Schutz erreicht wird. Für den zu entscheidenden Fall der Strafbarkeit der Abtreibung hat das

---

139 *Gotzen,* VR 1994, 139; *Oetker,* Der arbeitsrechtliche Bestandsschutz, S. 28.

140 BVerfG vom 28. Mai 1993 E 88, 203 ff.

Bundesverfassungsgericht aus dem Untermaßverbot abgeleitet, daß dieses es nicht zuläßt, auf den Einsatz des Strafrechts und die davon ausgehende Schutzwirkung für das menschliche Leben ganz zu verzichten.

Die Verfassung gibt nur den Schutz an sich, nicht jedoch seine Ausgestaltung vor. Allerdings ist bei der gesetzlichen Umsetzung das Untermaßverbot zu beachten, das insoweit den Bereich der verfassungsrechtlichen Kontrolle anzeigt. Soll das Untermaßverbot nicht verletzt werden, so muß die Ausgestaltung durch die Rechtsordnung Mindestanforderungen genügen[141].

b) Literatur

Das Untermaßverbot hat die Rechtsprechung zwar im Bereich des Strafrechts zuerst ausdrücklich anerkannt, der prinzipielle Gedanke wurde in der Literatur jedoch erstmals im Zusammenhang mit grundrechtlichen Gewährleistungen der zivilrechtlichen Gestaltungsmöglichkeiten debattiert.

Canaris leitete aus den Schutzpflichten des Staates ab, daß das Untermaßverbot diejenige Grenze bezeichnen soll, an der die Schutzpflicht des Staates beginnt, oder an der das verfassungsrechtlich gebotene Schutzminimum unterschritten ist[142]. Dieses Untermaßverbot lasse sich nicht generell bestimmen, sondern hänge von der Art des betroffenen Rechtsgutes und der Möglichkeit zu privatautonomem Handeln ab. Hiervon ausgehend sieht *Canaris* die Notwendigkeit, ein dem Übermaßverbot entsprechendes „handliches" Untermaßverbot zu schaffen, da die Lehre von der Schutzgebotsfunktion und dem damit zusammenhängenden staatlichen Unterlassen noch zu wenig an Konturen gewonnen hat. Um den Schutz des Einzelnen vor den Eingriffen Dritter zu gewährleisten, soll danach neben dem Übermaßverbot ein Untermaßverbot gelten, das auf die Gewährleistung eines Minimalschutzes beschränkt bleibt und bei dessen Verwirklichung dem einfachen Recht ein großer Gestaltungs- und Konkretisierungsspielraum zukommen soll[143].

c) Wirkungsbereich des Untermaßverbots

Auch die zweite Abtreibungsentscheidung des Bundesverfassungsgerichts sollte die Wirkung des Untermaßverbotes nicht ausschließlich auf den Bereich des Strafrechts beschränken. Die Pflicht des Gesetzgebers zum Erlaß von Normen des Strafrechts ist als stärkste denkbare Verpflichtung einzustufen, da mit dem Straf-

---

141 BVerfG vom 28. Mai 1993 E 88, 203 (254); *Isensee*, Handbuch des Staatsrechts V, § 111, Rdnr. 165 f.

142 *Canaris*, AcP 184, 201 (228); *Canaris*, JuS 1989, 161 (162).

143 *Canaris*, AcP 184, 201 (245); vgl. *Isensee*, Handbuch des Staatsrechts V, Rdnr. 165; *Papier*, DVBl. 1984, 801 (813).

recht am nachhaltigsten in die Freiheitsrechte des Einzelnen eingegriffen wird. Die rechtssetzenden Normen des Strafrechts und ihre Auslegung können deshalb erst als „ultima ratio“[144] eingesetzt werden, wenn andere mögliche Rechtsmittel zu Erreichung des effektiven Schutzes eines Grundrechtes versagt haben.

Da das Untermaßverbot sogar im Bereich des Strafrechts seine Wirkung entfaltet, gestattet dies auch einen Rückschluß auf andere Rechtsbereiche. Da das Zivilrecht und das öffentliche Recht einen weniger stark eingreifenden Charakter aufweisen, vermag das Untermaßverbot erst recht in diesen Rechtsbereichen seine Wirkung zu entfalten. Das Bundesverfassungsgericht hat dies in seiner an die zweite Abtreibungsentscheidung anschließenden Rechtsprechung auch selbst bereits ausdrücklich anerkannt. In einer Entscheidung zu Gesundheitsgefahren durch Ozon bezieht sich das Bundesverfassungsgericht auf das grundrechtliche Untermaßverbot und wendet es als allgemeinen Rechtsgrundsatz auch auf dem Bereich des öffentlichen Rechts an[145].

d) Kritik am Untermaßverbot

Gegen die eigenständige Figur eines Untermaßverbotes wird eingewendet, daß hieraus nichts folge, was sich nicht schon aus dem Übermaßverbot ergebe. Es bestehe keine Spanne zwischen Mindest- und Höchstmaß, zwischen Ober- und Untergrenze gesetzgeberischen Handelns. Beide Grenzen fielen stattdessen zusammen. Vielmehr sei auf die verschiedenen Blickweisen der beiden Beteiligten abzustellen: Was sich für den einen Vertragspartner als Problem des Höchstschutzes darstelle, sei für den anderen Vertragspartner ein Problem des Mindestschutzes[146].

e) Stellungnahme

Diese Argumentation verkennt jedoch den unterschiedlichen Charakter des Übermaß- und des Untermaßverbotes. Im Verhältnismäßigkeitsgrundsatz des Übermaßverbotes kommt die Abwehrfunktion der Grundrechte zum Ausdruck. Sie ermächtigt lediglich einen Vertragspartner, sich auf das Übermaßverbot zu berufen – dem Beteiligten, der sich durch gesetzliche oder gerichtliche Vorgaben unverhältnismäßig in seinen Grundrechten eingeschränkt fühlt. Eine derartige Verletzung kann lediglich einen Rückzug des Staates aus dem angegriffenen Bereich zur Folge haben. Dem anderen Vertragspartner, der ein stärkeres staatliches Eingreifen wünschen mag, ist mit dieser Funktion des Übermaßverbotes überhaupt nicht gedient, denn das Erfordernis, daß ein Eingriff in Grundrechte verhältnismäßig sein muß, gibt ihm keinen Anspruch darauf, daß der Staat handeln statt unterlassen soll. Dies

---

144 BVerfG vom 28. Mai 1993 E 88, 203 (258).

145 BVerfG vom 29. November 1995, NJW 1996, 651.

146 *Hain*, DVBl. 1993, 982 (983); *Starck*, JZ 1993, 816 (817).

ist jedoch die Funktion, die dem Untermaßverbot zukommt: Der Staat wird verpflichtet, Mindeststandards zu setzen, um die Verwirklichung der Grundrechte zu ermöglichen. Dies läßt sich jedoch ausschließlich aus den Schutzpflichten des Staates, nicht aus den Abwehrrechten des Einzelnen herleiten. Sofern aus Grundrechtsgründen gefordert wird, eine belastende vertragliche Verbindung zu verbieten oder zu modifizieren, so läßt sich dieses ausschließlich aus dem Untermaßverbot als Eingriffsermächtigung, nicht jedoch aus dem Übermaßverbot als Eingriffsverbot ableiten[147]. Anders als *Hain* annimmt, stellen Über- und Untermaßverbot damit die äußeren Grenzen privatautonomen Handelns dar: Zum einen darf der Staat nicht so stark eingreifen, daß die Ausübung der Grundrechte dem einen Beteiligten unmöglich ist, zum anderen darf die Grundrechtsordnung einen schutzbedürftigen Grundrechtsträger auch nicht so dastehen lassen, daß dieser keine Handhabe hat, um seine Grundrechte ausüben zu können. Innerhalb dieser äußeren Grenzen haben die staatlichen Organe einen weiten Gestaltungsspielraum, sie müssen jedoch diese beiden äußerlich gesetzten Grenzen beachten.

Inkonsistent ist *Hains* Argumentation darüber hinaus dann, wenn er einerseits erklärt, das Untermaßverbot habe keinen eigenständigen Regelungsbereich, andererseits jedoch davor warnt, die Anerkennung eines Untermaßverbotes würde zusätzliche Einschränkungen mit sich bringen, die das Gleichgewicht zwischen den Gewalten zu beeinträchtigen drohen und daher vorschlägt, auf eine eigenständige Figur des Untermaßverbotes zu verzichten[148].

Das Untermaßverbot legt Kriterien an, die den Voraussetzungen der Inhaltskontrolle von Verträgen, wie sie zuerst *Schmidt-Rimpler* skizziert hat, gleichen. In der Regel kann davon ausgegangen werden, daß beide Vertragspartner eine Regelung getroffen haben, in deren Rahmen sie von ihrem Grundrecht auf Privatautonomie Gebrauch machen konnten. Innerhalb dieses Gestaltungsrahmens sind die Grundrechte beider Vertragspartner gewahrt. Hierfür müssen jedoch beide Vertragspartner einen gewissen Gestaltungsspielraum haben. Diktiert ein Vertragspartner allein den Vertrag mitsamt seinen Verpflichtungen und Folgen, so ist ein Mindestmaß an Grundrechtsausübung für den anderen Vertragspartner nicht mehr gewahrt. Die Vertragsausgestaltung genügt insofern nicht den grundrechtlichen Anforderungen, als die Privatautonomie des einen Vertragspartners unter die Mindestanforderung gefallen ist, daß er zumindest die Gelegenheit hatte, seine eigenen Ansprüche und Wertungen in den Vertrag einzubringen. Da das Untermaßverbot nicht gewahrt wurde, ist nun eine Inhaltskontrolle des Vertrages auf seine Ausgewogenheit und Angemessenheit legitim. Durch diese staatliche Maßnahme wird es dem unterlegenen Vertragspartner gestattet, sein Grundrecht auf Privatautonomie auszuüben.

So ist auch die Unterscheidung zwischen formeller und materieller Privatautonomie zu verstehen, die in der neuen Vertragslehre zur Begründung einer Inhaltskontrolle von Verträgen herangezogen wird: Sofern die Grundrechte einem Ver-

---

147 *Pietzcker,* FS *Dürig,* 345 (362).

148 *Hain,* ZG 1996, 75 (83).

tragspartner nicht die Möglichkeiten gewähren, seine eigenen Ansprüche in den Vertrag einzubringen, wird ihm damit die Gelegenheit genommen, seine grundrechtlich gewährleisteten Positionen durchzusetzen.

Der *formellen* Gewährung eines Grundrechts steht dann keine *materielle* Durchsetzungsmöglichkeit gegenüber. Ein Grundrecht formell zu gewähren, ohne auch eine materielle Durchsetzbarkeit zu ermöglichen, würde der Tatsache entgegenstehen, daß die Grundrechte alle Bürger, nicht nur diejenigen, die ihrerseits Voraussetzungen für deren Durchsetzbarkeit schaffen können, schützen soll. Die Privatautonomie muß darum auch deren Durchsetzbarkeit enthalten, sofern sie tatsächlich als objektive Wertordnung und nicht lediglich als Lippenbekenntnis wirken will. Das Untermaßverbot ermöglicht diese Durchsetzung. Es markiert eine grundrechtliche Untergrenze. Ist diese nicht unterschritten, so hat der Vertragspartner sein Grundrecht ausüben können, es also als materielles Recht wahrnehmen können. Unterschreitet die Vertragsausgestaltung dieses Minimum, so liegt lediglich *formelle* Privatautonomie vor: Der Vertragspartner hat zwar die grundrechtliche Gewährleistung der Privatautonomie, er kann sie jedoch materiell nicht wahrnehmen. Die Inhaltskontrolle von Verträgen durch das grundrechtlich gewährte Untermaßverbot ermöglicht damit die Ausübung einer *materiellen* Vertragsautonomie.

Hierbei ist jedoch stets die Wirkung des Untermaßverbots des Art. 12 Abs. 1 GG als äußere Beschränkung zu beachten: Die Schutzwirkung aus Art. 12 Abs. 1 GG darf nicht dazu führen, einen vollständigen Ausgleich der Rechtspositionen der Grundrechtsträger herbeizuführen, sondern nur dazu, ein unentbehrliches Minimum bereitzustellen, ohne das dem einen Vertragspartner die Grundrechtsausübung versagt bleiben müßte. Das Untermaßverbot trägt somit weiterhin dazu bei, daß dem Gedanken des möglichst schonenden Eingriffs in Grundrechte im Rahmen der praktischen Konkordanz so gut wie möglich Rechnung getragen wird.

f) Ergebnis

Das Über- und das Untermaßverbot setzen äußerste grundrechtliche Schranken für die Wahrnehmung der Grundrechte. Innerhalb dieser verfassungsrechtlichen Grenzen des Über- unter Untermaßverbots gibt es einen weiten Beurteilungs- und Gestaltungsspielraum für den Gesetzgeber und die Wertungen der Fachgerichte. Wie sich nicht zuletzt aus den staatsorganisationsrechtlichen Regelungen der Art. 38–53, sowie der Art. 70–82 GG ergibt, sieht die Verfassung insbesondere für die einfache Gesetzgebung einen erheblichen Gestaltungsspielraum vor[149]. Verfassungsrechtlich zu beanstanden können daher nur Schutzlücken sein[150].

Die verfassungsrechtlich gesetzten Grenzen dürfen jedoch durch die Gestaltung des Vertrages nicht über- oder unterschritten werden. Werden sie dennoch unter-

149 *Medicus*, AcP 192, 35 (55).

150 *Medicus*, AcP 192, 35 (62).

schritten, so ist die Kontrolle des Vertragsinhalts auf dessen Ausgewogenheit gerechtfertigt.

Hieraus könnten sich Anforderungen an den Schutz arbeitnehmerähnlicher Personen ergeben. Um diese Frage zu klären, ist zu erörtern, welche Konkretisierungen das Untermaßverbot hinsichtlich des Schutzes unterlegener Vertragspartner erfahren hat.

5. Schutzpflichten bei Disparitäten im Privatrecht

Das grundrechtliche Untermaßverbot hat die Rechtsprechung des Bundesverfassungsgerichts im Hinblick auf Disparitäten zwischen der Verhandlungsposition der beiden Vertragschließenden weiterentwickelt.

a) Entscheidung des Bundesverfassungsgerichts vom 7. Februar 1990

In seinem Beschluß vom 7. Februar 1990[151] beschäftigte sich das Bundesverfassungsgericht mit der Verfassungsmäßigkeit des generellen Ausschlusses einer Karenzentschädigung für ein nachvertragliches Wettbewerbsverbot in einem Handelsvertretervertrag. Dieses entschädigungslose Wettbewerbsverbot war in § 90 a Abs. 2 S. 2 HGB a.F. geregelt.

Der Beschwerdeführer, ein selbständiger Handelsvertreter, wandte sich gegen eine Klausel in seinem Dienstvertrag, die besagte, daß er nach Auflösung des Vertrages verpflichtet sei, für die Dauer von zwei Jahren jede Tätigkeit für eine Konkurrenzunternehmen zu unterlassen. Für diese Beschränkung sollte eine Entschädigung von seiten des Vertragspartners ausgeschlossen sein.

Das Bundesverfassungsgericht entschied, daß der Handelsvertreter durch das entschädigungslose Wettbewerbsverbot in seinen Grundrechten aus Art. 12 Abs. 1 GG verletzt sei und zumindest die alte Fassung des § 90a Abs. 2 S. 2 HGB damit verfassungswidrig sei.

Dem Handelsvertreter werde aufgrund des Wettbewerbsverbots seine berufliche Tätigkeit in einem Ausmaße verschlossen, daß seine Existenzgrundlage gefährdet sei. Die Unterlassungspflicht sei räumlich und gegenständlich so weit gefaßt gewesen, daß es dem Handelsvertreter nicht möglich gewesen sei, in seiner Branche zu arbeiten. Dagegen könne jedoch sprechen, daß der Handelsvertreter in dem Vertrag selbst einer entsprechenden Regelung zugestimmt habe, denn generell seien vertragliche Bindungen der beiden Vertragspartner zu akzeptieren. Dies ergebe sich aus dem Grundsatz der Privatautonomie, in deren Rahmen die beiden Vertragspartner selbst regeln, wie ihre gegenläufigen Interessen auszugleichen sind.

---

151 BVerfG vom 7. Februar 1990 E 81, 242- ff.

Die Beachtung des Vertragsinhaltes allein reiche jedoch nicht aus, um die Verurteilung zur Wettbewerbsunterlassung zu rechtfertigen. Stattdessen seien im Rahmen der Privatautonomie die einfachen Gesetze und das Grundgesetz zu beachten.

Da die Privatautonomie auf dem Prinzip der Selbstbestimmung beruhe, setze sie voraus, daß die Bedingungen der Selbstbestimmung beim Vertragsschluß tatsächlich vorlägen. Diese Voraussetzungen seien jedoch nicht stets gegeben. Habe der eine Vertragsteil ein so starkes Übergewicht, daß er vertragliche Regelungen faktisch einseitig setzen könne, so bedeute das für den anderen Vertragsteil Fremdbestimmung. Wo es an einem annähernden Kräftegleichgewicht der Beteiligten fehle, sei mit den Mitteln des Vertragsrechts allein kein sachgerechter Ausgleich der Interessen zu gewährleisten. In einer solchen Situation müßten staatliche Regelungen eingreifen, um den Grundrechtsschutz zu sichern[152]. Bei der Überprüfung solcher Regelungen seien die zivilrechtlichen Generalklauseln, die als Übermaßverbote wirken, zugrundezulegen. Dies betreffe vor allem die §§ 138, 242, 315 BGB.

Im zu entscheidenden Fall des Wettbewerbsverbotes für Handelsvertreter sei der Gesetzgeber selbst von einer wirtschaftlich unterlegenen Stellung des Handelsvertreters ausgegangen[153]. Insbesondere habe der Gesetzgeber das Recht des nachvertraglichen Wettbewerbsverbots als regelungsbedürftig angesehen[154]. Der in § 90 a HGB a.F. gesetzlich geregelte generelle Ausschluß einer Entschädigung sei jedoch mit dem Grundgesetz nicht vereinbar. Eine solche Sanktion sei zum Schutz des kündigenden Unternehmers nicht erforderlich; dem Handelsvertreter hingegen sei sie wegen ihrer einschneidenden Maßnahmen vielfach unzumutbar.

b) Entscheidung des Bundesverfassungsgerichts vom 19. Oktober 1993

An diese Grundsätze knüpfte das Bundesverfassungsgericht an, als es in seiner Entscheidung vom 19. Oktober 1993[155] die Wirksamkeit der Bürgschaften vermögens- und einkommensloser Bürgen prüfte.

Während Bürgschaften von Kreditinstituten in der Vergangenheit nur angenommen wurden, wenn die Bürgen ihre Bonität nachweisen konnten, gingen die Ban-

---

152 BVerfG vom 7. Februar 1990 E 81, 242 (255).

153 BT-Drucksache 1 / 3856, S. 10: „Gegenüber den wirtschaftlich unabhängigen Handelsvertretern überwiegt die Anzahl der von den Unternehmern mehr oder weniger wirtschaftlich abhängigen Handelsvertreter erheblich. Diese Handelsvertreter vermögen, obgleich sie rechtlich ebenfalls selbständige Kaufleute sind, den wirtschaftlich überlegenen Unternehmern gegenüber nicht gleichberechtigt aufzutreten. Der GrundSatz der Vertragsfreiheit, der das Handlungsagentenrecht des HGB beherrscht, wirkt sich vielfach zu ihrem Nachteil auS. Es wird deshalb anstelle der Vertragsfreiheit eine Regelung gesetzt, die der im allgemeinen schwächeren Stellung der Handelsvertreter Rechnung trägt."

154 BT-Drucksache 1 / 3856, S 37:" Bei der wirtschaftlichen Überlegenheit der Unternehmer kann es vorkommen, daß den Handelsvertretern bei Vertragsschluß Wettbewerbsabreden aufgezwungen werden. Sie bedürfen dagegen eines Schutzes."

155 BVerfG vom 19. Oktober 1993 E 89, 214 ff.

ken dann dazu über, auch Bürgschaften vermögensloser Bürgen als Sicherheit zu akzeptieren. Daher wurden regelmäßig vermögenslose Angehörige durch eine Mitverpflichtung als Sicherheit für die Bank einem erheblichen Verschuldungsrisiko ausgesetzt[156].

Aufgrund der daraus folgenden häufig lebenslangen Verschuldung der Bürgen entstand in den letzten Jahren im Schrifttum[157] eine lebhafte Debatte über die Inhaltskontrolle solcher Bürgschaften. Die Inhaltskontrolle von Bürgschaften war ebenfalls Gegenstand einer Reihe zum Teil recht unterschiedlicher Entscheidungen der Instanzgerichte[158] und des Bundesgerichtshofs[159].

Der Bundesgerichtshof verneinte in zwei Entscheidungen[160], daß eine Bürgschaft bereits deshalb unwirksam sein könnte, weil der Bürge in absehbarer Zeit nicht zahlungsfähig sein würde. Der Bundesgerichtshof lehnte insoweit eine Inhaltskontrolle der Bürgschaftsverträge weitgehend ab, auch wenn er den Begriff nicht in seinen Erörterungen benutzte[161].

Zu diesen Fragen nahm das Bundesverfassungsgericht[162] in seiner Entscheidung vom 19. Oktober 1993 Stellung. In seiner Entscheidung, in der es um die Bürgschaft einer vermögenslosen Tochter für ihren Vater und um die Bürgschaft einer vermögenslosen Ehefrau für ihren Mann ging, griff das Bundesverfassungsgericht Gedanken einer Inhaltskontrolle von Verträgen nach § 138 Abs. 1 BGB auf.

---

156 Finanztest 2/93, Spiel mit dem Feuer, S. 82 ff.; Verbraucherzentrale Hamburg, Hauptsache: Bescheid wissen, S. 11 f.; einer möglicherweise lebenslangen finanziellen Belastung tritt nunmehr die zum 1. Januar 1999 in Kraft tretende neue Insolvenordnung (InsO; BT-Drucksache 12/2443) entgegen. In §§ 235 ff. InsO ist geregelt, daß auf Antrag nach sieben Jahren dauerhafter Zahlungsunfähigkeit des Schuldners eine Restschuldbefreiung erfolgen kann. Sie wirkt gegenüber allen Gläubigern. Zur rechtspolitischen Begründung vgl. BT-Drucksache 2443, S. 100 ff.

157 *Derleder,* FS für *Bärmann* und *Weitnauer,* S. 121 ff.; *Grün,* NJW 1991, 925 f.; *Medicus,* Bürgerliches Recht, Rdnr. 253a; *Medicus,* ZIP 1989, 817 ff.; Erman-*Brox,* BGB, Rdnr. 71a zu § 138; *Geißler,* JuS 1991, 617 ff.; *Honsell,* JZ 1989, 494 f.; *Köndgen,* NJW 1991, 2018 f.; *Knütel,* ZIP 1991, 493 ff.; *Medicus,* AcP 188, 488 ff.; Palandt-*Heinrichs,* BGB, Rdnr. 38 zu § 138; *Rehbein,* JR 1989, 468 ff.; *Reifner,* ZIP 1990, 413 ff.; *Reinicke/Tiedtke,* ZIP 1989, 613 ff.; *Schlachter,* BB 1993, 802 ff.; *Schwintowski,* ZBB 1989, 91 ff.; *Tiedtke,* ZIP 1990, 413 ff.;. *H. P. Westermann,* JZ 1989, 746 ff.

158 OLG Stuttgart vom 12. Januar 9888, NJW 1988, 833 ff.; OLG Frankfurt/Main vom 4. März 1992, NJW-RR 1992, 1008; OLG Hamm vom 29. März 1992, NJW-RR 1993, 113; OLG Düsseldorf vom 3. November 1983, ZIP 1984, 166; LG Lübeck vom 11. Dezember 1986, NJW 1987, 959.

159 BGH vom 19. Januar 1989 Z 106, 269 ff., BGH vom 28. Februar 1989 Z 107, 92 ff.; BGH vom 22. Januar 1992, NJW 1991, 923; BGH vom 24. November 1992, ZIP 1993, 26.

160 BGH vom 19. Januar 1989 Z 106, 269 ff.; BGH vom 28. Februar 1989 Z 107, 92 ff..

161 BGH vom 19. Januar 1989 Z 106, 269 (271 ff.); BGH vom 28. Februar 1989 Z 107, 93 (98).

162 BVerfG vom 19. Oktober 1993 E 89, 214 ff.

Die Klägerinnen hatten die Verletzung des Art. 2 GG bei der Auslegung des § 138 Abs. 1 GG durch den Bundesgerichtshof gerügt.

Das Bundesverfassungsgericht führte aus, Art. 2 Abs. 1 GG gewährleiste die Privatautonomie als Selbstbestimmung des Einzelnen im Rechtsleben. Im Vertragsrecht würden sich die beiden beteiligten Seiten binden und damit ihre individuelle Handlungsfreiheit wahrnehmen. Habe jedoch einer der Vertragsteile ein so starkes Übergewicht, daß er den Vertragsinhalt faktisch allein bestimmen könne, so bedeute dies für den anderen Teil eine Fremdbestimmung.

Allerdings könne die Rechtsordnung nicht für alle Situationen Vorsorge treffen, in denen das Verhandlungsgleichgewicht beeinträchtigt sei. Vielmehr müsse eine typisierbare Fallgestaltung vorliegen, die eine strukturelle Unterlegenheit erkennen lasse.

Weiterhin müßten die Folgen des Vertrages für den unterlegenen Vertragspartner ungewöhnlich belastend sein. Dann ergebe sich eine Pflicht zur Inhaltskontrolle von Verträgen aus der grundrechtlichen Gewährleistung der Privatautonomie und dem Sozialstaatsprinzip.

Für eine solche Interpretation der Vertragsfreiheit sei im geltenden Vertragsrecht auch hinreichend Raum. Zwar habe bei der Entstehung des BGB noch die Vorstellung von formal gleichen Vertragspartnern im Vordergrund gestanden, doch bestünde heute weitgehend Einigkeit darüber, daß die Vertragsfreiheit nur im Falle eines annähernd ausgewogenen Kräfteverhältnisses der Partner als Mittel eines angemessenen Interessenausgleiches tauge und daß der Ausgleich gestörter Vertragsparität zu den Hauptaufgaben des geltenden Zivilrechts gehöre.

Für die Erfüllung dieser Aufgabe habe die verfassungskonforme Auslegung der zivilrechtlichen Generalklauseln, der §§ 138, 242 BGB, zentrale Bedeutung. Gerade § 138 Abs. 2 BGB zeige typische Umstände auf, die zur Unterlegenheit des einen Vertragspartners führten. Nutze der überlegene Vertragsteil dies aus, so führe dies zur Unwirksamkeit des Vertrages.

Weiterhin sei § 242 BGB zu beachten, wenn der Vertrag nicht aufgrund § 138 Abs. 1 BGB nichtig sei. Der Grundsatz von Treu und Glauben bezeichne eine immanente Grenze vertraglicher Gestaltungsmacht und begründe die Befugnis zu einer Inhaltskontrolle im Privatrecht.

Für die Wirksamkeit der vertraglichen Abmachungen komme es bei gestörter Vertragsparität wesentlich darauf an, wie sich der überlegene Vertragspartner verhalte. Dies gelte insbesondere für Aufklärungs- und Informationspflichten.

Aus diesen Überlegungen leitete das Bundesverfassungsgericht auch eine Pflicht der Gerichte ab, auf die Gewährung privatautonomer Entscheidungen durch die Vertragsausgestaltung zu achten. Die Gerichte müßten klären, ob die Regelung im geschlossenen Vertrag eine Folge ungleicher Verhandlungsstärke sei. Ein Verstoß gegen die grundrechtliche Gewährleistung der Privatautonomie komme insbesondere dann in Betracht, wenn das Problem gestörter Vertragsparitäten gar nicht gesehen wurde.

Es sei insoweit Aufgabe der Fachgerichte, darauf zu achten, daß Verträge nicht als Mittel der Fremdbestimmung dienten. Sei der Inhalt des Vertrages für eine Seite ungewöhnlich belastend und als Interessenausgleich offensichtlich unangemessen, so müßten die Gerichte eine Inhaltskontrolle des fraglichen Vertrages vornehmen[163].

c) Zusammenfassung

Diese beiden Bundesverfassungsgerichtsentscheidungen haben in zweierlei Hinsicht Auswirkungen auf die Weiterentwicklung der Schutzpflichtenlehre.

Einerseits konstatiert das Bundesverfassungsgericht, daß die staatlichen Schutzpflichten gerade bei vertraglichen Disparitäten zu einem Handeln seitens der staatlichen Gewalten verpflichten. Ist es dem unterlegenen Vertragspartner in keiner Weise möglich, seine Grundrechte in der Gestaltung eines Vertrages auszuüben, so ist dafür zu sorgen, daß dieser mißlichen Situation abgeholfen wird. In dieser Hinsicht stimmen die Entscheidungen des Bundesverfassungsgerichts inhaltlich überein. Sie betonen übereinstimmend, daß die staatlichen Gewalten dann gefordert sind, wenn das Ungleichgewicht zwischen beiden Vertragspartnern so stark ausgeprägt ist, daß dies für den unterlegenen Vertragspartner faktisch Fremdbestimmung bedeutet.

Auf der anderen Seite beschäftigen sich diese beiden Entscheidungen des Bundesverfassungsgerichts damit, durch wessen Handeln diese staatlichen Schutzpflichten durchgesetzt werden können. Hierbei behandeln die Entscheidung vom 7. Februar 1990 (Handelsvertreter) und die Entscheidung vom 19. Oktober 1993 (Bürgschaft) die Grundrechtsbindung hinsichtlich unterschiedlicher staatlicher Gewalten. Konstatiert die Handelsvertreter-Entscheidung des Bundesverfassungsgerichts die Verpflichtung des Gesetzgebers, verfassungskonforme Gesetze zu verabschieden, so wendet sich die Bürgschaftsentscheidung in erster Linie an die Rechtsprechung. Ist der Gesetzgeber nicht oder nicht hinreichend tätig geworden, um gesellschaftliche Entwicklungen gesetzlich zu regeln, so ist es laut Bundesverfassungsgericht Aufgabe der Gerichte, das bestehende Recht so auszulegen und fortzuentwickeln, daß ein effektiver Grundrechtsschutz gewährleistet wird.

Es ist zu fragen, ob diese Grundsätze geeignet sein können, einen materiellrechtlichen Schutz der abhängigen Selbständigen zu gewährleisten. Daher sind diese beiden Eckpfeiler der Entscheidungen darauf zu überprüfen, inwieweit sie tragfähig sind.

---

163 Diese Grundsätze bestätigte das BVerfG in seiner Entscheidung vom 2. Mai 1996, NJW 1996, 2021.

Zunächst ist zu erörtern, ob die staatlichen Gewalten gerade bei struktureller Disparität eine Verpflichtung trifft, regulierend einzugreifen. Im Anschluß ist die These zu diskutieren, daß in erster Linie der Gesetzgeber hierzu aufgerufen ist, bei dessen Untätigkeit jedoch auch die Gerichte verpflichtet sind, das Recht im Sinne der Gewährung der Grundrechte fortzuentwickeln.

d) Debatte um die staatlichen Schutzpflichten bei struktureller Disparität

Die Erstreckung staatlicher Schutzpflichten auf eine Inhaltskontrolle von Verträgen bei Disparitäten stieß auf ein gespaltenes Echo. Die Kritik an den Entscheidungen des Bundesverfassungsgerichts lehnt die Wertungen des Bundesverfassungsgerichts als eine unzulässige Einschränkung der Privatautonomie ab[164]. Die Gegenansicht sieht darin einen Schritt zur Sicherung und Wahrung der Privatautonomie[165].

aa) Kritik an einer Inhaltskontrolle bei Disparitäten

Die Kritik an der Rechtsprechung des Bundesverfassungsgerichts stellt die Legitimation zu einer Inhaltskontrolle aufgrund struktureller Disparität in Frage. Die fehlende Richtigkeitsgarantie von Verträgen sei kein Ergebnis struktureller Ungleichheit. Eine Richtigkeitsgarantie könne es vielmehr generell nicht geben[166]. Vertraglichen Verpflichtungen erst dann die rechtliche Anerkennung zuzusprechen, wenn zuvor faktische Parität der Vertragspartner besteht, bedeute das Ende des Vertrages als Rechtsinstrument[167].

Auch sei der Schluß von einer Disparität auf ein ungerechtes Ergebnis nicht zu halten. Es gebe durchaus Ungleichgewichtslagen mit tolerablem Ergebnis, andererseits aber auch Gleichgewichtslagen mit untragbarem Ergebnis[168]. Eine relevante Ungleichgewichtigkeit lasse sich daher nicht daraus ableiten, daß eine Vertragspartei nicht in der Lage sei, auf den Vertragsinhalt Einfluß zu nehmen, obwohl sie das

---

164 *Adomeit,* NJW 1994, 2467 ff.; *Eschenbach/Niebaum,* NVwZ 1994, 1079 ff.; *Groeschke,* BB 1994, 725 ff.; *Hesse/Kauffmann,* JZ 1995, 219 ff.; *Kiehte/Groeschke,* BB 1994, 2291 ff.; *Rehbein,* JR 1995, 45 ff.; *Rittner,* NJW 1994, 3330 f.; *Spieß,* DVBl. 1994, 1222 ff.

165 *Emmerich,* JuS 1994, 707 f.; *Grün,* WM 1994, 713 ff.; *Heinrichsmeier,* FamRZ 1994, 129 ff.; *Höfling,* Vertragsfreiheit, S. 55 ff.; *Honsell,* NJW 1994, 565 f.; *Köndgen,* EWiR § 138 BGB 1/94, 23; *Kohte,* ZBB 1994, 172 ff.; *Löwe,* ZIP 1993, 1759; Palandt-*Heinrichs*, BGB, Rdnr. 37 zu § 138; *Preis/Rolfs,* DB 1994, 261 ff.; *Pape,* ZIP 1994, 515 ff.; *Pape,* NJW 1995, 1006 – 1009; *Reinicke/Tiedtke,* NJW 1995, 1449 ff.; *Schimansky,* WM 1995, 461 ff.; *Tiedtke,* ZIP 1995, 521 ff.; *Westphalen,* MDR 1994, 5 ff.; vgl. auch *Hillgruber,* AcP 191, 69 ff., der jedoch die Schutzbedürftigkeit des Handelsvertreters im konkreten Fall verneint.

166 *Adomeit,* NJW 1994, 2467 (2468).

167 *Depenheuer,* ThürVBl. 1996, 270 (274).

168 *Depenheuer,* ThürVBl. 1996, 270 (274).

wolle. Denn daß die eine Partei nicht bereit sei, zu anderen Konditionen als den von ihr angebotenen zu kontrahieren, signalisiere in keiner Weise, daß sie übermächtig sei. Dies gelte auch dann nicht, wenn diese Konditionen sie einseitig begünstigten[169].

Durch die jüngere Rechtsprechung des Bundesverfassungsgerichts sei die Privatautonomie verfassungsrechtlich in Frage gestellt. Die Einschränkung der Privatautonomie liege darin, daß die grundrechtsberechtigten Privatrechtssubjekte grundrechtlichen Verpflichtungen unterworfen würden[170]. Privatautonomie begründe Eigenverantwortung für die Selbstbeschränkung der Freiheit[171]. In den Entscheidungen des Bundesverfassungsgerichts sei dagegen die Gefahr der Entmündigung des Bürgers enthalten. Gerade im Interesse der „wirtschaftlich Schwachen" müsse die Privatautonomie auch die Eingehung „gewagter" Verbindlichkeiten ermöglichen[172].

Eine Einschränkung der Privatautonomie sei weiterhin darin zu sehen, daß die Leitsätze des Bundesverfassungsgerichts als „neue Generalklausel" dem Zivilrecht einen neuen Charakter aufzwingen und es von der Privatautonomie in das „Reich der Kontrolle" führen[173]. Hier würden die Grundrechte gewissermaßen gegen sich selbst ins Feld geführt[174], denn Aufgabe der Grundrechte sei es, der Privatautonomie hinreichenden Handlungsspielraum zu ermöglichen. Aufgabe der Privatautonomie sei damit ausschließlich, einen vom Staat unabhängigen Gestaltungsspielraum zu gewährleisten. Die privatautonomen Betätigungen der Bürger seien naturgemäß um so freier, je weniger der Staat reglementierend eingreife[175].

An die Stelle des inhaltlich offenen Vertrages trete die inhaltlich geprägte staatliche Vorgabe. In einer aufgeklärten Gesellschaft müsse es jedoch möglich sein, von der Selbstbestimmungsfähigkeit des einzelnen Privatrechtssubjekts auszugehen[176].

Eine Inhaltskontrolle von Verträgen stelle daher nicht die Selbstbestimmung des Einzelnen wieder her, sondern führe statt einer Fremdbestimmung durch Private zu einer Fremdbestimmung durch den Staat[177]. Darum sei zu überdenken, sich vom Begriff der Ungleichgewichtslagen ganz zu verabschieden[178].

---

169 *Zöllner,* AcP 196, 1 (26).

170 *Depenheuer,* ThürVBl. 1996, 270; *Hillgruber,* ZRP 1995, 6 (9).

171 *Hillgruber,* Der Schutz des Menschen vor sich selbst, S. 153 ff.

172 *Medicus,* ZIP 1989, 817 (824).

173 *Adomeit,* NJW 1994, 2467 ff.

174 *Eschenbaum/Niebaum,* NVwZ 1994, 1079 (1081).

175 *Eschenbaum/Niebaum,* NVwZ 1994, 1079 (1080).

176 *Depenheuer,* ThürVBl. 1996, 270 (274).

177 *Spieß,* DVBl. 1994, 1222 (1229).

178 *Zöllner,* AcP 196, 1 (26).

bb) Stellungnahme

Um zu beurteilen, ob in staatlichen Schutzpflichten bei Disparitäten aus Art. 12 Abs. 1 GG eine Einschränkung der arbeitsrechtlichen Privatautonomie zu sehen ist, ist nach der Verhandlungsstärke zwischen den Vertragspartnern im Arbeitsrecht zu fragen.

(1) Schutzfunktion des Arbeitsrechts

Das Entstehen und die heutige Ausprägung des Arbeitsrecht sind zu einem großen Teil Spiegelbild des Versagens der dienstvertraglichen Regelungen, wie sie im BGB angelegt waren. Bei diesen ging man davon aus, daß es sich um einen Vertragsschluß zweier gleichstarker Vertragschließender handelte[179]. Das ist wesentlich darin begründet, daß das BGB das reale Machtgefälle verkannt und den Arbeitsvertrag den Regeln des Allgemeinen Teils und des Allgemeinen Schuldrechts unterworfen hat. An dem strukturellen Ungleichgewicht im Arbeitsverhältnis geht die Konstruktion des BGB vorbei. Zwar sind in den Regelungen über den Dienstvertrag in den §§ 611 ff. BGB auch Schutzvorschriften im Hinblick auf das Arbeitsverhältnis aufgenommen wurden. Der Allgemeine Teil des Schuldrechts und der allgemeine Teil der Vorschriften über den Vertragsschluß, die auf den Kaufvertrag als gleichgewichtigem Vertrag ausgerichtet sind, genügen jedoch nicht, um einen Interessenausgleich im Arbeitsverhältnis zu gewähren[180].

Kritik an den unzureichenden Schutzregeln des Dienstvertrages nach §§ 611 ff. BGB wurde schon sehr früh geäußert. Bereits am 11. 12. 1896 hatte der Deutsche Reichstag gefordert, ein separates Gesetz zur Regelung des Individualarbeitsrechts zu verabschieden, das den realen Strukturen im Arbeitsleben eher gerecht werden würde[181]. Der Deutsche Reichstag verabschiedete, daß „Verträge, durch die sich jemand verpflichtet, einen Teil seiner geistigen oder körperlichen Arbeitskraft für ein ... wirtschaftliches oder gewerbliches Unternehmen eines anderen gegen einen vereinbarten Lohn zu verwenden ... für das Deutsche Reich baldthunlichst einheitlich geregelt werden[182].

Die Reaktion auf diese Situation bestand in der Etablierung des Arbeitsrechts als eigenständige Materie. Schutzzweck des Arbeitsrechts war, den Arbeitnehmer, der unselbständige Arbeit leistet, gegenüber dem Arbeitgeber zu schützen[183].

Dieser Problematik versuchen die zahlreichen arbeitsrechtlichen Vorschriften Rechnung zu tragen. Zwar unterliegen auch die Arbeitsverträge der formellen Ver-

---

179 *Fastrich,* Richterliche Inhaltskontrolle, § 8 I 5 a cc.

180 Vgl. *Gamillscheg,* FS für *Rood,* 299 (305).

181 *Gutachten des AK Deutsche Rechtseinheit im Arbeitsrecht zum 59. Deutschen Ju*ristentag, Band I, D 14.

182 *Zitiert nach Adomeit,* NJW 1996, 1710 (1713).

183 *Medicus,* JuS 1996, 761 (762).

tragsfreiheit; der Abschluß und die Ausgestaltung eines Arbeitsvertrages sind formell ebenso die freie Entscheidung des Arbeitnehmers wie des Arbeitgebers. Aufgrund der zahlreichen arbeitsrechtlichen Schutzgesetze wird jedoch in vielfacher Weise in den Vertragsschluß und die Vertragsausgestaltung eingegriffen. Gerade das Arbeitsrecht läßt sich insofern als umfangreiches Kontrollsystem gegenüber der Vertragsfreiheit begreifen. Es kann daher selbst als System der Inhaltskontrolle bezeichnet werden[184]. Aufgrund des dichten Vertragskontrollwerks, das das individuelle Arbeitsrecht mit seinen Gesetzesvorschriften hat, ist rückzuschließen, daß gerade im individuellen Arbeitsrecht die Vertragsfreiheit im Sinne einer inhaltlichen Gestaltungsfreiheit nur sehr begrenzt geeignet ist, einen Interessenausgleich der Vertragspartner herzustellen[185]. Jedenfalls ist die arbeitsrechtliche Privatautonomie gesetzlichen und tarifvertraglichen Regelungen zugänglich, die durch verfassungslegitimierte Gemeinwohlgründe oder Ziele getragen sind[186].

Diese Überlegungen finden ebenfalls eine Stütze in der Rechtsprechung des Bundesverfassungsgerichts, das sich mit der Frage des strukturellen Ungleichgewichts der Vertragspartner im Arbeitsrecht beschäftigt hat.

(2) Entscheidung des Bundesverfassungsgerichts vom 26. Juni 1991

Diesen Gedanken hat das Bundesverfassungsgericht in seiner Entscheidung zum verfassungsrechtlich zulässigen Umfang von Aussperrungen im Rahmen eines Arbeitskampfes[187] aufgegriffen. In dieser Entscheidung machte es Ausführungen zur Verhandlungsstärke der Vertragspartner bei Abschluß eines Arbeitsvertrages. Es führte aus, die verfassungsrechtlich gewährte Tarifautonomie des Art. 9 Abs. 3 GG habe ihre sachliche Begründung darin, die strukturelle Unterlegenheit der einzelnen Arbeitnehmer beim Abschluß von Arbeitsverträgen auszugleichen und damit ein annähernd gleichgewichtiges Aushandeln der Löhne und Arbeitsbedingungen zu ermöglichen[188]. Dem Umfang der Tarifautonomie liege die Einschätzung zugrunde, daß die Arbeitnehmerseite zur Herstellung einer gleichgewichtigen Verhandlungsposition auf Arbeitskampfmaßnahmen oder deren Androhung angewiesen sei. Dies habe unter den gegenwärtigen wirtschaftlichen Verhältnissen im Grundsatz weiterhin Gültigkeit[189].

---

184 *Fastrich,* Richterliche Inhaltskontrolle im Privatrecht, S. 201; *Dieterich,* RdA 1995, 129 (134).

185 *Fastrich,* Richterliche Inhaltskontrolle, § 8 I 5 a cc; *Hanau/Adomeit,* Arbeitsrecht, S. 37; *Preis,* AuR 1994, 139 (140); *Preis,* Grundfragen, S. 19.

186 Vgl. *Papier,* RdA 1989, 137 (139).

187 BVerfG vom 26. Juni 1991 E 84, 213 ff.

188 BVerfG vom 26. Juni 1991 E 84, 213 (229).

189 BVerfG vom 26. Juni 1991 E 84, 213 (231).

(3) Entscheidung des Bundesverfassungsgerichts vom 28. Januar1992

Diese Überlegungen hat das Bundesverfassungsgericht in seiner Entscheidung zur Verfassungswidrigkeit des Nachtarbeitsverbots für Frauen[190] dahingehend weiterentwickelt, daß bei struktureller Disparität zwischen den Vertragspartner die staatlichen Schutzpflichten den Gesetzgeber zum Handeln verpflichten. Hier wies es auf die Notwendigkeit hin, von staatlicher Seite für einen gesetzlichen Schutz im Hinblick auf die Ausgestaltung von Nachtarbeit in Arbeitsverträgen zu sorgen. Das leitete es daraus ab, daß das dem Vertragsrecht zugrundeliegende Prinzip der Privatautonomie einen hinreichenden Schutz der Vertragspartner nur dann gewährleisten könne, wenn die Bedingungen freier Selbstbestimmung gegeben seien. Wo es an einem annähernden Kräftegleichgewicht der Beteiligten fehle, sei mit den Mitteln des Vertragsrechts allein kein sachgerechter Ausgleich der Interessen zu gewährleisten. Das sei beim Abschluß von Arbeitsverträgen typischerweise der Fall. In einer solchen Lage seien die objektiven Grundentscheidungen der Verfassung im Grundrechtsabschnitt und im Sozialstaatsgebot durch gesetzliche Vorschriften, die sozialem und wirtschaftlichem Ungleichgewicht entgegenwirkten, zu verwirklichen[191].

(4) Erfüllung staatlicher Schutzpflichten im Bereich der abhängigen Selbständigkeit

Eine staatliche Schutzpflicht aus Art. 12 Abs. 1 GG gerade bei struktureller Disparität anzunehmen, erscheint überzeugend. Diese Schutzpflicht trägt dem Grundsatz Rechnung, daß die Ausübung der Privatautonomie lediglich dann gewährt werden kann, wenn beide Vertragspartner ihre eigenen Ansprüche in die Verhandlungen einbringen können. Ist dies dem unterlegenen Vertragspartner nicht möglich, so kann er faktisch sein Grundrecht nicht ausüben. Diese staatliche Schutzpflicht ist gerade im Arbeitsrecht von Bedeutung. Der Abschluß von Arbeitsverträgen ist, typisierend betrachtet, davon geprägt, daß die abhängig Beschäftigten auf den Abschluß des Vertrages angewiesen sind, während dies beim anderen Vertragspartner nicht der Fall ist. Aus Art. 12 Abs. 1 GG sind daher Handlungspflichten staatlicher Einrichtungen abzuleiten, um die Wahrnehmung grundrechtlicher Positionen zu ermöglichen.

Es wäre jedoch zu fragen, ob der Gesetzgeber nicht bereits hinreichend tätig geworden ist, so daß für ein Eingreifen aufgrund Art. 12 Abs. 1 GG keine Notwendigkeit mehr bestünde. Die Fülle an Regelungswerken im Arbeitsrecht stößt auf zunehmende Kritik[192]. Insofern ist zu fragen, ob eine Inhaltskontrolle von Verträ-

---

190 BVerfG vom 28. Januar 1992 E 85, 191 ff.

191 BVerfG vom 28. Januar 1992 E 85, 191 (213).

192 Vgl. *Dieterich*, RdA 1995, 129 (130), der auf diesen Diskurs verweist.

gen nicht bereits in hinreichendem Maße durch die Gestaltung der Tarifverträge und die Einflußmöglichkeiten des Betriebsrats stattfindet[193].

Ein allgemeiner Schutz wurde jedoch allein durch die arbeitsrechtlichen Regelungen nicht erreicht[194]. Auch das kollektive Arbeitsrecht scheint nur punktuell in der Lage zu sein, auf Störungen der Vertragsparität zu reagieren[195].

Diese Probleme und Schutzlücken werden gerade im Hinblick auf einen Schutz der abhängigen Selbständigen deutlich. Die herkömmliche Unterteilung in Abhängige und Selbständige bietet ihnen keinen hinreichenden materiellen Schutz. Das Scheitern der Verabschiedung eines modernen einheitlichen arbeitsrechtlichen Regelungswerkes tut hier ein übriges, um einen Schutz abhängiger Selbständigkeit vermissen zu lassen. Im Hinblick auf die arbeitnehmerähnlichen Personen hat der Staat seine Schutzpflichten nicht hinreichend erfüllt. Er stellt einen nicht unerheblichen Teil wirtschaftlich abhängiger Personen gänzlich schutzlos und läßt für sie fast ausschließlich das Dienst- und Werkvertragsrecht gelten, das ihrer tatsächlichen Lage nicht gerecht wird. Das Untermaßverbot des Art. 12 Abs. 1 GG gebietet gerade im Hinblick auf die abhängigen Selbständigen weiteres staatliches Handeln.

(5) Zwischenergebnis

Bei typisierbaren Ungleichgewichtslagen zwischen den Vertragspartnern im Privatrecht sind Situationen vorhanden, in denen der unterlegene Vertragspartner nicht in die Vertragsgestaltung eingreifen kann. Solche Situationen sind auch im individuellen Arbeitsrecht vorhanden. Sie werden durch die zahlreichen arbeitsrechtlichen Regelungen nicht vollständig beseitigt. Gerade die Situation der abhängigen Selbständigen ist ein Beispiel dafür, daß trotz eines umfangreichen Katalogs an arbeitsrechtlichen Schutzvorschriften diese neue Beschäftigungsform keinerlei arbeitsrechtlichen Schutz für sich reklamieren kann, sieht man einmal von § 12 a TVG ab[196]. Dies entspricht jedoch nicht ihrer mit Arbeitnehmern vergleichbaren Schutzbedürftigkeit.

Hier sind Gesetzgeber und Rechtsprechung aufgrund der Schutzpflichten bei Disparitäten zwischen den Vertragspartnern aus Art. 12 Abs. 1 GG gefordert, für einen staatlichen Schutz zu sorgen. In solchen Fällen rechtfertigen die grundrecht-

---

193 So *Boemke,* NZA 1993, 532 ff.; dagegen *Fastrich,* Richterliche Inhaltskontrolle, § 8 I 6; *Hildebrandt,* Disparität, IV 2 d; *Preis,* Grundfragen, § 9 III; *Preis,* AuR 1994, 138, 144 f.; vgl. auch *Zöllner,* RdA 1989, 152 (158).

194 Vgl. *Dieterich,* RdA 1995, 129 (135).

195 Vgl. *Preis,* AuR 1994, 139 (140).

196 Zur eingeschränkten Schutzwirkung des § 12 a TVG vgl. auch die Ausführungen auf S. 97 ff. Die Tarifvertragsparteien haben fast ausschließlich lediglich im Bereich der freien Mitarbeiter im Rundfunk von der Möglichkeit Gebrauch gemacht, Tarifverträge abzuschließen.

lichen Schutzpflichten eine Inhaltskontrolle von Verträgen, um die Privatautonomie des unterlegenen Vertragspartners zu wahren.

e) *Umsetzung einer Inhaltskontrolle im Arbeitsrecht*

Hiermit ist jedoch noch nicht geklärt, wie eine Inhaltskontrolle von Verträgen im Arbeitsrecht, insbesondere im Bereich der abhängigen Selbständigkeit, ausgestaltet sein kann.

aa) Kritik an den Bundesverfassungsgerichtsentscheidungen

Ein Teil der Kritik an den BVerfG-Entscheidungen geht dahin, daß das Bundesverfassungsgericht mit seinen Leitsätzen seinen Kompetenzbereich überschritten hätte. Künftig müßten Urteile der Zivil- und damit auch der Arbeitsgerichtsbarkeit in steigendem Maße rechtsgeschäftliche Vereinbarungen einer grundrechtlichen Prüfung im Hinblick darauf unterwerfen, ob der vertragliche Inhalt ungewöhnlich stark belastend und das Ergebnis ungleich starker Verhandlungsstärke sei. Die Entscheidungskompetenzen der Arbeits- und Zivilgerichtsbarkeit würden so durch verfassungsrechtliche Vorgaben erheblich eingeschränkt[197].

Vor dem Hintergrund dieser Kritik ist eine Entscheidung des Bundesarbeitsgerichts zu sehen, die die Wertungen des Bundesverfassungsgerichts für den Bereich des Arbeitsrechts konkretisieren soll.

bb) Entscheidung des Bundesarbeitsgerichts vom 16. März 1994

Das Bundesarbeitsgericht hat in seinem Urteil zur Verpflichtung zur Rückzahlung von Ausbildungskosten[198] zur möglichen Inhaltskontrolle von Verträgen im Arbeitsrecht Stellung genommen.

Zur Beurteilung der Wirksamkeit der Rückzahlungsklauseln bezog sich das Bundesarbeitsgericht auf die BVerfG-Rechtsprechung zu staatlichen Schutzpflichten bei Disparitäten bei Vertragssschluß. Das Bundesarbeitsgericht bejaht, daß die Privatautonomie nur bei einem annähernden Gleichgewicht der Vertragspartner gewährleistet sein kann. Sofern dies nicht der Fall sei, seien die Generalklauseln des BGB heranzuziehen. § 242 BGB bezeichne eine immanente Grenze der vertraglichen Gestaltungsmacht und begründe damit die Befugnis zu einer richterlichen Inhaltskontrolle. Als Voraussetzung sieht das Bundesarbeitsgericht weiterhin das Vorliegen einer typisierbaren Fallgestaltung.

---

197 *Loritz,* DNotZ 1994, 543 (544); *Depenheuer,* ThürVBl. 1996, 270 (274); *Preu,* JZ 1991, 265 (267).

198 BAG vom 16. März 1994 AP Nr. 18 zu § 611 BGB – Ausbildungshilfe.

Die Voraussetzungen einer Inhaltskontrolle sah das Bundesarbeitsgericht generell im individuellen Arbeitsrecht gegeben. Das individuelle Arbeitsrecht sei durch eine strukturelle Unterlegenheit des einzelnen Arbeitnehmers gegenüber dem einzelnen Arbeitgeber gekennzeichnet, die durch kollektivrechtliche Regelungen wie Tarifverträge und Betriebsvereinbarungen nicht beseitigt werde. Die Unterlegenheit bestehe auch in Zeiten der Vollbeschäftigung. Im Arbeitsrecht spiele die richterliche Vertragskontrolle sogar eine noch größere Rolle als im allgemeinen Zivilrecht, da das Schutzbedürfnis des schwächeren Vertragspartners besonders groß und der Gesetzgeber in vielen Bereichen untätig geblieben sei[199].

(1) Kritik

Dem Urteil wird im Ergebnis zuzustimmen sein, auch wenn die allzu allgemeine Begründung des Bundesarbeitsgerichts zu den Voraussetzungen der Inhaltskontrolle im individuellen Arbeitsrecht zweifelhaft erscheint. Der Begründung des Bundesarbeitsgericht nach wäre jeder Vertrag einer Inhaltskontrolle zu unterziehen, in dem strukturelle Ungleichgewichtslagen vorliegen. Das Mietrecht, das Verbraucherrecht und auch das individuelle Arbeitsrecht würden damit in ihrer Gänze einer Inhaltskontrolle von Verträgen unterworfen. Die Befürchtungen der Kritiker der Rechtsprechung des Bundesverfassungsgerichts scheinen hier ihre Bestätigung zu finden, würde doch damit in bedeutenden Bereichen des Privatrechts an die Stelle der privatautonomen Vertragsausgestaltung die Inhaltskontrolle der Verträge treten.

Die vom Bundesarbeitsgericht vorgenommene Verallgemeinerung trägt jedoch nicht den Einschränkungen der Schutzpflichtenlehre im Hinblick auf das grundrechtliche Untermaßverbot Rechnung. Nicht jede typische Disparität kann geeignet sein, eine Inhaltskontrolle von Verträgen zu begründen[200]. Das Bundesarbeitsgericht hätte zumindest prüfen müssen, ob der Arbeitnehmer in diesem Fall seine Vertragsinteressen in irgendeiner Weise einbringen konnte, und ob die dreijährige Bindung an den Vertrag für den Arbeitnehmer ein ungewöhnlich belastendes Ergebnis darstellte. Hierfür hätte durchaus die Tatsache einen Anhaltspunkt bieten können, daß es sich um einen vorformulierten, also nicht frei ausgehandelten Vertrag handelte.

---

199 Diese Subsumtion weist starke Übereinstimmungen mit der bisherigen Rechtsprechung des Bundesarbeitsgerichts zur Billigkeitskontrolle anhand des § 315 BGB auf, vgl. S. 106 ff. Diese Grundsätze werden jedoch in kein Verhältnis zueinander gesetzt. Auch ist die hier besprochene Entscheidung des Bundesarbeitsgerichts vom 16. März 1994 vereinzelt geblieben. Auf der anderen Seite hat das Bundesarbeitsgericht auch in jüngerer Zeit an seine bisherige Rechtsprechung zur Billigkeitskontrolle angeknüpft, BAG vom 27. August 1996, 3 AZR 467/95 n.v. Es ist daher m.E. nicht davon auszugehen, daß mit der Entscheidung vom 16. März 1994 die bisherige Rechtsprechung des Bundesarbeitsgerichts zur Billigkeitskontrolle aufgegeben werden sollte.

200 Vgl. *Dieterich*, NZA 1996, 673 (676).

Die allgemeine Verweisung auf die im individuellen Arbeitsrecht gegebene Disparität reicht dagegen nicht aus. Eine so weitgehende Inhaltskontrolle hätte einschneidende Auswirkungen auf den privatautonomen Vertragsschluß. Die Konsequenz wäre ein Ausufern der verfassungsrechtlichen Prüfung und übermäßiges Einschränken privatautonomer Vertragsgestaltungen.

(2) Zwischenergebnis

Die Konkretisierungen des Bundesarbeitsgerichts hinsichtlich einer Inhaltskontrolle tragen die Gefahr in sich, daß eine zu weitgehende Inhaltskontrolle in Bereichen des Zivilrechts an die Stelle der Vertragsfreiheit rücken könnte.

Daher muß ähnlich wie bei der Anwendung des Übermaßverbots auch bei den staatlichen Schutzpflichten eine Evidenzmaxime gelten[201]. Nur bei einer evidenten Mißachtung der Grundrechtsposition des unterlegenen Vertragspartners ist eine Inhaltskontrolle von Verträgen denkbar. Diese Einschränkung ist erforderlich, um den bereits von *Rupp-von Brüneck* und *Simon*[202] in ihrem abweichenden Votum zur ersten Abtreibungsentscheidung geäußerten Bedenken Rechnung zu tragen. Sie sahen die Gefahr, daß die grundrechtliche Schutzpflicht zum Vehikel mißbraucht werden könnte, um spezifisch gesetzgeberische Funktionen auf das Bundesverfassungsgericht zu verlagern[203].

Eine Inhaltskontrolle muß sich auf grobe Fehler des Vertragssschlusses und des Vertragsinhalts beschränken[204]. Nicht jede Störung der Vertragsparität führt zu Ergebnissen, die ein richterliches Einschreiten rechtfertigen[205].

Eine pauschale Inhaltskontrolle bei Arbeitsverhältnissen wird auch nicht der Position *Schmidt-Rimplers* gerecht, der davon ausgeht, daß der Vertrag im Normalfall seine Funktion erfüllt. Die Inhaltskontrolle von Verträgen soll demnach eine Ausnahme für den Fall darstellen, daß ein Vertragspartner offenkundig nicht in der Lage ist, an der Aushandlung des Vertrages teilzuhaben. Die Inhaltskontrolle muß sich deshalb ausschließlich auf jene Fälle konzentrieren, in denen der Vertragsmechanismus evident nicht funktioniert hat. Nicht in jedem Fall kann zu prüfen sein, ob der betreffende Vertrag wirklich frei und ohne jeden Sachzwang zustande gekommen ist[206]. Die Inhaltskontrolle von Verträgen muß sich auch aus Gründen der Rechtssicherheit auf Ausnahmefälle beschränken[207]. Inhaltliche Korrekturen des Vertrages sind so lange ausgeschlossen, wie nicht eine extreme Un-

---

201 *Oetker,* AuR 1997, 41 (50).

202 BVerfG vom 25. Februar 1975 E 39, 1 (72 ff.).

203 BVerfG vom 25. Februar 1975 E 39, 1 (72).

204 Vgl. *Rittner,* AcP 188, 127 f.

205 *Preis,* Grundfragen, S. 218.

206 *Singer,* JZ 1995, 1134 (1140).

207 *Honsell,* NJW 1994, 565 (566).

ausgewogenheit zwischen den beiden Verhandlungspartnern festgestellt werden kann[208].

Das entspricht auch insoweit Art. 12 Abs. 1 GG, als der privatautonome Gestaltungsspielraum dem weiten Spielraum des Gesetzgebers bei Kollisionen entspricht. Es bleibt hierbei ein weiter Freiraum[209]. Das Grundrecht des Art. 12 Abs. 1 GG markiert insoweit lediglich eine äußere Grenze. Eine allgemeine Inhaltskontrolle bei allen Arbeitsverträgen würde dem in Art. 12 Abs. 1 GG enthaltenen Untermaßverbot nicht hinreichend Rechnung tragen.

cc) Ergebnis

Die Inhaltskontrolle von Verträgen ist aufgrund der staatlichen Schutzpflichten bei einem Ungleichgewicht zwischen den beiden Vertragspartnern denkbar.

Eine allgemeine Inhaltskontrolle im Arbeitsrecht ohne Überprüfung des Einzelfalls kann sich hieraus jedoch nicht ergeben. Unter Berücksichtigung der Vorgaben des grundrechtlichen Untermaßverbots ist eine extensive Anwendung staatlicher Schutzpflichten zu vermeiden.

f) Verpflichtung der Gerichte zur Rechtsfortbildung

Sind die inhaltlichen Aussagen der Entscheidungen des Bundesverfassungsgerichts vom 7. Februar 1990[210] und 19. Oktober 1993[211] geeignet, eine Grundlage für einen Schutz abhängiger Selbständiger zu gewährleisten, so ist weiterhin die Frage zu beantworten, wer zur Erfüllung grundrechtlicher Schutzpflichten abhängiger Selbständiger aus Art. 12 Abs. 1 GG verpflichtet ist.

An den Entscheidungen des Bundesverfassungsgerichts wird zum Teil auch kritisiert, sie stellten eine Absage an das Gewaltenteilungsprinzip dar. Die Kompetenzen der Gerichte würden durch die Urteile unzulässig ausgeweitet[212]. Tatsächlich konstatieren die Entscheidungen des Bundesverfassungsgerichts auch eine Verpflichtung der Gerichte, das Recht fortzubilden, um die Wahrung von Grundrechten zu gewährleisten. Daher ist zu fragen, in welcher Art und Weise Art. 12 Abs. 1 GG die staatlichen Gewalten verpflichtet und wo die Grenzen staatlichen Handelns durch die verschiedenen Gewalten liegen.

---

208 Vgl. *Schmidt,* DRiZ 1991, 81 (88).

209 *Hesse,* FS für Mahrenholz, 541 ff.; *Denninger,* FS für Mahrenholz, 561 (566 ff.).

210 BVerfG vom 7. Februar 1990 E 81, 242 ff.

211 BVerfG vom 19. Oktober 1993 E 89, 214 ff.

212 *Hesse/Kaufmann,* JZ 1995, 219 (222); kritisch zur Schutzgebotsfunktion der Grundrechte auch *Zöllner,* AcP 196, 1 (11).

Zu erörtern ist insoweit, welche staatlichen Gewalten durch die Wirkung des Art. 12 Abs. 1 GG verpflichtet sein können, abhängige Selbständige angemessen zu schützen. Die beiden jüngeren Entscheidungen des Bundesverfassungsgerichts konkretisieren hierbei die Kompetenzverteilung zwischen Gesetzgeber und den Fachgerichten. Hiernach wirkt das grundrechtliche Untermaßverbot des Art. 12 Abs. 1 GG in zweierlei Richtungen. Zum einen verpflichtet es die Gesetzgebung zur Verabschiedung verfassungsgemäßer Gesetze. Zum anderen verpflichtet es die Rechtsprechung dazu, das Recht so fortzuentwickeln, daß es einen effektiven Grundrechtsschutz gewährleisten kann.

aa) Aufgaben des Gesetzgebers

Grundrechtlich gebunden durch das Untermaßverbot ist damit zunächst der Gesetzgeber. In erster Linie soll er gefordert sein, Gesetze zu verabschieden, die mit dem Grundgesetz im Einklang stehen. Aufgabe des Gesetzgebers ist es hierbei, seinen verfassungsrechtlichen Kompetenzen entsprechend auf neue gesellschaftliche Entwicklungen zu reagieren und durch die Verabschiedung verfassungskonformer Gesetze auf gesellschaftliche Probleme zu reagieren. Hierbei verbleibt dem Gesetzgeber ein weiter rechtspolitischer und prognostischer Freiraum[213]. Es ist im allgemeinen ausreichend, wenn die durch den Gesetzgeber getroffenen Schutzvorkehrungen nicht gänzlich ungeeignet und völlig unzulänglich sind. Nur unter ganz bestimmten Voraussetzungen kann sich vereinzelt die Gestaltungsfreiheit des Gesetzgebers so reduzieren, daß lediglich durch eine bestimmte Maßnahme ein effektiver Grundrechtsschutz gewährleistet werden kann[214]. Das Verfassungsrecht setzt hier lediglich äußerste Grenzen. Erst wenn die Regelungen, die der Gesetzgeber getroffen hat, in keiner Weise geeignet sein können, die Ausübung von Grundrechten zu gewährleisten, ist das Handeln des Gesetzgebers als verfassungswidrig einzuordnen.

Diese Grundsätze unterstrich das Bundesverfassungsgericht in der Entscheidung zum entschädigungslosen nachträglichen Wettbewerbsverbot für Handelsvertreter vom 7. Februar 1990[215]. Da es bei dem gesetzlich geregelten nachvertraglichen Wettbewerbsverbot an jeglichem finanziellen Ausgleich fehlte, sah es die Grundrechte des Handelsvertreters verletzt. Aufgabe des Gesetzgebers wäre es gewesen, ein Gesetz zu verabschieden, das zumindest nicht gänzlich ungeeignet sein würde, die Interessen des Handelsvertreters zu waren. Eine Verpflichtung zur Verabschiedung eines bestimmten Gesetzes ergibt sich aus der Wirkung des grundrechtlichen Untermaßverbots nicht. Wie ein verfassungskonformes Gesetz ausgestaltet werden kann, bleibt innerhalb dieses verfassungsrechtlichen Rahmens Aufgabe des Gesetzgebers.

---

213 *Hesse*, FS für Mahrenholz, S. 541 ff.; *Denninger*, FS für Mahrenholz, S. 561 (566 ff.).

214 BVerfG vom 29. Oktober 1987 E 77, 170, 314 f. – C-Waffen.

215 BVerfG vom 7. Februar 1990 E 81, 242 ff. – Handelsvertreter.

In diesen Anforderungen an eine Verpflichtung zur Verabschiedung verfassungskonformer Gesetze liegt auch eine Begrenzung der Kompetenzen der Rechtsprechung. Es ist in erster Linie Aufgabe des Gesetzgebers zu entscheiden, in welcher Weise ein gesellschaftliches Problem zu lösen ist. Aufgabe der Rechtsprechung kann es nicht sein, Wertungen des Gesetzgebers durch die Rechtsprechung zu korrigieren. Hält das Fachgericht das geltende Gesetz für verfassungswidrig, so muß es diese Frage nach Art. 100 GG dem Bundesverfassungsgericht zur Entscheidung vorlegen. Spielraum für eine eigene richterliche Entscheidung bleibt in einem solchen Fall nicht mehr[216].

Lediglich innerhalb dieser Wertentscheidungen des Gesetzgebers dürfen die Fachgerichte selbst das bestehende Recht auslegen, um zu einem sachgerechten Schutz der Rechtspositionen beider Vertragspartner zu kommen. Das gilt auch für eine Begrenzung der Aufgabe der Fachgerichte zur Rechtsfortbildung. Als Rechtsfortbildung wird hierbei im weitesten Sinne die Entwicklung bisher nicht allgemein anerkannter Grundsätze[217] verstanden.

Aufgabe der Fachgerichte ist es nicht in erster Linie, das geltende Recht fortzubilden und damit Kompetenzen an sich zu ziehen, die in erster Linie dem Gesetzgeber vorbehalten bleiben sollen. Das Prinzip der Gewaltenteilung würde durchbrochen, wenn die Judikatur Aufgaben der Legislative übernimmt.

Übermäßige Rechtsfortbildung sah das Bundesverfassungsgericht in einer Weiterentwicklung von Rechtsgrundsätzen im Bereich der Sozialplanansprüche durch das Bundesarbeitsgericht. Das Bundesarbeitsgericht hatte Sozialplanansprüche im Konkursverfahren als ranghöher als die Konkursforderung nach § 61 Abs. 1 Nr. 1 KO eingeordnet[218]. Das Bundesverfassungsgericht[219] hielt diese Rechtsprechung des Bundesarbeitsgericht für verfassungswidrig. Das Gericht entschied, in der Rechtsprechung liege ein grundrechtlich relevanter Verstoß, da kein Raum für richterliche Rechtsfortbildung bestanden habe. Hierfür habe es bereits an einer entsprechenden Regelungslücke gemangelt, die das Bundesarbeitsgericht hätte füllen können.

Insoweit sind die Grenzen richterlicher Rechtsfortbildung kritisch zu hinterfragen und soweit zu konkretisieren, daß einer übermäßigen Rechtsfortbildung im Einzelfall vorgebeugt werden kann.

Diese Wertung gilt auch für den fraglichen Fall eines adäquaten Schutzes abhängiger Selbständiger. In erster Linie ist es Aufgabe des Gesetzgebers, auf diese Entwicklung auf dem Arbeitsmarkt zu reagieren und im Rahmen seines Beurteilungsspielraums Regelungen zu treffen, die die Rechtspositionen abhängiger Selbständiger zu gewährleisten helfen.

216 *Hillgruber,* JZ 1996, 118.

217 *Dieterich,* RdA 1993, 67.

218 BAG vom 13. Dezember 1978 AP Nr. 6 zu § 112 BetrVG 1972; BAG vom 19. Dezember 1978 AP Nr. 10 zu § 112 BetrVG 1972.

219 BVerfG vom 19. Oktober 1983 E 65, 182.

bb) Aufgaben der Fachgerichte

Eine grundrechtliche Bindung aus dem Untermaßverbot ergibt sich jedoch auch für die Rechtsprechung. Aus dem Untermaßverbot kann auch eine Verpflichtung der Gerichte zur Rechtsfortbildung resultieren.

Zwar richtet sich im Rahmen einer Debatte um die richterliche Rechtsfortbildung das Augenmerk überwiegend auf solche Fälle, in denen eine richterliche Rechtsfortbildung sachlich nicht gerechtfertigt war und die Gerichtsbarkeit insoweit ihre Kompetenzen eigenmächtig überschritten hat[220]. Probleme in bezug auf richterliche Rechtsfortbildung bestehen jedoch nicht lediglich im Hinblick auf ein übermäßiges Tätigwerden der Fachgerichte. Ebenso kommt es vor, daß Fachgerichte jegliche Rechtsfortbildung „verweigern"[221] und sich ausschließlich auf den Wortlaut der bestehenden gesetzlichen Normen zurückziehen. Auch ein solches Unterlassen jeglicher Rechtsfortbildung durch die Fachgerichte kann an verfassungsrechtliche Grenzen stoßen[222].

Laut Rechtsprechung des Bundesverfassungsgerichts[223] ist das, was durch Gesetz offengelassen wurde, durch Richterrecht auszufüllen. Diese Aufgabe sei nicht gleichbedeutend mit derjenigen einer unvermittelten einzelfallbezogenen Güter- und Interessenabwägung. Eine solche verwirkliche zwar in besonderem Maße Einzelfallgerechtigkeit. Sie könne jedoch die Rechtsfindung nicht normativ leiten. Dies sei jedoch Aufgabe der Gesetze und des erkennenden Richterrechts. Auch vermöge die Einzelfallentscheidung nicht dem Gebot der Berechenbarkeit des Rechts, der Rechtsklarheit und der Rechtssicherheit gerecht zu werden. Aus diesen Erwägungen leitete das Bundesverfassungsgericht in seiner Rechtsprechung eine grundrechtliche Verpflichtung der Gerichte zur Rechtsfortbildung ab.

Diesen Grundsatz konkretisiert die Entscheidung des Bundesverfassungsgerichts zur Sittenwidrigkeit der Verpflichtung einkommens- und vermögensloser Bürgen vom 19. Oktober 1993[224]. Trotz einer steigenden Verwendung von Sicherheiten in Form von Bürgschaften, die durch die Banken verlangt wurden, war der Bundesgerichtshof durch seine Rechtsprechung in keiner Weise tätig geworden, um diesen neuen Problemlagen durch eine Fortbildung bestehenden Rechts gerecht zu werden. Das Bundesverfassungsgericht kritisierte, daß das Gericht auch seine Aufgabe verkannt habe, einen Grundrechtsschutz durch eine Rechtsfortbildung im Rahmen der zivilrechtlichen Generalklauseln zu gewährleisten. Hier sei es auch Aufgabe

---

220 *Rüthers,* FS für Molitor, S. 293 ff.; *Kirchhoff,* FS der Universität Heidelberg; S. 11 ff.; *Gusy,* DÖV 1992, 461 ff.; *Hillgruber,* JZ 1996, 118 f.; *Sendler,* DVBl. 1988, 828 ff..

221 Zum Begriff der „verweigerten" Rechtsfortbildung siehe auch *Berkemann,* KritV 1988, 29 (39 f.).

222 Zu diesem Spannungsfeld auch *Serick,* FS Universität Heidelberg, S. 261 ff.

223 BVerfG vom 25. Januar 1984 E 66, 116 (138).

224 BVerfG vom 19. Oktober 1993 E 89, 214 ff. – Bürgschaft.

der Gerichte, durch Rechtsfortbildung einen Schutz des unterlegenen Vertragspartners zu leisten.

Eine grundrechtliche Verpflichtung zur Rechtsfortbildung nahm das Bundesverfassungsgericht auch im Hinblick auf Vorlagen nach Art. 100 GG an, wenn das Fachgericht im Rahmen des geltenden Rechts jegliche Rechtsfortbildung vermieden hatte[225]. Das Bundesverfassungsgericht urteilte, daß die Fachgerichte allein durch die Möglichkeit der Vorlage an das Bundesverfassungsgericht nicht jeglicher Verpflichtung entbunden seien, die Möglichkeiten einer Rechtsfortbildung zu erwägen. Vielmehr sei es Aufgabe der Fachgerichte, zumindest zu fragen, welche Möglichkeiten der Rechtsfortbildung unterhalb der Vorlage an das Bundesverfassungsgericht bestehen. Das Fachgericht hätte daher zumindest diese Möglichkeiten prüfen müssen und durfte Überlegungen zur Zulässigkeit einer Rechtsfortbildung nicht mit einem Verweis auf Art. 100 GG meiden.

Einen Fall unzureichender Rechtsfortbildung sah das Bundesverfassungsgericht unter anderem auch in einer Entscheidung zur gewerblichen Zwischenvermietung[226]. Der Bundesgerichtshof hatte entschieden, daß sich nach den Regeln der §§ 564b, 556a BGB kein Mieterschutz ergebe, wenn der Mietvertrag nicht unmittelbar zwischen Eigentümer und Mieter, sondern über einen gewerblichen Zwischenmieter bestand[227]. Kündigte der Eigentümer das Zwischenmietverhältnis und infolge dessen der Zwischenmieter das Mietverhältnis, so griff nach der Rechtsprechung des Bundesgerichtshofs kein gesetzlicher Mieterschutz. Der Bundesgerichtshof bejahte zwar das Vorliegen einer planwidrigen Regelungslücke, sah Möglichkeiten für den Schutz des Mieters jedoch nur dann, wenn dem Mieter die tatsächlichen Eigentumsverhältnisse unbekannt blieben.

Nach Ansicht des Bundesverfassungsgerichts hatte der Bundesgerichtshof die Möglichkeiten der Rechtsfortbildung nicht ausgeschöpft. Allein rechtstechnische und rechtsdogmatische Schwierigkeiten reichten als Argument nicht hin, um eine Rechtsfortbildung abzulehnen. Das Bundesverfassungsgericht sah durch diese Rechtsprechung den Gleichheitssatz des Art. 3 Abs. 1 GG verletzt. Vergleiche man die Interessenlage des Eigentümers und des Mieters einerseits in einem geschützten Mietverhältnis und andererseits in einem zweistufigen Mietverhältnis bei Einschaltung eines gewerblichen Zwischenmieters, so werde deutlich, daß es für die Schlechterstellung des Mieters im zweiten Fall keinen vernünftigen Grund geben könne.

Die Einforderung eines durch das Bundesverfassungsgericht konstatierten Mindestmaßes an richterlicher Rechtsfortbildung scheint grundrechtlich geboten. Da Art. 20 Abs. 3 GG bestimmt, daß die Rechtsprechung an Gesetz und Recht gebunden ist, sind die Gerichte gefordert, gesellschaftliche Entwicklungen in einen

225 BVerfG vom 12. Februar 1992 E 85, 329 ff.

226 BVerfG vom 11. Juni 1991 E 84, 197 ff.

227 BGH vom 21. 4. 1982 Z 84, 90 (97).

rechtlichen Rahmen einzubinden und hierfür eine Lösung zu finden. Aus dieser Grundrechtsbindung leitet sich ab, daß es nicht im gänzlichen Belieben der Gerichte steht, sich für oder gegen eine Rechtsfortbildung zu entscheiden. Im Rahmen ihres breiten Beurteilungsspielraums müssen sie versuchen, eine Lösung auftretender Rechtsprobleme zu finden. Wie die Ausgestaltung dieser Rechtsfortbildung aussieht, liegt weitgehend in der Kompetenz der Fachgerichte, sofern deren Maßnahmen nicht gänzlich ungeeignet sind, einen effektiven Grundrechtsschutz zu gewährleisten. Aus dem grundrechtlichen Untermaßverbot ergibt sich jedoch zumindest, daß die Gerichte eine Rechtsfortbildung nicht in jedem Fall mit dem Verweis auf die Kompetenzen des Gesetzgebers ablehnen können.

(1) Rechtsfortbildung bei Fehlen einfachgesetzlicher Vorschriften

Eine besondere Verpflichtung zur Rechtsfortbildung muß im Hinblick auf einen Grundrechtsschutz dann vorliegen, wenn der Gesetzgeber seiner Aufgabe, regulierende Normen zu setzen, nicht oder lediglich höchst unvollständig nachkommt. Gerade dann sind Fachgerichte gefordert, durch eine verfassungskonforme Auslegung einfachgesetzlicher Normen das Recht so fortzuentwickeln, daß eine Antwort auf gesellschaftliche Entwicklungen gefunden werden kann. Die Fachgerichte können in solchen Fällen Entscheidungen nicht gänzlich verweigern[228].

Diese Verpflichtung ergibt sich insbesondere im Bereich des individuellen Arbeitsrechts. Nach über einhundert Jahren gescheiterter Kodifikationsbemühungen für ein Arbeitsvertragsgesetz ergibt sich für die arbeitsgerichtliche Rechtsprechung ein erheblicher Bereich, in dem sie durch Rechtsfortbildung neuen gesellschaftlichen Entwicklungen gerecht werden muß. Richterliche Rechtsfortbildung prägt auch bereits einen erheblichen Teil neuerer Grundsätze im Arbeitsrecht. Gerade im Arbeitsverhältnisrecht, in dem es dem Gesetzgeber nicht gelungen ist, eine Kodifikation durchzusetzen, besteht ein Bedürfnis für richterliche Rechtsfortbildung[229]. Sie hat wegen des Zurückbleibens des Arbeitsrechts hinter der sozialen Entwicklung besonderes Gewicht[230]. Zwar gilt dies nicht im gesamten Individualarbeitsrecht. In Einzelbereichen, wie dem Beschäftigungsförderungsgesetz, dem Gesetz zur Verbesserung der betrieblichen Altersversorgung, dem Bundesurlaubsgesetz oder zuletzt der Neufassung des Kündigungsschutzgesetzes, sind durchaus gesetzliche Kodifikationen gelungen. In diesen Bereichen ist demzufolge mit dem Instrument der richterlichen Rechtsfortbildung zurückhaltender umzugehen als in jenen Bereichen, in denen eine Kodifikation gänzlich ausgeblieben ist[231].

---

228 *Griebeling*, Der Arbeitnehmerbegriff und das Problem der „Scheinselbständigkeit", RdA 1998, 208 (209).

229 *Preis*, RdA 1989, 327 (334).

230 BVerfG vom 14. Februar 1973 E 34, 269; BVerfG vom 8. April 1987 E 75, 223 (243).

231 *Preis*, RdA 1989, 327 (334).

Die Regelungslücken haben sich durch das Scheitern der letzten Kodifikationsversuche 1977 und 1992 weiter vergrößert. Gerade vor diesem Hintergrund ist die richterliche Rechtsfortbildung im individuellen Arbeitsrecht von wesentlicher Bedeutung.

Insbesondere in diesen Bereichen ist es Aufgabe der Fachgerichte, Regelungslücken oder Wertungswidersprüche, die sich durch neue gesellschaftliche Entwicklungen ergeben, durch gesetzesimmanente Rechtsfortbildung zu schließen.

Da der Gesetzgeber in diesem Bereich mit großer Kontinuität seinen Verpflichtungen zur Kodifikation des Arbeitsrechts nicht nachkommt, ist es Aufgabe der Rechtsprechung, stattdessen tätig zu werden. Welche Lösungswege die arbeitsgerichtliche Rechtsprechung hierbei wählt, entscheidet sie selbst. Grundrechtlich verpflichtet ist sie nur insoweit, als daß sie bestehendes Recht soweit fortbildet, daß Antworten auf neue Problemlagen nicht ganz ausbleiben und diese Antworten nicht gänzlich ungeeignet sind, einen Schutz der Rechtspositionen der Vertragspartner zu gewährleisten.

(2) Rechtsfortbildung bei grundrechtlichen Schutzpflichten

Ebenfalls eine besondere Verpflichtung der Gerichte zur Rechtsfortbildung besteht beim Eingreifen der Grundrechte in Form von Schutzpflichten[232]. Hernach ist bei Vorschriften, die grundrechtliche Schutzpflichten erfüllen sollen, das maßgebende Grundrecht dann verletzt, wenn ihre Auslegung und Anwendung den vom Grundrecht vorgezeichneten Schutzzweck grundlegend verfehlt. In einem solchen Fall wären die Fachgerichte daher besonders grundrechtlich verpflichtet, die bestehenden Normen durch Rechtsfortbildung so fortzuentwickeln, daß ein effektiver Grundrechtsschutz der Grundrechtsträger gewährleistet werden kann.

Daß an die grundrechtliche Verpflichtung der Gerichte zur Rechtsfortbildung hohe Anforderungen zu stellen sind, erscheint überzeugend. Insbesondere bei der Wirkungsweise der Grundrechte als staatliche Schutzpflichten kann deren Umsetzung nur dann gewährleistet werden, wenn die staatlichen Gewalten diesem Schutzauftrag auch tatsächlich nachkommen. Daher haben die Fachgerichte bei der Anwendung einfachgesetzlicher Normen besonders zu prüfen, ob eine Gewährung eines Grundrechtsschutzes durch Rechtsfortbildung in Betracht kommen kann.

cc) Anwendung auf den Schutz abhängiger Selbständiger

Wendet man diese Grundsätze der Verpflichtung zur Rechtsfortbildung auf den Schutz abhängiger Selbständiger, so ergibt sich, daß die Rechtsprechung eine Rechtsfortbildung zumindest nicht gänzlich verweigern kann.

---

232 BVerfG vom 16. November 1993 E 89, 276 ff.

Eine Verpflichtung der Gerichte, eine Rechtsfortbildung vorzunehmen, ergibt sich hierbei aus dem grundrechtlichen Untermaßverbot. Die Gerichte haben die grundrechtliche Verpflichtung, das bestehende Recht insoweit fortzubilden, daß abhängige Selbständige nicht gänzlich schutzlos gestellt bleiben. Dies ist durch die bestehende Rechtsprechung nicht gesichert. Der Arbeitnehmerbegriff des Bundesarbeitsgerichts ist nicht geeignet, neue Beschäftigungsformen rechtlich aufzunehmen und ebensowenig wird ein hinreichender materiellrechtlicher Schutz durch die Anwendung des Begriffs der arbeitnehmerähnlichen Person gewährt. Fehlt es jedoch nach der jetzigem Rechtsprechung an jedwedem Schutz abhängiger Selbständiger, so können sich die Gerichte nicht ausschließlich auf die bestehende Rechtsprechung zurückziehen. Stattdessen sind sie grundrechtlich verpflichtet, zumindest die Möglichkeiten einer Rechtsfortbildung zu prüfen und hierbei eine Lösung dieses arbeitsmarktpolitischen Problems zu suchen, die abhängigen Selbständigen zumindest einen gewissen Schutz gewährt. Welchen Weg die Gerichte hierbei wählen, obliegt ihrem weiten Beurteilungsspielraum. Grundrechtlich erforderlich ist jedoch, daß sie zumindest rechtliche Lösungsmodelle erwägen, mit denen der mißlichen arbeitsrechtlichen Situation abhängiger Selbständiger abgeholfen werden kann.

Diese Verpflichtung besteht insbesondere, weil aktuelle gesetzlicher Regelungen im Bereich des individuellen Arbeitsrechts fehlen. Gerade im Hinblick auf das regelmäßige Scheitern der Verabschiedung eines Arbeitsvertragsgesetzes kann ein Verweis auf das geltende Recht nicht zufriedenstellen. Vielmehr verpflichtet gerade dieses Versagen des Gesetzgebers die Gerichte, durch Rechtsfortbildung das Ausbleiben gesetzlicher Regelungen zumindest insoweit zu kompensieren, als daß ein Mindestschutz abhängiger Selbständiger gewährt werden kann.

Das gilt auch, da sich eine solche Verpflichtung aus der Wirkungsweise des Art. 12 Abs. 1 GG als Schutzpflicht ergibt. Es erschiene kaum konsequent, eine solche grundrechtliche Schutzpflicht zum Schutz abhängiger Selbständiger zu konstatieren, um im Nachgang hierzu eine Verpflichtung zur Umsetzung durch die staatlichen Gewalten zu verneinen. Auch aus diesem Grunde sind daher die Fachgerichte grundrechtlich gefordert, eine Rechtsfortbildung zum Schutz abhängiger Selbständiger zu betreiben.

Diese Verpflichtung zur Rechtsfortbildung ist methodisch weiter zu konkretisieren, damit eine Umsetzung dieser allgemeinen Grundsätze im Bereich des Schutzes abhängiger Selbständiger möglich ist. Daher ist im folgenden zu erörtern, welche zivil- und arbeitsrechtlichen Ansatzpunkte geeignet sein können, einen Rahmen für eine Rechtsfortbildung zum Schutz abhängiger Selbständiger zu schaffen.

IV. Konkretisierung der Inhaltskontrolle

Das Problem fehlender Konkretisierung verfassungsrechtlicher Vorgaben greift zum Teil auch die Kritik an den Entscheidungen des Bundesverfassungsgerichts auf. Gegen eine Inhaltskontrolle bei vertraglichen Disparitäten richtet sich die Kritik, die Kriterien des Bundesverfassungsgericht seien unhandhabbar. Dadurch würde eine erhebliche Rechtsunsicherheit geschaffen[233]. Es wird argumentiert, die von den Gerichten verfassungsrechtlich geforderte Inhaltskontrolle von ungleichgewichtigen Verträgen gehe zu Lasten der Rechtssicherheit[234]. Die vom Bundesverfassungsgericht eingeführte Rechtsfigur eines Untermaßverbotes sei zu konturlos[235].

Das ist zutreffend, da mit den grundrechtlichen Wertungen des Bundesverfassungsrechts konkrete zivilrechtsdogmatische Fragen noch nicht beantwortet sind[236]. Das gilt auch, wenn die Grundrechte in ihrer Form als Schutzpflichten zur Geltung kommen. Die Erfüllung einer Schutzpflicht läßt sich allein aus den Grundrechten nicht hinreichend präzise bestimmen. Sie bedarf der Umsetzung durch Gesetz[237] oder, sofern der Gesetzgeber spezialgesetzlich nicht oder nicht ausreichend tätig wird, durch die Gerichtsbarkeit im Rahmen der zivilrechtlichen Generalklauseln. Offengeblieben ist damit die Frage, wie im einzelnen diese Inhaltskontrolle zu erfolgen hat[238].

Die Voraussetzungen einer Inhaltskontrolle weiter zu konkretisieren, ist Aufgabe des Zivil- bzw. Arbeitsrechts[239]. Diese Konkretisierung hat in dreierlei Hinsicht zu erfolgen. Zunächst ist zu klären, welche methodischen Ansätze gewählt werden können, um die Einhaltung des grundrechtlichen Untermaßverbots zu gewährleisten. Weiterhin ist zu fragen, in welche Bereiche des Vertrages eine Inhaltskontrolle hineinreichen kann. Schließlich bleibt zu prüfen, welche Rechtsfolgen eine Inhaltskontrolle von Verträgen nach sich ziehen kann.

1. Methodische Konkretisierung

Zunächst ist nach den geeigneten Methoden im Rahmen der Rechtsfortbildung zu fragen, die zur Einhaltung des grundrechtlichen Untermaßverbots geeignet sind.

---

233 *Adomeit,* NJW 1994, 2467; *Loritz,* DNotZ 1994, 543.

234 *Westphalen,* MDR 1994, 5 (8); *Hesse/Kaufmann,* JZ 1996, 219 (223); *Rittner,* NJW 1994, 3330 (3331).

235 *Dietlein,* ZG 1995, 131 (132 f.).

236 *Preis*, Grundfragen der Vertragsgestaltung im Arbeitsrecht, S. 46; *Dieterich,* RdA 1995, 129 (133).

237 *Isensee,* Handbuch des Staatsrechts V, Rdnr. 8 zu § 111.

238 *Coester-Waltjen,* Jura 1995, 26 (27).

239 *Frank,* JuS 1996, 389 (392); *Wiedemann,* JZ 1994, 411 (412); *Preis/Rolfs,* DB 1994, 261 (266); *Dieterich,* NZA 1996, 673 (675).

a) *Verfassungskonforme Auslegung insbesondere der Generalklauseln*

Die Schutzfunktion der Grundrechte kann durch verfassungskonforme Auslegung zur Geltung gebracht werden[240].

Eine Inhaltskontrolle von Verträgen kann daher zum einen an der verfassungskonformen Auslegung der zivilrechtlichen Generalklauseln erfolgen[241]. Sie gelten als „Einfallstore" für die grundrechtlichen Wertungen. Insbesondere die §§ 138, 242 BGB ermächtigen zu Korrekturen eines vertraglichen Ungleichgewichts im Einzelfall[242]. Die zivilrechtlichen Generalklauseln der §§ 138, 242 BGB sind eine Möglichkeit, die Schutzgebote der Grundrechte umzusetzen. Sie erfüllen damit die Funktion der Wertverdeutlichung und Lückenfüllung[243].

Anhand der Generalklauseln sind deshalb allgemeine Rechtssätze zu entwickeln, die den abhängigen Selbständigen zumindest ein Mindestmaß an sozialer Sicherung gewähren.

b) *Verfassungsrechtlich gebotene Analogien*

Das Einhalten des Untermaßverbotes ist jedoch nicht ausschließlich über die verfassungskonforme Auslegung der Generalklauseln zu gewährleisten. Entsprechend der verfassungskonformen Auslegung gibt es die verfassungsrechtlich gebotene Analogie[244]. Über den lückenfüllenden Charakter der Generalklauseln kommen stattdessen auch die tatbestandlich präzisen Normen in Betracht, um den staatlichen Schutzpflichten zur Geltung zu verhelfen. Da sie ebenso grundrechtsschützenden Charakter haben, können sie generell als Basis für eine Analogiebildung in Betracht kommen[245]. Ein Mindestschutz der abhängigen Selbständigen kann daher durch die analoge Anwendung zivil- und arbeitsrechtlicher Normen bewerkstelligt werden, sofern diese für eine Analogiebildung in Betracht kommen können. Hier ist insoweit *Adomeit* zuzustimmen, der in einer Besprechung der Bürgschaftsentscheidung betonte, der Schutzbedürftigkeit des unterlegenen Vertragspartners könne in einzelnen Bereichen, wie bei der arbeitnehmerähnlichen Person, durch Analogiebildung Rechnung getragen werden[246].

---

240 *Höfling,* Vertragsfreiheit, S. 55.

241 BVerfG vom 15. Januar 1958 E 7, 198 (204 f.) – Lüth; Honsell, NJW 1994, 565 (566).

242 *Rittner,* AcP 188, 101 (135).

243 *Pietzcker,* FS *Dürig,* 345 (363).

244 BVerfG vom 3. Februar 1982 E 60, 96.

245 Vgl. *Canaris,* JuS 1989, 161 (163); weitergehend *Stern,* Staatsrecht III 1, S. 1595, der ausführt, die richterliche Lückenschließung könne bei ausgeprägte, strukturellem Ungleichgewicht bis zum unmittelbaren Rückgriff auf die Grundrechtsnormen im Falle gesetzgeberischer Untätigkeit reichen.

246 *Adomeit,* NJW 1994, 2467 (2468).

2. Hauptleistungspflichten

Die Inhaltskontrolle könnte sich sowohl auf die Haupt- als auch auf die Nebenleistungspflichten beziehen. Ob die Inhaltskontrolle von Verträgen auch Hauptleistungspflichten umfassen kann, ist umstritten.

a) Keine Kontrolle von Hauptleistungspflichten

Anknüpfend an *Zöllner*[247] schlägt *Fastrich*[248] vor, zwischen den Hautpbedingungen und den sonstigen Arbeitsbedingungen für die Frage der Zulässigkeit einer Inhaltskontrolle zu unterscheiden. Hiernach sei die Abschluß- und Partnerwahl ebensowenig Bestandteil der Inhaltskontrolle wie die Entgeltkontrolle. Von der Inhaltskontrolle umfaßt sind hiernach nur die sonstigen Arbeitsvertragsmodalitäten. Insbesondere eine Entgeltkontrolle scheidet nach Ansicht *Fastrichs* aus. Dies sei darin begründet, daß eine Richtigkeitsgewähr der Tarifverträge mit Hilfe der Tarifverhandlungen gewährleistet sei. Durch eine Entgeltkontrolle würde in den Kernbereich der Tarifautonomie eingegriffen.

b) Stellungnahme

Eine solche Wertung lehnt sich weitgehend an die Vorschrift des § 8 AGBG an. § 8 AGB-Gesetz nimmt die vertraglichen Hauptleistungspflichten ausdrücklich von der Vertragskontrolle aus und beschränkt die Inhaltskontrolle auf den Bereich der Nebenleistungspflichten und sonstigen Vertragsmodalitäten. Die Anknüpfung an § 8 AGBG gibt jedoch auch bereits einen Anhaltspunkt dafür, wie in der Frage der Inhaltskontrolle von Hauptleistungspflichten zu verfahren ist. In seiner Entscheidung vom 19. Oktober 1993 hat das Bundesverfassungsgericht die Hauptleistungspflichten einer vertraglichen Kontrolle unterzogen[249]. Dies ist darin begründet, daß es als einfachgesetzliche Norm § 138 Abs. 1 BGB geprüft hat, der ausdrücklich die Frage der Hauptleistungspflichten miteinbezieht. Die Wertungen einer inhaltlichen Kontrolle von Verträgen wurden in diesem Fall über § 138 Abs. 1 BGB angewandt.

Ein genereller Ausschluß der Hauptleistungsbedingungen von einer Inhaltskontrolle, wie ihn *Zöllner* und *Fastrich* vorschlagen, ist bei einer Anwendung des Grundsatzes der Ausstrahlungswirkung der Grundrechte als Grundlage der Inhaltskontrolle daher nicht haltbar.

---

247 *Zöllner,* AcP 176, 221 (224).

248 *Fastrich,* Richterliche Inhaltskontrolle, S. 185 f.; *Fastrich,* RdA 1997, 65 (76).

249 BVerfG vom 19. Oktober 1993 E 89, 214 ff.

Sofern die grundrechtlichen Wertungen über die zivilrechtlichen Generalklauseln wirken, muß es statt dessen auf die Generalklauseln selbst ankommen, wenn geklärt werden soll, ob die Inhaltskontrolle auch für Hauptleistungspflichten gelten kann oder nicht. Wenn etwa § 138 BGB die Hauptleistungspflichten selbst in seinen Prüfungsmaßstab einbezieht, so können diese bei einer Prüfung des § 138 BGB nicht grundsätzlich von einer Inhaltskontrolle ausgeschlossen werden.

Fastrich kann auch insofern nur bedingt gefolgt werden als die abhängigen Selbständigen gerade nicht als Arbeitnehmer einzuordnen sind und daher in der Regel nicht dem Geltungsbereich des Tarifvertrages unterworfen sind, sofern die Tarifvertragsparteien nicht von der Möglichkeit des § 12 a TVG Gebrauch gemacht haben[250]. Die korrigierende Funktion des Tarifvertrages kann hier daher nicht eingreifen.

Fastrich ist insofern beizupflichten als an die Inhaltskontrolle von Hauptleistungspflichten besonders hohe Anforderungen zu stellen sind. Er verweist die Gerichtsbarkeit selbst auf die §§ 134, 138 BGB[251]. Da es sich bei einer Kontrolle der Hauptleistungspflichten um den gravierendsten Eingriff in die privatautonome Vertragsgestaltung handelt, kann ein Eingreifen in die Hauptleistungspflichten nur dann möglich sein, wenn hierin die einzige Möglichkeit zur Wahrung der Vertragsfreiheit des unterlegenen Vertragspartners gesehen werden muß.

Dies läßt sich jedoch auch bereits aus dem hier beispielhaft angeführten § 138 BGB ableiten. Erst bei einer starken Übervorteilung des unterlegenen Vertragspartners soll § 138 BGB eingreifen. Die Marge des § 138 BGB soll daher als allgemeiner Anhaltspunkt dafür gelten, wann ein Eingriff in die Hauptleistungspflichten legitim erscheinen kann. Hier ist ein ähnliches Stufenverhältnis zu sehen wie zwischen § 242 BGB und § 138 BGB: Während ein Verstoß gegen Treu und Glauben bereits bei einem grob „unbilligen" Vertragsabschluß in Erwägung zu ziehen ist, kann eine Inhaltskontrolle von Verträgen anhand § 138 BGB lediglich bei einem ungewöhnlich groben Verstoß gegen die „guten Sitten" in Betracht kommen. Für die Kontrolle von Hauptleistungspflichten sind daher jene Anforderungen zu stellen, die durch einfachgesetzliche Vorgaben geregelt sind. Findet eine Inhaltskontrolle von Verträgen im Zivilrecht anhand des § 8 AGB-Gesetz statt, so ist eine Kontrolle von Hauptleistungspflichten nicht denkbar. Kommen jedoch z. B. die zivilrechtlichen Generalklauseln der §§ 138, 242 BGB zur Anwendung, so hat eine Kontrolle von Hauptleistungspflichten sich an ihrem Prüfungsmaßstab zu orientieren. Ein Ausschluß einer Inhaltskontrolle von Hauptleistungspflichten würde dagegen der einfachgesetzlichen Norm widersprechen.

---

250 Zum praktischen Anwendungsbereich des § 12 a TVG vergleiche S. 97 ff.

251 *Fastrich*, Richterliche Inhaltskontrolle, S. 186.

3. Rechtsfolgen

Unter dem gleichen Gesichtspunkt ist die Frage der Rechtsfolgen einer Inhaltskontrolle von Verträgen zu betrachten. Als einzig mögliche Rechtsfolge einer Inhaltskontrolle von Verträgen wird zum Teil deren Unwirksamkeit gesehen[252]. Die Inhaltskontrolle kommt damit einer Wirksamkeitskontrolle gleich.

Alternativ dazu wäre es möglich, den Vertrag dort zu korrigieren, wo er nicht den grundrechtlichen Mindestanforderungen entspricht, anstatt das gesamte Vertragswerk für ungültig zu erklären. Das Bundesarbeitsgericht neigt bei der Billigkeitskontrolle von Verträgen dazu, die unzulässigen Bestandteile einer Vertragsklausel entweder für teilnichtig zu erklären oder Klauseln zu reduzieren, die eine übermäßige Bindung der Vertragsparteien nach sich ziehen. In seinem Urteil vom 16. 3. 1994 hat das Bundesarbeitsgericht an seine diesbezügliche Rechtsprechung angeknüpft, als es die Rückzahlung der Ausbildungsbeihilfe auf ein Jahr reduziert hat. An diesem Verfahren wird kritisiert, daß es den Arbeitgeber davon entbindet, selbst für eine angemessene und transparente Vertragsgestaltung zu sorgen[253].

Ebenso wie in der Frage der Inhaltskontrolle der Hauptleistungspflichten von Verträgen ist jedoch zur Rechtsfolge festzuhalten, daß eine generelle Antwort sich nicht direkt aus den Grundrechten ableitet. Auch hier ist ausschlaggebend, wie die einfachgesetzliche Norm die Rechtsfolge bestimmt.

Ist § 138 BGB einschlägig, so ist, sofern nicht Anzeichen dagegen sprechen, nach § 139 BGB der gesamte Vertrag nichtig. Ist jedoch eine Prüfung nach § 242 BGB einschlägig, so ist es möglich, bei der Inhaltskontrolle nach den gleichen Grundsätzen wie im Falle des Wegfalls der Geschäftsgrundlage zu verfahren: Sofern dies möglich ist, ist der Vertrag anzupassen. Erst wenn dies nicht möglich oder erfolgversprechend erscheint, ist der Vertrag als nichtig zu betrachten.

Weiterhin ist anzuführen, daß den abhängigen Selbständigen durch die Nichtigkeit oder Teilnichtigkeit ihres Vertrages kaum gedient wäre, denn diese machen nicht die übermäßige Bindung durch den Vertrag, sondern das Fehlen eines Mindestschutzes durch den Vertrag geltend. Insofern kann auch hier die Funktion des Über- und Untermaßverbotes als Anhaltspunkt dienen: Bei einem Verstoß gegen das Übermaßverbot kann eher die Teil- oder Gesamtnichtigkeit zu prüfen sein. Liegt dagegen ein Verstoß gegen das grundrechtliche Untermaßverbot vor, so ist in erster Linie die Frage einer Vertragskorrektur zu erörtern.

---

252 *Fastrich,* Richterliche Inhaltskontrolle, S. 327 ff.; MünchHandB-*Richardi,* § 14 Rdnr. 53; *Preis,* Grundfragen der Vertragsgestaltung, S. 343 ff.; *Preis / Stoffels,* ZHR 160, 442 (491); *Wolf,* RdA 1988, 276.

253 *Preis,* Grundfragen, S. 345.

4. Zwischenergebnis

Eine einfachgesetzliche Inhaltskontrolle von Verträgen im Zivilrecht kann sowohl durch eine verfassungskonforme Auslegung insbesondere der Generalklauseln als auch durch eine analoge Anwendung zivilrechtlicher Normen erfolgen. Ob die Inhaltskontrolle sich auf die Hauptleistungspflichten erstrecken kann, hängt davon ab, welche Kontrolle nach der einfachgesetzlichen Norm möglich ist. Gleiches gilt für die Rechtsfolge einer Inhaltskontrolle von Verträgen. Auch hier bestimmt die in der einfachgesetzlichen Norm geregelte Rechtsfolge, welche Konsequenzen die Inhaltskontrolle des Vertrages nach sich zieht.

V. Ergebnis

Der Gedanke einer Inhaltskontrolle von Verträgen geht auf *Schmidt-Rimpler* zurück. Er geht davon aus, daß in Ausnahmefällen die Richtigkeitsgewähr eines privatrechtlichen Vertrages nicht gegeben ist. Das ist dann der Fall, wenn das Machtgefälle zwischen den beiden Vertragsparteien so stark ausgeprägt ist, daß der unterlegene Vertragspartner in die Vertragsgestaltung nicht eingreifen konnte.

Dieser Gedanke hat im Verbraucherschutz seine Verankerung in den §§ 8 ff. AGB-Gesetz gefunden.

Für das Arbeitsrecht findet der Gedanke der Inhaltskontrolle ein grundrechtliches Fundament in der Ausstrahlungswirkung des Art. 12 Abs. 1 GG. In seiner Schutzfunktion gewährt er zur Ausübung von Grundrechten einen Anspruch auf hoheitliche Maßnahmen. Das gilt insbesondere beim Schutz strukturell unterlegener Vertragspartner. Das grundrechtliche Untermaßverbot konkretisiert jedoch die grundrechtlichen Schutzpflichten des Art. 12 Abs. 1 GG dahin, daß der Staat lediglich ein Mindestmaß an Grundrechtsausübung gewähren muß. Ein umfassender Schutz des unterlegenen Vertragspartners läßt sich aus Art. 12 Abs. 1 GG nicht ableiten.

Für die abhängigen Selbständigen heißt das, daß der Staat dann zum Einschreiten verpflichtet ist, wenn der Dienst- oder Werkvertrag so ausgestaltet ist, daß die abhängigen Selbständigen erkennbar in den Vertrag ihre eigenen Vorstellungen nicht oder nicht in ausreichendem Maße einbringen konnten. In solchen Fällen ist ein Korrektur der Verträge durch eine Inhaltskontrolle möglich.

Sie kann richterrechtlich durch die verfassungskonforme Auslegung der zivilrechtlichen Generalklauseln oder durch die analoge Anwendung arbeitsrechtlicher Vorschriften erfolgen.

Ausgehend von diesem grundrechtlichen Rahmen gilt es, im folgenden Spielräume im geltenden Recht für einen angemessenen Schutz arbeitnehmerähnlicher Personen zu beschreiben sowie hieraus einen Vorschlag für einen verfassungskonformen grundrechtlichen Schutz arbeitnehmerähnlicher Personen herauszuarbeiten.

Kapitel 4

Anwendung arbeitsrechtlicher Schutzvorschriften auf arbeitnehmerähnliche Personen

Arbeitnehmerähnliche Personen dürfen aufgrund des grundrechtlichen Untermaßverbots nicht gänzlich schutzlos gestellt bleiben. Die ausschließliche Anwendung des Selbständigenrechts wird ihrer Situation nicht gerecht.

Daher ist zu untersuchen, welche Schutzrechte in vergleichbaren Situationen in Arbeitsverhältnissen gewährt werden und inwiefern die Anwendung dieser Grundsätze auf arbeitnehmerähnliche Personen geboten erscheinen kann.

Dies betrifft zunächst die beiden wichtigsten Bereiche des Arbeitsverhältnisses, das Entgelt und den Kündigungsschutz.

Ein weiteres Problemfeld im Zusammenhang mit der abhängigen Selbständigkeit ist der Übergang von der abhängigen in die selbständige Beschäftigung. In diesem Bereich könnte den ehemaligen Arbeitnehmern ein Widerrufsrecht einzuräumen sein.

Im Rahmen abhängiger Selbständigkeit findet ebenfalls die einseitige Abwälzung unternehmerischer Risiken statt, ohne daß entsprechende Chancen eingeräumt werden. Solche vertraglichen Abmachungen könnten gegen die guten Sitten verstoßen.

Auch im Hinblick auf getätigte Investitionen, die Arbeitszeit und Arbeitsschutzvorschriften ist zu überlegen, wann einzelvertragliche Abmachungen ihrem Inhalt nach gegen das grundrechtliche Untermaßverbot verstoßen.

A. Entgelthöhe

Ein Problem im Zusammenhang mit der Beschäftigung als abhängige Selbständige ist häufig die Vereinbarung der Entlohnung. Prekär wird diese Beschäftigungsform insbesondere dann, wenn das Vertragsverhältnis zu einem für den laufenden Lebensunterhalt unzureichenden Einkommen führt[1]. Eine Korrektur des vereinbarten Entgelts könnte denkbar sein, wenn dieses so niedrig liegt, daß von

1 *Grafe,* AuA 1997, 119 (120).

einem Einbringen der Vorstellungen des unterlegenen Vertragspartners nicht ausgegangen werden kann.

Um herauszuarbeiten, welche Grundsätze für arbeitnehmerähnliche Personen zur Gewähr eines angemessenen Entgelts gelten können, ist zunächst zu erörtern, wie die Rechtsprechung bei Arbeitnehmern gegebenenfalls eine Korrektur eines unangemessenen Entgelts vornimmt. Im Anschluß daran ist zu fragen, in welchem Umfang diese Rechtsprechung auch für die arbeitnehmerähnlichen Beschäftigten gelten kann.

Hierbei sind zwei verschiedene Ansatzpunkte denkbar. Zum einen könnte eine Korrektur des vereinbarten Entgelts aufgrund überbetrieblicher Rahmenbedingungen möglich sein. Hier könnte sich ein Entgeltgefälle im Hinblick auf die vergleichbaren Entgelttarife in Tarifverträgen ergeben. Zum anderen könnte bereits ein innerbetrieblicher Vergleich des Entgeltgefälles eine Korrektur der Entgeltvereinbarung nahelegen.

Da eine überbetriebliche Korrektur weitreichendere Folgen als eine innerbetriebliche Korrektur des Entgelts hätte, ist zunächst nach diesbezüglichen Ansatzpunkten zu fragen. Im Anschluß daran sind betriebliche Lösungsmodelle zu erörtern.

I. „Lohnwucher" nach § 138 Abs. 2 BGB bei Arbeitsverhältnissen

Im überbetrieblichen Bereich wird eine Korrektur der Entgeltvereinbarung bei sog. Lohnwucher vorgenommen. Bei Arbeitsverhältnissen wird eine unverhältnismäßig niedrige Entlohnung als „Lohnwucher" bezeichnet, zu deren rechtlicher Zulässigkeit Rechtsprechung und Literatur[2] einige Kriterien herausgearbeitet haben. Praktisch geworden ist die Frage der unverhältnismäßig geringen Bezahlung insbesondere im Bereich der Ausbildung[3] oder sogenannter Praktika[4] sowie bei ausländischen Arbeitnehmern[5]. Sie kommt aber ebenso in anderen Arbeitsverhältnissen vor[6].

---

2 Palandt-*Heinrichs,* BGB, Rdnr. 79 zu § 138; RGRK-*Krüger-Nieland,* BGB, Rdnr. 120 f. zu § 138.

3 ArbG Rheine vom 13. November 1991, NZA 1992, 413.

4 LAG Rheinland-Pfalz vom 8. Juni 1984, NZA 1986, 293.

5 BAG vom 11. Januar 1973, AP Nr. 30 zu § 138 BGB; ArbG Wetzlar vom 3. Mai 1995, AuR 1995, 475 f.

6 BAG vom 10. September 1959, AP Nr. 1 zu § 138 BGB; LAG Köln vom 24. Februar 1984, 9 Sa 1362/83 – n.v; LAG Bremen vom 3. 12. 1992, AiB 1993, 834 ff.

1. Sittenwidrigkeit nach § 138 Abs. 2 BGB

Ein Verstoß gegen § 138 Abs. 2 BGB kann nach der Rechtsprechung dann angenommen werden, wenn objektiv ein auffälliges Mißverhältnis zwischen Leistung und Gegenleistung vorliegt. Bei der Beurteilung, ob Leistung und Gegenleistung in einem auffälligen Mißverhältnis stehen, ist in aller Regel auf die Arbeitsleistung als solche, auf deren Dauer und Schwierigkeitsgrad, also auf die Arbeitsbedingungen schlechthin abzustellen[7]. Voraussetzung für das Vorliegen des Lohnwuchers nach § 138 Abs. 2 BGB ist weiterhin, daß der Wucherer unter Ausbeutung einer Zwangslage, der Unerfahrenheit, des Mangels an Urteilsvermögens oder der erheblichen Willensschwäche des anderen Vertragsteils handelt[8]. Liegt diese bewußte Ausnutzung jedoch nicht vor, so kann der Arbeitsvertrag noch wegen Verstoßes gegen die guten Sitten nach § 138 Abs. 1 BGB nichtig sein, wenn zu der Äquivalenzstörung zwischen Arbeitsleistung und Arbeitsgehalt Umstände hinzutreten, aufgrund derer das Arbeitsverhältnis nach Inhalt, Beweggrund und Zweck gegen die guten Sitten verstößt[9].

Die Grenze zur Sittenwidrigkeit ist nicht generell bei Unterschreitung des Tariflohns gegeben, kann jedoch unter anderem dann vorliegen, wenn das vereinbarte Entgelt weniger als die Hälfte des Tarifentgeltes beträgt[10]. Liegt ein Ausgleich dieser Unterschreitung des Tarifvertrages durch die Gewährung anderer Leistungen vor, so ist der Vertrag nicht sittenwidrig. Es ist daher auf die Umstände des Einzelfalls abzustellen.

2. § 139 BGB, Teilnichtigkeit

Weisen Arbeitsleistung und Arbeitsvergütung ein solch auffälliges Mißverhältnis auf, daß § 138 Abs. 2 oder § 138 Abs. 1 BGB erfüllt sind, so ist die von den Arbeitsvertragsparteien getroffene Entgeltvereinbarung als sogenannter Lohnwucher nichtig[11]. Das erstreckt sich jedoch nicht auf den Arbeitsvertrag als Ganzes, sondern lediglich auf die Vergütungsvereinbarung. Die Wirksamkeit des Arbeitsvertrages soll hierdurch entgegen dem Grundsatz des § 139 BGB nicht berührt werden[12] und die Grundsätze der ungerechtfertigten Bereicherung nicht zum Tragen kommen[13].

---

[7] BAG vom 19. September 1959, AP Nr. 1 zu § 138 BGB; BAG vom 11. Januar 1973, AP Nr. 30 zu § 138 BGB.

[8] *Schaub,* Arbeitsrechtshandbuch, § 35 I 3.

[9] BAG vom 10. September 1959, AP Nr. 1 zu § 138 BGB.

[10] LAG Bremen vom 3. 12. 1992, AiB 1993, 834 (835): Zahlung von 28% respektive 34% des Tariflohnes; LAG Düsseldorf vom 26. Januar 1984, 9 Sa 1362/83 – n.v: Vereinbarung eines Lohnes von 240,–DM netto für die Tätigkeit einer Friseurhilfskraft; ArbG Wesel vom 3. Mai 1995, AuR 1995, 475 (476).

[11] BAG vom 22. März 1989, 5 AZR 151/88 – n.v; BAG vom 4. Februar 1981, 2 AZR 963/78 – n.v.

3. § 612 Abs. 2 BGB, übliche Vergütung

Statt dessen soll für die Festlegung eines Entgelts § 612 Abs. 2 BGB eingreifen, nach dem dann die übliche Vergütung als vereinbart gilt, wenn die Höhe der Vergütung nicht bestimmt ist. Bei tarifgebundenen Parteien soll die übliche Vergütung der Tariflohn sein.

Dieser soll jedoch nicht automatisch bei nicht tarifgebundenen Arbeitnehmern Anwendung finden. Hier ist zunächst nach dem „Marktpreis" der Arbeit zu fragen. Als Anhaltspunkte sollen in erster Linie die betrieblichen Verhältnisse, die Entgeltsituation vergleichbarer Arbeitsverhältnisse und örtliche Besonderheiten sowie die Dauer und Schwierigkeit der Arbeitsleistung und die körperliche und geistige Belastung gelten[14]. Der Tariflohn ist lediglich dann als das übliche Entgelt anzusehen, wenn die Parteien nichts anderes vorgebracht haben, das eine andere Feststellung zulassen würde. Dann soll als letztmöglicher Anhaltspunkt der Tariflohn gelten[15].

4. Verfassungsrechtliche Aspekte

Das Arbeitsgericht Reutlingen[16] hat diese Grundsätze in einer jüngeren Entscheidung mit verfassungsrechtlichen Aspekten untermauert. Hiernach sollen Entgeltabreden auch nach der Verhandlungsstärke der beiden Vertragspartner beurteilt werden. Sind die Entgeltabreden aufgrund eines erheblichen Ungleichgewichts der Arbeitsvertragsparteien zustandegekommen, so sollen sie im Anschluß an die Rechtsprechung des Bundesverfassungsgerichts zur Wirksamkeit von Bürgschaften[17] unwirksam sein. Als Anhaltspunkt für das erhebliche Ungleichgewicht zwischen den Parteien nahm das Gericht den Inhalt des Arbeitsvertrages an. Durch verschiedene Regelungen habe sich die Arbeitgeberin einseitig begünstigt.

5. Kritik an der „Lohnwucher-Rechtsprechung"

Gegen die Lohnwucherrechtsprechung im Falle der Äquivalenzstörungen wendet sich die grundsätzliche Kritik von *Käßer*[18]. Der Arbeitnehmer bedürfe keines

---

12 LAG Rheinland-Pfalz vom 8. Juni 1984, NZA 1986, 293, LAG Düsseldorf vom 26. Januar 1984 4 Sa 1339/80 – n.v.; Schaub, Arbeitsrechtshandbuch, § 35 I 3.

13 BAG vom 10. März 1960, AP Nr. 2 zu § 138 BGB.

14 *Nägele,* BB 1997, 2162.

15 BAG vom 24. Juni 1965, AP Nr. 23 zu § 612 BGB; LAG Düsseldorf vom 23. August 1977, BB 1978, 256 (257).

16 ArbG Reutlingen vom 16. Januar 1996, AiB 1996, 499 ff. mit Anmerkung *Däubler.*

17 BVerfG vom 19. Oktober 1993 E 89, 214 ff.

18 *Käßer,* Das fehlerhafte Arbeitsverhältnis, S. 136.

Vertrauensschutzes, da er in der Regel wisse, daß das vereinbarte Entgelt unverhältnismäßig gering sei.

Diese Auffassung widerspricht jedoch nicht nur dem Wortlaut des § 138 BGB, der nach Absatz 2 einen Verstoß gegen die guten Sitten insbesondere im Falle der Ausbeutung einer Zwangslage oder ähnlicher Umstände annimmt. § 138 BGB selbst stellt also bereits auf die objektiven Umstände ab. *Käßers* Kritik negiert damit, daß die in § 138 Abs. 2 BGB genannten Grundsätze zu einer besonderen Schutzbedürftigkeit des einen Vertragspartners führen können, obgleich er sich in Kenntnis des Vertragsinhaltes vertraglich gebunden hat. Darüber hinaus ist die Kritik *Käßers* jedoch nicht vereinbar mit dem grundrechtlichen Gedanken des Untermaßverbotes. Dem Arbeitnehmer mag bewußt sein, daß die Vertragsbedingungen für ihn eine ungewöhnlich niedrige Entlohnung vorsehen. Er ist jedoch gerade nicht in der Lage, seine eigenen Ansprüche in den Vertrag einzubringen. Die Ansicht *Käßers* ist daher auch nicht mit den grundrechtlichen Wertungen des Untermaßverbotes vereinbar. Der Arbeitnehmer ist somit trotz Kenntnis der Entlohnung generell nach § 138 BGB schützenswert.

II. „Lohnwucher" bei arbeitnehmerähnlichen Personen

Die Grundsätze des Lohnwuchers für Arbeitnehmer könnten auch für arbeitnehmerähnliche Personen gelten. Das ist insbesondere im Hinblick darauf zu betrachten, daß die untertarifliche Beschäftigung von Arbeitnehmern nicht nur zivilrechtliche, sondern auch strafrechtliche Konsequenzen nach sich ziehen kann. Bei untertariflicher Entlohnung handelt es sich um strafbaren Wucher (§ 302 a StGB a.F.[19]), wenn ein auffälliges Mißverhältnis zwischen Arbeitsleistung und Entlohnung besteht[20].

Hat die untertarifliche Beschäftigung von Arbeitnehmern jedoch bereits strafrechtliche Konsequenzen, so scheint es um so dringlicher, bei einem auffälligen Mißverhältnis von Arbeitsleistung und Entlohnung bei arbeitnehmerähnlichen Personen zumindest zivilrechtliche Konsequenzen in Betracht zu ziehen.

1. §§ 138 Abs. 2, 612 Abs. 2 BGB

Es stellt sich die Frage, inwieweit die für die Arbeitnehmer entwickelten Grundsätze des „Lohnwuchers" auch auf arbeitnehmerähnliche Personen anzuwenden sind.

---

19 Geändert durch das sechste Gesetz zur Reform des Strafrechts vom 26. Januar 1998, BGBl. 1998 I, S. 164 ff.

20 BGH vom 22. 4. 1997, NJW 1997, 2689.

a) § 138 Abs. 2 BGB

Voraussetzung hierfür wäre zunächst, daß ein Dienst- oder Werkvertrag mit einem abhängig Selbständigen deshalb sittenwidrig und damit nichtig sein kann, weil die vertraglich vereinbarte Entlohnung äußerst gering ist. § 138 Abs. 2 BGB ist dann anzuwenden, wenn jemand sich oder einem Dritten Vermögensvorteile gewähren läßt, die in einem auffälligen Mißverhältnis zur Leistung stehen. Das kann generell gegeben sein, wenn die Entlohnung auffällig in keinem angemessenen Verhältnis zur Arbeitsleistung steht.

§ 138 Abs. 2 BGB nennt jedoch noch weitere Voraussetzungen, die erfüllt sein müssen, damit eine Sittenwidrigkeit nach den Wuchervorschriften angenommen werden kann. Hierunter sollen die Ausbeutung einer Zwangslage, der Unerfahrenheit und des Urteilsvermögens oder die erhebliche Willensschwäche fallen. Ob jedoch bereits eine Situation wie die Arbeitslosigkeit des zu Beschäftigenden als Notlage einzustufen ist, erscheint fraglich. Sicherlich sind Situationen denkbar, in denen die Unerfahrenheit des Auftragnehmers durch den Auftraggeber bewußt ausgenutzt wird. Gängiger dürfte jedoch eine Ausnutzung der wirtschaftlichen Machtstellung sein, ohne daß der Auftraggeber darüber hinaus die besonders hohen Anforderungen des § 138 Abs. 2 BGB erfüllt.

Die Sittenwidrigkeit des Vertrages könnte daher entgegen der Rechtsprechung, die den „Lohnwucher" unter § 138 Abs. 2 BGB subsumiert, zumeist nach § 138 Abs. 1 BGB gegeben sein.

b) § 138 Abs. 1 BGB

Sittenwidrig nach § 138 Abs. 1 BGB sind auch solche Geschäfte, die als wucherähnliche Rechtsgeschäfte zu qualifizieren sind. Hierfür müßte zunächst wiederum ein auffälliges Mißverhältnis von Leistung und Gegenleistung vorliegen. Darüber hinaus ist Voraussetzung, daß der wirtschaftlich oder strukturell Überlegene die schwächere Lage des anderen Teils bewußt zu seinem Vorteil ausgenutzt hat[21]. Dafür müßte das Ausnutzen einer überlegenen Stellung ähnlich wie im Arbeitsverhältnis auch im Bereich der Selbständigkeit denkbar sein, sofern es sich um eine arbeitnehmerähnliche Beschäftigung handelt. Gegen eine Übertragung dieses Grundsatzes auf den Bereich der Arbeitnehmerähnlichkeit könnte sprechen, daß Selbständige selbst dafür Sorge zu tragen haben, ob ihre Arbeit hinreichend entlohnt wird oder nicht. Etwas anderes könnte jedoch im Bereich der wirtschaftlich abhängig Beschäftigten gelten, die sich von den Selbständigen gerade dadurch unterscheiden, daß sie die Höhe ihres Einkommens nicht durch eigene Tätigkeit beeinflussen können.

---

21 Palandt-*Heinrichs,* BGB, Rdnr. 34 zu § 138.

Das Bundesarbeitsgericht hat in einer Entscheidung anerkannt, daß der Grundsatz des Lohnwuchers nicht lediglich auf Arbeitsverhältnisse Anwendung finden kann[22]. Im Falle eines Handelsvertreters, der nach § 92a HGB nur für ein Unternehmen tätig war, hatte es über dessen Entlohnung zu befinden. Zwar müßten Handelsvertreter generell selbst dafür sorgen, daß ihre Arbeit verdienstbringend sei. Dieser Grundsatz gelte jedoch nicht für Handelsvertreter im Sinne von § 92a HGB. In diesem Fall erachtete das Bundesarbeitsgericht die Zuweisung eines Bezirkes durch den Auftraggeber, von dem dieser wissen mußte, daß die Vertretertätigkeit zu einem äußerst geringen Einkommen führen würde, für sittenwidrig. Der Gedanke, der die besondere Schutzbedürftigkeit des Handelsvertreters nach § 92a HGB betont, ist jedoch der gleiche, der allgemein für arbeitnehmerähnliche Personen Anwendung finden kann. Diese haben keinen freien Zugang zum Markt; ihr Entgelt ist damit von den Vorgaben ihres Auftraggebers abhängig. Nutzt er diese Tatsache aus und entlohnt sie unangemessen niedrig, so handelt er deshalb regelmäßig sittenwidrig.

Im Falle einer stark unverhältnismäßig geringen Entlohnung würde daher auch im Bereich arbeitnehmerähnlicher Personen § 138 Abs. 1 BGB Anwendung finden.

c) § 139 BGB

Fraglich erscheint die Richtigkeit der vom Bundesarbeitsgericht angenommenen Rechtsfolge, daß im Falle der Sittenwidrigkeit der Entgeltabrede lediglich diese, nicht jedoch der ganze Vertrag, nichtig sein soll. Denn § 139 BGB bestimmt, daß im Zweifel das ganze Rechtsgeschäft nichtig ist, wenn nicht anzunehmen ist, daß es auch ohne den nichtigen Teil vorgenommen sein würde. Allerdings wird § 139 BGB nicht stets strikt angewandt. In einigen Fallgruppen kann dagegen bei typischer Bewertung der Interessen der Parteien in der Regel davon ausgegangen werden, daß die Gültigkeit des Rechtsgeschäftes ihrem mutmaßlichen Willen entspricht[23]. Besonders deutlich ist diese Ansicht bei Arbeitsverträgen ausgeprägt. Das Bundesarbeitsgericht tendiert zur gesonderten Nichtigkeitsprüfung für abgegrenzte Vertragsteile. Als hypothetischen Willen nimmt es das objektiv Vernünftigste an. Nach ständiger Rechtsprechung soll der Auslegungsgrundsatz des § 139 BGB dann nicht anwendbar sein, wenn arbeitsvertragliche Regelungen zum Schutz des Arbeitnehmers korrigiert werden müssen[24].

Dies könnte auch bei der Nichtigkeit des vereinbarten sittenwidrigen Entgelts der Fall sein. In diesem Fall hat der Auftragnehmer in der Regel bereits geleistet.

---

22 BAG vom 10. März 1960 AP Nr. 2 zu § 138 BGB.

23 Palandt-*Heinrichs,* BGB, Rdnr. 15 zu § 138.

24 BAG vom 31. August 1979, DB 1979, 553 (555); BAG vom 9. September 1981, NJW 1982, 461 (462).

Durch die Annahme der Leistung hat der Auftraggeber regelmäßig auch bekräftigt, daß er an dem Vertrag festhalten möchte. Daher kann im Falle des „Lohnwuchers" davon ausgegangen werden, daß die Parteien am Vertrag insgesamt festhalten wollen, sofern keine anderen Anhaltspunkte ersichtlich sind.

§ 139 BGB könnte dennoch eingreifen, wenn der Auftraggeber äußert, zu einem höheren Entgelt hätte er den Dienst- oder Werkvertrag nicht abgeschlossen. Dafür müßte eine solche Einrede des Auftraggebers jedoch zulässig sein. Dagegen könnte stehen, daß es sich bei dieser Einrede um eine unzulässige Rechtsausübung nach § 242 BGB handelt. Diese liegt dann vor, wenn die Ausübung eines Rechts als treuwidrig einzustufen ist[25]. Das trifft insbesondere dann zu, wenn ein schutzwürdiges Interesse fehlt. Hierzu gehören auch die Fälle, in denen die Rechtsausübung der Erreichung unlauterer Zwecke dient[26]. Dieser Grundsatz könnte hier eingreifen. In einem Fall, da der Auftraggeber dem Auftragnehmer ein äußerst niedriges Entgelt zahlt, wird er sich zumindest der Tatsache bewußt sein, daß der Auftragnehmer durch das Entgelt kaum seinen Lebensunterhalt ohne weiteres bestreiten kann. Er weiß also zumindest um die Umstände, die zur Sittenwidrigkeit des Vertrages führen. Andernfalls könnte § 138 BGB nicht eingreifen. Eine Berufung auf diese sittenwidrige Abmachung würde damit dem Grundsatz von Treu und Glauben widersprechen, da er durch die Gesamtnichtigkeit des Vertrages weiteren Nutzen aus der sittenwidrigen Entgeltabrede ziehen könnte. Der Einrede des Auftraggebers, zu einem höheren Entgelt hätte er den Dienst- oder Werkvertrag nicht abgeschlossen, steht somit der Grundsatz der unzulässigen Rechtsausübung nach § 242 BGB entgegen. Eine entsprechende Einrede darf der Auftraggeber nicht geltend machen.

d) § 612 Abs. 2 BGB

Da damit die Entgeltabrede bei den arbeitnehmerähnlichen Personen nach § 138 BGB nichtig ist, sowie diese Tatsache entgegen dem Wortlaut des § 139 BGB insofern lediglich zur Teilnichtigkeit der Abrede führt, existiert ein Vertrag ohne Entgeltabrede. Ein übliches Entgelt könnte nun nach § 612 Abs. 2 BGB festzulegen sein. Ob es sich hierbei um einen Dienst- oder einen Werkvertrag handelt, führt materiell zu keinen unterschiedlichen Ergebnissen, denn das Werkvertragsrecht kennt die Vorschrift des § 632 Abs. 2 BGB, die der Norm des § 612 Abs. 2 BGB in der Sache entspricht.

---

25 Palandt-*Heinrichs,* BGB, Rdnr. 38 zu § 138.

26 Palandt-*Heinrichs,* BGB, Rdnr. 50 zu § 138.

aa) Gruppenvergleich

Um einen Anhaltspunkt für ein angemessenes Entgelt zu finden, könnte es zunächst naheliegen, einen Gruppenvergleich innerhalb der selbständig Beschäftigten durchzuführen. Für Selbständige allgemein können übliche Vergütungen bei den beteiligten Kreisen festgestellt werden. Zur Feststellung sind Gebührenordnungen von Privaten oder auch Verbänden nicht ausreichend[27]. Mit einem reinen Gruppenvergleich innerhalb der abhängigen Selbständigen ist jedoch wenig auszurichten. Zwar gibt es auch im Bereich der abhängigen Selbständigkeit Einzellöhne, die unverhältnismäßig niedrig erscheinen mögen. Charakteristisch erscheint jedoch eher, daß eine unangemessen niedrige Bezahlung einen ganzen Tätigkeitsbereich durchzieht. In der Regel wird also eine ganze Gruppe von Beschäftigten unverhältnismäßig niedrig entlohnt. Die Feststellung eines Durchschnittslohnes innerhalb der abhängigen Selbständigen kann daher nicht der Bestimmung des angemessenen Entgelts genügen. Ansonsten wäre ein Wucherlohn in dem Moment als angemessen zu bezeichnen, da Lohnwucher branchenüblich ist.

Ein solcher Gruppenvergleich würde den erstrebten Schutz für die abhängigen Selbständigen regelmäßig leerlaufen lassen. Daher ist zu fragen, welche anderen Möglichkeiten bestehen, ein angemessenes Entgelt zu bestimmen.

bb) Tariflohn

Als das übliche Entgelt bei Arbeitnehmern nimmt die Rechtsprechung in der Regel den Tariflohn an. Hierfür ist zunächst zu rekapitulieren, daß die Lohnwucherrechtsprechung des Bundesarbeitsgerichts lediglich bei nicht tarifgebundenen Vertragspartnern erforderlich ist. Bei Tarifgebundenen greift das Günstigkeitsprinzip des § 4 Abs. 3 TVG ein, wonach Abweichungen vom Tarifvertrag nur dann zulässig sind, wenn sie für den Arbeitnehmer günstiger sind. Eine Entgeltabrede, die hinter dem Tarifvertrag zurückbleibt, ist bei Tarifgebundenen daher schon nach § 4 Abs. 3 TVG unzulässig. Als speziellere Norm verdrängt sie auch den § 138 BGB.

Diese Rechtsprechung müßte auch auf arbeitnehmerähnliche Personen übertragen werden können. Dem könnten praktische Bedenken entgegenstehen.

Problemlos übertragbar ist der Tariflohn nur dann, wenn die abhängigen Selbständigen Tätigkeiten ausüben, die den Lohngruppen in den Tarifverträgen unmittelbar entsprechen. Diese Situation wird jedoch nur in Ausnahmefällen vorliegen. Ist die Übereinstimmung mit einer Tarifgruppe so groß, daß eine Zuordnung ohne jegliche Probleme möglich ist, so spricht bereits einiges dafür, daß ein Arbeitsverhältnis statt einer arbeitnehmerähnlichen Beschäftigung vorliegt. Gerade bei den rechtlichen Zweifelsfällen, bei denen eine eindeutige Zuordnung zur Arbeitneh-

27 BGH vom 29. September 1969, NJW 1970, 699

mereigenschaft Bedenken hervorruft, wird es an einer solchen unmittelbaren Vergleichbarkeit mit einer Tarifgruppe fehlen.

cc) Fehlgeschlagene Vergütungserwartung

Das spricht jedoch nicht grundsätzlich dagegen, Tarifverträge als Anhaltspunkte für eine angemessene Entlohnung heranzuziehen. Um hier zur Bestimmung eines angemessenen Entgelts zu kommen, sind die vom Bundesarbeitsgericht entwickelten Grundsätze der fehlgeschlagenen Vergütungserwartung heranzuziehen.

Das Bundesarbeitsgericht hat im Rahmen des § 612 BGB auch dann den Tariflohn herangezogen, wenn ein unmittelbarer Abgleich mit der Tarifgruppe nicht möglich war. Dieses Problem trat zuerst in den Fällen auf, wenn sich jemand in der Erwartung, durch eine in Zukunft erfolgende Übergabe eines Vermögens oder eines Vermögensbestandteils entlohnt zu werden, zu einer Arbeitsleistung bereit erklärt hatte. Trat diese Vermögensübertragung nicht ein, so hat die Rechtsprechung einen Anspruch auf Vergütung wegen einer fehlgeschlagenen Vergütungserwartung aus § 612 BGB anerkannt. Weiterhin muß ein unmittelbarer Zusammenhang zwischen der fehlenden oder unterwertigen Zahlung und der Erwartung bestehen[28]. Hierbei handelte es sich zumeist um Fälle, in denen erwartet wurde, den landwirtschaftlichen Betrieb zu erben oder anderweitig zu übernehmen und sich diese Erwartung nicht erfüllte.

Die aus dieser Erwartung resultierende Arbeitsleistung war ebenfalls nicht ohne weiteres den für diese Region geltenden Tarifverträgen zuzuordnen. Die Rechtsprechung hat sich zur Berechnung eines angemessenen Entgelts dennoch daran orientiert, welche berufliche Ausbildung die Klagenden absolviert hatten und welcher tarifliche Anspruch daher dem ihren nahekommen kann.

Nach diesen Grundsätzen ist auch bei abhängigen Selbständigen der Tariflohn als Anhaltspunkt zu nehmen. Es ist zunächst danach zu fragen, welche Qualifikation für die ausgeübte Arbeit erforderlich ist und wie sich die Arbeitsdurchführung gestaltet. Dies ist mit den für den jeweiligen Bereich gültigen Tarifverträgen abzugleichen. Es ist eine Tarifgruppe zu bestimmen, die der beschriebenen Tätigkeit am nächsten kommt. Hiervon ausgehend muß der konkrete Entgeltanspruch danach bestimmt werden, inwieweit die ausgeübte Tätigkeit von der Tarifgruppe abweicht. Stellt die untersuchte Arbeit höhere Anforderungen an den Beschäftigten, so ist ein entsprechender Aufschlag vorzunehmen, ist sie als einfacher zu bewerten, so sind vom tariflichen Entgelt Abstriche zu machen.

---

[28] BAG vom 15. März 1960 AP Nr. 13 zu § 612 BGB; BAG vom 24. September 1960 AP Nr. 15 zu § 612 BGB; BAG vom 5. August 1963 AP Nr. 20 zu § 612 BGB; BAG vom 24. Juni 1965 AP Nr. 23 zu § 612 BGB; BAG vom 14. Juli 1966 AP Nr. 24 zu § 612 BGB; LAG Köln vom 20. 4. 1990 LAGE Nr. 4 zu § 612 BGB.

Der übliche Lohn nach § 612 Abs. 2 BGB ist dahingehend zu bestimmen, daß vom Tariflohn auszugehen ist und entsprechend der Grundsätze über die fehlgeschlagene Vergütungserwartung ein konkretes Entgelt zu bestimmen ist. Zu erwägen wäre auch, das Entgelt um die Beträge zu erhöhen, die ein Arbeitgeber für seinen Arbeitnehmer an die Sozialversicherung entrichtet. Es ist jedoch m.E. in erster Linie sinnvoll, hier im Bereich des Sozialrechts selber zu einer angemessenen Lösung zu kommen. Hierbei erscheint derzeit die gesetzliche Regelung zur Förderung der Selbständigkeit, die am 1. Januar in Kraft getreten ist, am ehesten geeignet, die mit dem Sozialrecht zusammenhängenden Probleme zu bewältigen[29].

dd) Steuerfreies Existenzminimum

In seltenen Fällen mag eine Festlegung des Entgelts anhand tariflicher Vorgaben unmöglich sein. In solchen Fällen ist zu fragen, ob nicht zumindest ein Anspruch auf eine Vergütung verbleibt, die eine unterste Grenze darstellt, unter die die Entlohnung der abhängigen Selbständigen nicht fallen darf.

Für die Festlegung einer üblichen Vergütung in diesem Extremfall ist zu berücksichtigen, daß in das Kriterium der Üblichkeit der Grundsatz von Treu und Glauben hineinwirkt. In das Kriterium der Üblichkeit ist daher hinzulesen, daß die Entlohnung auch angemessen sein muß. Zu fragen ist daher, wann eine Entlohnung als angemessen angesehen werden kann und wann nicht. Für die Auslegung der Üblichkeit ist zu beachten, daß der Grundsatz des Untermaßverbotes zu konkretisieren ist. Die Entlohnung wäre also in dem Moment unangemessen und damit nicht als üblich zu betrachten, in dem der unterlegene Vertragspartner keinerlei Möglichkeiten hat, seine eigene Ansprüche in den Vertrag einzubringen.

Um hier eine untere Marge festzulegen, ist die Rechtsprechung des Bundesverfassungsgerichts zum steuerfreien Existenzminimum zu beachten[30]. Hiernach muß bei der Besteuerung ein Betrag in Höhe des Existenzminimums steuerfrei bleiben; nur das darüber hinausgehende Einkommen darf der Besteuerung unterworfen werden. Das Einkommen ist nach dem verfassungsrechtlichen Gebot des Art. 1 Abs. 1 GG in Verbindung mit Art. 20 Abs. 1 GG insoweit steuerfrei zu belassen, als es zur Schaffung der Mindestvoraussetzungen für ein menschenwürdiges Dasein benötigt wird. Weiterhin folgt dies aus der Verpflichtung des Staates, dem mittellosen Bürger diese Voraussetzungen gegebenenfalls durch Sozialleistungen zu sichern. Dies entspricht auch dem Grundsatz des § 1 BSHG, der als Aufgabe der Sozialhilfe beschreibt, den Empfängern die Führung eines Lebens zu ermöglichen, das der Wür-

---

29 BR-Drucksache 793/96, vgl. auch die Ausführungen auf S. 50 ff.

30 BVerfG vom 13. 12. 1997, FamRZ 1997, 477 f.; BVerfG vom 14. Juni 1994, NJW 1994, 2817; BVerfG vom 26. Januar 1994 E 89, 346 ff.; BVerfG vom 19. Oktober 1992, NJW 1993, 1576; BVerfG vom 25. September 1992 E 87, 153; BVerfG vom 24. September 1992, NJW 1993, 647; BVerfG vom 12. Juni 1990 E 82, 198; BVerfG vom 29. Mai 1990, E 82, 60 ff.

de des Menschen entspricht. Übertragen auf arbeitnehmerähnliche Personen bedeutet dies: Das Entgelt kann nicht mehr als angemessen und damit üblich bezeichnet werden, wenn es nach allen Abzügen unter das jährliche Existenzminimum fällt. Oberhalb dieser Grenze darf das tatsächlich bei den beteiligten Kreisen übliche Entgelt als üblich angenommen werden.

Ein übliches Entgelt nach § 612 Abs. 2 BGB umfaßt daher für arbeitnehmerähnliche Personen mindestens das Existenzminimum. Auf diesen Betrag ist die übliche Entlohnung dann zu bestimmen, wenn es an jeglichen Anhaltspunkten fehlt, ein tarifliches Entgelt einer weiteren Berechnung eines üblichen Entgelts zugrunde zu legen.

Die Festlegung des Existenzminimums orientiert sich an einer durchschnittlichen Vollzeitbeschäftigung. Geht die Beschäftigung des abhängigen Selbständigen darüber hinaus, so ist entsprechend mehr zu zahlen. Handelt es sich lediglich um eine Teilzeitbeschäftigung, so sind entsprechende Anteile des Existenzminimums zu zahlen.

e) Zwischenergebnis

Die Grundsätze des Lohnwuchers sind grundsätzlich auf arbeitnehmerähnliche Beschäftigte übertragbar. Nach § 138 Abs. 1 BGB ist das vereinbarte Entgelt dann nichtig, wenn es gegen die guten Sitten verstößt. An die Stelle der vertraglich vereinbarten Vergütung tritt das übliche Entgelt nach § 612 Abs. 2 BGB.

Die Bestimmung eines üblichen Entgelts ist nicht unproblematisch. Nicht hilfreich erscheint hierfür ein Gruppenvergleich innerhalb der abhängigen Selbständigen. Stattdessen ist eine Korrektur anhand der Tariflöhne vorzunehmen. Da es häufig an einer den Tarifgruppen unmittelbar vergleichbaren Tätigkeit fehlt, sind diese einer weiteren Ermittlung lediglich zugrunde zu legen. Ausgehend von den Grundsätzen über die fehlgeschlagene Vergütungserwartung ist das konkrete Entgelt unter Berücksichtigung aller Einzelheiten der konkreten Beschäftigung in Bezug zu dem Tariflohn zu setzen. Auf diese Weise kann regelmäßig das übliche Entgelt ermittelt werden. Ist die Zugrundelegung eines Tariflohns im Einzelfall ganz undenkbar, so tritt jedoch zumindest das steuerfreie Existenzminimum an die Stelle der sittenwidrigen und damit nichtigen Entgeltvereinbarung.

Für die Frage, wann § 138 BGB eingreift, ist jedoch zu beachten, daß § 138 BGB nicht bereits bei jeder Unterschreitung, sondern erst bei einem erheblichen Mißverhältnis zum allgemeinen Entgeltniveau für vergleichbare Arbeiten eingreifen soll[31]. Die Grenze des § 138 BGB ist daher dann noch nicht erreicht, wenn das Existenzminimum nur knapp unterschritten ist.

---

[31] BAG 11. Januar 1973 AP Nr. 30 zu § 138 BGB; Palandt-Heinrichs, BGB, Rdnr. 79 zu § 138.

Daher ist zu fragen, ob in diesem Fall § 242 BGB eine Korrektur des vereinbarten Entgelts gebieten kann.

2. § 242 BGB

Unterhalb der Grenze der Sittenwidrigkeit ist denkbar, daß das Entgelt eines arbeitnehmerähnlichen Auftragnehmers unter einem vergleichbaren Tariflohns liegt, so daß eine Schlechterstellung arbeitnehmerähnlicher Personen gegenüber Arbeitnehmern gegeben ist. Entsprechend dem Stufenverhältnis zwischen § 138 BGB und § 242 BGB könnte hierin ein Verstoß gegen den Grundsatz von Treu und Glauben nach § 242 BGB liegen. Zum Schutz des unterlegenen Vertragspartners könnte insoweit eine Inhaltskontrolle von Verträgen nach § 242 BGB geboten sein.

Hierfür ist zu fragen, welche Grundsätze § 242 BGB nennt, in welchem Zusammenhang § 242 BGB den Grundsatz der Vertragsanpassung kennt und inwieweit die bisher zu § 242 BGB entwickelten speziellen Anwendungsfälle geeignet sein können, eine Entgeltkorrektur zu gestatten.

Der Grundsatz von Treu und Glauben beinhaltet als Generalklausel keinen Rechtssatz mit Tatbestandsmerkmalen, aus dem durch bloße Subsumtion bestimmte Rechtsfolgen abgeleitet werden können[32]. § 242 BGB enthält vielmehr einen offenen Tatbestand, der in den einzelnen Funktionskreisen der Vorschrift wertend konkretisiert werden muß[33]. Dieser offene Tatbestand hat dazu geführt, daß § 242 BGB eine weit über seinen Wortsinn und die festellbaren Intentionen des historischen Gesetzgebers hinausgehende Bedeutung erhalten hat. Die Vorschrift ist ein zentraler Ansatzpunkt richterlicher Rechtsfortbildung geworden[34]. Gerade vor diesem Hintergrund ist zu untersuchen, welche Möglichkeiten die Grundsätze des § 242 BGB im Hinblick auf eine Korrektur des vertraglichen Entgelts bieten.

a) Grundsätze von Treu und Glauben

Als genereller Grundsatz zur Auslegung des § 242 BGB gilt, daß Treu und Glauben eine auf Zuverlässigkeit, Aufrichtigkeit und Rücksichtnahme beruhende äußere und innere Haltung gegenüber einem anderen beinhalten. Treu und Glauben verpflichten zur billigen Rücksichtnahme auf die schutzwürdigen Interessen des anderen Teils sowie zu redlichem und loyalem Verhalten.

---

32 Palandt-*Heinrichs,* BGB, Rdnr. 2 zu § 242; Erman-*Werner,* BGB, Rdnr. 42 zu § 242.

33 Palandt-*Heinrichs,* BGB, Rdnr. 3 zu § 242.

34 MüKo-*Roth,* BGB, Rdnr. 13 zu § 242.

b) Fallgruppen des § 242 BGB

Konkretisiert werden diese allgemeinen Grundsätze durch die Bildung von Fallgruppen, in denen die typischen Verstöße gegen Treu und Glauben systematisiert sind. Es wird allgemein eine Unterteilung in drei Fallgruppen vorgenommen[35]. Hierbei handelt es sich um Bestimmungen über Nebenrechte und Nebenpflichten[36], die Grundsätze über das Fehlen und den Wegfall der Geschäftsgrundlage[37], sowie die unzulässige Rechtsausübung[38].

Es ist daher zu fragen, inwieweit eine Kontrolle von Entgeltvereinbarungen bei arbeitnehmerähnlichen Personen nach § 242 BGB einer dieser drei Fallgruppen zugeteilt werden kann.

aa) Nebenrechte und Nebenpflichten

Eine Fallgruppe des § 242 BGB bezieht sich auf die vertraglichen Nebenpflichten in Ergänzung und Konkretisierung der Hauptleistungspflichten eines bestehenden Rechtsverhältnisses[39]. Hierbei handelt es sich um leistungsbestimmende Nebenpflichten, die die Art und Weise der Leistung betreffen oder um Mitwirkungs-, Schutz- oder Aufklärungspflichten.

Bei einer möglichen Kontrolle der vertraglichen Vereinbarung der Entgelthöhe durch die Parteien steht jedoch eine Hauptleistungspflicht in Frage. Die Grundsätze über Nebenrechte und -pflichten kommen deshalb nicht zum Tragen.

bb) Fehlen und Wegfall der Geschäftsgrundlage

In Betracht könnte ein Eingreifen der Grundsätze über das Fehlen und den Wegfall der Geschäftsgrundlage kommen. Allen Rechtsgeschäften liegen bestimmte Vorstellungen über die bestehenden tatsächlichen und wirtschaftlichen Verhältnisse, sowie deren zukünftige Entwicklung zugrunde[40]. Diese Vorstellungen der Vertragspartner sieht die Lehre vom Fehlen und vom Wegfall der Geschäftsgrundlage als wesentliches Element der Vertragsgestaltung an. Stellt sich im nachhinein

---

35 MüKo-*Roth*, BGB, Rdnrn. 95 ff. zu § 242; Erman-*Werner*, BGB, Rdnrn. 50 ff. zu § 242; gegen diese Dreiteiltung wendet sich jedoch Staundinger-*Schmidt*, BGB, Rdnrn. 246 ff. zu § 242, der ein Alternativmodell zur klassischen Dreiteilung vorschlägt.

36 Palandt-*Heinrichs*, BGB, Rdnrn. 23 ff. zu § 242; MüKo-*Roth*, BGB, Rdnr. 97 zu § 242; Erman-*Werner*, BGB, Rdnrn 50 ff. zu § 242.

37 Palandt-*Heinrichs*, BGB, Rdnr. 110 ff. zu § 242; MüKo-*Roth*, BGB, Rdnr. 100 zu § 242.

38 Palandt-*Heinrichs*, BGB, Rdnrn. 38 ff. zu § 242; MüKo-*Roth*, BGB, Rdnr. 98 zu § 242.

39 MüKo-*Roth*, BGB, Rdnr. 97 zu § 242.

40 Erman-*Werner*, BGB, Rdnr. 166 zu § 242.

heraus, daß es an dieser Geschäftsgrundlage fehlte oder entfällt die Geschäftsgrundlage nach Vertragsschluß, so ergibt sich hieraus ein Bedürfnis zur Korrektur des Vertrages[41]. Dem liegt der Gedanke der Gleichwertigkeit von Leistung und Gegenleistung zugrunde[42]. Der Vertrag soll daher an die geänderten Verhältnisse angepaßt werden, um dieses Gleichgewicht wieder herzustellen[43]. Eine Auflösung des Vertrages kommt erst dann in Betracht, wenn die Fortsetzung des Vertrages gänzlich unzumutbar ist[44].

(1) Wegfall der Geschäftsgrundlage

Die Lehre vom Wegfall der Geschäftsgrundlage hat in solchen Situationen praktische Bedeutung erlangt, in denen wirtschaftliche Erschütterungen und soziale Veränderungen eintraten[45]. Kommt es zu einer grundlegenden Veränderung des wirtschaftlichen Gefüges, so soll es den Parteien nicht zugemutet werden, an den ursprünglichen vertraglichen Konditionen festgehalten zu werden[46]. Hierbei kann es sich unter anderem um eine Erschütterung des Preisgefüges oder eine Geldentwertung, eine Rechtsänderung, ungünstige wirtschaftliche Entwicklung, höhere Kosten oder unerwartete Schäden handeln[47]. Beim Wegfall der Geschäftsgrundlage ist insoweit die Frage zu entscheiden, welcher der Vertragspartner das Risiko nachträglich eingetretener Veränderungen zu tragen hat[48].

Bei einer möglichen Korrektur des vereinbarten vertraglichen Entgelts soll jedoch keine Risikoverteilung aufgrund gesellschaftlicher Veränderungen vorgenommen werden. Bei dem grundrechtlich gebotenen Schutz des unterlegenen Vertragspartners geht es stattdessen darum, ein bereits im Moment des Vertragsschlusses bestehendes faktisches Ungleichgewicht zwischen zwei Vertragspartnern auszugleichen. Der Schutzgedanke des Wegfalls der Geschäftsgrundlage ist daher nicht geeignet, arbeitnehmerähnliche Beschäftigte zu schützen.

(2) Fehlen der Geschäftsgrundlage

In Betracht könnte eine Korrektur des vereinbarten Entgelts über die Grundsätze vom bereits anfänglichen Fehlen einer Geschäftsgrundlage kommen. Ein anfängliches Fehlen der Geschäftsgrundlage könnte dann in Betracht kommen, wenn ein

41 Palandt-*Heinrichs*, BGB, Rdnr. 149 zu § 242.

42 BGH vom 5. Februar 1958, NJW 1958, 906; BGH vom 14. Oktober 1959, NJW 1959, 2203; MüKo-Roth, BGB, Rdnr. 496 zu § 242.

43 Palandt-*Heinrichs,* BGB, Rdnr. 149 zu § 242.

44 BGH vom 23. September 1994, DNotZ 1996, 636 (639).

45 Erman-*Werner,* BGB, Rdnr. 167 zu § 242.

46 Palandt-*Heinrichs,* BGB, Rdnr. 110 zu § 242; MüKo-*Roth,* BGB, Rdnr. 497 zu § 242.

47 MüKo-*Roth,* BGB, Rdnr. 105 zu § 242.

48 Erman-*Werner,* BGB, Rdnr. 172 zu § 242.

vertragliches Ungleichgewicht auf das Bestehen einer Geschäftsgrundlage Auswirkungen haben könnte.

Das Fehlen einer Geschäftsgrundlage ist dann anzunehmen, wenn sich die Parteien bei Vertragsschluß über einen für ihre Willensbildung wesentlichen Umstand geirrt haben[49]. Hierbei geht um eine subjektive Fehlvorstellung bei einem oder beiden Vertragspartnern über einen Teil des Vertrages[50]. Dies kann zunächst solche Fälle betreffen, in denen die Parteien einen Regelungsbereich überhaupt nicht gesehen haben. Als Fälle des Fehlens der Geschäftsgrundlage gelten auch solche, in denen die Parteien einen Umstand gesehen, jedoch falsch eingeschätzt haben, sowie das Vertrauen darauf, daß ein bestimmtes Risiko nicht eintreten werde. Auch bei der Konstellation des Fehlens der Geschäftsgrundlage geht es insoweit um die Verteilung eines eingetretenen Risiko, über die sich die Parteien nicht geeinigt haben[51]. Die Schutzrichtung des Fehlens und des Wegfalls der Geschäftsgrundlage entsprechen sich daher. Der Unterschied zwischen diesen beiden Ausprägungen der Lehre von der Geschäftsgrundlage liegt lediglich darin, worin die Erschütterung der Geschäftsgrundlage zu sehen ist. Im Fall des Wegfalls der Geschäftsgrundlage liegt ein Einfluß äußerlicher Umstände vor, während es sich beim Fehlen der Geschäftsgrundlage um subjektive Elemente zum Zeitpunkt des Vertragsschlusses handelt.

Dieser Gedanke der Verteilung eines Risikos, das die Parteien nicht gesehen haben, ist jedoch nicht geeignet, einen Schutz abhängiger Selbständiger darzustellen. Bei einer Kontrolle des vertraglich vereinbarten Entgelts geht es um einen Bereich, den die Parteien explizit vertraglich geregelt haben. Ein Spielraum für die Gerichte, eine Risikoverteilung vorzunehmen, verbleibt im Bereich der Entgeltregelung daher nicht.

Auch das Institut des Fehlens einer Geschäftsgrundlage ist deshalb nicht geeignet, eine Grundlage für die Korrektur des vertraglich vereinbarten Entgelts darzustellen.

cc) Unzulässige Rechtsausübung

Eine Inhaltskontrolle des vereinbarten Entgelts zwischen Auftraggebern und arbeitnehmerähnlichen Beschäftigten könnte über das Rechtsinstitut der unzulässigen Rechtsausübung denkbar sein. Die unzulässige Rechtsausübung ist die Rechtsfolge aufgrund der mißbilligten Inanspruchnahme eines Rechts[52]. Der Grundsatz von Treu und Glauben wirkt hier als eine allgemeine Schranke in der Ausübung

---

49 Palandt-*Heinrichs*, BGB Rdnr. 149 zu § 242.

50 MüKo-*Roth*, BGB, Rdnr. 105 zu § 242.

51 Soergel-*Teichmann*, BGB, Rdnrn. 251 ff. nennt diesen Bereich insoweit treffend auch *Fallgruppen offengebliebener Risikoverteilung*.

52 MüKo-*Roth*, BGB, Rdnr. 255 zu § 242.

eines Rechts[53]. Dem liegt die Überlegung zugrunde, daß jede Rechtsnorm eine durch Rechtsidee, Interessenlage und Zweck bestimmte Geltungsschranke enthält, bei deren Überschreitung ein „an sich“ bestehendes Recht unzulässig ausgeübt wird[54]. Der Gedanke der unzulässigen Rechtsausübung stellt daher eine Verfeinerung des allgemeinen Arglisteinwandes dar[55]. Über den Einwand der Arglist geht das Institut der unzulässigen Rechtsausübung auf der subjektiven Seite jedoch mittlerweile deutlich hinaus. Ein Verstoß gegen Treu und Glauben setzt grundsätzlich weder einen Vorsatz noch überhaupt ein Verschulden voraus[56]. Liegt ein Fall unzulässiger Rechtsausübung vor, so bleiben die dem Recht entsprechenden Rechtswirkungen oder Rechtsfolgen versagt[57].

(1) Unzulässige Rechtsausübung bei Tarifunterbietung

Der Gedanke der unzulässigen Rechtsausübung findet im vertraglichen Bereich zumeist Ausdruck im Bereich unbilliger Nebenabreden[58].

Er findet aber auch Anwendung im Bereich des vertraglich vereinbarten Entgelts. Praktisch ist die unzulässige Rechtsausübung bisher besonders in dem Bereich der Tarifunterbietung geworden. Ein Transportunternehmer, der durch Tarifunterbietung einen Vertragsabschluß erreicht, handelt, wenn er später das tarifliche Entgelt einfordert, nach den Grundsätzen der unzulässigen Rechtsausübung zumindest dann nicht rechtsmißbräuchlich, wenn dem Vertragspartner die Tarifunterbietung bekannt war[59]. Den schutzwürdigen Interessen des Vertragspartners soll dagegen dann Vorrang zukommen, wenn er sich über die Tarifsituation im unklaren war[60] oder sein Vertrauen auf den Bestand des untertariflichen Entgelts in besonderem Maße schutzwürdig erscheint[61].

(2) Unzulässige Rechtsausübung durch Vereinbarung eines unbillig niedrigen Entgelts

Ist der Grundsatz der unzulässigen Rechtsausübung generell auch bei Entgeltvereinbarungen anwendbar, so bleibt zu fragen, ob er auch einer Inhaltskontrolle des vertraglich vereinbarten Entgelts dienen kann.

---

53 BGH vom 18. November 1955 Z 19, 72 (75).

54 Soergel-*Teichmann*, BGB, Rdnr. 274 zu § 242; Erman-*Werner*, BGB, Rdnr. 74 zu § 242.

55 RG vom 30. Juli 1936 Z 152, 147, 150.

56 MüKo-*Roth*, BGB, Rdnr. 261 zu § 242.

57 MüKo-*Roth, BGB, Rdnr. 267 zu § 242.*

58 BGH vom 9. März 1965, BB 1965, 474; BGH vom 18. April 1969, NJW 1969, 1624 (1626).

59 BGH vom 11. Dezember 1968, MDR 1969, 547; BGH vom 7. 12. 1973, MDR 1974, 379.

60 Soergel-*Knopp*, BGB, Rdnr. 200 zu § 242.

61 BGH vom 28. November 1969, MDR 1970, 209.

Die unzulässige Rechtsausübung bezieht sich im Fall des vertraglich vereinbarten Entgelts auf die Frage, inwieweit der Auftraggeber sich auf dieses Entgelt berufen kann oder ob ihm die Berufung auf das vereinbarte Entgelt nach den Grundsätzen der unzulässigen Rechtsausübung verwehrt werden kann. Das erscheint nach den Grundsätzen zum Schutz des unterlegenen Vertragspartners m. E. möglich. Nach diesen Grundsätzen ist maßgeblich darauf abzustellen, wie sich der überlegene Vertragspartner verhält. Nutzt er seine überlegene Vertragsstellung aus, um ein unbillig niedriges Entgelt vertraglich zu verankern, ohne hierfür eine Kompensation anzubieten, so handelt er gegen die Grundsätze von Treu und Glauben. Der überlegene Vertragspartner darf sich deshalb auf sein „an sich“ bestehendes ausgehandeltes Entgelt nicht berufen. Insoweit ist die Ausübung einer unbilligen Klausel über das vertragliche Entgelt nicht möglich.

Muß sich jedoch der unterlegene Vertragspartner nicht an einer unbilligen Entgeltklausel festhalten lassen, so fehlt es an einer wirksamen Vereinbarung eines Entgelts. In diesem Fall können die Grundsätze zur Sittenwidrigkeit des vertraglichen Entgelts nach § 138 Abs. 1 BGB fruchtbar gemacht werden. Da es an einer Vereinbarung über das Entgelt mangelt, kann nach § 612 Abs. 2 BGB das „übliche“ Entgelt bestimmt werden. Diese Festlegung orientiert sich wiederum an den Grundsätzen zur fehlgeschlagenen Vergütungserwartung. Zunächst wird der nächstliegende Tariflohn zur Bestimmung eines angemessenen Lohn zugrunde gelegt. Hiervon ausgehend wird durch die Bestimmung der Abweichungen zwischen der tariflich geregelten und der tatsächlich ausgeübten Tätigkeit ein angemessenes Entgelt errechnet.

c) Zwischenergebnis

Eine Inhaltskontrolle vertraglicher Entgeltabreden anhand des § 242 BGB ist anhand der Grundsätze über die unzulässige Rechtsausübung möglich. Ist das vereinbarte Entgelt unbillig niedrig, ohne daß hierfür ein Ausgleich erfolgt, so darf sich der überlegene Vertragspartner nicht auf diese vertragliche Regelung berufen. Anhand des § 612 Abs. 2 BGB ist in diesem Fall nach den Grundsätzen der fehlgeschlagenen Vergütungserwartung ein angemessenes Entgelt zu bestimmen.

3. Gleichbehandlungsgrundsatz

Ansatzpunkte für eine Korrektur der Entgeltvereinbarung könnten nicht nur auf tariflicher, sondern auch auf betrieblicher Ebene bestehen. Hier könnte der arbeitsrechtliche Gleichbehandlungsgrundsatz es gebieten, ähnliche Tätigkeiten gleich zu entlohnen.

a) Arbeitsrechtlicher Gleichbehandlungsgrundsatz

Der arbeitsrechtliche Gleichbehandlungsgrundsatz verbietet eine willkürliche, also sachfremde Schlechterstellung einzelner Arbeitnehmer gegenüber anderen, die sich in vergleichbarer Situation befinden[62]. Voraussetzung des Gleichbehandlungsgrundsatzes ist eine vergleichbare Lage mehrerer Arbeitnehmer. Es müssen sich also Gruppen von Arbeitnehmern bilden lassen. Eine vollkommene Gleichheit der Situation der Arbeitnehmer wird indes nie vorliegen. Daher muß eine im wesentlichen übereinstimmende Lage vorhanden sein[63]. In vergleichbarer Lage befinden sich Arbeitnehmer höchstens in demselben Unternehmen[64], in der Regel im selben Betrieb. Der Gleichbehandlungsgrundsatz setzt weiterhin das Bestehen einer bestimmten Ordnung voraus, die über individuelle, auf der Grundlage der Vertragsfreiheit ausgehandelte Einzelverhältnisse hinaus für alle oder eine Gruppe von Arbeitnehmern gilt. Der Gleichbehandlungsgrundsatz greift nicht erst dann ein, wenn die Hälfte der Beschäftigten durch eine bestimmte Regelung privilegiert wird. Vielmehr liegt ein Verstoß gegen den Gleichbehandlungsgrundsatz bereits dann vor, wenn keine sachlichen Gründe für die Privilegierung einzelner größerer Gruppen sprechen[65]. Eine Differenzierung ist dann willkürlich, wenn hierzu Kriterien herangezogen werden, deren Berücksichtigung nach Art 3 Abs. 3 GG untersagt wird. Willkürlich ist eine Differenzierung auch dann, wenn hierfür keine sachlichen, billigenswerten Gründe ersichtlich sind[66].

Für den Bereich der Arbeitsvergütung bedeutet das, daß der Gleichbehandlungsgrundsatz in den Fällen eingreift, in denen der Arbeitgeber die Arbeitsvergütung im Wege einer Gesamtzusage festsetzt. Keine Wirksamkeit entfaltet der Gleichbehandlungsgrundsatz dagegen, wenn die Arbeitsvertragsparteien die Arbeitsvergütung individuell ausgehandelt haben[67]. Ob der Gleichbehandlungsgrundsatz zwischen tarifgebundenen und nicht tarifgebundenen Arbeitnehmern greifen kann, ist umstritten[68].

Auch zur Rechtsfolge bei Eingreifen des Gleichbehandlungsgrundsatzes hat sich noch keine einheitliche Linie herausgebildet. Verstößt eine Einheitsregelung, eine Gesamtzusage oder ein Einzelvertrag gegen den Gleichbehandlungsgrundsatz, so soll die Regelung nach Ansicht *Schaubs* nach § 134 BGB unwirksam sein. Es entstehe dann eine Regelungslücke, die im Wege ergänzender Vertragsauslegung zu

---

62 *Schaub,* Arbeitsrechtshandbuch, § 112 I 5.

63 *Schaub,* Arbeitsrechtshandbuch, § 112 II 1.

64 BAG vom 12. Mai 1957 AP Nr. 13 zu § 242 BGB – Gleichbehandlung; BAG vom 26. April 1966 AP Nr. 117 zu § 1 TVG – Auslegung; Schaub, Arbeitsrechtshandbuch, § 112 II 1 c.

65 *Schaub,* Arbeitsrechtshandbuch, § 112 II 3 a.

66 BAG vom 28. März 1958 AP Nr. 28 zu Art. 3 GG.

67 *Schaub,* Arbeitsrechtshandbuch, § 112 III 1 a.

68 Bejahend BAG vom 29. November 1967 AP Nr. 13 zu Art. 9 GG; aA noch BAG vom 20. Juli 1960 AP Nr. 7 zu § 4 TVG.

füllen sei[69]. Hierbei ist jedoch zu berücksichtigen, daß die Grundrechte keine Gesetze im Sinne des § 134 BGB darstellen.

Richtigerweise müßte zumindest für die arbeitnehmerähnlichen Personen die gleiche Rechtsfolge eintreten wie im allgemeinen Bereich der oben ausgeführten Entgeltkorrektur. Nach den Grundsätzen von Treu und Glauben wäre das vereinbarte Entgelt somit auf das billige Entgelt anzuheben.

Hierfür wäre jedoch Voraussetzung, daß der arbeitsrechtliche Gleichbehandlungsgrundsatz generell die arbeitnehmerähnlichen Personen miterfassen kann.

b) Gleichbehandlungsgrundsatz und arbeitnehmerähnliche Personen

Dagegen könnte sprechen, daß der arbeitsrechtliche Gleichbehandlungsgrundsatz primär auf eine Gleichbehandlung der Arbeitnehmer untereinander zielen könnte[70].

Die Rechtsprechung hat die Anwendung des Gleichbehandlungsgrundsatzes auf persönlich Selbständige, die jedoch wirtschaftlich abhängig sind – namentlich Heimarbeiter[71] und Handelsvertreter[72] – weitgehend abgelehnt. Der Grundsatz der Gleichbehandlung sei nur dann in Betracht zu ziehen, wenn Gleiches unterschiedlich behandelt worden sei. Zwischen freien Mitarbeitern und Arbeitnehmern sei aber jedenfalls im Bereich der Entlohnung und des Entgelts generell ein so großer Unterschied, daß die Anwendung des Gleichbehandlungsgrundsatzes ausscheide. Die Arbeitnehmer unterlägen dem Direktionsrecht hinsichtlich Ort, Raum, Zeit und Art ihrer Tätigkeit, während der freie Mitarbeiter seinen Arbeitsplatz, sowie Zeitpunkt und Zeitdauer seiner Tätigkeit frei bestimmen könne. Die freien Mitarbeiter dürften weiterhin Hilfspersonen hinzuziehen, sowie Werkzeuge, Geräte und Arbeitsmethode selbständig wählen.

Im Bereich des Handelsvertreters ging es nicht um die Frage, inwieweit der Gleichbehandlungsgrundsatz zwischen Arbeitnehmern und Handelsvertretern Geltung entfalten soll, sondern ob zwischen den Handelsvertretern der Gleichbehandlungsgrundsatz angewendet werden soll. Dies lehnte das Bundesarbeitsgericht indessen ab. Ein Unternehmer sei nicht gehindert, mit seinen einzelnen Handelsvertretern, die rechtlich selbständige Kaufleute seien, voneinander abweichende Verträge zu schließen. Er brauche auch Vergünstigungen, die er dem einen über die vertraglichen Vereinbarungen hinaus gewähre, nicht ohne weiteres in gleicher Weise einem anderen zu gewähren.

---

69 *Schaub,* Arbeitsrechtshandbuch, § 112 II 5.

70 Vgl. *Schaub,* Arbeitsrechtshandbuch, § 112 II 1 b.

71 BAG vom 19. Juni 1957 AP Nr. 12 zu § 242 BGB – Gleichbehandlung.

72 BGH vom 28. Januar 1971 AP Nr. 35 zu § 242 BGB – Gleichbehandlung.

Von dieser Linie ist der Bundesgerichtshof jedoch in einer jüngeren Entscheidung abgerückt[73]. In diesem Fall konnte der Geschäftsführer einer GmbH einen Anspruch auf Gehaltserhöhung und Bonuszahlung aufgrund des Gleichheitsgrundsatzes geltend machen. Laut Bundesgerichtshof kommt eine Anwendung des Gleichbehandlungsgrundsatzes insbesondere dann in Betracht, wenn der Geschäftsführer nicht oder nicht nennenswert am Kapital beteiligt ist und insoweit einen arbeitnehmerähnlichen Status habe. Dies gelte jedoch nur, soweit vergleichbare Fälle vorhanden seien, da nach dem Gleichbehandlungsgrundsatz nur Gleiches, nicht aber Ungleiches gleich zu behandeln sei und der Geschäftsführer aufgrund seiner herausgehobenen Stellung nicht schlechthin mit „normalen" Arbeitnehmern verglichen werden könne. Als vergleichbare Fälle könnten hier nur die Behandlung von Mitgeschäftsführern und allenfalls leitenden Angestellten in Betracht kommen.

Bezüglich des Gleichbehandlungsgrundsatzes sind also zwei verschiedene Bereiche zu unterscheiden: Zum einen eine mögliche Anwendung des Gleichbehandlungsgrundsatzes zwischen mehreren arbeitnehmerähnlichen Personen, sowie zum anderen die Anwendung des Gleichbehandlungsgrundsatzes zwischen Arbeitnehmern und arbeitnehmerähnlichen Personen.

aa) Gleichbehandlung unter arbeitnehmerähnlichen Personen

Eine Anwendung des Gleichbehandlungsgrundsatzes unter arbeitnehmerähnlichen Personen stößt insoweit auf keine Bedenken. Charakteristisch für die arbeitnehmerähnliche Beschäftigung ist, daß arbeitnehmerähnliche Personen aufgrund ihrer wirtschaftlichen Abhängigkeit ihre Arbeitsbedingungen nicht frei aushandeln können. Dies ist der gleiche Ansatzpunkt, nach dem sich der Gleichbehandlungsgrundsatz im Arbeitsverhältnis richtet: In den Bereichen, in denen die Arbeitnehmer ihre Arbeitsbedingungen nicht frei aushandeln können, darf der Arbeitgeber nicht einzelne Arbeitnehmer willkürlich benachteiligen. Stattdessen muß er ihnen bei gleicher Arbeit die gleichen Arbeitsbedingungen anbieten. Das betrifft insbesondere das Entgelt. Nichts anderes kann innerhalb der arbeitnehmerähnlichen Personen gelten.

bb) Gleichbehandlung zwischen arbeitnehmerähnlichen Personen und Arbeitnehmern

Fraglich ist, ob die Anwendung des Gleichbehandlungsgrundsatzes auch zwischen Arbeitnehmern und arbeitnehmerähnlichen Personen möglich sein kann. Der Bundesgerichtshof hat in seiner oben genannten Entscheidung lediglich einen Ver-

---

[73] BGH vom 14. Mai 1990, DB 1990, 1810 f.

gleich der Geschäftsführer mit den leitenden Angestellten zugelassen. Die Geschäftsführer sind jedoch ohnehin der Gruppe leitenden Angestellten zuzurechnen, sofern sie nicht aufgrund maßgeblicher Kapitalbeteiligung das Unternehmen entscheidend beeinflussen[74]. Ähnlich eng muß auch eine Anwendung des Gleichbehandlungsgrundsatzes zwischen Arbeitnehmern und arbeitnehmerähnlichen Personen begrenzt bleiben. Lediglich in solchen Fällen, da die Beschäftigung der Arbeitnehmer ohnehin von dem üblichen Beschäftigungsprofil für Arbeitnehmer abweicht und im Hinblick auf die Verrichtung der Tätigkeiten die Übereinstimmungen zwischen Arbeitnehmern und arbeitnehmerähnlichen Personen ungewöhnlich groß sind, kann eine Anwendung des Gleichbehandlungsgrundsatzes in Betracht kommen. In diesem Fall kann das für Arbeitnehmer geltende Entgelt auch für arbeitnehmerähnliche Personen gelten. Dies widerspricht auch nicht dem Gedanken des Gleichbehandlungsgrundsatzes, denn dieser benennt selbst, daß eine 100%ige Gleichheit zwischen zwei Beschäftigungen nur im seltenen Ausnahmefall gegeben sein wird. Gleichheit muß lediglich im Hinblick des in Frage stehenden Tätigkeitsbereiches – etwa der Frage der Erstellung eines Produktes – bestehen. Sind diese Voraussetzungen gegeben, so ist auch eine Korrektur des vereinbarten Entgelts aufgrund betrieblicher Ungleichbehandlung denkbar.

III. Rechtspolitischer Ausblick

Diese Korrekturen der mißlichen Entlohnungssituation der abhängigen Selbständigen durch richterrechtliche Rechtsfortbildung können jedoch lediglich eine kurzfristige Lösung sein. Mittelfristig vermag die Lösung, Entgelt durch gerichtliche Entscheidung festzulegen, nicht zu befriedigen.

Daher ist zu fragen, ob der Gesetzgeber zumindest auf dieses augenfällige Problem durch kleinere gesetzgeberische Korrekturen reagieren könnte, wenn schon eine weitergehende Gesetzesänderung zur Zeit nicht realistisch erscheint.

Als Vorbild für einen solchen gesetzgeberische Vorstoß könnten die Heimarbeitsausschüsse dienen, die in den §§ 4 ff. HAG geregelt sind. Hiernach richtet die zuständige Arbeitsbehörde Heimarbeitsausschüsse ein. Diese sind nach den verschiedenen Gewerbezweigen und Beschäftigungsarten im Rahmen der Heimarbeit unterteilt. Es werden paritätisch besetzte Ausschüsse gebildet, die Arbeitsbedingungen für Heimarbeitende festlegen Diese Kompetenz umfaßt nach § 18 HAG auch die Festsetzungen von Entgelten. Weiterhin sollen die Heimarbeitsausschüsse das Zustandekommen von Tarifverträgen für Heimarbeitende fördern

Dies könnte ein Vorbild für eine Lösung im Bereich der arbeitnehmerähnlichen Beschäftigten sein. Für sie könnten paritätisch besetzte Ausschüsse gebildet werden, die eine Festsetzung des Entgelts vereinbaren.

---

74 *Schaub*, Arbeitsrechtshandbuch, § 14 I 2.

So könnte perspektivisch der mißlichen Situation, daß durch Rechtsprechung ein angemessenes Entgelt festgelegt werden muß, abgeholfen werden.

IV. Ergebnis

Die Ausprägung des Untermaßverbotes im Bereich des Entgelts für arbeitnehmerähnliche Personen gebietet die Gewähr eines Entgelts, das im adäquaten Verhältnis zu ihrer Arbeitsleistung steht. Hierbei ist zwischen zwei verschiedenen Ansatzpunkten zu unterscheiden: Zum einen kann sich ein Korrekturbedarf im Hinblick auf überbetriebliche vergleichbare Entgelte ergeben, zum anderen kann aufgrund eines innerbetrieblichen Entgeltgefälles eine Korrektur der Entgeltvereinbarung möglich sein.

Am erfolgversprechendsten ist hierbei der überbetriebliche Ansatz.

Bei starker Unterschreitung des tariflichen Entgelts ist die Entgeltabrede nach § 138 Abs. 1 BGB sittenwidrig. Dann ist über die Vorschrift des § 612 Abs. 2 BGB statt der nichtigen Entgeltabrede zur Bestimmung des üblichen Entgelts der Tariflohn zugrunde zu legen. Hiervon ausgehend ist nach den von der Rechtsprechung entwickelten Grundsätzen zur fehlgeschlagenen Vergütungserwartung ein konkretes übliches Entgelt festzulegen. Mangelt es an jeglichen Anhaltspunkten im Rahmen des Tarifgefüges, so kann zumindest das steuerfreie Existenzminimum als Entgelt gewährt werden.

Ist die Entgeltabrede nicht sittenwidrig, so kann in ihr dennoch ein Verstoß gegen den Grundsatz von Treu und Glauben nach § 242 BGB liegen. In diesem Fall ist dann aufgrund des Untermaßverbotes, in einer Weiterentwicklung der Grundsätze vom Wegfall der Geschäftsgrundlage, das Entgelt am Tariflohn zu orientieren, oder, sofern dies nicht möglich ist, zumindest das steuerfreie Existenzminimum zu gewährleisten.

Ein Ansatz zur Entgeltkorrektur auf Betriebsebene kann sich aus dem Gleichbehandlungsgrundsatz ergeben. Werden zwei arbeitnehmerähnliche Personen, die der gleichen Beschäftigung nachgehen, unterschiedlich entlohnt, so sind diese nach dem Gleichbehandlungsgrundsatz unproblematisch gleichzustellen. Nur im Ausnahmefall kann dagegen der Gleichheitsgrundsatz zwischen Arbeitnehmern und arbeitnehmerähnlichen Personen Anwendung finden. Ist der Gleichheitsgrundsatz anwendbar, so kann sich auch in diesem Fall ein Anspruch arbeitnehmerähnlicher Personen auf Gleichbehandlung mit Arbeitnehmern in der Entlohnung ergeben.

Perspektivisch ist jedoch eine Lösung zu finden, die eine Festsetzung des Entgelts durch Richterrecht entbehrlich macht. Hierbei ist an eine Bildung von Ausschüssen für arbeitnehmerähnliche Personen nach dem Vorbild der Heimarbeitsausschüsse (§§ 4 ff. HAG) zu denken.

B. Beendigung des Beschäftigungsverhältnisses

Ein selbständiger Dienstvertrag ist nach § 621 Abs. 5 BGB jederzeit unter Einhaltung einer Kündigungsfrist von 14 Tagen kündbar. Abweichende Vorschriften zur Kündigung arbeitnehmerähnlicher Personen sehen das BGB ebenso wie arbeitsrechtliche Spezialgesetze nicht vor. Arbeitnehmerähnliche Personen sind so zu behandeln wie andere Selbständige auch. Ihre mit Arbeitnehmern vergleichbare Schutzbedürftigkeit hat insoweit keinen Eingang in die gesetzlichen Vorschriften zum Kündigungsschutz gefunden. Ein Vergleich mit den Regelungen, die für Arbeitnehmer gelten, liegt daher nahe: Es ist zu fragen, welche Voraussetzungen für die Kündigung von Arbeitnehmern gelten und inwieweit diese Grundsätze auf die Kündigungsvoraussetzungen für arbeitnehmerähnliche Personen übertragen werden können. Hierbei sind zwei Gesichtspunkte zu berücksichtigen. Zum einen könnte die Zulässigkeit der Kündigung an inhaltliche Kriterien geknüpft werden, die das Recht des Auftraggebers, grundlos zu kündigen, einschränken.

Sofern die Kündigung den Anforderungen an die Beendigung eines Auftragsverhältnisses genügt, ist zum anderen zu fragen, ob bei Erteilung der Kündigung eine Auslauffrist zu beachten ist. Der Auftraggeber könnte zur Einhaltung einer Frist angehalten sein, die es dem Auftragnehmer ermöglicht, sich nach einem neuen Auftraggeber umzusehen.

Zunächst ist danach zu fragen, unter welchen Voraussetzungen die Kündigung einer arbeitnehmerähnlichen Person zulässig sein kann.

I. § 1 Abs. 1 KSchG analog

Für die Einschränkung der Kündigungsfreiheit der Arbeitgeber hat vor allem das Kündigungsschutzgesetz zentrale Bedeutung. Für Arbeitnehmer, deren Arbeitsverhältnis mit dem Arbeitgeber länger als sechs Monate Bestand hat und deren Betrieb mehr als zehn Beschäftigte hat, findet nach § 1 Abs. 1 KSchG das Kündigungsschutzgesetz Anwendung. Das Kündigungsschutzgesetz gilt danach lediglich für Arbeitnehmer; es nimmt aber keine Definition des Arbeitnehmerbegriffs vor. Daher gilt als Arbeitnehmer nach dem Kündigungsschutzgesetz, wer unter die allgemeinen Kriterien der Rechtsprechung zum Arbeitnehmerbegriff fällt[75]. Maßgebliches Kriterium ist daher auch für die Arbeitnehmereigenschaft nach dem Kündigungsschutzgesetz die persönliche Abhängigkeit des Beschäftigten. Arbeitnehmerähnliche Personen, die wirtschaftlich abhängig sind, können deshalb keine Arbeitnehmer im Sinne des Kündigungsschutzgesetzes sein. Eine direkte Anwen-

---

75 *Stahlhacke/Preis,* Kündigung, Rdnr. 600; *Hoyningen-Huene/Linck,* KSchG, Rdnr. 22 zu § 1; KR-*Wolf,* Grundsätze, Rdnr. 60 ff.

dung des Kündigungsschutzgesetzes auf arbeitnehmerähnliche Personen ist daher ausgeschlossen[76].

In Betracht könnte eine analoge Anwendung des § 1 Abs. 1 KSchG kommen. Dafür müßte eine analoge Anwendung des § 1 Abs. 1 KSchG eine zulässige Fortbildung bestehenden Rechtes sein. Hierfür müßten die allgemeinen Voraussetzungen für eine Analogie gegeben sein. Eine Analogie ist eine Übertragung der für einen Tatbestand gegebenen Regel auf einen vom Gesetz nicht geregelten, vergleichbaren Tatbestand. Bei einer Analogie wird der mögliche Wortlaut des Gesetzes überschritten und damit der Anwendungsbereich über den Bereich hinaus ausgeweitet, den der mögliche Wortsinn erfassen kann[77]. Die Möglichkeit einer Übertragung begründet sich daher nicht aus positivrechtlichen Anordnungen, sondern aus der Tatsache, daß infolge ihrer Ähnlichkeit in den für die gesetzliche Bewertung maßgebenden Hinsichten beide Tatbestände gleich zu bewerten sind. Die Begründung der Analogie liegt also im Gleichheitssatz[78], der verlangt, daß gleichartige Tatbestände gleich und ungleiche verschieden zu behandeln sind. Aus dem Blickwinkel des Gebots der Gleichbehandlung heraus ist die geltende Rechtslage als lückenhaft anzusehen, wenn sie gleichartiges nicht gleich behandelt. Es handelt sich dann um eine „planwidrige“ Unvollständigkeit[79]. Zur Feststellung einer Lükke, die eine Analogie rechtfertigt, genügt daher nicht die Feststellung, daß die durch Analogie gebildete Norm dem geltenden Recht nicht widerspricht. Es ist notwendig, daß die Regelung nach der Systematik der Rechtsordnung erforderlich ist[80].

Zunächst ist zu fragen, ob eine Vorschrift wie § 1 Abs. 1 KSchG überhaupt die Bildung einer Analogie zuläßt. Hierfür ist zu untersuchen, ob es sich bei dem Kündigungsschutzgesetz um eine Regel- oder eine Ausnahmevorschrift handelt. Während Regelvorschriften ohne weiteres analogiefähig sind, gilt für Ausnahmevorschriften, daß eine analoge Anwendung im Grundsatz ausscheidet. Auch bei Ausnahmevorschriften ist eine Analogie aber zulässig, wenn es sich bei dem nicht geregelten Fall ebenfalls um einen Ausnahmefall handelt[81]. Die Zulässigkeit einer Analogiebildung bei einer Ausnahmevorschrift erfordert daher eine Beschränkung der Analogie auf einen klar umrissenen Bereich. Eine Verallgemeinerung einer Ausnahmeregelung scheidet aus.

---

76 KR-*Rost*, Rdnr. 34 zu Arbeitnehmerähnliche Person; KR-*Becker*, Rdnr. 29 zu § 1 KSchG; *Stahlhacke/Preis*, Kündigung und Kündigungsschutz, Rdnr. 603; *Löwisch*, KSchG, Rdnr. 20 zu § 1.

77 *Canaris*, Die Feststellung von Lücken im Gesetz, S. 21.

78 *Larenz/Canaris*, Methodenlehre, S. 202; *Canaris*, Die Feststellung von Lücken im Gesetz, S. 25.

79 *Canaris*, Die Feststellung von Lücken im Gesetz, S. 16.

80 *Canaris*, Die Feststellung von Lücken im Gesetz, S. 51.

81 *Schmalz*, Methoden, Rdnr. 362.

Bei dem Kündigungsschutzgesetz handelt es sich um ein Gesetz, das die Beendigung eines Dauerschuldverhältnisses regelt. Das Kündigungsschutzgesetz wäre daher eine Regelvorschrift, wenn Dauerschuldverhältnisse generell einer Restriktion im Bereich der Kündigung unterlägen, wogegen das Kündigungsschutzgesetz eine Ausnahmevorschrift wäre, wenn Dauerschuldverhältnisse im Grundsatz ohne Einschränkungen kündbar wären. Dauerschuldverhältnisse sind solche Schuldverhältnisse, bei denen während ihrer Laufzeit ständig neue Leistungs-, Neben- und Schutzpflichten entstehen[82]. Gesetzlich normierte Dauerschuldverhältnisse sind unter anderem die Miete (§§ 535 ff. BGB), die Verwahrung(§§ 688 ff. BGB), die Bürgschaft (§§ 765 ff. BGB), die Geschäftsbesorgung (§§ 662 ff. BGB), sowie das Darlehen (§§ 607 ff. BGB). Das unbefristete Dauerschuldverhältnis endet durch Kündigung. Fehlen spezielle Vorschriften über eine ordentliche Kündigungsfrist, so sind die §§ 624, 723 BGB entsprechend anwendbar[83]. Nach allgemeinen Grundsätzen herrscht bei Dauerschuldverhältnissen daher unter Einhaltung einer Frist der Grundsatz der Beendigungsfreiheit. Die Grundsätze des Kündigungsschutzgesetzes stellen daher keinen allgemeinen Rechtsgedanken dar, sondern stehen dem allgemeinen Grundsatz der Beendigungsfreiheit von Dauerschuldverhältnissen entgegen.

Die Bildung einer Analogie stößt daher auf generelle Bedenken. Sie wäre nur dann denkbar, wenn sich die in Frage stehende Analogie ebenfalls auf einen Ausnahmefall erstreckte. Ein Ausnahmefall wäre es nicht mehr, wenn Dauerschuldverhältnisse generell Restriktionen bei ihrer Kündigung unterworfen werden sollten.

Dagegen, daß es sich ebenfalls um einen Ausnahmefall handelt, könnte stehen, daß die Rechtsfigur der arbeitnehmerähnlichen Person als Auffangnorm für jene Beschäftigten gelten soll, die nicht als Arbeitnehmer einzuordnen sind. Es wird damit kein eng umgrenzter Personenkreis in die Analogie einbezogen, sondern ein Rechtsprinzip gewählt, das über die bisherige, klar begrenzte Gruppe der Arbeitnehmer hinausgeht.

Schließlich soll nicht jedes Dienstverhältnis durch die Analogie umfaßt werden. Insofern läßt sich sagen, daß neben den Arbeitnehmern eine weitere schutzbedürftige Gruppe vom Grundsatz der Kündbarkeit von Dauerschuldverhältnissen ausgenommen werden soll. Nicht angestrebt ist dagegen eine Verallgemeinerung, die die Kündigung von Dauerschuldverhältnissen generell engen Restriktionen unterwerfen soll. Es handelt sich damit schließlich um einen weiteren Ausnahmefall, den § 1 Abs. 1 KSchG auch auf arbeitnehmerähnliche Personen analog anzuwenden. Eine analoge Anwendung des § 1 Abs. 1 KSchG ist damit prinzipiell denkbar.

---

82 Palandt-*Heinrichs*, BGB, Rdnr. 17 zu Einleitung vor § 241.

83 BGH vom 28. Februar 1972, NJW 1972, 1128 (1129); BGH vom 25. Mai 1993, NJW-RR 1993, 1460.

1. Offene Regelungslücke

Als Voraussetzung für eine Analogie müßte zunächst eine Lücke im Gesetz vorliegen[84].

Hierbei ist zwischen Gesetzes- und Regelungslücken zu unterscheiden. Eine Gesetzeslücke liegt dann vor, wenn eine Norm unvollständig ist. Sie muß erst ergänzt werden, um überhaupt angewandt werden zu können[85]. Hiervon zu unterscheiden ist die Regelungslücke. Eine Regelungslücke liegt dann vor, wenn die vorhandene Norm zwar technisch angewandt werden kann, sie den strittigen Fall nach dem Wortlaut des Gesetzes jedoch nicht umfaßt[86]. § 1 Abs. 1 KSchG ist anwendbar, da er als Anwendungsbereich die Arbeitnehmer nennt, er schließt jedoch nach dem Wortlaut arbeitnehmerähnliche Personen aus. Daher liegt eine Regelungslücke vor.

Weiterhin ist zwischen offenen und verdeckten Regelungslücken zu unterscheiden. Eine offene Gesetzeslücke liegt vor, wenn die Norm den zu prüfenden Anwendungsbereich nicht erfaßt. Bei offenen Regelungslücken geschieht ihre Ausfüllung zumeist im Wege der Analogie. Eine verdeckte Lücke liegt dagegen vor, wenn eine gesetzliche Regelung entgegen ihrem Wortsinn, aber gemäß der immanenten Teleologie einer Einschränkung bedarf, die im Gesetzestext nicht enthalten ist. Die Ausfüllung einer solchen Lücke geschieht durch die Hinzufügung der sinngemäß notwendigen Einschränkung[87]. Da es in diesem Fall nicht um die Einschränkung, sondern dic Erweiterung des Anwendungsbereichs des Kündigungsschutzgesetzes geht, handelt es sich um eine offene Regelungslücke. Diese Voraussetzung für eine Analogie liegt daher vor.

2. Planwidrige Regelungslücke

Es müßte sich weiterhin um eine planwidrige Regelungslücke handeln. Planwidrig ist die Lücke dann, wenn dem Gesetzgeber die Lücke im Gesetz nicht bewußt war[88].

Planwidrige Regelungslücken können sowohl in Form von anfänglichen als auch nachträglichen Regelungslücken vorliegen[89]. Eine anfängliche Regelungslükke liegt dann vor, wenn der Gesetzgeber eine nach seiner generellen Absicht regelungsbedürftige Frage zum Zeitpunkt der Verabschiedung des Gesetzes übersehen oder irrtümlich für von ihm bereits geregelt gehalten hat. Nachträgliche Regelungslücken dagegen können dadurch entstehen, daß infolge der technischen oder

---

84 *Bydlinsky,* Methodenlehre, S. 472; *Canaris,* Lücken, S. 129 ff.

85 *Pawlowski,* Methodenlehre, S. 210; *Larenz,* Methoden, S. 372.

86 *Pawlowski,* Methodenlehre, S. 210; *Larenz,* Methoden, S. 372.

87 *Larenz/Canaris,* Methodenlehre, S. 210.

88 *Schmalz,* Methodenlehre, Rdnr. 352.

89 *Pawlowski,* Methoden, S. 211.

der wirtschaftlichen Entwicklung neue Fragen auftauchen, die im Rahmen des Regelungszwecks, des von der Grundabsicht des Gesetzes erfaßten Regelungsbereichs, nunmehr der Regelung bedürfen, die aber der Gesetzgeber noch nicht gesehen hat[90]. Zum Zeitpunkt der Verabschiedung des Kündigungsschutzgesetzes vom 10. August 1951[91] prägten das Normalarbeitsverhältnis und ein klassisch strukturierter Betrieb die Arbeitswelt. Der Begriff der arbeitnehmerähnlichen Person war zwar bereits bekannt, Beschäftigungsverhältnisse, die nicht eindeutig der abhängigen oder selbständigen Arbeit zugerechnet werden konnten, bestimmten jedoch nicht die Lebensrealität. Sofern sie in nennenswertem Ausmaß vorhanden waren, waren sie außerdem bereits zuvor im Heimarbeitsgesetz vom 14. März 1951[92] erfaßt worden.

Weitere Beschäftigungsformen, die nicht den Regelungsbereich des KSchG betrafen, spielten zu diesem Zeitpunkt eine äußerst untergeordnete Rolle. Die Ausgliederung einzelner Arbeitsleistungen aus dem Betriebsablauf ist ein Prozeß, der erst in den letzten Jahren eingesetzt hat. Insofern ist mit der Nichterfassung der arbeitnehmerähnlichen Personen durch das KSchG an eine nachträgliche Regelungslücke zu denken.

Alleine die Tatsache, daß das Gesetz für einen Bereich keine Regelung vorsieht, spricht jedoch noch nicht für eine planwidrige Regelungslücke. Es kann auch sein, daß der Gesetzgeber diesen Bereich bewußt nicht regeln wollte. Daher ist für die Klärung der Frage, ob eine Analogie zulässig sein kann, der dem Gesetz zugrunde liegende Regelungsplan aus ihm selbst im Wege der historischen und teleologischen Auslegung zu ermitteln[93]. Eine Regelungslücke, die eine Analogie rechtfertigen kann, liegt demnach nur dann vor, wenn das Gesetz, gemessen an seiner eigenen Regelungsabsicht, unvollständig ist, nicht jedoch, wenn die von ihm getroffene Entscheidung lediglich einer rechtspolitischen Kritik nicht standhält[94].

a) Sozialer Schutz durch das KSchG

Die Begründung des Entwurfs des Kündigungsschutzgesetzes von 1951 nennt zum einen den Schutz des Arbeitnehmers, der durch die Regelung des Kündigungsschutzgesetzes verbessert werden sollte[95]. Zu diesem Zeitpunkt war das Problem abhängiger Selbständigkeit noch nicht in dem Rahmen gesellschaftliche Realität wie nunmehr in den neunziger Jahren. Ein allgemeiner Schutz arbeitnehmerähnlicher Personen stand daher nicht auf der Tagesordnung. Das Kündigungs-

[90] *Larenz/Canaris*, Methoden, S. 200.

[91] BGBl. 1951 I, S. 499 ff.

[92] BGBl. 1951, S. 191 ff.

[93] *Larenz/Canaris*, Methodenlehre, S. 194.

[94] *Larenz/Canaris*, Methodenlehre, S. 195.

[95] BT-Drucksache I/2090, S. 11.

schutzgesetz ist jedoch durch das arbeitsrechtliche Gesetz zur Förderung von Wachstum und Beschäftigung vom 25. September 1996[96] grundlegend geändert und reformiert worden. Zu diesem Zeitpunkt war dem Gesetzgeber das Problem abhängiger Selbständigkeit bereits hinreichend bekannt[97]. Der Gesetzgeber hat jedoch nicht den Weg beschritten, den Kündigungsschutz auf weitere Beschäftigtengruppen auszuweiten. Stattdessen hat er den Kündigungsschutz für Gruppen abgebaut, für die bis dahin das Kündigungsschutzgesetz galt. Galt das Kündigungsschutzgesetz vorher bereits ab Betrieben mit mehr als fünf Mitarbeitern, so greift es jetzt erst ein, wenn mehr als zehn Mitarbeiter im Betrieb beschäftigt sind. Durch diese Gesetzesänderung ist ein erheblicher Teil der Arbeitnehmer vom Kündigungsschutz des KSchG ausgenommen worden. Nach Untersuchungen des Instituts für Arbeitsmarkt- und Berufsforschung der Bundesanstalt für Arbeit findet das KSchG in 93% aller Arbeitsstätten keine Anwendung mehr. Dies betrifft nach seinen Überlegungen etwa 35% der Beschäftigten[98].

Der Gesetzgeber hat daher den Kündigungsschutz planmäßig abgebaut. Hier war ihm auch der wachsende Anteil abhängig selbständig Beschäftigter bewußt. Von einer planwidrigen Regelungslücke kann daher nicht gesprochen werden.

b) Betriebsbegriff des KSchG

Auch der Betriebsbegriff des Kündigungsschutzgesetzes spricht gegen eine planwidrige Regelungslücke. Das Kündigungsschutzgesetz soll nach der Begründung des Entwurfes auch dazu beitragen, eine „willkürliche Durchschneidung des Bandes der Betriebszugehörigkeit“[99] zu vermeiden. Der Gesetzgeber geht also davon aus, daß sich aus der Einbindung in den Betrieb eine besondere Schutzbedürftigkeit der Beschäftigten ergibt. Diese Einbindung in den Betrieb rechtfertigt hiernach den besonderen Kündigungsschutz des Kündigungsschutzgesetzes. Diese Einbindung in den Betrieb liegt jedoch bei den arbeitnehmerähnlichen Personen gerade nicht vor. Wären sie in den Betrieb eingebunden, so wären sie rechtlich wohl als Arbeitnehmer anzusehen. Charakteristisch für die Arbeit der abhängigen Selbständigen ist jedoch, daß sie Aufträge erhalten, deren Art der Durchführung und Umsetzung weitgehend ihnen selbst überlassen wird. Feste Beschäftigungszeiten oder Anweisung zur Umsetzung, die sie in den Betrieb einbinden, liegen typischerweise nicht vor. Diesem klassischen Betriebsbegriff einen modernen Kündigungsschutz zugrunde zu legen, erscheint rechtspolitisch fragwürdig. Denn mit der

---

96 BGBl. I 1996 I, S. 1476.

97 Vgl. BT-Drucksache 12/7848, Antwort auf die Kleine Anfrage der Abgeordneten Regina Kolbe, Brigitte Adler, Gerd Anders, sowie weiterer Abgeordneter der SPD – BT-Drucksahce 12/7279 – beide Drucksachen sind aus dem Jahr 1993.

98 Kurzbericht des Instituts für Arbeitsmarkt- und Berufsforschung der Bundesanstalt für Arbeit, Nr. 5/24. Juni 1996.

99 BT-Drucksache I/2090, S. 11.

fortschreitenden Ausgliederung verschiedenster Produktionsbereiche durch die Unternehmen greift auch dieser Betriebsbegriff für die Arbeitnehmer im geringeren Maße. Eine Abkehr von der jetzigen rechtspolitischen Linie bliebe jedoch dem Gesetzgeber vorbehalten. Diese Wertungsentscheidung kann nicht im Rahmen einer Analogiebildung erfolgen.

Auch der Betriebsbegriff des Kündigungsschutzgesetzes schließt das das Vorliegen einer planwidrigen Regelungslücke aus.

3. Zwischenergebnis

§ 1 Abs. 1 KSchG ist nicht analog auf arbeitnehmerähnliche Personen anwendbar.

II. Grundsätze des befristeten Arbeitsvertrags

In Betracht könnte jedoch eine Anwendung der Grundsätze des befristeten Arbeitsverhältnisses kommen. Für befristete Arbeitsverhältnisse gilt der Grundsatz, daß deren Abschluß nach § 620 Abs. 1 BGB generell zulässig ist. Das befristete Arbeitsverhältnis endet dann mit Ablauf der Befristung, ohne daß es einer Kündigung bedarf. Daher entfallen auch sämtliche an eine Kündigung geknüpften Vorschriften, vor allem die Kündigungsschutzvorschriften. Deshalb sind befristete Arbeitsverträge nach ständiger Rechtsprechung des Bundesarbeitsgerichts[100] nur unter engen Voraussetzungen zulässig. Unzulässig sind befristete Arbeitsverträge insbesondere dann, wenn die Befristung nicht durch sachliche Gründe gerechtfertigt ist. Das begründet das Bundesarbeitsgericht damit, daß durch die Befristung von Arbeitsverträgen nicht der durch die Kündigungsschutzbestimmungen gewährleistete Bestandsschutz des Arbeitsverhältnisses umgangen werden darf.

Die befristeten Arbeitsverträge müssen derart sachlich gerechtfertigt sein, daß sie den Kündigungsschutz nicht beeinträchtigen. Befristungen von Arbeitsverträgen, die nicht dem Kündigungsschutzgesetz unterfallen können, unterliegen daher auch keinerlei rechtlichen Restriktionen. Sie können jederzeit ohne sachlichen Grund abgeschlossen werden[101].

---

100 Leitentscheidung des BAG vom 12. Oktober 1960 § 620 BGB – Befristeter Arbeitsvertrag; im Anschluß daran unter anderem BAG vom 4. November 1990 AP Nr. 136 zu § 620 BGB – Befristeter Arbeitsvertrag; BAG vom 25. November 1992 AP Nr. 150 zu § 620 BGB – Befristeter Arbeitsvertrag; BAG vom 8. Oktober 1994 AP Nr. 162 zu § 620 BGB – Befristeter Arbeitsvertrag; BAG vom 31. August 1994 AP Nr. 163 zu § 620 BGB.

101 BAG vom 21. Mai 1981 EzA Nr. 49 zu § 620 BGB; BAG vom 30. September 1981 AP Nr. 61 zu § 620 BGB – Befristeter Arbeitsvertrag; BAG vom 17. 12. 1983 AP Nr. 74 zu § 620 BGB – Befristeter Arbeitsvertrag; BAG vom 6. Juni 1984 AP Nr. 84 zu § 620 BGB – Befristeter Arbeitsvertrag.

Da das Kündigungsschutzgesetz auf arbeitnehmerähnliche Personen keine Anwendung findet, gilt dieser Grundsatz auch nicht für die Kündigung eines Auftragsverhältnisses von arbeitnehmerähnlichen Personen. Die Restriktionen der Grundsätze des befristeten Arbeitsvertrages finden keine Anwendung.

III. Generalklauseln des BGB

Eine Einschränkung des Grundsatzes der grundlosen Kündigung von Dauerschuldverhältnissen könnte sich jedoch aus einer verfassungskonformen Auslegung der Generalklauseln des BGB ergeben. Eine solche Einschränkung könnte sich darauf beziehen, aus welchem Grund der Auftraggeber das Dauerschuldverhältnis kündigen kann.

Da das Kündigungsschutzgesetz weder direkt noch analog auf die arbeitnehmerähnlichen Personen Anwendung finden kann, ist zu fragen, ob sich aus den zivilrechtlichen Generalklauseln Anforderungen ergeben, die den Grundsatz der begründungsfreien Kündigung einschränken können.

Diese Frage wurde bisher lediglich vereinzelt im Hinblick auf die Stellung und Schutz der freien Mitarbeiter von Rundfunk- und Fernsehanstalten debattiert[102]. In diesem Zusammenhang wurde vorgeschlagen, den Bestandsschutz unmittelbar aus dem Dauerschuldverhältnis in Verbindung mit § 242 BGB und dem Sozialstaatsprinzip abzuleiten[103]. Als mögliches Vorbild sollte die Durchführung des Bestandsschutzes durch die Rechtsprechung vor dem Inkrafttreten des Kündigungsschutzgesetzes dienen, als ein Kündigungsschutz unmittelbar aus § 242 BGB hergeleitet wurde. Gegen einen Bestandsschutz wurde eingewandt, daß eine solche Rechtsfortbildung nicht möglich sei, da bereits gesetzliche Regelungen existierten. Hier sei zunächst § 12 a TVG zu nennen, der es den Tarifvertragsparteien überlasse, den Umfang des Sozialschutzes für diese Gruppe zu regeln. § 242 BGB sei durch das Kündigungsschutzgesetz unanwendbar[104].

Um zu klären, inwieweit auf diesen Überlegungen aufgebaut werden kann, ist die Frage zu beantworten, welcher gesetzliche Mindeststandard durch eine verfassungskonforme Auslegung der Generalklauseln zu gewährleisten ist.

1. § 138 Abs. 1 BGB

§ 138 Abs. 1 BGB bestimmt, daß ein Rechtsgeschäft nichtig ist, das gegen die guten Sitten verstößt. Diese Norm müßte auf die Kündigung anwendbar sein.

102 RdA 1978, 1 ff.

103 Bericht von *Mostard/Willemsen*, RdA 1978, 29.

104 Kritisch hierzu auch *Beuthien/Wehler*, RdA 1978, 2, 10.

a) Anwendbarkeit des § 138 Abs. 1 BGB auf die Kündigung

In der älteren Lehre wurde davon ausgegangen, § 138 Abs. 1 BGB sei auf die Kündigung nicht anwendbar. Eine Kündigung sei sittlich indifferent. Ein unsittliches Motiv alleine könne nicht genügen, um die Sittenwidrigkeit der Kündigung zu begründen[105].

Dieser Auffassung trat bereits das Reichsarbeitsgericht entgegen[106]. Eine Kündigung könne wie jedes andere Rechtsgeschäft auch gegen § 138 Abs. 1 BGB verstoßen. Das Reichsarbeitsgericht wandte § 138 Abs. 1 BGB insbesondere dann an, wenn keine andere Kündigungsschutzvorschrift eingriff.

Heute ist die Anwendung des § 138 Abs. 1 BGB auf die Kündigung allgemein anerkannt[107]. Dies folgt aus § 13 Abs. 2 Satz 1 KSchG. Hiernach kann der Arbeitnehmer bei Verstoß der Kündigung gegen die guten Sitten die Nichtigkeit dieser Kündigung unabhängig von den Vorschriften des KSchG geltend machen. Das gilt auch, wenn das KSchG nicht eingreift[108]. Nach § 13 Abs. 2 S. 1 KSchG kann die Nichtigkeit einer Kündigung unabhängig vom KSchG und demnach auch außerhalb seines Geltungsbereichs geltend gemacht werden[109].

b) Objektiver Maßstab

Sittenwidrig ist ein Rechtsgeschäft allgemein dann, wenn es gegen das Anstandsgefühl aller billig und gerecht Denkenden verstößt[110].

aa) Arbeitsrechtliche Judikatur und Schrifttum

An die Sittenwidrigkeit der Kündigung eines Beschäftigungsverhältnisses sind hohe Anforderungen zu stellen[111]. Eine Kündigung verstößt gegen § 138 Abs. 1

---

105 *Hueck/Nipperdey*, Lehrbuch des Arbeitsrechts II, § 53 V.

106 RAG vom 18. Oktober 1931 ARS 11, 75; RAG vom 16. Mai 1931 ARS 12, 172; RAG vom 2. November 1931 ARS 16, 297; RAG vom 20. Februar 1935 ARS 23, 58; RAG vom 16. November 1935 ARS 26, 24; RAG vom 7. März 1936 ARS 26, 125; RAG vom 18. März 1936 ARS 26, 161.

107 Palandt-*Heinrichs*, BGB, Rdnr 11 zu § 138; *Stahlhacke/Preis*, Kündigung und Kündigungsschutz, Rdnr. 173 ff.

108 *KR-Friedrich*, Rdnr. 116 zu § 13 KSchG.

109 aA MüKo-*Schwerdtner*, BGB, Rdnr. 187 f. vor § 620 BGB, der die Ansicht vertritt, für Kündigungen außerhalb des KSchG lasse sich eine solche Annahme nicht § 13 II S. 1 KSchG entnehmen, *Schwerdtner*, JZ 1973, 377 (378(.

110 Palandt-*Heinrichs*, BGB, Rdnr zu § 138.

111 *Hoyningen-Huene/Linck*, KSchG, Rdnr. 61 zu § 13; KR-Friedrich, Rdnr. 120 ff. zu § 13; *Stahlhacke/Preis*, Kündigung und Kündigungsschutz, Rdnr. 173 ff.

BGB, wenn in ihr ein Gesamtverhalten zum Ausdruck gebracht wird, das dem Anstandsgefühl aller billig und gerecht Denkenden gröblich widerspricht[112].

Die Bestimmung des grob unbilligen Verhaltens wird in erster Linie durch die Wertungen beeinflußt, die in den Regelungen des gesetzlichen Rechts zum Ausdruck kommen[113]. Daher sind für die Auslegung des § 138 Abs. 1 BGB die Wertungen des KSchG heranzuziehen. Das KSchG regelt in § 1 KSchG die sozialwidrige Kündigung. Es geht davon aus, daß es Kündigungen gibt, die sozialwidrig sind, ohne deshalb zugleich auch sittenwidrig zu sein. An die Sittenwidrigkeit sind deshalb höhere Anforderungen zu stellen als an die Sozialwidrigkeit. § 138 Abs. 1 BGB ist nur dann anwendbar, wenn die Verwerflichkeit der Kündigung nicht bereits von der im KSchG geregelten Sozialwidrigkeit erfaßt ist[114].

Es ist deshalb zwischen Sozialwidrigkeit und Sittenwidrigkeit zu differenzieren. Das KSchG von 1951[115] zählte in § 7 Abs. 1 Satz 3 zu den sozialwidrigen Kündigungen auch solche, die aus offensichtlich willkürlichen oder aus nichtigen Gründen[116] unter Mißbrauch der Machtstellung des Arbeitgebers erfolgten. Die durch § 7 Abs. 1 Satz 3 KSchG 1951 getroffene Abgrenzung ist zwar gesetzlich nicht mehr ausdrücklich normiert. Ihr Sinn gilt jedoch nach wie vor[117]. Auch eine sozialwidrige Kündigung ist demnach nicht bereits sittenwidrig[118].

Dieser enge Begriff zur Anwendung des § 138 Abs. 1 BGB ist einheitlich zu verwenden Er gilt unabhängig davon, ob das Kündigungsschutzgesetz Anwendung finden kann oder nicht. Findet das KSchG keine Anwendung, so darf der Begriff der Sittenwidrigkeit nicht ausgedehnt werden, um auf dem Umweg des § 138 Abs. 1 BGB einen allgemeinen Kündigungsschutz zu schaffen[119].

Das Bundesarbeitsgericht formuliert hierzu, daß eine Kündigung nicht bereits deshalb sittenwidrig ist, weil sie „willkürlich ist, d. h. keinen erkennbaren sinnvollen Grund hat“[120]. Außerhalb des Geltungsbereichs des KSchG komme es auf ei-

---

112 BAG vom 23. November 1961 AP Nr. 22 zu § 138 BGB; BAG vom 25. Juni 1964 AP Nr. 3 zu § 242 BGB – Auskunftspflicht; BAG vom 16. Februar 1989 AP Nr. 46 zu § 138 BGB.

113 Palandt-*Heinrichs*, BGB, Rdnr. 3 zu § 138; Staudinger-*Sack*, BGB, Rdnrn. 39 ff. zu § 138.

114 BAG vom 13. September 1976 AP Nr. 1 zu § 1 KSchG – Wartezeit; BAG vom 2. April 1987 AP Nr. 1 zu § 612 a BGB.

115 KSchG vom 10. August 1951, BGBl. I S. 499.

116 „nichtige Gründe“ im Sinne des KSchG sollten kleinliche Gründe sein, die einen vernünftigen Arbeitgeber nicht zu einer Kündigung veranlassen könnten.

117 *Stahlhacke/Preis*, Kündigung und Kündigungsschutz, Rdnr. 175; *Hoyningen-Huene/Linck*, KSchG, Rdnr. 61 zu § 13; aA *Müller*, ZfA 1982, 475 (479).

118 *Wenzel*, Kündigung und Kündigungsschutz, S. 596; Bopp, Kündigung und Kündigungsprozeß, S. 181.

119 *Stahlhacke/Preis*, Kündigung und Kündigungsschutz, Rdnr. 174; KR-*Friedrich*, Rdnr. 118 zu § 13 KSchG; *Müller*, ZfA 1982, 475 (480).

nen nennenswerten Grund für die Kündigung aber gerade nicht an. Die Schwere der Folgen, die eine Kündigung für den Betroffenen haben könnte, rechtfertigten noch nicht den Vorwurf der Sittenwidrigkeit[121].

Der schwere Vorwurf der Sittenwidrigkeit kann deshalb nur in Ausnahmefällen in Betracht kommen. Im Fall eines HIV-infizierten Beschäftigten, der längere Zeit arbeitsunfähig krank war, hat das Bundesarbeitsgericht die Sittenwidrigkeit der Kündigung verneint[122]. Bejaht hat das Landesarbeitsgericht Berlin die Sittenwidrigkeit der Kündigung wegen Stellens eines Ausreiseantrags aus der DDR[123]. Fälle, in denen die Kündigung allein dadurch motiviert ist, daß zulässigerweise Rechte wahrgenommen werden, werden bereits von § 612a BGB erfaßt. Das ist etwa der Fall, wenn eine Kündigung wegen Verlangens nach einem schriftlichen Arbeitsvertrags[124] oder Beanspruchung des Vorruhestandes[125] ausgesprochen wird.

bb) Kritik

An der engen Definition der Sittenwidrigkeit wird kritisiert, daß mit der Neufassung des KSchG die gesetzliche Grundlage für eine solche Bewertung entfallen sei. Es wird gefordert, an die Sittenwidrigkeit der Kündigung im Arbeitsrecht dieselben Maßstäbe anzulegen, die im übrigen Zivilrecht gelten[126].

Es bleibt allerdings zu fragen, ob hiermit viel zu erreichen ist. Auch im allgemeinen Zivilrecht wird davon ausgegangen, daß über § 138 Abs. 1 BGB lediglich schwere Verstöße gegen die guten Sitten zu sanktionieren sind[127]. Über die Sittenwidrigkeit werden lediglich die Außenschranken der Gültigkeit eines Rechtsgeschäft geregelt. § 138 Abs. 1 BGB regelt lediglich die Einhaltung eines „ethischen Minimums“[128].

Auch unter diesem Blickwinkel ist festzustellen, daß allein die Sozialwidrigkeit einer Kündigung deren Sittenwidrigkeit nicht begründen kann. § 138 Abs. 1 BGB legt lediglich einen rechtsethischen Minimalschutz fest.

---

120 BAG vom 23. November 1961 AP Nr. 22 zu § 138; vgl. auch BAG vom 16. Februar 1989 AP Nr. 46 zu § 138 BGB.

121 BAG vom 30. Oktober 1960 AP Nr. 2 zu § 242 BGB – Kündigung.

122 BAG vom 16. Februar 1989 AP Nr. 46 zu § 138 BGB.

123 LAG Berlin vom 5. Februar 1992 LAGE Nr. 4 zu AGB 1977 (DDR) § 54.

124 ArbG Düsseldorf vom 29. September 1992, BB 1992, 2364.

125 BAG vom 2. April 1987 AP Nr. 1 zu § 612a BGB; LAG Hamburg vom 24. Februar 1986, NZA 1986, 478.

126 *Oetker,* AuR 1997, 41 (48).

127 *Medicus,* BGB AT, Rdnr. 680; Palandt-*Heinrichs,* BGB, Rdnr. 7 zu § 138; MüKo-*Mayer-Maly,* BGB, Rdnr. 1 zu § 138.

128 *Larenz,* BGB AT, § 22 III.

c) Subjektiver Maßstab

Änderungsbedarf könnte sich jedoch bezüglich des subjektiven Maßstabs des § 138 Abs. 1 BGB ergeben.

aa) Rechtsprechung

Die Rechtsprechung des Bundesarbeitsgerichts stellt neben dem objektiven Maßstab stark auf das subjektive Element der Sittenwidrigkeit ab. Nach der Rechtsprechung ist das Anstandsgefühl aller billig und gerecht Denkenden erst bei Vorliegen eines verwerflichen Motivs verletzt. Dies ist z. B. der Fall, wenn die Kündigung aus Vergeltung oder Rachsucht ausgesprochen wird[129]. Entscheiden für die Sittenwidrigkeit der Kündigung soll demnach die Gesinnung des Kündigenden sein[130].

bb) Kritik

Diese Anforderung an die Sittenwidrigkeit wird im Schrifttum im Hinblick auf die Wertungen des allgemeinen Zivilrechts kritisiert[131]. Dort greift eine objektivere Betrachtung des Begriffs der Sittenwidrigkeit durch. Nach der Rechtsprechung des Bundesgerichtshofs genügt es, wenn der Handelnde die Umstände kennt, aus denen sich die Sittenwidrigkeit seiner Handlung ergibt[132]. Im Schrifttum wird überwiegend sogar ganz auf das Vorliegen subjektiver Voraussetzungen verzichtet[133]. Ein Rechtsgeschäft ist demnach bereits dann sittenwidrig, wenn es objektiv einen Zustand herbeiführt, den die Rechtsordnung nicht zulassen kann. Kenntnis der Umstände, die die Sittenwidrigkeit begründen, wird nur dann gefordert, wenn sich die Sittenwidrigkeit nicht bereits aus dem Inhalt des Rechtsgeschäfts ergibt, sondern gerade aus der Verwirklichung eines subjektiven Tatbestands, etwa aus einer mit dem Rechtsgeschäft verfolgten sittenwidrigen Zielsetzung[134]. Diese beiden un-

---

129 BAG vom 23. November 1961 AP Nr. 22 zu § 138 BGB; BAG vom 19. Juli 1973 AP Nr. 32 zu § 138 BGB; zustimmende Literatur unter anderem Schleßmann, Die Kündigung von Arbeitsverträgen, S. 114; *Siebert*, BB 1960, 1029 (1032).

130 Offengelassen von BAG vom 16. Februar 1989 AP Nr. 46 zu § 138 BGB.

131 *Stahlhacke/Preis*, Kündigung und Kündigungsschutz, Rdnr. 176; *Oetker*, AuR 1997, 41 (48).

132 BGH vom 12. März 1981 Z 80, 153 (160 f.); BGH vom 27. Januar 1988, NJW 1988, 1373 (1374).

133 Palandt-*Heinrichs*, BGB, Rdnr. 7 zu § 138; MüKo-*Mayer-Maly*, BGB, Rdnrn. 111 ff. zu § 138 BGB; Staudinger-*Sack*, BGB, Rdnrn. 21, 61 ff. zu § 138; Soergel-*Hefermehl*, BGB, Rdnrn. 6, 31 zu § 138; Erman-*Brox*, BGB, Rdnrn. 30, 36 zu § 138; RGRK-*Krüger-Nieland*, BGB, Rdnr. 25 zu § 138; in diesem Sinne auch BGH vom 8. Mai 1985 Z 94, 268 (272).

134 *Staudinger-Sack*, BGB, Rdnr. 62 zu § 138; MüKo-*Mayer-Maly*, BGB, Rdnr. 112 zu § 138.

terschiedlichen dogmatischen Ansätze führen aber regelmäßig nicht zu unterschiedlichen Ergebnissen. In den Fällen, in denen das Rechtsgeschäft schon seinem Inhalt nach sittenwidrig ist, werden die Parteien stets die Umstände kennen, die die Sittenwidrigkeit begründen[135].

Schwerdtner kritisiert, daß der Gekündigte so fast nie den Nachweis erbringen könne, die ohne Begründung ausgesprochene Kündigung sei in Wahrheit aus sittlich zu mißbilligenden Gründen ausgesprochen worden. Deshalb bleibe derjenige Kündigende unbehelligt, der sich „nicht in die Karten" schauen lasse. Ein Kündigender dagegen, der seine Motive aus Ungeschicklichkeit oder Anstand offenbare, laufe Gefahr, daß die Kündigung für sittenwidrig erklärt werde. Der Schutz des § 138 Abs. 1 BGB dürfe jedoch nicht davon abhängen, ob der Kündigende seine Motive offenbare oder nicht[136].

Dieser Einwand erscheint schlüssig. Die ohnehin schwierige Beweislage würde sich für den Gekündigten geradezu ausweglos gestalten, wenn er einen Nachweis über die verwerfliche Gesinnung des Kündigenden führen müßte. Auch scheint es wenig einleuchtend, daß sich die Zulässigkeit einer Kündigung aus Zufälligkeiten, wie sie *Schwerdtner* skizziert hat, ergeben soll.

Auch grundrechtliche Aspekte sprechen für diese Auffassung. Die Grundrechtsordnung stellt im wesentlichen auf die objektive Beeinträchtigung von Grundrechtswerten[137] ab. Ein an subjektiven Voraussetzungen in der Haltung des Kündigenden orientierter Begriff der Sittenwidrigkeit widerspricht der Tatsache, daß die Auslegung des § 138 Abs. 1 BGB durch die objektiven Wertentscheidung der Verfassung geprägt ist.

Es ist deshalb nicht erkennbar, weshalb im Arbeitsrecht nicht die allgemeinen Grundsätze des Zivilrechts angewandt werden sollen. Auf der anderen Seite spricht das eben Angeführte dafür, die zivilrechtlichen Wertungen auch im Arbeitsrecht anzuerkennen.

d) Zwischenergebnis

Eine Kündigung von arbeitnehmerähnlichen Personen kann gegen die guten Sitten verstoßen, wenn die Beendigung des Auftragsverhältnisses unsittlich erscheinen muß oder wenn die Kündigung nach Inhalt und Form unsittlich ist. Über § 138 Abs. 1 BGB führen Kündigungen, die in besonders erheblicher Weise gegen grundrechtliche Wertungen verstoßen, zur Nichtigkeit. Ein allgemeiner Kündigungsschutz für arbeitnehmerähnliche Personen kann über § 138 Abs. 1 BGB nicht begründet werden. Jedoch könnte zumindest eine graduelle Verbesserung des Schut-

---

135 BGH vom 8. Mai 1985 Z 94, 268 (273).

136 *Schwerdtner,* JZ 1973, 377 (378).

137 BVerfG vom 15. Januar 1958 E 7, 198; BVerfG vom 7. Februar 1990 E 81, 242 (254).

zes arbeitnehmerähnlicher Personen erreicht werden, wenn der Begriff der Sittenwidrigkeit an die im Zivilrecht gebräuchlichen Kategorien angeglichen würde.

2. § 242 BGB

§ 242 BGB enthält den Grundsatz, daß „jedermann“ in Ausübung seiner Rechte und Pflichten nach Treu und Glauben zu handeln hat[138]. Bezogen auf ein Dienst- oder Arbeitsverhältnis konkretisiert § 242 BGB den Umfang der Treuepflichten, den beide Vertragspartner beachten müssen. Während sich § 138 BGB auf die Wahrung eines „rechtsethischen Minimums“ beschränkt, läßt § 242 BGB eine umfassende Interessenabwägung zu[139].

a) Anwendungsbereich vor Schaffung des KSchG

Bereits nach dem Zweiten Weltkrieg wurde § 242 BGB herangezogen, um Arbeitnehmer vor ungerechtfertigten Kündigungen zu schützen.

Zuvor existierte ein Kündigungsschutz der Arbeitnehmer gegen sozialwidrige Kündigungen durch §§ 56 ff. des Gesetzes zur Ordnung der nationalen Arbeit von 1934[140], sowie davor durch die §§ 84 ff. und 96 des Betriebsrätegesetzes von 1920[141] und die Stillegungsverordnung von 1923[142]. Nachdem diese durch das Kontrollratsgesetz[143] außer Kraft gesetzt worden waren, wurde das Fehlen gesetzlicher Regelungen als schmerzliche Lücke wahrgenommen[144].

In der Folgezeit wurde in der amerikanischen und der französischen Besatzungszone auf Länderebene ein Kündigungsschutz durch Kündigungsschutzgesetze oder Regelungen des Kündigungsschutzes in neuen Betriebsrätegesetzen geschaffen[145].

Die Rechtsprechung der sowjetischen Besatzungszone tendierte dahin, jede Kündigung ohne Zustimmung des Betriebsrates für unwirksam nach § 242 BGB zu erklären[146].

In der britischen Zone erging ein Erlaß zur Frage der materiellrechtlichen Zulässigkeit einer Kündigung. Hiernach sollte eine Kündigung des Arbeitsplatzes dann

---

138 Palandt-*Heinrichs,* BGB, Rdnr. 1 zu § 242; RGRK-*Alff,* BGB, Rdnr. 1 zu § 242.

139 Palandt-*Heinrichs,* BGB, Rdnr. 5 zu § 242; MüKo-*Roth,* BGB, Rdnr. 33 zu § 242.

140 RGBl. 1934 I, S. 45.

141 RGBl. 1920 I, S. 147 ff.

142 RGBl. 1923 I, S. 983.

143 Amtsblatt KR 1947, S. 229.

144 *Kaufmann,* RdA 1949, 174.

145 Vgl. hierzu RdA 1949, 424; RdA 1950, 63.

146 Vgl. *Hoyningen-Huene/Linck,* KSchG, Rdnr. 25 der Einleitung..

nichtig sein, wenn sie sich als Rechtsmißbrauch darstelle. Ein Mißbrauch der formalen Kündigungsfreiheit liege immer dann vor, wenn die Kündigung nicht notwendig, also willkürlich sei. Es obliege dem Arbeitgeber, in jedem einzelnen Streitfall den Nachweis zu erbringen, daß die Kündigung entweder durch die Person des Arbeitnehmers, durch sein Verhalten oder durch die Verhältnisse des Betriebes dringend geboten sei. Wo dieser Nachweis nicht gelinge, erweise sich die Kündigung als unrichtige Rechtsausübung, die vor dem Gericht keinen Bestand haben könne[147]. Diese Ansicht fand Rückhalt in der Rechtsprechung der Landesarbeitsgerichte. Es setzte sich dort die Auffassung durch, daß eine sozialwidrige, die Fürsorgepflicht des Arbeitgebers verletzende Kündigung einen Rechtsmißbrauch darstellen könne und insoweit rechtsunwirksam sei[148].

b) Tradierte Anwendung unter der Geltung des KSchG

Nach der Verabschiedung des KSchG 1951 war es erforderlich, den verbleibenden Anwendungsbereich des § 242 BGB im Verhältnis zu den Vorschriften des KSchG zu bestimmen. Es stellte sich die Frage, ob der Grundsatz von Treu und Glauben ganz in den Vorschriften des KSchG aufgegangen war oder ob neben dem KSchG noch ein Anwendungsbereich bei Kündigungen für § 242 BGB verbleiben sollte.

aa) Genereller Umfang der Anwendung

Diese Frage entschied das Bundesarbeitsgericht am 8. Oktober 1959[149] dahingehend, daß das KSchG den Grundsatz von Treu und Glauben abschließend mit einem positiven und einem negativen Inhalt konkretisiere. Positiv konkretisiert sei die Treuwidrigkeit in der Regelung über die Sozialwidrigkeit in § 1 KSchG. Bei den Arbeitnehmern, auf die das KSchG Anwendung findet, handele ein Arbeitgeber sozialwidrig und damit auch treuwidrig, wenn er bei einer ordentlichen Kündigung die in § 1 KSchG aufgestellten Schranken nicht beachte. Nach diesen Schranken ist eine Kündigung dann treuwidrig, wenn der Arbeitgeber ohne ausreichende Gründe in der Person oder dem Verhalten des Arbeitnehmers oder ohne dringende betriebliche Gründe kündigt. Ebenso verhält es sich, wenn er bei einer betriebsbedingt notwendigen Kündigung den zu kündigenden Arbeitnehmer unter Mißachtung der sozialen Gesichtspunkte auswählt. Der Gesetzgeber hat die Grundsätze von Treu und Glauben in § 1 KSchG also insoweit konkretisiert, als es um den Be-

---

147 Arbeitsblatt für die britische Zone 1947, S. 72.

148 LAG Hamburg vom 12. Mai 1948, RdA 1948, 115; LAG Kiel vom 29. Oktober 1947, RdA 1948, 195.

149 BAG vom 8. Oktober 1959 AP Nr. 1 zu § 242 BGB – Schuldrechtliche Kündigungsbeschränkung.

standsschutz und das Interesse des Arbeitnehmers am Erhalt des Arbeitsplatzes geht.

Aus dieser positiven Konkretisierung von Treu und Glauben leitet das Bundesarbeitsgericht im Umkehrschluß eine negative Konkretisierung ab. Bei den Arbeitnehmern, auf die das KSchG keine Anwendung findet, sei eine Kündigung nicht schon dann sozial- und damit treuwidrig, wenn Schranken verletzt würden, die § 1 KSchG für den vom KSchG geschützten Personenkreis aufstelle.

Unter Berücksichtigung dieser negativen Konkretisierung von Treu und Glauben behalte § 242 BGB einen Anwendungsbereich neben dem KSchG[150]. Danach kann die Kündigung eines Arbeitnehmers , der nicht dem KSchG unterfällt, nur dann treuwidrig sein, wenn sie aus Gründen erfolgt, die nicht von § 1 KSchG erfaßt sind[151]. § 242 BGB soll nur dann Anwendung finden, wenn die Kündigung aus Gründen erfolgt, die nicht den Bestandsschutzgedanken oder das Interesse des Arbeitnehmers am Erhalt des Arbeitsplatzes betreffen[152].

Ein darüber hinausgehender Kündigungsschutz für Arbeitnehmer, die nicht dem KSchG unterliegen, wird ganz überwiegend für unzulässig gehalten[153]. Auf dem Umweg der Anwendung des § 242 BGB dürfe ein Verstoß gegen Treu und Glauben nicht bereits bei bloßer Sozialwidrigkeit im Sinne des KSchG angenommen werden. Eine Ausweitung des Treuwidrigkeitstatbestandes widerspreche dem Sinn und Zweck des KSchG. Die Wertung des Gesetzgebers binde die Wirksamkeit einer ordentlichen Kündigung außerhalb des KSchG gerade nicht an bestimmte Treuepflichten[154].

Diese Ansicht wird durch die gesetzlichen Klagefristen untermauert. Nach § 4 KSchG muß eine Kündigungsschutzklage innerhalb einer Frist von drei Wochen erhoben werden. Für Kündigungsschutzklagen, die sich auf § 242 BGB stützen, gilt diese Frist nach § 13 KSchG nicht. Wäre ein Verstoß gegen § 242 BGB bereits dann anzunehmen, wenn sozialwidrige Beweggründe nach § 1 KSchG vorliegen,

---

150 BAG vom 16. Februar 1989 AP Nr. 46 zu § 138 BGB.

151 BAG vom 30. November 1960 AP Nr. 2 zu § 242 BGB – Kündigung.

152 BAG vom 30. November 1960 AP Nr. 2 zu § 242 BGB – Kündigung; BAG vom 8. Juni 1972 AP Nr. 1 zu § 13 KSchG 1969; BAG vom 28. September 1972 AP Nr. 2 zu § 134 BGB; BAG vom 23. September 1976 AP Nr. 1 zu § 1 KSchG – Wartezeit; BAG vom 13. Juli 1978 AP Nr. 18 zu § 102 BetrVG 1972; BAG vom 21. März 1980 AP Nr. 1 zu § 13 SchwbG; BAG vom 2. November 1983 EzA Nr. 53 zu § 102 BetrVG 1972; BAG vom 12. Juli 1990 AP Nr. 87 zu § 613 a.

153 *Schaub*, Arbeitsrechtshandbuch, § 138 III 3; KR-*Friedrich*, Rdnr. 233 f. zu § 13 KSchG; *Stahlhacke/Preis*, Kündigung und Kündigungsschutz, Rdnr. 187; *Hetzel*, Das Arbeitsverhältnis in Kleinbetrieben, aA *Hessel*, DB 1952, 349 f.; *Bührig*, RdA 1955, 266; *Monjau*, DB 1951, 743, die im Hinblick auf die Rechtsprechung vor Erlaß des KSchG davon ausgehen, für § 242 BGB sei nur im personellen Geltungsbereich des KSchG kein Raum mehr.

154 *Hueck*, Anmerkung zu BAG vom 8. Oktober 1959, AP Nr. 1 zu § 620 BGB – Schuldrechtliche Kündigungsvereinbarung.

so wären die vom KSchG ausgenommenen Arbeitnehmer bessergestellt als die Arbeitnehmer, für die das KSchG Anwendung findet[155].

§ 1 KSchG ist somit eine Sonderregel, die in ihrem inhaltlichen Regelungsbereich der Generalklausel des § 242 BGB vorgeht. Außerhalb dieses Bereichs hat der Grundsatz von Treu und Glauben keine abschließende Konkretisierung gefunden und ist daher auf Kündigungen anwendbar. Kündigungsgründe, die nicht bereits von der Sozialwidrigkeit nach § 1 KSchG erfaßt sind, können daher einer Kontrolle nach § 242 BGB unterliegen[156].

bb) Fallgruppen der unzulässigen Rechtsausübung

Diesen verbleibenden Spielraum für die Anwendung des § 242 BGB hat die Rechtsprechung in typisierende Fallgruppen unterteilt, bei denen ein Verstoß gegen Treu und Glauben angenommen werden kann[157]. Sie lassen sich in die ungehörige Kündigung, das Verbot des widersprüchlichen Verhaltens und die Verwirkung unterteilen. Hinsichtlich dieser drei Fallgruppen stellt sich die Frage, ob sie bisher ein geeignetes Instrument waren, einen allgemeinen Kündigungsschutz außerhalb des KSchG zu gewährleisten, und inwieweit aus ihnen Ansätze für eine Weiterentwicklung im Hinblick auf die arbeitnehmerähnlichen Personen abgeleitet werden können.

Innerhalb des § 242 BGB sind diese Fallgruppen dem Rechtsmißbrauch, also der unzulässigen Rechtsausübung, zuzuordnen. Rechtsmißbrauch bezeichnet einen Tatbestand der mißbilligten Inanspruchnahme eines „an sich" bestehenden Rechts. Die Unzulässigkeit der Rechtsausübung bezeichnet die Rechtsfolge, daß die Ausübung des Rechts – zumindest zeitweilig – verwehrt wird[158].

(1) Ungehörige Kündigung

Bei der ungehörigen Kündigung treten Umstände zur Kündigung selbst hinzu, die diese treuwidrig erscheinen lassen. Hierbei kann es sich um den Zeitpunkt oder

---

155 *Staudinger-Neumann,* BGB, Rdnr. 78 zu Vorbemerkung zu § 620.

156 *Röhsler,* DB 1969, 1147 (1151); *Müller,* DB 1960, 1037 (1040 f.); *Galperin,* BB 1966, 1458 (1462 f.); MünchHandB-*Wank,* Rdnrn. 149 ff. zu § 116; aA noch der 2. Senat des BAG vom 14. Mai 1964 AP Nr. 5 zu § 242BGB – Kündigung, der zu einer vollständigen Verdrängung des § 242 BGB bei Kündigungen tendierte. Diese Rechtsprechung hat der Senat selbst jedoch mit seinen Entscheidungen BAG vom 8. Juni 1972 AP Nr. 1 zu § 13 KSchG 1969 und BAG vom 23. September 1976 AP Nr. 1 zu § 1 KSchG 1969 – Wartezeit wieder aufgegeben.

157 Gegen diese Unterteilung in Fallgruppen einzig *Leimert,* § 242 BGB als Kündigungsschutzbestimmung, S. 59 ff. Er vertritt die Auffassung, daß es keine Fallgruppen gibt, die nicht bereits von Treu und Glauben erfaßt wären. Hieraus zieht er allerdings lediglich den Schluß, daß § 242 BGB innerhalb des personellen Geltungsbereichs des KSchG nicht mehr zur Anwendung kommen soll.

158 MüKo-*Roth,* BGB, Rdnrn. 255 ff. zu § 242 BGB.

die Art und Weise der Kündigung handeln. Der Kündigungsgrund selbst ist für die Frage der Wirksamkeit der Kündigung in diesem Zusammenhang ohne Bedeutung. Die Kündigungserklärung ist deshalb unabhängig davon, ob der Kündigungsgrund zulässig wäre, aufgrund äußerer Umstände treuwidrig[159]. Probleme hinsichtlich des Verhältnisses zwischen ungehöriger und sozialwidriger Kündigung stellen sich deshalb nicht[160].

(a) Unzeitgemäße Kündigung

Ein Fall der ungehörigen Kündigung ist die Kündigung zur Unzeit. Spezielle Regelungen zur unzeitgemäßen Kündigung finden sich in §§ 627 Abs. 2, 671 Abs. 2, 712 Abs. 2 2. Halbsatz, 723 Abs. 2, 2226 Satz 3 BGB. § 627 Abs. 2 BGB regelt die unzeitgemäße Kündigung seitens des Dienstverpflichteten. Dieses Verbot hat verallgemeinerbaren Charakter. Auch die Kündigung eines Arbeitsverhältnisses seitens des Arbeitgebers darf nicht zur Unzeit erklärt werden[161]. Das im BGB geregelte Verbot der Kündigung führt allerdings nicht zur Nichtigkeit der Erklärung, sondern zieht als Rechtsfolge lediglich einen Schadensersatzanspruch des Gekündigten nach sich[162]. Nur in Ausnahmefällen ist eine von den speziellen Normen erfaßte Kündigung zur Unzeit zugleich rechtsmißbräuchlich nach § 242 BGB und damit unwirksam[163]. Für eine unzeitgemäße Kündigung im Bereich des Arbeitsrechts ist hieraus der Schluß zu ziehen, daß über § 242 BGB ein Schutz vor Kündigung nicht allein wegen des gewählten Zeitpunktes besteht. Hinzukommen muß eine Beeinträchtigung der berechtigten Interessen des Gekündigten. Hierzu gehört insbesondere die Achtung seiner Persönlichkeit. Eine Verletzung kann dann vorliegen, wenn der Erklärende absichtlich einen Zugangszeitpunkt auswählt, der den Empfänger besonders beeinträchtigt[164].

An diese Grundsätze anknüpfend soll eine Kündigung, die bei geselligen oder gesellschaftlichen Anlässen – z. B. bei einem Theaterbesuch – ergeht, ungehörig sein[165]. Eine Kündigung, die am 24. Dezember zuging, hielt das Bundesarbeitsgericht nicht für unzeitgemäß[166]. Die Unzeitgemäßheit bejahte das Landesarbeitsge-

---

159 *Hetzel*, Das Arbeitsverhältnis im Kleinbetrieb, S. 194 f.

160 BAG vom 12. Juli 1990 AP Nr. 87 zu § 613a BGB; BAG vom 8. Juni 1972 AP Nr. 1 zu § 13 KSchG; aA der 2. Senat des BAG vom 14. Mai 1964 AP Nr. 5 zu § 242 BGB – Kündigung, wonach die Kündigung zur Unzeit im Rahmen des § 1 KSchG berücksichtigt werden muß und deshalb im Rahmen des § 242 BGB nicht geprüft werden darf.

161 *Oetker*, Das Dauerschuldverhältnis und seine Beendigung, S. 312 ff.

162 Zu § 627 Abs. 2 BGB vgl. BGH vom 24. Juni 1987, NJW 1987, 2808; Soergel-Kraft, BGB, Rdnr. 4 zu § 627. Zu § 671 II BGB vgl. RGRK-*Steffen*, Rdnr. 16 zu § 671; MüKo-*Seiler*, BGB, Rdnr. 13 zu § 671. Zu § 723II BGB; Soergel-*Hadding*, BGB, Rdnr. 25 zu § 723.

163 BAG vom 14. November 1953, NJW 1954, 106.

164 BAG vom 14. November 1984 AP Nr. 88 zu § 626 BGB; BAG vom 12. Juli 1990 AP Nr. 87 zu § 613a BGB.

165 *Röhsler*, DB 1969, 1147 (1149); KR-*Friedrich*, Rdnr. 249 zu § 13 KSchG.

richt Bremen dagegen bei einer Kündigung, die dem Arbeitnehmer am Tag des Arbeitsunfalls zuging. Dies mißachte die persönlichen Belange des Arbeitnehmers und sei daher unzulässig. Der Anwendungsbereich für die unzeitgemäße Kündigung dürfte in diesem Zusammenhang aufgrund des Ausnahmecharakters dieser Situation gering sein.

Von größerer praktischer Relevanz ist eine Entscheidung des Landesarbeitsgericht Hamburg, das eine Kündigung deshalb für unzeitgemäß hielt, weil das Arbeitsverhältnis allein deshalb beendet wird, um den Eintritt des Arbeitnehmers in den Vorruhestand zu verhindern[167]. Hierin ist jedoch gleichzeitig ein Verstoß gegen § 612 a BGB zu sehen. Es ergibt sich kein allgemeiner Kündigungsschutz, der nicht bereits spezialgesetzlich bestünde.

Es stellt sich die Frage, ob eine Kündigung zu einer Hochkonjunkturphase als Kündigung zur Unzeit angesehen werden kann. Die Tatsache, daß das Unternehmen sich in keiner schwierigen Lage befindet und eventuell sogar noch expandiert, könnte einen besonderen Vertrauensschutz gegenüber den Beschäftigten begründen. Es ist allerdings zu berücksichtigen, daß das Verbot der Kündigung zur Unzeit vor allem auf die Persönlichkeit des Gekündigten Rücksicht nehmen soll. Das Vertrauen des Beschäftigten in die wirtschaftliche Situation des Betriebes wird vom Schutz seiner besonderen persönlichen Belange jedoch nicht umfaßt. Eine Kündigung während einer Hochkonjunkturphase ist damit auch keine Kündigung zur Unzeit.

Das Verbot der unzeitgemäßen Kündigung kommt deshalb lediglich in Ausnahmefällen zum Tragen. Es ist nicht geeignet, einen allgemeinen Kündigungsschutz für arbeitnehmerähnliche Personen zu gewährleisten.

(b) Kündigung in verletzender Art und Weise

Eine andere Form der ungehörigen Kündigung ist die Kündigung in verletzender Art und Weise. Der Arbeitgeber muß demnach bei Ausspruch der Kündigung ein der Situation angemessenes Verhalten an den Tag legen[168]. Er darf nicht in sprachlich beleidigender Form kündigen. Ein Kündigungsschreiben kann daher ungehörig sein, wenn es scharfe oder verletzende Formulierungen enthält[169]. Das führt jedoch nicht bereits dazu, daß jede Äußerung von Mißfallen bereits ungehörig ist. Zu berücksichtigen ist statt dessen auch die Sachlage, aufgrund derer die Kündigung erklärt wurde[170].

---

166 BAG vom 14. November 1984 AP Nr. 88 zu § 626 BGB.

167 LAG Hamburg vom 24. 2. 1986, NZA 1986, 478.

168 KR-*Friedrich*, Rdnr. 244 zu § 13 KSchG.

169 LAG Baden-Württemberg vom 29. September 1967, DB 1968, 807.

170 LAG Baden-Württemberg vom 29. September 1967, DB 1968, 807.

Ungehörig ist ebenfalls eine Kündigung, die zwar sprachlich korrekt, aber unter unwürdigen Umständen erklärt wurde. Hierzu gehören die Kündigung vor versammelter Belegschaft wegen eines Verdachtes[171], die Kündigung durch Anschlag am schwarzen Brett oder durch einen Lehrling[172], sowie eine Kündigung, die telephonisch in letzter Minute durch eine Sekretärin als Übermittlerin ausgesprochen wurde[173].

Ungehörig ist auch eine Verdachtskündigung, die ohne Angabe näherer Einzelheiten oder Offenlegen der Verdachtsquelle erklärt wird und damit die Ausräumung des Verdachts unmöglich macht[174] sowie der Ausspruch einer Verdachtskündigung, ohne dem Gekündigten zuvor die Möglichkeit der Stellungnahme zu geben[175].

Diese Beispiele zeigen auf, daß es durchaus Extremfälle gibt, bei denen aufgrund des entwürdigenden Charakters der Kündigungserklärung das Korrektiv des § 242 BGB heranzuziehen ist. Die wenigen Fällen, in denen die Treuwidrigkeit aufgrund Kündigung in verletzender Art und Weise zum Tragen kam, zeigen jedoch auch, daß die praktische Relevanz als äußerst gering eingestuft werden muß.

(2) venire contra factum proprium

Ein weiterer Fall der unzulässigen Rechtsausübung ist das Handeln gegen entgegengesetztes Verhalten[176]. Ein früheres Verhalten kann eine spätere Rechtsausübung dann unzulässig machen, wenn sich das Gesamtbild widersprüchlichen Verhaltens ergibt. Zwar läßt die Rechtsordnung widersprüchliches Verhalten generell zu[177]. Widersprüchliches Verhalten ist jedoch mißbräuchlich, wenn durch das Verhalten des Berechtigten ein Vertrauenstatbestand geschaffen wurde[178] und das Vertrauen des anderen Teils schutzwürdig ist[179]. Ein besonderer Vertrauenstatbestand ist nicht durch § 1 KSchG spezialgesetzlich geregelt, so daß die Fallgruppe des „venire contra factum proprium" unproblematisch auf die Kündigung anwendbar ist.

Ein Arbeitgeber verstößt dann gegen § 242 BGB, wenn er sich durch die Kündigung zu seinem früheren Verhalten in einen unvereinbaren Gegensatz begibt[180].

---

171 *Röhsler*, DB 1969, 1147 (1149).

172 *KR-Friedrich*, Rdnr. 246 zu § 13 KSchG.

173 LAG München vom 6. Juli 1949 Nr. 179 zu AP 50.

174 BAG vom 30. November 1960 AP Nr. 2 zu § 242 BGB – Kündigung.

175 BAG vom 2. November 1983 EzA Nr. 35 zu § 102 BetrVG 1972.

176 BAG vom 23. September 1976, EzA Nr. 35 zu § 1 KSchG; ArbG Berlin vom 21. 8. 1990 27 Ca 143/90 n.v.

177 Palandt-*Heinrichs*, BGB, Rdnr. 55 zu § 242.

178 BGH vom 20. November 1969 Z 94, 344 (354); BGH vom 5. März 1986, NJW 1986, 2107.

179 Palandt-*Heinrichs*, BGB, Rdnr. 56 zu § 242.

Widersprüchliches Verhalten kann dann vorliegen, wenn sich der Arbeitgeber zunächst in einer Weise verhält, die auf den Fortbestand des Arbeitsverhältnisses gerichtet ist, und dann plötzlich kündigt[181]. Häufig sind solche Fälle, in denen der Arbeitgeber eine „Lebensstellung" oder „Dauerstellung" versprochen hat und dann nach kurzer Zeit kündigt, wobei der Arbeitnehmer oft erst durch dieses Versprechen von seinem früheren Arbeitsplatz abgeworben wurde[182].

Wird durch Inaussichtstellen einer „Dauerstellung" ein entsprechendes Vertrauen aufgebaut, so kann die Kündigung nach § 242 BGB unwirksam sein[183]. Diese Äußerungen müssen jedoch nicht zwangsläufig ein widersprüchliches Verhalten darstellen. Sie können auch lediglich unverbindliche Anpreisungen des Arbeitsplatzes sein. Sie können auch dahingehend ausgelegt werden, daß ein begrenzter vertraglicher Ausschluß des ordentlichen Kündigungsrechts[184] oder die Geltung des KSchG ab Einstellung vereinbart wurde[185].

Ein Fall widersprüchlichen Verhaltens liegt weiterhin vor, wenn der Arbeitgeber eine vom Arbeitnehmer begangene Verfehlung zunächst verzeiht und später dennoch aus diesem Grund kündigt[186]. Von einer Verzeihung ist auszugehen, wenn der Arbeitgeber das Fehlverhalten zwar abgemahnt oder gerügt hat, es aber nicht zum Anlaß der Kündigung genommen hat[187].

Widersprüchliches Verhalten kann auch bei betriebsbedingten Kündigungen vorliegen. Das ist denkbar, wenn sich der Arbeitgeber bei Ausspruch der Kündigung zu deren Rücknahme bereit erklärt, sofern der Arbeitnehmer neuen Arbeitsbedingungen zustimmt, der Arbeitgeber die Kündigung gleichwohl nicht zurücknimmt, obwohl der Arbeitnehmer sich auf neue Arbeitsbedingungen eingelassen hat[188].

Diese Überlegungen könnten für einen Kündigungsschutz außerhalb des KSchG relevant sein, wenn Beschäftigte entlassen werden, die bereit sind, zu untertariflichen oder allgemein verschlechterten Arbeitsbedingungen weiter zu arbeiten, um die Weiterexistenz des Betriebes zu gewährleisten. Das könnte dann der Fall sein, wenn das Unternehmen mit der Abrede der sich verschlechternden Arbeitsbedin-

---

180 BAG vom 8. Juni 1972 Nr. 12 zu § 626 BGB n.F.; BAG vom 13. Juli 1978 AP Nr. 18 zu § 102 BetrVG 1972; BAG vom 21. März 1980 AP Nr. 1 zu § 17 SchbG; KR-Friedrich, Rdnrn. 236 ff. zu § 13 KSchG.

181 *KR-Friedrich,* Rdnr. 236 zu § 13 KSchG.

182 BAG vom 12. Oktober 1954 AP Nr. 1 zu § 52 RegelungsG; BAG vom 18. Februar 1967 EzA Nr. 5 zu § 1 KSchG; BAG vom 7. November 1967 EzA Nr. 2 zu § 66 HGB; BAG vom 8. Juni 1972, EzA Nr. 12 zu § 626 BGB n.F.; BAG vom 2. November 1978, EzA Nr. 38 zu § 620 BGB.

183 *Larenz,* Anmerkung Nr. 2 zu § 276 BGB – Verschulden bei Vertragsschluß.

184 BAG vom 7. November 1968 EzA Nr. 2 zu § 66 HGB.

185 BAG vom 18. Februar 1967 EzA Nr. 5 zu § 1 KSchG.

186 LAG Baden-Württemberg vom 12. April 1967, DB 1967, 999.

187 BAG vom 10. November 1988, BB 1989, 1483; Löwisch, KSchG, Rdnr. 80 zu § 1.

188 BAG vom 12. Dezember 1968, BB 1969, 404.

gungen ausdrücklich die Verpflichtung eingeht, einen weiteren Arbeitsplatzabbau zu vermeiden. Solche Verpflichtungen sind Arbeitgeber gegenüber Arbeitnehmern in Großunternehmen bereits durch einzelvertragliche Regelungen oder Betriebsvereinbarungen eingegangen, um Tarifnormen zu ihren Gunsten abbedingen zu können[189]. Fehlt es bereits in Kleinbetrieben vielfach an solchen Abreden, so muß bei arbeitnehmerähnlichen Beschäftigungsverhältnissen gerade davon ausgehen, daß es an einer solchen ausdrücklichen Zusicherung mangeln wird. Das ergibt sich bereits daraus, daß es an einer entsprechenden Tarifbindung regelmäßig fehlt. Eine stillschweigende Verpflichtung der Arbeitsplatzgarantie kann bei einer Herabsetzung der Entgeltzahlung jedoch nicht hinein interpretiert werden. Zwar mag die Hoffnung auf den Fortbestand des Beschäftigungsverhältnisses durch eine solche Abmachung bestärkt werden. Das Unternehmen möchte sich jedoch regelmäßig eine möglichst umfassende Dispositionsfreiheit bewahren. Mit dem Erhalt einer Beschäftigung bei dem Unternehmen können arbeitnehmerähnliche Personen nur dann fest rechnen, wenn eine eindeutige Zusage seitens des Unternehmens besteht. Für sich genommen vermag die Vereinbarung, das Entgelt herabzusetzen, ein schutzwürdiges Vertrauen jedoch nicht zu begründen. Eine Kündigung stellt bei einer solchen Abmachung kein widersprüchliches Verhalten dar.

Auch das Verbot des widersprüchlichen Verhaltens erfaßt daher nur einen Ausnahmefall im Bereich der Kündigung, in dem das ausdrückliche Verhalten des Unternehmens einen besonderen Vertrauenstatbestand geschaffen hat. Für ein kündigungsrechtliches Prinzip für arbeitnehmerähnliche Personen kann es nicht herangezogen werden.

(3) Verwirkung

Schließlich kann eine Kündigung aufgrund von Verwirkung treuwidrig sein. Ein Recht ist dann verwirkt, wenn der Berechtigte es längere Zeit nicht geltend gemacht hat und der Verpflichtete sich nach dem gesamten Verhalten des Berechtigten darauf einrichten durfte und eingerichtet hat, daß dieser Umstand auch in Zukunft nicht geltend gemacht werde[190]. Der Verstoß gegen Treu und Glauben liegt in der illoyalen Verspätung der Rechtsausübung[191]. Als spezieller Fall der unzulässigen Rechtsausübung wegen widersprüchlichen Verhaltens[192] ist die Verwirkung auch auf die Kündigung anwendbar.

Ein Zeitraum, dessen Ablauf zur Verwirkung des Kündigungsrechts führt, kann nicht allgemein festgelegt werden. Das Zeitmoment ist unter Berücksichtigung des

---

189 Vgl. ArbG Marburg vom 7. August 1996, NZA 1996, 1331 f.; ArbG Marburg vom 7. August 1996, NZA 1996, 1337.

190 BGH vom 25. März 1965 Z 43, 289 (292); BGH vom 16. Juni 1982 Z 84, 280 (281); BGH vom 20. Oktober 1988 Z 105, 290 (298).

191 BAG vom 9. Juli 1958 BAGE 6, 165 (167); BGH vom 27. Juni 1957 Z 25, 47 (50); BGH vom 29. Februar 1984, NJW 1984, 1684.

192 *MüKo-Roth,* BGB, Rdnrn. 323, 360 zu § 242.

Umstandsmoments zu bewerten, wobei diesen begleitenden Umständen die entscheidende Bedeutung in der Frage der Verwirkung zukommt[193]. Eine Verwirkung kann bereits nach kurzer Zeit eintreten, wenn Umstände vorliegen, die darauf schließen lassen, daß die Kündigung nicht mehr ausgesprochen werden soll. Das ist etwa der Fall, wenn das Beschäftigungsverhältnis gerade durch eine Gehaltserhöhung bestätigt wurde[194].

Bezüglich des Sonderfalls der Verwirkung gilt das bereits allgemein zur Treuwidrigkeit wegen widersprüchlichen Verhaltens gesagte. Wegen der erforderlichen ausdrücklichen Zusicherung des Bestandes des Arbeitsplatzes ist der Anwendungsspielraum gering. Für eine Weiterentwicklung zum Schutz der abhängigen Selbständigen kommt sie deshalb nicht in Betracht.

(4) Zwischenergebnis

Die Fallgruppen der unzulässigen Rechtsausübung gewähren lediglich in geringem Umfang einen Kündigungsschutz außerhalb des Kündigungsschutzgesetzes. Sie bedürfen expliziter Erklärungen zur Schaffung eines Vertrauensverhältnisses auf seiten des Unternehmens, während die soziale Rechtfertigung nach § 1 KSchG solche Voraussetzungen nicht fordert. Über das Verbot der ungehörigen Kündigung, des widersprüchlichen Verhalten sowie der Verwirkung können keine Grundsätze abgeleitet werden, die einen allgemeinen Schutz der arbeitnehmerähnlichen Personen gewährleisten können.

Es ist deshalb zu fragen, ob ein Kündigungsschutz für arbeitnehmerähnliche Personen über andere Rechtsinstitute des § 242 BGB gewährt werden kann. Hierfür könnte das Willkürverbot in Betracht kommen.

c) Willkürverbot

Das Willkürverbot ist ein Fall der unzulässigen Rechtsausübung. Es betrifft die Frage, welche Anforderungen die Rechtsordnung an den Grund einer Rechtsausübung stellt. Die Ausübung eines Rechts ist dann unzulässig, wenn der Begünstigte keine schutzwürdigen Interessen verfolgt oder ganz überwiegende Interessen des anderen Teils seinen entgegenstehen[195].

In § 1 KSchG findet das Willkürverbot seine Konkretisierung für den Wirkungsbereich des KSchG, da dort geregelt ist, aus welchen Gründen die Ausübung des Kündigungsrechts zulässig ist und aus welchen nicht[196].

---

193 BAG vom 9. Juli 1958 AP Nr. 9 zu § 242 BGB – Verwirkung; BAG vom 25. November 1982 AP Nr. 10 zu § 9 KSchG 1969.

194 *MünchHandB-Wank*, Rdnr. 152 zu § 116.

195 *MüKo-Roth*, BGB, Rdnrn. 433 ff. zu § 242.

Im Bereich der mit § 1 KSchG in Berührung kommenden Fallkonstellationen der Treuwidrigkeit einer Willenserklärung zeigten Rechtsprechung und Literatur zunächst sehr große Zurückhaltung. Zwar erwähnte die Rechtsprechung schon frühzeitig, daß eine willkürliche Kündigung gegen § 242 BGB verstoßen könne[197], brachte diesen Ansatz jedoch kaum zur Anwendung. Das Landesarbeitsgericht Düsseldorf urteilte, daß eine Kündigung, bei der sich der Arbeitgeber auf seine formale Rechtsposition zurückziehe, rechtsmißbräuchlich sei[198]. Hier hatte ein Arbeitgeber eine fristlose Kündigung ausgesprochen und sich später auf die hilfsweise ausgesprochene ordentliche Kündigung berufen, nachdem ihm der Nachweis für ein vertragswidriges Verhalten der nicht vom KSchG erfaßten Arbeitnehmerin nicht gelungen war.

Die praktische Bedeutungslosigkeit der Anwendung des Willkürverbots auf die Kündigung hatte seine Begründung darin, daß die Rechtsprechung das Eingreifen des Willkürverbots zunächst immer dann ausschloß, wenn der Grund der Kündigung überhaupt vom Regelungsbereich des § 1 KSchG erfaßt war. Dies verdeutlicht sich insbesondere an einer Entscheidung des Bundesarbeitsgerichts, die eine Kündigung betraf, die ausgesprochen wurde, weil der nicht vom KSchG erfaßte Arbeitnehmer in seiner Freizeit Flugblätter der DKP verteilt hatte[199]. Das Bundesarbeitsgericht entschied, daß die Kündigung aufgrund personen- (DKP-Mitgliedschaft) oder verhaltensbedingter (politisches Engagement) Gründe erfolgt sei. Solche Gründe seien jedoch ausschließlich zu überprüfen, wenn § 1 KSchG Anwendung finde. Für die Treuwidrigkeit einer Kündigung wegen Willkürlichkeit nach § 242 BGB bleibe deshalb kein Raum.

Eingehender mit dem Wirkungsbereich des Willkürverbots des § 242 BGB hat sich das Bundesarbeitsgericht in zwei jüngeren Entscheidungen beschäftigt.

aa) Entscheidung des Bundesarbeitsgerichts vom 23. Juni 1994

In seiner Entscheidung vom 23. Juni 1994[200] hat das Bundesarbeitsgericht zunächst erneut den Grundsatz bestätigt, daß das KSchG Treu und Glauben soweit abschließend regelt, als es um den Bestandsschutz und das Interesse des Arbeitnehmers am Erhalt seines Arbeitsplatzes geht. Gleichzeitig hat das Bundesarbeitsgericht den Wirkungsbereich des Willkürverbots präzisiert. Das Bundesarbeitsgericht

---

196 *Schwerdtner,* ZIP 1984, 22; *Reuter,* in: 25 Jahre BAG, S. 405 (424); nach ganz überwiegender Auffassung geht der Schutz des KSchG weit über einen reinen Schutz vor Willkür hinaus, vgl. *Herschel,* DB 1973, 31; *Herschel,* RdA 1975, 30 f.; *Galperin,* RdA 1966, 362; *Böttícher,* MDR 1952, 260 (262); *Preis,* Prinzipien des Kündigungsrechts, S. 124 f.

197 BAG vom 8. Oktober 1959 AP Nr. 1 zu § 620 BGB – Schuldrechtliche Kündigungsbeschränkung.

198 LAG Düsseldorf vom 31. Mai 1978, BB 1978, 1266.

199 BAG vom 28. September 1972 AP Nr. 2 zu § 134 BGB.

200 BAG vom 23. Juni 1994 AP Nr. 9 zu § 242 BGB – Kündigung.

hatte über die Wirksamkeit einer Kündigung zu entscheiden, die von einem Arbeitgeber ausgesprochen wurde, nachdem er von der Homosexualität seines Mitarbeiters erfahren hatte. Der Arbeitnehmer befand sich noch in der Probezeit, so daß das KSchG keine Anwendung fand. Das Bundesarbeitsgericht entschied, daß eine Kündigung nach § 242 BGB mißbräuchlich ist, wenn sie allein wegen des privaten (Sexual-) Verhaltens eines Arbeitnehmers erfolgt. Die Gestaltung des privaten Lebensbereiches stehe außerhalb vertraglicher Pflichten. Sie werde durch arbeitsvertragliche Pflichten nur insoweit eingeschränkt, als sich das private Verhalten auf den betrieblichen Bereich auswirke und da zu Störungen führe. Die Kündigung sei daher nach § 242 BGB unwirksam.

Die Kündigung war in diesem Fall durch Gründe in der Person des Arbeitnehmers bedingt. Hätte das KSchG bereits Anwendung gefunden, so wäre der Kündigungsgrund von § 1 Abs. 2 KSchG erfaßt worden. Die Kündigung wäre sozialwidrig und damit unwirksam gewesen. Nach der älteren Rechtsprechung des Bundesarbeitsgerichts dagegen hätte ein solcher Kündigungsgrund nicht bei Prüfung der Treuwidrigkeit nach § 242 BGB berücksichtigt werden dürfen. In seiner Entscheidung vom 23. Juni 1994 unterscheidet das Bundesarbeitsgericht zwischen Kündigungsgründen mit und ohne Arbeitsplatzbezug. Auch personen- und verhaltensbedingte Kündigungsgründe ohne Arbeitsplatzbezug können damit gegen das Willkürverbot des § 242 BGB verstoßen[201].

bb) Entscheidung des Bundesarbeitsgerichts vom 19. Januar 1995

In einer Entscheidung zu Kündigungsmöglichkeiten im öffentlichen Dienst nach dem Einigungsvertrag hat das Bundesarbeitsgericht erneut die Frage aufgegriffen, wie die Prüfung einer Kündigung anhand des Willkürverbots vorzunehmen ist[202]. Bezüglich der Abgrenzung des Anwendungsbereichs des § 242 BGB und speziellerer Kündigungsvorschriften hat das Bundesarbeitsgericht seine Rechtsprechung erneut konkretisiert.

Nach Anlage I Kapitel XIX Sachgebiet A Abschnitt III Nr. 1 in Verbindung mit Nrn. 2 und 3 des Einigungsvertrages ist eine ordentliche Kündigung wegen mangelnden Bedarfs oder einer Umstrukturierung der Behörde zulässig. Anforderungen an eine Sozialauswahl bei Kündigung sind, anders als in § 1 Abs. 2 und Abs. 3 KSchG, dort gesetzlich nicht formuliert. Nachdem das Bundesarbeitsgericht entschieden hatte, daß die einigungsvertragliche Kündigungsnorm eine abschließende Sonderregelung darstellt, die in ihrem Regelungsbereich § 1 KSchG vollständig

---

201 Die Entscheidung vom 28. September 1972 unterscheidet sich insofern von dieser Entscheidung als in den verteilten Flugblättern die Arbeitgeberin selbst politisch angegriffen wurde. Nach der neueren Rechtsprechung des BAG wäre zu diskutieren gewesen, ob hierin bereits ein hinreichender Arbeitsplatzbezug liegt.

202 BAG AP Nr. 12 zu Art. 13 Einigungsvertrag; aus der Literatur Ascheid, NZA 1993, 97 (103); *Langanke/Hanau*, NJ 1993; *Vollmer*, AuR 1993, 17 (21).

verdrängt[203], konnte eine Anwendung des § 1 Abs. 3 KSchG nicht in Betracht kommen[204]. Es stellte sich deshalb die Frage, ob eine Sozialauswahl über § 242 BGB geboten war. Laut Bundesarbeitsgericht durfte der Arbeitgeber auch im Rahmen der einigungsvertraglichen Kündigungsvorschriften nicht willkürlich handeln oder besonders schutzbedürftige Arbeitnehmer vorrangig entlassen. Er habe dienstliche Gründe und soziale Belange gegeneinander abzuwägen. Den dienstlichen Belangen könne hierbei kein grundsätzlicher Vorrang zukommen. Als Anhaltspunkte für eine gerechte Sozialauswahl zog das Bundesarbeitsgericht Kriterien heran, die im Rahmen des § 1 Abs. 3 KSchG a.F. zu berücksichtigen waren[205]. Ähnlich urteilte auch das Landesarbeitsgericht Mecklenburg-Vorpommern, die Erwägungen bei der Sozialauswahl nach § 242 BGB würden vielfach große Ähnlichkeiten zu der Sozialauswahl nach § 1 Abs. 3 KSchG aufweisen[206]. Eine Kündigung verstößt nach diesen Grundsätzen der Rechtsprechung zumindest dann gegen § 242 BGB, wenn eine Sozialauswahl gänzlich ausbleibt.

In diesen Entscheidungen ist insoweit eine Abweichung zur früheren Rechtsprechung zu verzeichnen, als daß das Bundesarbeitsgericht in bezug auf den Einigungsvertrag keine abschließende negative Konkretisierung der Sozialauswahl vornimmt. Andernfalls hätte es die Möglichkeit jeglicher Sozialauswahl verneinen müssen.

cc) Zwischenergebnis

Mit seiner jüngeren Rechtsprechung entwickelt das Bundesarbeitsgericht die Anforderungen an die Treuwidrigkeit nach § 242 BGB aufgrund von Willkürlichkeit weiter. Es betont, daß das Willkürverbot auch bei der Überprüfung von Kündigungen im Hinblick auf Kriterien, die im Grundsatz durch § 1 KSchG erfaßt sind, zu beachten ist. Diese Rechtsprechung des Bundesarbeitsgerichts könnte einen Ansatzpunkt für die Gewährung eines eingeschränkten Kündigungsschutzes für arbeitnehmerähnliche Personen bieten.

---

203 BAG vom 24. September 1992 AP Nr. 3 zu Einigungsvertrag Anlage I Kapitel XIX; BAG vom 18. März 1993 AP Nr. 12 zu Einigungsvertrag Anlage I Kapitel XIX; BAG vom 16. März 1994 AP Nr. 21 zu Einigungsvertrag Anlage I Kapitel XIX.

204 Hierfür noch *Berkowsky*, AuA 1995, 33 (35).

205 Bestätigt durch BAG vom 5. Oktober 1995 EzA Nr. 48 zu Art. 20 Einigungsvertrag; BAG vom 26. Oktober 1995 EzA Nr. 51 zu Art. 20 EV; BAG vom 29. August 1996 AP Nr. 62 zu Einigungsvertrag Anlage I Kapitel XIX.

206 LAG MVP vom 21. Oktober 1993 LAGE Nr. 26 zu Art. 20 Einigungsvertrag.

d) Anwendung und Weiterentwicklung der Rechtsprechung im Hinblick auf arbeitnehmerähnliche Personen

Deshalb ist zu fragen, wie eine solche Anwendung auf arbeitnehmerähnliche Personen aussehen kann.

aa) Vergleichbarkeit der Situation

Die Entscheidung des Bundesarbeitsgerichts vom 23. Juni 1994 betraf einen Arbeitnehmer, dem der Schutz des KSchG noch nicht zukam, weil er noch nicht 6 Monate bei dem Arbeitgeber beschäftigt war. Auf arbeitnehmerähnliche Personen findet das KSchG dagegen dauerhaft keine Anwendung. Möglicherweise ist hierin ein Unterschied zu sehen, der einer Anwendung dieser Rechtsprechung auf arbeitnehmerähnliche Personen entgegensteht. Die Entscheidung, einen Beschäftigten als Selbständigen einzustellen, ist eine unternehmerische Entscheidung. Diese unternehmerische Entscheidung umfaßt jedoch nicht das Recht, arbeitnehmerähnlichen Personen allein aus Gründen, die in der Privatsphäre liegen, zu kündigen. Dem vom Bundesarbeitsgericht am 23. Juni 1994 entschiedenen Fall liegen daher keine Überlegungen zugrunde, die für arbeitnehmerähnliche Personen keine Anwendung finden können.

Bezüglich der einigungsvertraglichen Entscheidung des Bundesarbeitsgerichts wird vereinzelt die Auffassung vertreten, daß sie eine Ausnahmesituation nach der Vereinigung betreffe[207]. Dies könnte einer Anwendung auf arbeitnehmerähnliche Personen im allgemeinen entgegenstehen. Für diese Ansicht spricht, daß der Gesetzgeber auf eine politische und ökonomische Ausnahmesituation zu reagieren hatte. Der sich vollziehende Ab- und Umbau von Beschäftigungsverhältnissen in der DDR, bzw. den fünf neuen Ländern stellte eine wirtschaftlich einmalige Sondersituation dar[208]. Es ist jedoch nicht zu verkennen, daß sich der Gesetzgeber ebenso deutlich wie bei der Beschränkung des Wirkungsbereichs der §§ 1, 23 KSchG gegen die Notwendigkeit einer sozialen Rechtfertigung bei Kündigungen entschieden hat. In beiden Fällen stellt sich die Frage, welche rechtlichen Vorgaben diese gesetzgeberische Entscheidungen der Rechtsprechung macht. Die einigungsvertragliche Entscheidung ist deshalb auch im Hinblick eines Kündigungsschutzes für arbeitnehmerähnliche Personen von Bedeutung.

Es stellt sich die Frage, wie die Entscheidungen im Hinblick auf die grundrechtlichen Wertungen zu beurteilen sind.

---

207 *Wlotzke,* BB 1997, 414 (416).

208 *Höland/Falke,* Die Rechtspraxis der Beendigung von Arbeitsverhältnissen, S. 54.

bb) Konkretisierung der grundrechtlichen Wertungen

Zu prüfen ist, wie sich das grundrechtliche Untermaßverbot auf die Anwendung des Willkürverbots auswirkt.

(1) Entscheidung des Bundesverfassungsgerichts vom 27. Januar 1998

Hierbei ist insbesondere die Wirkung des Art. 12 Abs. 1 GG auf die zivilrechtlichen Generalklauseln zu beachten. Ein solcher, grundrechtlich geprägter, Ansatz wird durch eine neue Entscheidung des Bundesverfassungsgerichts zur Verfassungskonformität der Kleinbetriebsklausel des Kündigungsschutzgesetzes weiter befördert[209]. Nach diesen Grundsätzen ist die Kleinbetriebsklausel des Kündigungsschutzgesetzes generell verfassungsgemäß. Arbeitnehmern in Kleinbetrieben sei das größere rechtliche Risiko eines Arbeitsplatzverlustes angesichts der schwerwiegenden und grundrechtlich geschützten Belange der Arbeitgeber zuzumuten[210]. Es sei jedoch zu beachten, daß Arbeitnehmer durch die Herausnahme aus dem Kündigungsschutzgesetz nicht gänzlich schutzlos gestellt würden. Solche Arbeitnehmer seien durch die zivilrechtlichen Generalklauseln vor einer sitten- oder treuwidrigen Kündigung des Arbeitgebers geschützt. Der verfassungsrechtlich gebotene Mindestschutz des Arbeitsplatzes vor Verlust durch private Dispositionen sei damit in jedem Fall gewährleistet. Hierbei sei zu beachten, daß der durch die Generalklauseln vermittelte Schutz um so schwächer wirke, je stärker die mit der Kleinbetriebsklausel geschützten Rechtspositionen des Arbeitgebers betroffen seien. In sachlicher Hinsicht gehe es vor allem darum, Arbeitnehmer vor willkürlichen oder auf sachfremden Erwägungen beruhenden Kündigungen zu schützen. Schließlich dürfe auch ein durch langjährige Mitarbeit erdientes Vertrauen nicht unberücksichtigt bleiben[211]. Diese Grundsätze bestärken die Möglichkeit, zivilrechtliche Generalklauseln so anzuwenden, daß auch arbeitnehmerähnliche Personen im Hinblick auf den Fortbestand ihres Beschäftigungsverhältnisses nicht ganz schutzlos gestellt werden dürfen, auch wenn das KSchG auf sie keine Anwendung findet.

Die Ansichten des Schrifttums sowie der tradierten und neueren Rechtsprechung fallen bei der Frage, ob das Willkürverbot außerhalb des Geltungsbereichs des KSchG zum Tragen kommen kann, weit auseinander.

---

209 BVerfG vom 27. Januar 1998, NJW 1998, 1475 ff.

210 BVerfG vom 27. Januar 1998, NJW 1998, 1475 (1476).

211 BVerfG vom 27. Januar 1998, NJW 1998, 1475 (1476).

(2) Anwendbarkeit des Willkürverbots

Zum Teil wird die Anwendbarkeit des Willkürverbots, wie es die neueren BAG-Entscheidungen definieren, bestritten. Der Kündigungsgrund als solcher könne nicht auf seine Vereinbarkeit mit Treu und Glauben überprüft werden[212]. Das Unternehmen dürfe aus jedem beliebigen Grund kündigen, sofern die Kündigung nicht gegen ein gesetzliche Verbot nach § 134 BGB oder gegen § 138 BGB versto-ße. Das sei auch der Fall, wenn „die Nase des Beschäftigten" oder dessen sexuelle Orientierung nicht gefalle[213]. Es sei unzulässig, „den Regelungsbereich der zivilrechtlichen Generalklauseln aus allgemeinen Billigkeitserwägungen durch großzügige Auslegung so zu formulieren, daß er in die Sozialwidrigkeit hineinreicht"[214].

Diese Auffassung will ebenso wie die tradierte Rechtsprechung eine strikte Grenze zwischen dem Anwendungsbereich der Generalklauseln und dem KSchG ziehen. Soweit es um das Interesse des Beschäftigten am Erhalt des Arbeitsplatzes geht, soll § 242 BGB nicht anwendbar sein.

Es erscheint jedoch zweifelhaft, daß diese Position dem staatlichen Untermaßverbot im Hinblick auf die freie Wahl des Arbeitsplatzes gerecht wird. Die Schutzpflicht des Staates erstreckt sich auch auf die freie Wahl des Arbeitsplatzes und dessen Fortbestand[215]. Hieraus ergibt sich, daß der Staat zumindest einen „Kernbestand des Arbeitsplatzschutzes"[216] unabhängig vom Eingreifen des KSchG gewährleisten muß. Der Staat darf das Bestandsschutzinteresse des Arbeitnehmers an seinem Arbeitsplatz nicht gänzlich unberücksichtigt lassen.

Soweit davon ausgegangen wird, das Kündigungsschutzgesetz enthalte eine abschließende negative Konkretisierung des Bestandsschutzinteresses der Beschäftigten, so wird damit die Berücksichtigung der Interessen der Beschäftigten komplett zugunsten der Kündigungsfreiheit des Arbeit- oder Auftraggebers verdrängt. Die Einräumung eines so weitgehenden Vorrangs der Kündigungsfreiheit wird jedoch dem Untermaßverbot des Art. 12 Abs. 1 GG nicht gerecht. Mit einem grundrechtlich geprägten Verständnis von Treu und Glauben ist es nicht zu vereinbaren, wenn eine Kündigung zulässig wäre, die aufgrund des privaten Lebensstils oder des äußeren Erscheinungsbildes des Beschäftigten erfolgt[217].

---

212 *Hoyningen-Huene*, Anmerkung zu BAG EzA Nr. 39 zu § 242 BGB; Hoyningen-Huene, Anmerkung zu AP Nr. 3 zu Einigungsvertrag Anlage I Kapitel XIX; *Löwisch*, KSchG, Rdnrn. 80 ff. vor § 1; Hetzel, das Arbeitsverhältnis im Kleinbetrieb, S. 208 ff.

213 *Papsthart*, AuA 1995, 179 sieht in der „Verpflichtung des Arbeitgebers, den Minderheiten-Lebensstil eines Arbeitnehmers weiter zu finanzieren", eine unzulässige „Weiterreichung staatlich, d. h., vom BAG erwünschter" Subventionierung.

214 *Hetzel*, Das Arbeitsverhältnis im Kleinbetrieb, S. 191.

215 BVerfG vom 24. 4. 1991 E 84, 133 (146) – Warteschleife; BVerfG vom 10. März 1992 E 85, 372 f. – Akademie der Wissenschaften; BVerfG vom 21. Februar 1995 E 92, 140 (150).

216 *Dieterich*, RdA 1995, 129 (134).

217 Vgl. *Oetker*, AuR 1997, 41 (52).

Deshalb muß das Willkürverbot auch bei der Auslegung der Generalklauseln im Hinblick auf den Kündigungsschutz für arbeitnehmerähnliche Personen zur Geltung kommen. In welchem Umfang das Willkürverbot zur Geltung kommt, ist dadurch noch nicht entschieden. Es ist deshalb zu fragen, welchen Inhalt das Willkürverbot haben soll.

(3) Umfang des Willkürverbots

Im Grundsatz wird das Willkürverbot des § 242 BGB auf die Kündigung für anwendbar gehalten[218]. Welchen Schutz dieses Willkürverbot gewähren soll, bleibt jedoch zumeist ungeklärt. Es wird betont, das Verbot willkürlicher Kündigungen greife lediglich in besonders gelagerten Ausnahmefällen ein[219]. Den Anforderungen des Willkürverbots sei dann genüge getan, wenn ein „irgendwie einleuchtender Grund" für die Kündigung bestehe[220]. Während *Wank* als Beispiel der willkürlichen Kündigung eine solche nennt, bei der sich auf eine bloß formale Rechtsposition bezogen wird[221], ist nach *Bleistein* eine willkürliche Kündigung erst bei einer schweren Diskriminierung gegeben[222].

Hierin findet sich der Ansatz der BAG-Entscheidung vom 23. April 1994, wonach es für eine Kündigung zumindest eines von der Rechtsordnung hinnehmbaren Gedankens bedarf. Zwar wird damit noch nicht formuliert, daß ein hinnehmbarer Grund lediglich bei Bezug zum Beschäftigungsverhältnis geben ist, zumindest dem Ausgangsgedanken wird aber gefolgt.

Weitergehend werden nicht nur anerkennenswerte Interessen des Kündigenden an der Kündigung, sondern auch schutzwürdige Interessen des Gekündigten in die Abwägung einbezogen, wann eine Kündigung willkürlich ist. *Siebert* möchte § 242 BGB bei „grob sozialwidrigen" Kündigungen zur Anwendung kommen lassen[223]. § 242 BG B wird für anwendbar gehalten, wenn neben die Sozialwidrigkeit noch weitere, erschwerende Umstände treten, also ein über das normale Maß erheblich hinausgehendes Interesse des Gekündigten am Fortbestand des Beschäftigungsverhältnisses zu erkennen ist[224]. Das soll unter anderem gegeben sein bei einem Behinderten, der zwar nicht unter das SchwbG fällt, jedoch nur erschwert eine neue

218 MünchHandB-*Wank*, Rdnrn. 13, 154 zu § 116; *Stahlhacke / Preis*, Kündigung und Kündigungsschutz, Rdnr. 193; *Preis*, Prinzipien des Kündigungsrechts, S. 399 f.; Staudinger-*Neumann*, BGB, Rdnr. 78 zu Vorbemerkung zu § 620; KR-*Becker*, Rdnr. 74 zu § 1 KSchG; *Wank*, Anmerkung zu BAG EzA Nr. 23 zu § 138 BGB.

219 *Stahlhacke / Preis*, Kündigung und Kündigungsschutz, Rdnr. 193.

220 *Preis*, Prinzipien des Kündigungsrechts, S, 399 f.

221 MüchHandB-*Wank*, Rdnr. 154 zu § 166 unter Bezugnahme auf LAG Düsseldorf, BB 1978, 1266.

222 *Bleistein*, Kündigung und Kündigungsschutz im Arbeitsverhältnis, Rdnr. 58.

223 *Siebert*, BB 1960, 1029 (1031 f.).

224 Staudinger-*Neumann*, BGB, Rdnr. 78 vor § 620; *Stebut*, Der soziale Schutz als Regelungslücke des Vertragsrechts, S. 61 ff.

Beschäftigung finden kann[225]. Dies hebt den Aspekt der besonderen Schutzbedürftigkeit heraus, der ebenfalls in den Entscheidungen des Bundesarbeitsgerichts vom 19.Januar1995 und in denen des Bundesverfassungsgerichts zur „Warteschleife"[226] und zur „Akademie der Wissenschaften"[227] aufgegriffen wurde.

Diese beiden Gesichtspunkte, die anerkennenswerten Gründe des Kündigenden und die besondere Schutzbedürftigkeit des Gekündigten stellen eine Konkretisierung des grundrechtlichen Untermaßverbots für das Bestandsschutzinteresse des Beschäftigten dar.

Die grundrechtlichen Schutzpflichten finden zunehmend Eingang bei der Erörterung der Frage, wie ein Kündigungsschutz über die Generalklauseln ausgestaltet werden kann[228]. Im Hinblick auf die Entscheidung vom 19.Januar 1995 wurde die Auffassung vertreten, grundrechtliche Wertungen geböten die Berücksichtigung sozialer Gesichtspunkte[229]. Zu fragen sei lediglich, ob das soziale Handeln ganz im Hinblick auf § 1 Abs. 3 KSchG erfolgen müsse oder ob im Rahmen des § 242 BGB nicht vielmehr eine abgeschwächte Sozialauswahl vorzunehmen sei[230].

Diese Überlegungen knüpfen an den Gedanken an, daß das KSchG selbst Anhaltspunkte dafür liefert, wie die Konkretisierung des grundrechtlichen Untermaßverbots im Hinblick auf die treuwidrige Kündigung ausgestaltet sein sollte.

Dieser Ansatz greift die allgemeine Auffassung auf, das KSchG konkretisiere in seinem Wirkungsbereich den Grundsatz von Treu und Glauben[231]. Das KSchG enthält daher einen Hinweis darauf, wie die Treuwidrigkeit außerhalb des KSchG zu konkretisieren ist. Dies wird ebenfalls im Hinblick darauf verdeutlicht, daß vor Schaffung des KSchG § 242 BGB im wesentlichen jene Anforderungen an die Zulässigkeit einer Kündigung stellte, die nunmehr im KSchG gesetzlich verankert sind. § 1 KSchG versucht mit seiner Regelung schließlich, den widerstreitenden Grundrechtspositionen gerecht zu werden, indem er eine gesetzliche Vorgabe für eine Abwägung festlegt. Das KSchG enthält damit eine Konkretisierung der maßgeblichen grundrechtlichen Interessen.

Das bedeutet nicht, daß die Anforderungen an das Willkürverbot denen des § 1 KSchG entsprechen. Der Gesetzgeber hat im Rahmen seines breiten Beurteilungsspielraumes *eine* mögliche Regelung getroffen. Über § 242 BGB dürfen hingegen

225 Staudinger-*Neumann*, BGB, Rdnr. 78 vor § 620.

226 BVerfG vom 24. 4. 1991 E 84, 133 (154).

227 BVerfG vom 10. März 1993 E 85, 360.

228 *Oetker*, AuR 1997, 41 (49 ff.); *Lakies*, DB 1997, 1078 (1081 f.); ablehnend zu dieser Tendenz *Löwisch*, BB 1997, 782 (784).

229 *Langanke/Hanau*, NJ 1993, 437 (439); *Vollmer*, AuR 1993, 17 (21).

230 *Ascheid*, NZA 1993, 97 (103).

231 BAG vom 8. Oktober 1959 AP Nr. 1 zu § 620 BGB – Schuldrechtliche Kündigungsbeschränkung; BAG vom 23. Juni 1994 AP Nr. 9 zu § 242 BGB – Kündigung; Schaub, Arbeitsrechtshandbuch, § 123 VII 4; KR-*Friedrich*, Rdnr. 232 zu § 13 KSchG; *Hoyningen-Huene/Linck*, KSchG, Rdnr. 88 zu § 13.

lediglich die grundrechtlich gebotenen Mindestanforderungen zum Schutz des unterlegenen Vertragspartners in die Interessenabwägung einfließen.

§ 1 KSchG kann jedoch dafür herangezogen werden, welche schutzwürdigen Interessen überhaupt im Rahmen des Willkürverbots zu berücksichtigen sind.

Für den Umfang des Willkürverbots lassen sich nach diesen Überlegungen folgende Anforderungen festhalten:

Eine Kündigung arbeitnehmerähnlicher Personen verstößt dann gegen § 242 BGB, wenn sie sich nicht auf sachbezogene, in Zusammenhang mit dem Beschäftigungsverhältnis stehende Gründe stützen kann. Für die Bestimmung der Sachwidrigkeit kann auf die Trias des § 1 Abs. 2 KSchG zurückgegriffen werden[232]. Sachbezogen ist eine Kündigung, wenn sie in der Person oder dem Verhalten der arbeitnehmerähnlichen Personen begründet oder betrieblich bedingt ist und sich dieser Grund auf das Beschäftigungsverhältnis und seine Durchführung auswirkt. Eine Kündigung, die nach dieser Vorgabe „grundlos" erfolgt, ist treuwidrig.

Weiterhin verstößt eine Kündigung gegen § 242 BGB, bei der zwar ein Kündigungsgrund mit Bezug auf das arbeitnehmerähnliche Beschäftigungsverhältnis vorliegt, die aber grundlegend die Interessen einer Partei mißachtet.

Bei personen- oder verhaltensbedingten Gründen kann es im Hinblick auf diese Grundsätze keinen Unterschied machen, ob die Kündigung grundlos erfolgt oder aus einem arbeitsplatzbezogenen Grund, der die Interessen des Unternehmens jedoch nicht oder nur geringfügig berührt.

Bezogen auf betrieblich bedingte Kündigungen kann die getroffene Auswahl der zu kündigenden Personen die Interessenlage der Betroffenen grundlegend mißachten und damit treuwidrig sein. Für die Abwägung der Interessenlage der beiden beteiligten Teile können die in § 1 Abs. 3 KSchG genannten Kriterien berücksichtigt werden.

Bei diesen Abwägungen bleibt jedoch zu beachten, daß durch § 242 BGB lediglich ein grundrechtlich garantierter Mindestschutz zu gewährleisten ist. Eine umfassende Interessenabwägung, die darauf hinausliefe, die Kündigung an eine soziale Rechtfertigung nach § 1 Abs. 2 KSchG zu binden, ist unzulässig. Insoweit ergibt sich für arbeitnehmerähnliche Personen eine Art „Kündigungsschutz zweiter Klasse"[233] oder, präziser gefaßt, eine grundrechtliche Bindung des Prinzips der Kündigungsfreiheit[234] bei Dauerschuldverhältnissen.

---

232 Vgl. *Oetker*, AuR 1997, 41 (52).

233 *Hanau*, ZRP 1996, 349 (353).

234 *Oetker*, Der arbeitsrechtliche Bestandsschutz unter dem Firmament der Grundrechtsordnung, S. 38.

(4) Verhältnismäßigkeitsgrundsatz

Es könnte über diese Anforderungen hinaus bei der Auslegung des § 242 BGB weiterhin der Verhältnismäßigkeitsgrundsatz zu beachten sein.

Hierbei ist zwischen dem Verhältnismäßigkeitsgrundsatz im weiteren und im engeren Sinne zu unterscheiden. Der Verhältnismäßigkeitsgrundsatz im weiteren Sinne umfaßt die Überprüfung einer Kündigung auf ihre Geeignetheit, Erforderlichkeit und Proportionalität. Die Proportionalität steht in Frage, wenn die Verhältnismäßigkeit im engeren Sinne geprüft wird.

Der Grundsatz der Verhältnismäßigkeit im engeren Sinne kann im Rahmen des § 242 BGB zur Bestimmung der Treuwidrigkeit herangezogen werden[235]. Der Grundsatz der Verhältnismäßigkeit im engeren Sinne führt zu einer Güter- und Interessenabwägung[236]. Dies entspricht im wesentlichen den entwickelten Anforderungen an das Willkürverbot im Rahmen einer Kündigung. Ebenso wie von einem Willkürverbot könnte also davon gesprochen werden, daß für Kündigungen bei arbeitnehmerähnlichen Personen der Verhältnismäßigkeitsgrundsatz im engeren Sinne zu beachten ist[237]. In Anlehnung an die Rechtsprechung des Bundesarbeitsgerichts scheint für diesen Abwägungsprozeß jedoch der Begriff des Willkürverbots treffender. Er bringt besser den grundrechtlichen Bezug zum Ausdruck, wonach es bei der Willkürkontrolle um offensichtlich sachwidrige Kündigungen geht, die das Bestandsschutzinteresse des Beschäftigten grundlos übergehen.

Bedeutsamer ist daher die Frage, ob der Verhältnismäßigkeitsgrundsatz im weiteren Sinne Anwendung finden soll, ob also Kündigungen bei arbeitnehmerähnlichen Beschäftigungsverhältnissen auf ihre Geeignetheit, Erforderlichkeit und Proportionalität überprüft werden sollen. Insbesondere ist zu fragen, ob die Kündigung erforderlich sein muß, ob also das „ultima-ratio-Prinzip" zur Anwendung kommen soll. Eine Kündigung innerhalb des Geltungsbereichs des KSchG ist hiernach nur wirksam, wenn kein milderes Mittel zur Verfügung stand, um betriebliche Beeinträchtigungen zu beseitigen[238].

Im KSchG ist der Verhältnismäßigkeitsgrundsatz normiert[239]. Außerhalb des Geltungsbereichs des KSchG hat der Gesetzgeber die Zulässigkeit einer Kündigung keinen vergleichbaren Schranken unterworfen. Ähnlich wie beim Willkürverbot stellt sich daher bezogen auf die Verhältnismäßigkeit die Frage, ob das KSchG den Verhältnismäßigkeitsgrundsatz abschließend negativ konkretisiert hat. Sofern dies zu bejahen ist, dürfen Kündigungen von arbeitnehmerähnlichen Personen nicht auf ihre Verhältnismäßigkeit im weiteren Sinne überprüft werden.

---

235 MüKo-*Roth,* BGB, Rdnrn. 433 ff. zu § 242; Soergel-*Teichmann,* BGB, Rdnr. 258 zu § 242.

236 *Preis,* Prinzipien des Kündigungsrechts, S. 392 f.

237 Vgl. *Oetker,* AuR 1997, 41 (53).

238 *Bitter/Kiel,* RdA 1994, 333 (337).

239 *Preis,* Prinzipien des Kündigungsrechts, S. 294 f.

Diese Frage ist im Hinblick auf das grundrechtliche Untermaßverbot zu beantworten. Über den Verhältnismäßigkeitsgrundsatz im weiteren Sinne soll ein optimaler Ausgleich der widerstreitenden Grundrechtspositionen erreicht werden. Um einen optimalen Interessenausgleich kann es jedoch auf Grundlage des Untermaßverbots nicht gehen. Vielmehr sind die Gesetzgeberischen Wertungen zwischen den Grenzen von Übermaß- und Untermaßverbot zu akzeptieren. Über die Auslegung des § 242 BGB darf nicht das verfassungsrechtlich wünschenswerte Optimum, sondern lediglich das notwendige Minimum verwirklicht werden[240].

Eine Bindung der Kündigung an die Kriterien des § 1 Abs. 2 KSchG über den Umweg der Verhältnismäßigkeit im weiteren Sinne ist daher unzulässig. Der Verhältnismäßigkeitsgrundsatz im weiteren Sinne, insbesondere das ultima-ratio-Prinzip ist im Rahmen des § 242 BGB nicht heranzuziehen.

(5) Ergebnis

Arbeitnehmerähnlichen Beschäftigten kann ein Schutz vor willkürlicher Kündigung gewährt werden. Willkürlich ist eine solche Kündigung, die sich nicht auf sachbezogene, im Zusammenhang mit dem Beschäftigungsplatz stehende Gründe stützen kann. Liegt ein Kündigungsgrund mit Bezug auf das arbeitnehmerähnliche Beschäftigungsverhältnis vor, so ist die Kündigung dennoch dann willkürlich, wenn sie die Interessen einer Partei so grundlegend mißachtet, daß die Berufung auf den Bezug zum Beschäftigungsverhältnis mißbräuchlich ist.

IV. § 29 HAG – Auslauffrist

Eine Auslauffrist für arbeitnehmerähnliche Personen könnte sich nach § 29 HAG ergeben. § 29 HAG sieht eine allgemeine Auslauffrist für in Heimarbeit Beschäftigte vor. Diese bewegt sich, je nach Länge der Beschäftigung, zwischen vier Wochen und sieben Monaten. Einer sachlichen Begründung der Kündigung bedarf es nach § 29 HAG nicht.

Für den Bereich des Handelsrechts wird diskutiert, inwieweit die von den Auslauffristen her dem § 29 HAG ähnliche Regelung des § 89 HGB analog auf solche Vertriebssysteme angewandt werden kann, die zwar nicht von Handelsvertretern betrieben werden, deren Beschäftigte aber ihnen vergleichbar schutzbedürftig sind[241]. Hierbei werden insbesondere die Kommissionsagenturen, Vertragshändler und Franchisenehmer, also auch „abhängige Selbständige" in die Debatte einbezogen. Mit einer analogen Anwendung des § 89 HGB könnten jedoch nur solche ab-

240 Vgl. *Medicus,* AcP 192, 35 (69 f.).

241 MüKo-*Hoyningen-Huene,* HGB Rdnr. 6 zu § 89 HGB; *Schmidt,* Handelsrecht, § 28 III 1 a.

hängigen Selbständigen erfaßt werden, die ein Vertriebssystem haben. Eine darüber hinausgehende analoge Anwendung würde dem Schutzbereich des § 89 HGB nicht entsprechen. Daher wäre die Möglichkeit einer analogen Anwendung des § 89 HGB auf arbeitnehmerähnliche Personen nur weiter zu verfolgen, sofern es eine Auslauffrist, die alle arbeitnehmerähnlichen Personen einbezieht, nicht geben kann. Eine allgemeine Auslauffrist könnte in § 29 HAG zu sehen sein.

Daher wäre zunächst zu fragen, ob § 29 HAG direkte Anwendung finden kann.

1. Anwendungsbereich des HAG nach § 1 Abs. 1

Ohne weiteres findet das HAG Anwendung auf Heimarbeiter und Hausgewerbetreibende nach § 1 Abs. 1 HAG. In den Geltungsbereich des HAG fallen nach § 1 HAG zunächst nach Buchstabe a) Heimarbeiter, sowie nach Buchstabe b) Hausgewerbetreibende. Heimarbeiter ist nach § 2 Abs. 1 HAG, wer in eigener Wohnung oder selbstgewählter Betriebsstätte erwerbsmäßig arbeitet. § 2 Abs. 2 HAG bestimmt, daß Hausgewerbetreibender ist, wer in eigener Arbeitsstätte im Auftrag von Gewerbetreibenden oder Zwischenmeistern tätig wird. Das Erscheinungsbild der abhängigen Selbständigkeit ist mit dieser engen gesetzlichen Umschreibung des Tätigkeitsbereiches jedoch nicht zu erfassen. Da die abhängigen Selbständigen zumeist einen Arbeitsbereich zugewiesen bekommen, der in gewissem Rahmen in den Ablauf des Betriebes eingegliedert ist, handelt es sich bei abhängiger Selbständigkeit nicht um eine Tätigkeit, die überwiegend in der eigenen Wohnung oder einer anderen selbstgewählten Betriebsstätte stattfindet. Die arbeitnehmerähnlichen Personen sind also nicht gemäß § 1 Abs. 1 in das HAG einbezogen.

2. Gleichstellung nach § 1 Abs. 2 HAG

Neben diesen beiden Personengruppen können nach § 1 Abs. 2 HAG einige schutzbedürftige Gruppen den Heimarbeitern gleichgestellt werden. Es ist insbesondere Buchstabe c zu nennen, der die Gleichstellung allen Personen ermöglicht, die im Lohnauftrag arbeitende Gewerbetreibende sind, die infolge ihrer wirtschaftlichen Abhängigkeit eine ähnliche Stellung wie Hausgewerbetreibende einnehmen. Die Gleichstellung erfolgt jedoch nicht automatisch, sondern nach § 1 Abs. 4 HAG durch widerrufliche Entscheidung des zuständigen Heimarbeitsausschusses nach Anhörung der Beteiligten.

Abhängige Selbständige könnten sich nach § 1 Abs. 2 HAG den Heimarbeitenden gleichstellen lassen, sofern diese Vorschrift auf sie anwendbar wäre. § 1 Abs. 2 Buchstabe c HAG stellt ebenso wie die Definition der arbeitnehmerähnlichen Person maßgeblich auf die wirtschaftliche Abhängigkeit ab. Von der Formulierung her ist deshalb nicht ersichtlich, weshalb eine Gleichstellung ausgeschlossen sein sollte. Die Gleichstellung umfaßt üblicherweise lediglich die Abschnitte drei, sechs, sieben und acht. Die Kündigungsvorschriften sind hiervon nicht erfaßt. Jedoch kann sich die Gleichstellung auch auf andere Vorschriften erstrecken, sofern dieses ausdrücklich in der Gleichstellungsentscheidung erklärt wurde[242].

Arbeitnehmerähnliche Personen können sich daher nach § 1 Abs. 2 HAG Heimarbeitenden gleichstellen lassen und über eine solche ausdrückliche Erklärung dem Schutz des § 29 HAG unterfallen.

Es ist allerdings fraglich, ob mit dieser Gleichstellung viel gewonnen wäre. Problematisch wird die Frage der Auslauffristen erst zu dem Zeitpunkt werden, in dem die Kündigung bereits erfolgt ist. Eine Gleichstellung wird regelmäßig bis dahin nicht stattgefunden haben, da diese nur auf Antrag erfolgt und viele Beschäftigte diesen Antrag scheuen. Auf die Auslauffrist können sich die arbeitnehmerähnlichen Personen deshalb in der Praxis nicht berufen, auch wenn ihnen der Weg der Gleichstellung theoretisch offensteht.

Deshalb ist zu fragen, ob eine Einbeziehung der arbeitnehmerähnlichen Personen in § 29 HAG auch durch eine analoge Anwendung in Betracht kommen kann.

3. § 29 HAG analog

Das wäre dann denkbar, wenn es eine planwidrige Regelungslücke darstellte, daß § 29 HAG ausschließlich in Heimarbeit Beschäftigte schützen soll und eine gleiche Interessenlage von Heimarbeitern und arbeitnehmerähnlichen Personen gegeben wäre. Dann würde es sich um einen Verstoß gegen den Gleichheitsgrundsatz handeln, die arbeitnehmerähnlichen Personen nicht nach § 29 HAG analog zu schützen.

Hierfür müßte eine Analogiebildung bei der Vorschrift des § 29 HAG möglich sein. Bei § 29 HAG handelt es sich, ebenso wie bei § 1 Abs. 1 KSchG, um eine Ausnahmevorschrift. Sie weicht auch von dem Grundsatz ab, daß Dauerschuldverhältnisse jederzeit kündbar sind. Da es sich bei der zu bildenden Analogie jedoch um einen Ausnahmefall und nicht um einen allgemeinen Grundsatz handeln soll, steht dies der Bildung einer Analogie prinzipiell nicht entgegen.

a) Offene Regelungslücke

Voraussetzung für eine Analogie ist eine offene Regelungslücke. Arbeitnehmerähnliche Personen werden vom Wirkungsbereich des HAG nach § 1 Abs. 1 nicht erfaßt.

Gegen eine offene Regelungslücke könnte die Vorschrift des § 1 Abs. 2 HAG sprechen, wonach sich arbeitnehmerähnliche Personen Heimarbeitern gleichstellen

---

242 *Maus / Schmidt,* HAG, Rdnr. 124 zu § 1.

lassen können. Es ist deshalb zu fragen, ob § 1 Abs. 2 HAG abschließend ist. Hierfür könnte sprechen, daß arbeitnehmerähnlichen Personen die Gleichstellung mit Heimarbeitern möglich ist. Sie könnten auf diese Möglichkeit verwiesen werden. Sofern sie diese Gleichstellung nicht vorgenommen haben, könnte dies einen abschließenden Ausschluß des HAG nach sich ziehen.

Dagegen spricht jedoch, daß diese Vorschrift auf die Gewähr eines Mindestschutzes während eines bestehenden Beschäftigungsverhältnisses gerichtet ist. Dafür spricht zum einen die Tatsache, daß die Gleichstellung im Konfliktfall, den eine Kündigung darstellt, zu spät eingreift. Zum anderen spricht dafür jedoch auch, daß die Gleichstellung sich regelmäßig, sofern nichts anderes vereinbart wird, auf solche Vorschriften bezieht, die Schutzbestimmungen für das laufende Arbeitsverhältnis erreichen. Die Gleichstellung hat deshalb nicht maßgeblich die Kündigung als Regelungsbereich im Blick. § 1 Abs. 2 HAG ist somit nicht abschließend. Die Vorschrift steht einer darüber hinausgehenden Analogiebildung nicht entgegen.

Es liegt eine offene Regelungslücke vor

b) Planwidrige Regelungslücke

Diese offene Regelungslücke müßte weiterhin planwidrig sein. In Betracht kann lediglich eine nachträgliche Regelungslücke kommen, da der Begriff der arbeitnehmerähnlichen Person dem Gesetzgeber bereits bekannt war und als solcher bereits Eingang in § 1 Abs. 2 Buchstabe c in das Heimarbeitsgesetz von 1939[243] gefunden hatte. Es wäre also zu fragen, ob eine planwidrige Lücke vorliegt, oder es sich um eine rechtspolitische Entscheidung des Gesetzgebers handelte, die arbeitnehmerähnlichen Personen nicht in den Anwendungsbereich des HAG miteinzubeziehen.

Dafür, daß es sich um eine rechtspolitische Entscheidung des Gesetzgebers handelte, könnte sprechen, daß der Gesetzgeber explizit Heimarbeit regeln wollte und nicht jede Form der abhängigen Beschäftigung, die kein Arbeitsverhältnis darstellt.

Dagegen spricht allerdings, daß durch andere spezielle Vorschriften geregelte abhängige Beschäftigungsformen, die nicht durch den Arbeitnehmerbegriff erfaßt wurden, im nennenswerten Maße nicht existierten. Hinweise, daß durch das HAG gerade Arbeit geschützt werden sollte, die der Beauftragte im eigenen Haushalt ausgeführt hat, gibt es in der Begründung des Gesetzes von 1951 nicht. Stattdessen sah der Gesetzgeber die Schutzbedürftigkeit der Heimarbeit insbesondere aufgrund der Tatsache gegeben, daß in vielen Gewerbezweigen außerordentlich niedrige Entgelte gezahlt wurden[244]. Weiterhin führte er die Mißstände, die sich insbeson-

---

243 RGBl. I, S. 2143.

244 BT-Drucksache 1 / 1357, S. 18.

dere aus der Vernachlässigung des Arbeitsschutzes und des öffentlichen Gefahrenschutzes ergeben, an[245]. Dringenden Handlungsbedarf sah der Gesetzgeber insofern aufgrund der Arbeitsbedingungen, nicht jedoch aufgrund der Durchführung der Tätigkeit im eigenen Haushalt.

Der eingeschränkte Wirkungsbereich des HAG ist wohl eher darin zu sehen, daß der Gesetzgeber soweit als möglich das Bestimmtheitsgebot beim Gesetzgebungsverfahren beachten wollte. Das Bestimmtheitsgebot von Rechtsvorschriften wird als Teil des Rechtsstaatgebots, als Ausprägung des Gebotes der Rechtssicherheit in Art. 20 Abs. 3 GG, gesehen[246]. Das Bestimmtheitsgebot besagt, daß Rechtsvorschriften so genau zu fassen sind, wie dies nach der Eigenart der zu ordnenden Lebenssachverhalte und mit Rücksicht auf den Normzweck möglich ist[247]. Des weiteren kommt es auf die Regelungsfähigkeit der Materie an[248]. Dem Gesetzgeber war zum Zeitpunkt der Gesetzgebung eine weitere Konkretisierung des Schutzbereiches der arbeitnehmerähnlichen Personen möglich. Personen, die wirtschaftlich, nicht jedoch persönlich abhängig waren, gab es zum Zeitpunkt der Verabschiedung des Gesetzes in nennenswerter Größenordnung im Bereich der Heimarbeit[249]. Da das Problem der Heimarbeit sich als praxisrelevant herausstellte, konnte der Gesetzgeber dem Bestimmtheitsgebot genügen, indem er nicht den Begriff der arbeitnehmerähnlichen Person, sondern den der Heimarbeit verwendete. Insofern ergibt sich eine planwidrige Regelungslücke, da andere Beschäftgungsformen, die nicht unter den Bereich der Heimarbeit zu subsumieren sind, nach Verabschiedung des Gesetzes entstanden sind.

Wollte der Gesetzgeber heute diesen, nicht dem Arbeitnehmerbegriff unterfallenden Begriff regeln, so würde die Materie eine Konkretisierung auf einen bestimmten Berufszweig nicht mehr ermöglichen. Da die abhängige Selbständigkeit verschiedenste Berufsfelder und Beschäftigungsformen durchzieht, wäre eine angemessene Regelung lediglich durch den übergreifenden Begriff der arbeitnehmerähnlichen Person möglich.

Es liegt daher eine nachträgliche planwidrige Regelungslücke vor.

---

245 BT-Drucksache 1 / 1357, S. 17.

246 BVerfG vom 26. September 1979 E 49, 168 (181); BVerfG vom 3. November 1982 E 62, 169 (183).

247 BVerfG vom 26. September 1979 E 49, 168 (181).

248 BVerfG vom 19. April 1978 E 48, 210 (211); BVerfG vom 8. Januar 1981 E 56, 1 (13).

249 BT-Drucksache 1 / 1357, S. 17: 15. Februar 1938 insgesamt 152.178 Personen; 15. September 1938 insgesamt 153.091 Personen; 15. Februar 1939 insgesamt 155.428 Personen; 15. September 1940 insgesamt 160.486 Personen.

c) Gleiche Interessenlage

Schließlich müßte eine gleiche Interessenlage zwischen den beiden zu vergleichenden Gruppen, also den in Heimarbeit beschäftigten und arbeitnehmerähnlichen Personen, gegeben sein. Nur dann liegt ein Verstoß gegen den Grundsatz der Gleichbehandlung vor, so daß eine Analogiebildung geboten erscheint. Die Tatbestände müssen in den für eine rechtliche Bewertung maßgebenden Hinsichten übereinstimmen. Dies erfordert die Erörterung der in der gesetzlichen Regelung zum Ausdruck kommenden maßgeblichen Wertung[250]. Denn gerade die hinter dem Gesetz stehenden Wertungen sind ein wesentlicher Bestandteil des geltenden Rechts und spielen dafür gerade bei der Frage des Eingreifens des Gleichheitssatzes eine entscheidende Rolle[251].

Diese gleiche Interessenlage ist ausschließlich in bezug auf den § 29 HAG zu prüfen, da es nicht um eine generelle Gleichstellung arbeitnehmerähnlicher Personen mit den Heimarbeitern geht, sondern um die analoge Anwendung einer einzelnen Vorschrift. Insofern ist zu fragen, ob die Situation der Heimarbeiter und die der arbeitnehmerähnlichen Personen so vergleichbar ist, daß eine analoge Anwendung geboten erscheint.

Hierbei ist zunächst festzuhalten, daß die in Heimarbeit Beschäftigten vom Kündigungsschutz des Kündigungsschutzgesetzes nicht erfaßt werden, denn die Heimarbeiter gelten nicht als Arbeitnehmer im Sinne des Kündigungsschutzgesetzes[252]. Dennoch weicht § 29 HAG von der Frist des § 621 Nr. 5 BGB ab. Die §§ 620, 621 BGB gelten für den Dienstvertrag allgemein, also auch für Dienstverpflichtete, die weder wirtschaftlich abhängig noch einem Arbeitnehmer vergleichbar schutzbedürftig sind. Schon das läßt erkennen, daß § 621 Nr. 5 BGB nicht speziell die Schutzbedürftigkeit der arbeitnehmerähnlichen Personen bei einem plötzlichen Entzug der Existenzgrundlage hinreichend berücksichtigt. Auf diese Situation der vergleichbaren Schutzbedürftigkeit mit der Situation der Arbeitnehmer geht § 29 HAG ein. Er trägt der Beendigungsfreiheit des Auftraggebers Rechnung, berücksichtigt jedoch auch, daß wirtschaftlich Abhängige mit einer Auslauffrist von lediglich zwei Wochen nicht hinreichend geschützt sind. Insofern ist die Lage der Heimarbeiter und der arbeitnehmerähnlichen Personen vergleichbar: Ihre wirtschaftliche Abhängigkeit von nur einem Auftraggeber erschwert es ihnen, verglichen mit dem auch wirtschaftlich Selbständigen auf Dienstvertragsbasis, binnen kürzester Frist einen neuen Auftraggeber zu finden. Gerade die Kündigungssituation stellt sich daher für die Heimarbeit und die arbeitnehmerähnlichen Personen sehr ähnlich dar.

Für eine analoge Anwendung des § 29 HAG spricht auch die Begründung des Bundesarbeitsgerichts zur „Kameramann-Entscheidung", in der das Gericht arbeit-

---

250 *Larenz/Canaris,* Methodenlehre, S. 202.

251 *Canaris,* Die Feststellung von Lücken im Gesetz, S. 56.

252 *Maus/Schmidt,* HAG Rdnrn. 28, 29 zu § 29, *Brecht,* HAG, Rdnr. 1 zu § 29.

nehmerähnlichen Personen eine Auslauffrist von zwei Wochen gewährte[253]. Hierbei orientierte es sich an der damaligen Rechtslage im HAG. Es erkannte damit implizit die prinzipielle Vergleichbarkeit der sozialen Schutzbedürftigkeit beider Personengruppen an. An einer Gewährung längerer Auslauffristen sah sich das Bundesarbeitsgericht wegen der geltenden Rechtslage im HAG gehindert. Wenn man von einer generellen Vergleichbarkeit der Situation von Heimarbeitern und arbeitnehmerähnlichen Personen ausgeht, so erscheint es auch geboten, die Änderung des HAG von 1974[254] bezüglich der Auslauffristen auch für die Kündigungsfristen arbeitnehmerähnlicher Personen zu berücksichtigen[255].

Gerade § 29 HAG knüpft nicht an Tätigkeiten an, die speziell für die Heimarbeit typisch sind. Dies unterscheidet den § 29 HAG auch von den Vorschriften der Abschnitte drei, sechs, sieben und acht, die dem Gleichstellungsverfahren unterliegen. Diese knüpfen explizit daran an, daß der Heimarbeiter seine Tätigkeit nicht auch im Betrieb verrichtet. Die analoge Anwendbarkeit solcher Normen könnte fragwürdig erscheinen, da die abhängigen Selbständigen in der Tendenz zumindest auch einen Teil ihrer Aufträge im Betrieb oder in engerer Zusammenarbeit mit dem Betrieb verrichten. Da § 29 HAG jedoch keine solchen Voraussetzungen nennt, spricht dies dafür, daß die Schutzbedürftigkeit des Heimarbeiters beim Kündigungsschutz sich nicht an der Tatsache orientiert, daß der Beauftragte die Tätigkeit im eigenen Haushalt verrichtet.

Aus Gründen der vergleichbaren Schutzbedürftigkeit der arbeitnehmerähnlichen Personen mit den Heimarbeitern im Falle der Kündigung erscheint eine analoge Anwendung des § 29 HAG geboten.

d) Zwischenergebnis

Eine Einschränkung der Freiheit der Kündigung ohne zeitliche Beschränkung ergibt sich aus der analogen Anwendung des § 29 HAG. Eines Rückgriffs auf die allgemeinen zivilrechtlichen Regeln bedarf es insoweit nicht.

V. Begründungspflicht des Kündigenden

Es könnte weiterhin eine Begründungspflicht des Kündigenden grundrechtlich geboten sein. Bisher wird schon im Arbeitsverhältnis eine Begründung der Kündigung nicht verlangt. Die Frage, ob tatsächlich ein Kündigungsgrund vorlag, muß sich aus den objektiven Gegebenheiten ergeben[256]. Dies könnte problematisch

253 BAG vom 7. Januar 1971 AP Nr. 8 zu § 611 BGB – Abhängigkeit.

254 BT-Drucksache 7/975.

255 Vgl. KR-*Rost,* Rdnr. 59 zu Arbeitnehmerähnliche Person.

256 *Stahlhacke/Preis,* Kündigung und Kündigungsschutz, Rdnr. 190.

sein, da der Gekündigte nicht weiß, gegen welche Maßnahme genau er sich wenden soll. Diese Situation wird im Hinblick auf das Arbeitsverhältnis zum Teil für unbefriedigend gehalten und darauf eine Pflicht des Arbeitgebers statuiert, den Kündigungsgrund offenzulegen[257].

Eine allgemeine Begründungspflicht könnte sich aus § 242 BGB ergeben. Eine ohne Begründung ergangene Kündigung könnte ein Fall der ungehörigen Kündigung sein[258]. Die Anforderungen für eine ungehörige Kündigung liegen jedoch hoch. Eine Kündigung ist deshalb nicht bereits „ungehörig", weil sie als „unhöflich" angesehen werden muß[259]. Eine ohne Begründung ausgesprochene Kündigung ist nicht bereits für sich genommen entwürdigend und deshalb auch nicht „ungehörig".

Schwerdtner sieht in der Anerkennung einer Begründungspflicht bei Kündigungen im Arbeitsverhältnis die natürliche Konsequenz der Anwendung der Generalklauseln auf die Kündigung[260]. Wenn dem Gekündigten Rechtspositionen eingeräumt würden, so müßten diese auch durchsetzbar sein. Dagegen ist jedoch anzuführen, daß selbst im Wirkungsbereich des KSchG nicht die Angabe eines Grundes verlangt wird, sondern erst prozessual die Darlegungs- und Beweislast im arbeitsgerichtlichen Verfahren die Angabe eines Kündigungsgrundes durch den Kündigenden erfolgen muß[261].

Weiterhin steht § 626 Abs. 2, 3 BGB gegen die Statuierung einer Begründungspflicht. Diese Norm verpflichtet den Arbeitgeber lediglich bei einer außerordentlichen Kündigung auf Verlangen des Arbeitnehmers dazu, Gründe für die Kündigung offenzulegen. Da an die Zulässigkeit einer außerordentlichen Kündigung höhere Anforderungen gestellt werden müssen als bei einer ordentlichen Kündigung im arbeitnehmerähnlichen Beschäftigungsverhältnis, spricht auch dies gegen die Statuierung einer allgemeinen Begründungspflicht.

Eine Begründungspflicht bei Kündigung eines arbeitnehmerähnlichen Beschäftigungsverhältnis mag zwar rechtspolitisch wünschenswert sein. Sie ergibt sich jedoch nicht aus der jetzigen Rechtslage. Eine Begründungspflicht des Kündigenden besteht insoweit nicht.

---

257 *Schwerdtner,* JZ 1973, 377; Hanau, ZRP 1996, 349 (353).

258 Vgl. *Galperin,* BB 1948, 305, 307; Siebert, BB 1960, 1029 (1030).

259 BAG vom 22. Juli 1953 AP Nr. 1 zu § 1 KSchG 1951; KR-Friedrich, Rdnr. 251 zu § 13; Stahlhacke / Preis, Kündigung und Kündigungsschutz, Rdnr. 190; *Röhsler,* DB 1969, 1147 (1149).

260 *Schwerdtner,* JZ 1973, 377 (379).

261 KR-*Friedrich,* Rdnr. 251 zu § 13 KSchG.

VI. Ergebnis

Das Prinzip der grundlosen Kündigung unterliegt im Arbeitsverhältnis auch dort, wo das KSchG nicht greift, einigen Einschränkungen. Sofern diese Einschränkungen auf allgemeinen Rechtsprinzipien beruhen und im wesentlichen allgemein auf die Schutzbedürftigkeit aufgrund vertraglicher Unterlegenheit abstellen, können diese auch Anwendung auf arbeitnehmerähnliche Personen finden.

1. Willkürverbot

Das Kündigungsschutzgesetz kann weder direkt noch analog Anwendung auf arbeitnehmerähnliche Personen finden. Daher gilt generell, daß es zur Kündigung keiner sozialen Rechtfertigung nach § 1 Abs. 2 KSchG bedarf. Dennoch darf der Auftraggeber arbeitnehmerähnlichen Personen nicht willkürlich kündigen. Aus den Grundsätzen des § 242 BGB ergibt sich, daß die Kündigung einen Bezug zum Arbeitsplatz aufweisen muß. Als Anhaltspunkt für das Vorliegen des Arbeitsplatzbezuges kann die Trias des § 1 Abs. 2 KSchG dienen. Es muß sich also um Gründe handeln, die betriebs-, personen- oder verhaltensbedingt sind. Seine Interessen muß der Auftraggeber mit den Interessen des Auftragnehmers abwägen. Hierbei muß er insbesondere soziale Gesichtspunkte, wie z. B. die Perspektive, ein neues Auftragsverhältnis zu finden, zu Rate ziehen.

2. Auslauffrist

Den arbeitnehmerähnlichen Personen darf nicht ohne Beachtung einer Auslauffrist gekündigt werden. Durch die analoge Anwendung des § 29 HAG ergibt sich eine Frist von mindestens vier Wochen, die sich, je nach Länge der Beschäftigung, auf bis zu maximal sieben Monaten steigern kann.

C. Gesamtschau von Entgelthöhe und Kündigungsfrist

Die Sittenwidrigkeit einer Vertragsgestaltung könnte sich ebenfalls aus einer Gesamtschau von Entgelthöhe einerseits und der gewährten Auslauffrist andererseits ergeben. Haben beide einzelnen Elemente für sich nach dem oben Ausgeführten für sich betrachtet noch nicht die Grenze des Verstoßes gegen Treu und Glauben nach § 242 BGB oder der Sittenwidrigkeit nach § 138 BGB erreicht, so kann sich bei der Gesamtschau beider Elemente dennoch ein Verstoß gegen die guten Sitten ergeben.

Eine in die Richtung einer Gesamtschau gehende Betrachtung nimmt das Bundesverfassungsgericht in seiner Handelsvertreterentscheidung[262] vor. Hiernach ist ein nachvertragliches Wettbewerbsverbot bei Handelsvertretern dann möglich, wenn hierfür ein finanzieller Ausgleich erfolgt. Findet jedoch kein finanzieller Ausgleich statt, so verstößt der generelle Ausschluß eines Anspruchs auf Karenzentschädigung gegen Art. 12 Abs. 1 GG.

Eine ähnliche Betrachtung ist auch bei einer Gesamtschau zwischen Entgelthöhe und Auslauffrist denkbar: Während ein Entgelt, das gerade noch nicht die Grenze des Verstoßes gegen Treu und Glauben nach § 242 BGB erreicht, generell als zulässige Vereinbarung gelten muß, kann sich etwas anderes im Hinblick auf die kurze Auslauffrist von vier Wochen ergeben. Denn diese kurze Auslauffrist kann arbeitnehmerähnlichen Personen in einer Gesamtschau mit dem Entgelt in eine Situation bringen, die ihre grundrechtlich geschützten Interessen überhaupt nicht berücksichtigt. In Kombination könnten sich diese beiden, für sich genommen zulässigen, Regeln so auswirken, daß arbeitnehmerähnliche Personen nach der kurzen Auslauffrist vor existentielle Probleme gestellt werden.

Eine Gesamtschau zwischen Entgelthöhe und Auslauffrist kann es daher gebieten, zumindest eine Abfindung zu zahlen, die die Suche nach einer neuen Beschäftigung problemlos ermöglicht. Denkbar ist auch, ein höheres Entgelt für die Zeit der Beschäftigung anzunehmen. Eine bestimmte Lösung ist hierbei jedoch nicht zwingend, um die Grundrechte arbeitnehmerähnlicher Personen zu wahren.

D. Widerrufsrecht

Zu fragen ist, unter welchen Voraussetzungen abhängigen Selbständigen ein Widerrufsrecht bei Übergang von einem Arbeitsverhältnis in eine selbständige Beschäftigungsform zustehen könnte. Denn manchen derjenigen, die von der abhängigen Beschäftigung in die selbständige Beschäftigung wechseln, sind die Folgen, die dieser Wechsel mit sich bringt, nur unzureichend bekannt. Insbesondere die sozialrechtlichen Konsequenzen werden ihnen zumeist erst geraume Zeit nach Abschluß des abändernden Vertrages klar. Danach kommt häufig der Wunsch auf, wieder in das Arbeitsverhältnis einzutreten. Daher ist zu untersuchen, welche rechtlichen Möglichkeiten abhängige Selbständige haben könnten, sich von dem Vertrag zu lösen oder Ansprüche aufgrund des Vertrages zu stellen.

I. § 1 Abs. 1 HWiG analog

Gesetzlich geregelt ist ein Widerrufsrecht in § 1 Abs. 1 HWiG. Hiernach wird ein Vertrag, der an der Haustür oder in vergleichbaren Situationen geschlossen wurde, erst dann wirksam, wenn der Kunde seine Willenserklärung nicht binnen

---

262 BVerfG vom 7. Februar 1990 E 81, 242 (260).

einer Woche widerruft. Die Norm könnte auch auf die Situation bei Abschluß eines Änderungsvertrages von der abhängigen zur selbständigen Beschäftigung zutreffen. § 1 Abs. 1 HWiG spricht jedoch ausdrücklich von einer Willenserklärung, die ein Kunde abgegeben hat. Eine direkte Anwendung des § 1 Abs. 1 HWiG würde daher dem Wortlaut der Vorschrift widersprechen. Eine direkte Anwendung ist daher nicht möglich.

Fraglich ist, ob eine analoge Anwendung des § 1 Abs. 1 HWiG in Betracht kommt. Ob jedoch die Ähnlichkeit zwischen den beiden Bereichen so groß ist, daß eine Analogie gerechtfertigt ist, erscheint zweifelhaft.

Dagegen spricht zunächst, daß das HWiG ein Instrument des Verbraucherschutzes sein soll. Darauf weist auch noch einmal die explizite Beschränkung auf bestimmte Abschlußsituation in § 1 Abs. 1 Nrn. 1–3 HWiG hin. Die deutliche Begrenzung ist vom Gesetzgeber gewollt[263], um nur die typischen Fälle zu erfassen, die der Kundenschutz erfordert[264]. Gegen eine Analogiebildung spricht daher die klare Begrenzung des Gesetzes auf den Bereich des Verbraucherschutzes[265].

Weiterhin zeigen jedoch auch allgemeine Unterschiede zwischen einer verbraucherrechtlichen Erwerbssituation und einem Dauerschuldverhältnis auf, daß die Vergleichbarkeit der Situationen eine Analogie nicht rechtfertigt. Denn während sich bei einem Kauf nach kurzer Zeit Vor- und Nachteile des Geschäftes offenbaren, treten diese bei einem Dauerschuldverhältnis häufig erst nach geraumer Zeit zutage. Die Ähnlichkeit zwischen den beiden Situationen ist daher nicht so ausgeprägt, daß eine Analogiebildung geboten wäre.

§ 1 Abs. 1 HWiG ist nicht analog auf Dauerschuldverhältnisse anwendbar, in deren Rahmen der Übergang von der abhängigen in die selbständige Beschäftigung vereinbart wird[266].

II. § 123 Abs. 1 BGB

Eine Möglichkeit, sich vom neuen Vertrag zu lösen und in den Arbeitsvertrag wieder einzutreten, könnte jedoch bestehen, wenn die Vorschriften über die Anfechtung von Verträgen nach §§ 119 ff. BGB eingreifen.

Ein Anfechtungsrecht könnte sich aus § 123 Abs. 1 BGB ergeben. § 123 BGB schützt die rechtsgeschäftliche Entscheidungsfreiheit[267]. Er beruht auf dem Gedan-

---

263 Vgl. *BT-Drucksache 10/2876, S. 9 f.*

264 Palandt-*Putzo,* BGB, Rdnr. 6 zu § 1 HWiG.

265 Strittig ist bereits im Bereich des Verbraucherschutzes die Erfassung von Bürgschaften, dafür BGH vom 9. März 1993, NJW 1993, 1594, dagegen BGH vom 11. Januar 1996, NJW 1996, 930.

266 Zur praktischen Ausgestaltung solcher Übergangsverträge vgl. die Ausführungen auf S. ff.

267 BGH vom 24. Oktober 1968 Z 51, 141 (147).

ken, daß die Willenserklärung nur dann Ausdruck wirklicher rechtsgeschäftlicher Selbstbestimmung ist, wenn sich die Willensbildung frei von Täuschung und Drohung vollzogen hat[268].

Nach § 123 BGB kann einen Vertrag anfechten, wer durch arglistige Täuschung oder widerrechtlich durch Drohung zur Abgabe einer Willenserklärung bestimmt worden ist.

1. Täuschung

Ein Anfechtung wegen Täuschung ist dann möglich, wenn durch Vorspiegeln falscher oder Unterdrückung wahrer Tatsachen ein Irrtum herbeigeführt wird, um den Getäuschten zur Abgabe einer bestimmten Willenserklärung zu veranlassen[269].

In Betracht kommt eine Täuschung in Form des Verschweigens von Tatsachen. Ein Verschweigen von Tatsachen könnte dann vorliegen, wenn das Unternehmen den nunmehr Selbständigen nicht darüber aufgeklärt hat, welche vielfältigen sozialrechtlichen Änderungen mit dem Wechsel vom Arbeitnehmer- in den Selbständigenstatus verbunden sind. Das Verschweigen von Tatsachen stellt jedoch nur dann eine Täuschung nach § 123 Abs. 1 BGB dar, wenn hinsichtlich der verschwiegenen Tatsachen eine Pflicht zur Aufklärung bestanden hätte[270].

a) Aufklärungspflicht, § 242 BGB

Die Rechtsgrundlage einer Aufklärungspflicht stellt der Grundsatz von Treu und Glauben nach § 242 BGB dar. Das Verhalten von Vertragspartnern entspricht dann Treu und Glauben, wenn jede Partei so handelt, wie redlich und anständig handelnde Menschen unter Beachtung der Verkehrssitte zu handeln pflegen[271]. Ihre Ausprägung haben die Grundsätze von Treu und Glauben für das Arbeitsverhältnis in der Fürsorgepflicht des Arbeitgebers gefunden[272]. Aus dem arbeitsrechtlichen Dauerschuldverhältnis ergeben sich somit besondere Treuepflichten, die über die allgemeinen Anforderungen aus § 242 BGB hinausgehen.

Bestandteil dieser arbeitgeberseitigen Fürsorgepflichten könnte es sein, über die Folgen des Änderungsvertrages aufzuklären.

---

268 Palandt-*Heinrichs*, BGB. Rdnr. 1 zu § 123.

269 MüKo-*Kramer*, BGB, Rdnr. 5 zu § 123; Erman-*Brox*, BGB, Rdnr. 11 zu § 123; BAG vom 21. März 1996, NJW 1997, 676.

270 BAG vom 13. November 1996, ZIP 1997, 556 (558); BAG vom 21. Februar 1991 AP Nr. 35 zu § 123 BGB; Palandt-Heinrichs, BGB, Rdnr. 5 zu § 123.

271 Erman-*Werner*, BGB, Rdnr. 2 zu § 242.

272 *Schaub*, Arbeitsrechtshandbuch, § 108 II 4.

Auch über das Arbeitsverhältnis hinaus ist anerkannt, daß beim Vertragsschluß Aufklärungspflichten entstehen können. Eine Aufklärungspflicht ist die Pflicht, den anderen Teil spontan über erkennbar entscheidungserhebliche Umstände zu informieren, die ihm verborgen blieben[273]. Eine allgemeine Aufklärungspflicht vor Vertragsschluß wird jedoch wegen des natürlichen Interessenwiderstreites der Parteien verneint[274]. Zu offenbaren sind jedoch solche Umstände, die für die Entschließung des anderen Teils von wesentlicher Bedeutung sind[275]. Daraus folgt, daß gerade die wesentlichen Nachteile einer Sache offenbart werden müssen[276]. Eine Aufklärungspflicht ist um so eher zu bejahen, je wichtiger der Umstand und je ausgeprägter das Informationsgefälle ist[277]. Sie kann sich auch aus der besonderen Sachkunde des Aufklärungspflichtigen ergeben[278].

Eine Aufklärungspflicht ergibt sich insbesondere aus einer besonderen Vertrauensprägung des Rechtsverhältnisses, wie bei Dauerschuldverhältnissen[279]. Daher ist auch anerkannt, daß im Rahmen eines Arbeitsverhältnisses, sowie bei dessen Beendigung eine Aufklärungspflicht bestehen kann.

Bei der Beendigung eines Arbeitsverhältnisses können von einem Arbeitgeber besondere Hinweise auf die arbeits- und sozialrechtlichen Folgen der Beendigung erwartet werden, wenn der Arbeitgeber erkennen muß, daß der Arbeitnehmer weiterer Informationen bedarf und er selbst die Auskünfte unschwer erteilen oder beschaffen kann[280]. Eine Aufklärungspflicht besteht insbesondere dann, wenn die Abwägung der beiderseitigen Interessen unter Billigkeitsgesichtspunkten ergibt, daß der Arbeitnehmer durch eine sachgerechte und vom Arbeitgeber redlicherweise zu erwartende Aufklärung vor der Aufhebung des Arbeitsverhältnisses bewahrt werden muß, da er sich dadurch selbst schädigen würde[281].

Auch in diesem Fall steht nicht das Anerkennen einer generellen Aufklärungspflicht bei Beendigung eines Arbeitsverhältnisses in Frage, sondern nur für den Fall, daß ein Übergang vom Arbeitsverhältnis in eine arbeitnehmerähnliche Beschäftigungsform angestrebt wird.

---

273 MüKo-*Roth*, BGB, Rdnr. 210 zu § 242.

274 BGH vom 13. März 1983, NJW 1983, 2493; MüKo-Roth, BGB, Rdnr. 215 zu § 242; Staudinger-*Dilcher*, BGB, Rdnr. 7 ff. zu § 123.

275 BGH vom 2. März 1979, NJW 1979, 2243; BGH vom 8. Mai 1980, NJW 80, 2460; Palandt-Heinrichs, BGB, Rdnr. 5 zu § 123.

276 BGH vom 5. März 1993, NJW 1993, 1703.

277 MüKo-*Roth*, BGB, Rdnr 218 zu § 242.

278 BGH vom 31. Januar 1962, NJW 1962, 1196.

279 MüKo-*Roth*, BGB, Rdnr. 219 zu § 242.

280 BAG vom 16. November 1996, ZIP 1997, 556 (558); BAG vom 13. 12. 1988 AP Nr. 23 zu § 1 BetrAVG – Zusatzversorgungskassen.

281 BAG vom 16. November 1996, ZIP 1997, 556 (558); BAG vom 10. März 1988 AP Nr. 23 zu § 1 BertAVG – Zusatzversorgungskassen.

Eine Aufklärungspflicht könnte dann bestehen, wenn es sich um einen wesentlichen Nachteil handeln würde und der Arbeitnehmer sich durch den Abschluß des Vertrages selbst schädigen würde.

Von der Sicherung der weiteren Sozialleistungen hängen unter anderem die Krankenversicherung und die Rente ab. Je länger der abhängige Selbständige über die für ihn geltenden Regelungen im unklaren ist, desto gravierender sind die Auswirkungen der fehlenden Aufklärung. Da der abhängige Selbständige damit seine Altersversorgung riskieren kann, kann sich aus der mangelnden Aufklärung ein wesentlicher Nachteil ergeben, so daß sich der abhängige Selbständige selbst schädigen würde.

Auch auf das Informationsgefälle zwischen den beiden Parteien ist abzustellen. Während die Beschäftigung abhängiger Selbständiger zumeist Teil einer bestimmten Unternehmenspolitik ist, das Unternehmen also die Folgen des abändernden Vertrages kennen wird, ist der andere Vertragspartner über die diesbezüglichen Folgen in der Regel nicht informiert. Es liegt somit ein Informationsgefälle zum Zeitpunkt des Vertragsschlusses vor.

Schließlich ist auf das besondere Vertrauensverhältnis beim Übergang vom Arbeitnehmerstatus in die arbeitnehmerähnliche Beschäftigung abzustellen. Denn würde lediglich auf die gravierenden Folgen und das Informationsgefälle abgestellt, so könnte darauf zu folgern sein, daß ein Arbeitgeber jederzeit über die sozialrechtlichen Folgen aufklären muß, wenn ein (ehemaliger) Arbeitnehmer sich entschließt, eine Tätigkeit als Selbständiger aufzunehmen. Bei dieser Art des abändernden Vertrages treffen den Unternehmer jedoch besondere Pflichten, da auch nach dem Änderungsvertrag ein besonderes Abhängigkeitsverhältnis zum Unternehmen besteht. Vor diesem Hintergrund kann der abhängige Selbständige darauf vertrauen, daß das Unternehmen ihn insbesondere über die Risiken des abändernden Vertrages aufklärt. Das drückt sich auch in dem Gedanken des grundrechtlichen Untermaßverbotes aus, das auf das Verhalten des überlegenen Vertragspartners abstellt, um zu prüfen, inwieweit der unterlegene Vertragspartner seine Interessen in den Vertrag einbringen konnte. Es ist also in diesem Fall darauf abzustellen, wie das Unternehmen den anderen Vertragsteil informiert, damit er in die Lage versetzt wird, die Folgen des Änderungsvertrages hinreichend abzuschätzen.

Das Unternehmen trifft somit eine Aufklärungspflicht über die sozialrechtlichen Folgen, wenn der Übergang vom Arbeitnehmerstatus in die arbeitnehmerähnliche Beschäftigung vertraglich vereinbart wird. Klärt das Unternehmen nicht auf, liegt eine Täuschung in Form des Verschweigens von Tatsachen vor.

b) Arglist

Die Täuschung muß arglistig erfolgen. Der Handelnde muß die verschwiegenen Angaben kennen, wobei bedingter Vorsatz genügt[282]. Eine Anfechtung nach § 123 BGB ist damit nur bei vorsätzlichem Handeln des Unternehmens möglich.

2. Drohung

Eine Drohung könnte dann vorliegen, wenn das Unternehmen ankündigt, daß mit einer Kündigung des Arbeitsverhältnisses zu rechnen ist, sofern der Änderungsvertrag nicht abgeschlossen wird. Eine Drohung ist die Ankündigung eines empfindlichen Übels, das nach Bekunden des Drohenden von diesem herbeigeführt werden kann und soll, wenn der bedrohte die angesonnene Willenserklärung nicht abgibt[283]. Als Übel genügt jeder Nachteil[284].

Nach Ansicht der Rechtsprechung kann sowohl in der Ankündigung einer außerordentlichen[285] als auch einer ordentlichen Kündigung[286] eine Drohung liegen.

Voraussetzung für das Eingreifen des § 123 BGB ist jedoch, daß diese Kündigung auch widerrechtlich war. Das ist dann der Fall, wenn ein verständiger Arbeitgeber zu dem Zeitpunkt keine Kündigung ausgesprochen hätte, sondern lediglich eine Kündigung angedroht hätte[287].

Sind diese Voraussetzungen gegeben, so kommt auch eine Anfechtung des Änderungsvertrages nach § 123 BGB wegen widerrechtlicher Drohung in Betracht.

3. § 142 BGB

Liegen die Voraussetzungen des § 123 Abs. 1 BGB vor, so kann der Änderungsvertrag angefochten werden.

a) Rechtsfolge

Die Rechtsfolge einer erfolgreichen Anfechtung nach § 123 BGB bestimmt sich nach § 142 BGB. Das Rechtsgeschäft ist nach § 142 Abs. 1 BGB als von Anfang

---

282 Palandt-*Heinrichs,* BGB, Rdnr. 11 zu § 123.

283 Soergel-*Hefermehl,* BGB, Rdnr. 40 zu § 123.

284 Palandt-*Heinrichs,* BGB, Rdnr. 15 zu § 123.

285 BAG vom 21. März 1996 AP Nr. 42 zu § 123 BGB.

286 BAG vom 16. Januar 1992, NZA 1992, 1023.

287 BAG vom 20. November 1969 AP Nr. 16 zu § 123 BGB; BAG vom 24. Januar 1985, DB 1985, 1484; aA Kramer, Anmerkung zu BAG AP Nr. 21 zu § 123 BGB, der den Anfechtungsprozeß wie einen fiktiven Kündigungsprozeß behandeln will.

an nichtig anzusehen. Der Beschäftigte kann damit in den Arbeitsvertrag wieder eintreten. Er tritt aufgrund der Rechtsfolge des § 142 BGB in sämtliche Rechte und Pflichten aus dem Arbeitsverhältnis wieder ein. Sämtliche Rechte und Pflichten, die aus dem Vertrag als selbständig Beschäftigter entstanden sind, sind von Anfang an nichtig. Dadurch eventuell entstandene Verfügungen sind nach den Grundsätzen der ungerechtfertigten Bereicherung rückabzuwickeln.

b) Anfechtungsfrist

Nach § 124 BGB gilt hierfür eine Anfechtungsfrist von einem Jahr ab Kenntnis der Täuschung oder ab Wegfall der Drohung. Ob diese lange Anfechtungsfrist ab Kenntnisnahme in jedem Fall zu sachgerechten Ergebnissen führt, erscheint zweifelhaft. Dem Beschäftigten könnte zuzumuten sein, unverzüglich nach Kenntnisnahme diese anzuzeigen. Auch die Höchstgrenze von 30 Jahren nach § 123 Abs. 3 BGB im Fall der Anfechtung erscheint im Hinblick auf den Abänderungsvertrag rechtspolitisch fragwürdig. Auch der Vertragspartner, der seinen Aufklärungspflichten nicht genügt hat, sollte sich ab einem überschaubaren Zeitraum von etwa einem Jahr auf den Bestand des neuen Vertrages verlassen können.

Eine kürzere Anfechtungsfrist aus Treu und Glauben nach § 242 BGB käme jedoch nur dann in Betracht, wenn es an einer gesetzlichen Regelung fehlt. Diese ist jedoch in § 124 BGB unzweifelhaft gegeben. Es bliebe somit dem Gesetzgeber vorbehalten, für den Fall des oben beschriebenen abändernden Vertrages eine kürzere Anfechtungsfrist zu bestimmen. Bis dahin kann der Beschäftigte die Vorschriften des § 124 BGB für sich geltend machen.

III. Positive Forderungsverletzung

Sofern die Anfechtung nicht durchgreift oder nicht erklärt wurde, könnte der abhängige Selbständige einen Anspruch aus positiver Forderungsverletzung (pFV) haben.

Ein Anspruch aus der gesetzlich nicht geregelten pFV ist gewohnheitsrechtlich anerkannt[288] und greift immer bei vertraglichen Pflichtverletzungen ein, die gesetzlich nicht geregelt sind, die also weder Unmöglichkeit und Verzug herbeiführen und deren Folgen nicht von den gesetzlichen Gewährleistungsvorschriften erfaßt werden[289].

---

288 Palandt-*Heinrichs,* BGB, Rdnr. 105 zu § 276.

289 BGH vom 19. Oktober 1977, NJW 1978, 260.

1. Nebenleistungspflichten

Ein Anwendungsfall der pFV ist die Verletzung vertraglicher Nebenpflichten. Die Verletzung einer Nebenpflicht kann auch in der Verletzung einer Aufklärungspflicht liegen[290]. Das Unternehmen trifft die Pflicht, bei Vertragsschluß über die sozialrechtlichen Folgen zu informieren. Unterläßt es dies, so verletzt es vertragliche Nebenpflichten aus dem Arbeitsvertrag.

2. Verschulden, § 276 BGB

Das Unternehmen muß schuldhaft gehandelt haben, damit ein Anspruch aus pFV durchgreifen kann. Nach § 276 Abs. 1 BGB hat der Schuldner vorsätzliches und fahrlässiges Handeln zu vertreten. Im Gegensatz zur Anfechtung nach § 123 Abs. 1 BGB genügt daher bei der pFV bereits fahrlässiges Handeln, um einen Anspruch zu begründen.

3. Schadensersatz, §§ 249 ff. BGB

Der Anspruch aus pFV begründet für den anderen Vertragsteil einen Anspruch auf Schadensersatz, der sich auf alle unmittelbaren und mittelbaren Nachteile des schädigenden Verhaltens erstreckt[291]. Der Beschäftigte hat aus §§ 249 ff. BGB damit einen Anspruch auf Schadensersatz.

Fraglich ist jedoch, wie der Ersatz des ihm entstandenen Schadens aussehen kann. Nach § 249 BGB liegt der Schadensersatz in erster Linie im Ersatz des materiellen Schadens. Der Beschäftigte hat damit jedenfalls Anspruch auf finanziellen Ersatz der durch den Änderungsvertrag entstandenen Schäden.

Es könnte jedoch auch ein Schadensersatz in Form eines Widerrufsrechts bestehen. Einen Anspruch, der über den Ersatz des entstandenen Schadens durch finanziellen Ausgleich hinausgeht, sehen die am Kaufvertrag orientierten Schadensersatzvorschriften nicht vor. Daß diese Form von Schadensersatz jedoch nicht alle Vertragstypen erfassen kann, hat auch die Rechtsprechung anerkannt, die bei gegenseitigen Verträgen anerkennt, daß der Schadensersatz auch in einem Rücktrittsrecht liegen kann, wenn dem anderen Teil das Festhalten am Vertrag nach Treu und Glauben nicht zugemutet werden kann[292]. Die Tatsache, daß ein rein finanzieller Schadensersatz für das Dauerschuldverhältnis keine passende Rechtsfolge ist, hat die Rechtsprechung dadurch anerkannt, daß sie bei Dauerschuldverhältnissen ein Kündigungsrecht aus wichtigem Grunde einräumen will[293]. Ebenso soll es bei

---

290 Palandt-*Heinrichs,* BGB, Rdnr. 119 zu § 276.

291 Palandt-*Heinrichs,* BGB, Rdnr. 123 zu § 276.

292 BGH vom 13. März 1996, NJW-RR 1996, 949 (950).

unberechtigter Kündigung einen Anspruch auf Wiedereinräumung der vorherigen Stellung geben[294].

Ein Schadensersatz in Form eines Widerrufsrechts nach §§ 1 HWiG, 7 VerbKG ist jedoch nicht möglich. Bei Bestehen eines solchen Widerrufsrechts bleibt der Vertrag schwebend unwirksam, bis das Widerrufsrecht nicht mehr besteht, bei §§ 1 HWiG, 7 VerbKG für den Zeitraum von einer Woche. Da § 1 HWiG jeder weder direkt noch analog auf den Änderungsvertrag anzuwenden ist, kann kein Widerruf im Sinne des HWiG stattfinden.

Ebensowenig kann eine Nichtigkeit ex tunc nach § 142 Abs. 1 BGB angenommen werden. Denn diese ist an das Vorliegen der Voraussetzungen einer Anfechtung gebunden. Das Rangverhältnis zwischen § 123 Abs. 1 BGB und der pFV spricht gegen eine Rechtsfolge, die lediglich bei vorsätzlichem Handeln eingreifen soll, auch auf fahrlässiges Handeln zu übertragen. Eine Nichtigkeit ex tunc als Schadensersatz aus §§ 249 ff. BGB ist daher ebenfalls ausgeschlossen.

Möglich ist jedoch, dem Geschädigten sowohl ein außerordentliches Kündigungsrecht einzuräumen, als ihm auch den Wiedereintritt in den Vertrag zu gestatten. Jedes für sich allein ist von der Rechtsprechung als Schadensersatz anerkannt worden. Eine Weiterentwicklung dieser Grundsätze liegt hier lediglich darin, daß nicht nur die Kündigung des abgeschlossenen Vertrages oder der Wiedereintritt in einen alten Vertrag erzielt werden sollen, sondern zugleich beides. Wenn jedoch beides einzeln grundsätzlich als Schadensersatz anerkannt ist, ist nicht erkennbar, warum nicht beides zugleich als Schadensersatz dienen kann. Diese beiden Ansprüche wirken jedoch lediglich ex nunc. Für den in der Zwischenzeit entstandenen Schaden, da der Beschäftigte nicht Arbeitnehmer war, muß das Unternehmen deshalb einen Schadensersatz in Form eines finanziellen Ausgleichs leisten.

4. Geltendmachung des Anspruchs

Zu prüfen ist, wann der Beschäftigte seinen Anspruch geltend machen muß. Da § 124 BGB eine Anfechtungsfrist von einem Jahr ab Kenntnis von der arglistigen Täuschung nennt, muß der Anspruch aus pFV unter der Frist, die sich aus einer arglistigen Täuschung ergibt, liegen. Eine gesetzliche Regelung für die Geltendmachung des Anspruchs gibt es nicht. Sie kann sich daher nur aus allgemeinen Grundsätzen ergeben. Nach den Grundsätzen von Treu und Glauben des § 242 BGB muß auch das Unternehmen auf den Bestand des Vertrages vertrauen können. Die Grundsätze von Treu und Glauben sprechen daher dafür, daß der Beschäftigte seinen Anspruch unverzüglich nach Kenntnisnahme geltend machen muß und das Unternehmen nicht länger als notwendig im Unklaren halten darf.

---

293 BGH vom 11. Februar 1981, NJW 1981, 1264; BGH vom 6. Februar 1985, NJW 1986, 124 (125).

294 OLG Karlsruhe vom 7. Oktober 1981, NJW 1982, 54.

Ein Anhaltspunkt für eine unverzügliche Geltendmachung des Anspruchs ergibt sich weiterhin aus § 254 Abs. 2 BGB, wonach der Geschädigte dafür zu sorgen hat, den eintretenden Schaden möglichst gering zu halten. Da das Unternehmen für alle Sozialleistungen aufkommen muß, wird der Schaden größer, je länger der Anspruch nicht geltend gemacht wird. Das gilt zum einen für die Sozialabgaben selbst, zum anderen jedoch für die Zeiten, die der Beschäftigte als Arbeitnehmer gemeldet ist. Auch die Schäden, die dadurch entstehen, muß das Unternehmen nach den Grundsätzen der §§ 249 ff. BGB ausgleichen.

Aus den Grundsätzen der §§ 242, 254 Abs. 2 BGB ergibt sich daher, daß der Geschädigte seinen Anspruch unverzüglich kundtun muß.

Fraglich ist, wann der Anspruch verjährt ist. § 195 BGB nennt den Grundsatz der regelmäßigen Verjährung von dreißig Jahren. Zwar kann gegen diese lange Verjährungsfrist ebenfalls das Interesse des Unternehmens am Bestand des neuen Vertrages stehen. Ein Rückgriff auf den Grundsatz aus § 242 BGB ist jedoch nicht möglich, da die ordentliche Verjährung durch § 195 BGB geregelt ist. Die Verjährungsfrist beträgt daher 30 Jahre.

Ein Anspruch aus pFV ist in der Regel lediglich bei Vorliegen eines Vertrages denkbar, der den Übergang vom Arbeitnehmerstatus in die selbständige Beschäftigung nach sich zieht. Wird überhaupt erst ein Dienst- oder Werkvertrag neu abgeschlossen, während es vorher an einer vertraglichen Beziehung zwischen Unternehmen und abhängigem Selbständigen fehlte, so tritt für den Beschäftigten regelmäßig kein Vermögensschaden ein, da er auf keinerlei günstigere Vertragsgestaltung verzichtet.

E. Schutz vor der Abwälzung des Unternehmerrisikos

Eine vertragliche Klausel, die den abhängigen Selbständigen das Unternehmerrisiko übertragen soll, könnte gegen die guten Sitten nach § 138 BGB verstoßen und damit sittenwidrig sein. Das Unternehmerrisiko kann in verschiedenen Formen auf Arbeitnehmer und arbeitnehmerähnliche Personen abgewälzt werden. Zum einen werden ihnen zum Teil mit Abschluß des Auftrages Arbeitsgerätschaften angeboten, die sie erwerben müssen. Zum anderen können sie das Unternehmerrisiko in der Form übertragen bekommen, daß sie kein festes Grundgehalt haben, sondern auf reiner Provisionsbasis beschäftigt werden und eventuell sogar an entstehenden Verlusten des Unternehmens beteiligt werden. Wenngleich hier im Ergebnis eine gewisse Nähe zum Lohnwucher besteht, so unterscheidet sich die Verabredung einer reinen Provisionsbasis doch insofern von dem klassischen „Lohnwucher", als bei der Verabredung eines Entgelts auf reiner Provisionsbasis kein festes Entgelt vereinbart ist. Der Auftraggeber überträgt durch diese Vereinbarung daher das Risiko, ob sich das Geschäft als lohnenswert erweisen kann, auf den Auftragnehmer.

Die Abwälzung des Unternehmerrisikos im Rahmen eines Arbeitsvertrages kann nach Rechtsprechung und Literatur[295] nach § 138 Abs. 1 BGB nichtig sein. Ein Arbeitsvertrag soll dann gegen die guten Sitten verstoßen, sofern der Arbeitnehmer mit dem Unternehmer-, Betriebs- oder Wirtschaftsrisiko des Arbeitgebers belastet wird[296]. Diesen Grundsatz verfolgt die Rechtsprechung anhand des Beispiels der Beschäftigung auf reiner Provisionsbasis bereits seit 1909, als das Reichsgericht erstmals urteilte, es sei „nicht angängig", einen Beschäftigten ohne ihm ein bestimmtes Gehalt zuzubilligen, an dem Verlust des Geschäftes derart zu beteiligen, daß er für seine geleisteten Dienste nichts erhalte, sobald die Geschäftsergebnisse ungünstig werden[297].

Diesen Grundsatz griffen Literatur und Rechtsprechung in der weiteren Entwicklung des Arbeitsrechts im Grundsatz einhellig auf. Eine unzulässige Überbürdung des Geschäftsrisikos kann unter anderem vorliegen bei Mankoabreden, Übernahme der Haftung für die Zahlungsfähigkeit des Kunden[298] oder Verlustbeteiligung des Arbeitnehmers[299], sowie einer Beschäftigung auf Provisionsbasis.

Die Frage dagegen, inwieweit das Unternehmerrisiko auf arbeitnehmerähnliche Personen abgewälzt werden darf, hat in der jüngeren Literatur und Rechtsprechung kaum Erörterung gefunden. Darum ist zu fragen, inwieweit die für den Bereich der Arbeitnehmer entwickelten Grundsätze auch auf arbeitnehmerähnliche Personen zutreffen können.

Die Abwälzung des Unternehmerrisikos kann, wie diese unterschiedlichen Konstellationen zeigen, sowohl Haupt- als auch Nebenleistungspflichten betreffen. Dennoch ist die Zulässigkeit der Abwälzung des Unternehmerrisikos einheitlich zu bewerten, da hierbei die Frage zu beantworten ist, inwieweit sich ein Unternehmen durch die Ausgliederung einzelner Produktionsbereiche mittels Auftragsvergabe an abhängige Selbständige auch von den Betriebsrisiken befreien darf. Hierbei kommt es im wesentlichen darauf an, inwieweit das diesen Beispielen zugrundeliegende Prinzip, das typische Risiko, das der Unternehmer im Regelfall zu tragen hat, auf arbeitnehmerähnliche Personen abzuwälzen, zulässig sein kann.

---

295 *Staudinger-Dilcher,* BGB, Rdnr. 25 zu § 138; Soergel-*Hefermehl,* BGB, Rdnr. 129 zu § 138; RGRK-*Nieland,* BGB, Rdnr. 37 zu § 138; MüHandB-*Richardi,* Individualarbeitsrecht I, Rdnr. 18 zu § 44.

296 BAG vom 10. Oktober 1990 EzA Nr. 24 zu § 138 BGB; ArbG Düsseldorf vom 20. Mai 1988, AiB 1989, 120.

297 RG vom 26. November 1909, JW 1910, 6.

298 *Schaub,* Arbeitsrechtshandbuch, § 35 I 4.

299 BAG vom 10. Oktober 1990 EzA Nr. 24 zu § 138 BGB.

I. Provisionsbasis

Eine häufige Fallkonstellation im Bereich der abhängigen Selbständigkeit ist, das Unternehmerrisiko in der Form auf den Arbeitnehmer abzuwälzen, daß der Beschäftigte eine Bezahlung auf reiner Provisionsbasis erhält.

1. Arbeitsverhältnis

Diese Art der Entlohnung hat auch bereits im Arbeitsverhältnis Rechtsprechung und Literatur beschäftigt. Rechtsprechung und Literatur tendieren dazu, solche Abreden als sittenwidrig nach § 138 Abs. 1 BGB zu beurteilen. Strittig ist einzig, ob eine Entgeltvereinbarung in jedem Fall bereits dann sittenwidrig sein soll, wenn sie auf reiner Provisionsbasis beruht.

a) Sittenwidrigkeit bei „Hungerprovisionen"

Ein Teil der Rechtsprechung[300] und Literatur[301] tendiert dahin, dies nicht in jedem Fall ausreichen zu lassen. Sie wollen die Grenze zur Sittenwidrigkeit erst dann erreicht sehen, wenn es sich bei den Provisionen um sogenannte Hungerprovisionen, also Provisionen, die auch bei erfolgreicher Tätigkeit in keinerlei angemessenem Verhältnis zur Leistung stehen und zu einem unangemessen niedrigen Einkommen führen, handelt.

b) Generelle Sittenwidrigkeit der Provisionsbasis

Ein anderer Teil der Rechtsprechung[302] und Literatur[303] tendiert dagegen dazu, eine Entlohnung auf reiner Provisionsbasis generell als sittenwidrig anzusehen. Solche Klauseln legten den Arbeitnehmern wie Selbständigen das unternehmerische Absatzrisiko auf, obwohl ihnen nach dem übrigen Inhalt des Vertrages die unternehmerischen Chancen verwehrt blieben. Sofern im übrigen zwar eine Beschäftigung als Arbeitnehmer stattfindet, die Vergütung jedoch an dem für selbständige Unternehmer geltenden Werkvertrag ausgerichtet werden soll, würde im Ergebnis

---

300 BAG vom 10. März 1960, AP Nr. 2 zu § 138 BGB; BAG vom 28. Juni 1965 AP Nr. 3 zu § 614 BGB – Gehaltsvorschuß; LAG Berlin vom 3. November 1986 LAGE Nr. 1 zu § 138 BGB.

301 Staudinger-*Sack*, BGB. Rdnr. 392 zu § 138; MünchHandB, Individualarbeitsrecht I, § 44 Rdnr. 18.

302 LAG Hamm vom 3. Oktober 1979 BB 1980,105 f.; ArbG Rheine vom 22. Mai 1992, NZA 1993, 366.

303 MüKo-*Mayer-Maly*, BGB, Rdnr. 82 zu § 138; *Schiek*, BB 1997, 310 (312).

eine gesetzlich nicht vorgesehene Mischform zwischen Arbeits- und Werkvertrag geschaffen. Das *Landesarbeitsgericht Hamm* begründet dies weiter mit dem dualen Modell der Erwerbstätigkeit, nämlich der Einordnung als Arbeitnehmer oder als Selbständiger, das durch die Abwälzung des Unternehmerrisikos unzulässig durchbrochen würde. Durch eine klare Trennung von Arbeits- und Selbständigenrecht biete die Rechtsordnung Schutz davor, daß der Arbeitgeber alle Risiken zu Lasten des schwächeren Vertragsteils kombinieren könne[304]. Nur so könne einerseits dem, der freiwillig unternehmerische Risiken übernehme, die Nutzung äquivalenter unternehmerischer Chancen erhalten bleiben, und andererseits dem, der sich in eine abhängige Beschäftigung begebe, das vom Arbeitsrecht zwingend vorgeschriebene Schutzniveau gesichert werden. Der Entgeltanspruch des Arbeitnehmers müsse sich gegen den Arbeitgeber richten und könne nicht von Umständen abhängig sein, auf die der Arbeitnehmer keinen Einfluß habe[305].

Weiterhin stünde die ausschließliche Beschäftigung eines Arbeitnehmers auf Provisionsbasis im Widerspruch zu dem vom Arbeitsrecht bezweckten Existenz- und Kontinuitätsschutz. Sinn und Zweck dieses Schutzes sei es, den Arbeitnehmern auf der Basis eines Durchschnittsverdienstes ein bestimmtes Maß an Einkommen selbst in Fällen der Arbeitsverhinderung zu sichern[306]. Letztlich sei auch der mit der Herausbildung eines eigenständigen Begriffs des Arbeitsrechts einhergehende Gedanke berührt, den sich in eine abhängige Beschäftigung hineinbegebenden Arbeitnehmer von den in einer Marktwirtschaft unvermeidlichen Risiken freizustellen[307].

c) Stellungnahme

Bei der Abwägung zwischen beiden Ansichten ist zu berücksichtigen, daß die Schwelle zur Sittenwidrigkeit nach § 138 Abs. 1 BGB nicht erst dann überschritten ist, wenn die Existenz des einen Vertragspartners bedroht ist. Die Anhaltspunkte, die § 138 Abs. 2 BGB für die Maßstäbe für eine Sittenwidrigkeit nach § 138 Abs. 1 BGB gibt, orientieren sich vielmehr daran, daß jemand die unterlegene Vertragsstellung seines Vertragspartners ausnutzt, um sich einen persönlichen Vorteil zu sichern. Hierzu gehört auch das unternehmerische Risiko. Denn auch wenn eine Provision generell über eine „Hungerprovision" hinausgeht, so kann die weitere Entwicklung eines Betriebes z. B. durch fehlerhafte Unternehmensführung doch zu Phasen führen, da der Arbeitnehmer sich nicht mehr von der Provision ernähren kann. Auch weitere Risiken, wie der Krankheit oder der Lieferbarkeit von Materialien, würden damit implizit auf den Arbeitnehmer abgewälzt. Auf die Gestaltung

304 LAG Hamm vom 16. Oktober 1989 ZIP 1990, 880 (884).

305 LAG Hamm vom 3. Oktober 1979 BB 1980, 105 (106).

306 LAG Hamm vom 16. Oktober 1989 ZIP 1990, 880 (885).

307 Vgl. ArbG Rheine vom 22. Mai 1992, NZA 1993, 366.

aller dieser Aspekte, kurz die Unternehmensplanung, hat der Arbeitnehmer jedoch in der Regel keinen Einfluß. Der Entgeltanspruch des Arbeitnehmers kann jedoch nicht davon abhängig sein, ob der Unternehmer seinen Betrieb zu führen weiß oder nicht. Daher ist davon auszugehen, daß die Abwälzung des Unternehmerrisikos im Arbeitsverhältnis generell sittenwidrig nach § 138 Abs. 1 BGB ist.

Allerdings dürfte dieser Fall, daß die Entlohnung generell die eines „Hungerlohnes" übersteigt, nur selten zum Konfliktfall werden. In dem Fall, da die Beschäftigung insofern zur prekären Beschäftigung wird, da sie nicht mehr als eine „Hungerprovision" garantiert, kommen die Ansichten in Rechtsprechung und Literatur dagegen zu dem gleichen Ergebnis: Eine Sittenwidrigkeit ist nach unbestrittener Ansicht zu verneinen, wenn einem Arbeitnehmer neben einer angemessenen Vergütung noch eine Gewinnbeteiligung zugesagt wird, wenngleich auch in diesem Fall sein Gesamteinkommen vom wirtschaftlichen Erfolg seines Arbeitgebers abhängt und er damit auch das Wirtschafts- und Betriebsrisiko des Arbeitgebers mitträgt[308].

Das deckt sich auch mit den unter A[309] angestellten Überlegungen zur Sittenwidrigkeit einer Entgeltvereinbarung. Schon aus den unter A II[310] entwickelten Gründen wäre eine Vereinbarung über ein monatliches Entgelt dann sittenwidrig, wenn sie den Lebensbedarf nicht mehr decken kann, unabhängig davon, ob sie auf Provisionsbasis erfolgt ist oder auf einem fest vereinbarten monatlichen Entgelt.

Im Arbeitsverhältnis ist eine Entgeltabrede damit generell sittenwidrig nach § 138 Abs. 1 BGB, wenn sie auf reiner Provisionsbasis erfolgt.

2. Arbeitnehmerähnliche Personen

Zu prüfen ist im folgenden, ob diese Grundsätze auch auf die arbeitnehmerähnliche Beschäftigung übertragen werden können. Die Frage der Sittenwidrigkeit einer Entgeltvereinbarung auf reiner Provisionsbasis hat nur sehr kursorisch Eingang in die jüngere Rechtsprechung und Literatur gefunden.

Das *Landesarbeitsgericht Hamm* weist in seiner Entscheidung in diese Richtung, indem es fragt, ob für Außenmitarbeiter, die teilweise als „unternehmerähnliche Arbeitnehmer" angesehen werden könnten, etwas anderes gelten soll als für andere Arbeitnehmer. Es kommt hierbei zu dem Ergebnis, daß zumindest ein das Existenzminimum deckendes Fixum gegeben sein muß[311].

Zugeschnitten auf das spezielle Problem der Entlohnung von Handelsvertretern ist die Frage der Abwälzung des Unternehmerrisikos durch Zahlungen auf reiner Provisionsbasis bereits erörtert worden[312].

---

308 Staudinger-*Sack*, BGB, Rdnr. 392 zu § 138; *Schiek*, BB 1997, 310 (313).

309 Vgl. S. 167 ff.

310 Vgl. S. 171 ff.

311 LAG Hamm vom 16. Oktober 1989 ZIP 1990, 880 (886).

Sofern es sich bei den Handelsvertretern um Einfirmenvertreter handelte, ist auch hier zumeist die Vergütungsabrede aufgrund einer „Hungerprovision" für sittenwidrig erachtet worden[313]. Zwar soll generell ein selbständiger Handelsvertreter selbst das Risiko zu tragen haben, ob seine Tätigkeit verdienstbringend ist oder nicht[314]. Anders verhält es sich jedoch in jenen Bereichen, in denen der Handelsvertreter „arbeitnehmerähnlich"[315] beschäftigt ist, da er nach § 92a HGB nur für einen Auftraggeber tätig ist[316]. Hier beruht die Verdienstmöglichkeit des Handelsvertreters weitgehend auf Ursachen, die seinem Verantwortungsbereich entzogen sind. Der Unternehmer teilt in der Regel das Gebiet und damit den Kundenkreis des Handelsvertreters ein, so daß dieser keinen Einfluß auf die Gewinngestaltung hat. Sofern der Handelsvertreter keine anderen Verdienstmöglichkeiten hat, liegt die Gewinnmöglichkeit des Handelsvertreters grundsätzlich im Risikobereich des Unternehmers[317].

Dies trifft auch auf die arbeitnehmerähnliche Beschäftigung im allgemeinen zu, wie bereits das Reichsarbeitsgericht herausgearbeitet hat[318]. Arbeitnehmerähnliche Personen arbeiten überwiegend für einen Unternehmer, so daß sich ihr Einkommen im wesentlichen an den dortigen Verdiensten ausrichtet. Arbeitnehmerähnliche Personen haben aber vor allen Dingen ebenso wenig Einfluß auf die Gestaltung ihres Gewinns wie Arbeitnehmer. Der Unternehmer, der abhängige Selbständige beschäftigt, bestimmt in der Regel die Konditionen, unter denen arbeitnehmerähnliche Personen ihre Tätigkeit ausüben können. Dies betrifft insbesondere das Festsetzen von Gewinnspannen beim Anbieten von Waren. Die Bestimmung des Einkommens liegt damit außerhalb der Sphäre arbeitnehmerähnlicher Personen. Da sie ihr Einkommen nicht selbst gestalten können, liegt ein Verstoß gegen die guten Sitten darin, die Risiken, die mit der Unternehmensführung zusammenhängen, auf die abhängigen Selbständigen abzuwälzen, ohne ihnen gleichzeitig unternehmerische Chancen einzuräumen.

Eine Klausel, die eine reine Provisionsbasis als monatliches Entgelt für einen arbeitnehmerähnlich Beschäftigten vorsieht, verstößt damit gegen die guten Sitten und ist nach § 138 Abs. 1 BGB nichtig.

---

312 *Evers*, BB 1992, 1365 ff.

313 LAG Bremen vom 9. März 1955, BB 1955, 535; OLG Nürnberg vom 23. September 1960, BB 1960, 1261.

314 BGH vom 20. März 1981, DB 1981, 2274 m. w. N.; Evers, BB 1992, 1365 (1366).

315 *Evers*, BB 1992, 1365 (1367).

316 OLG Nürnberg vom 23. September 1960, BB 1960, 1261.

317 *Evers*, BB 1992, 1365 (1367).

318 Vgl. auch die Ausführungen auf S. 102 ff.

3. Rechtsfolgen

Da die Entgeltabrede nichtig ist, muß anstelle des vertraglich vereinbarten Entgelts eine andere Abrede treten.

a) § 139 BGB

Die Nichtigkeit der Klausel könnte die Nichtigkeit des gesamten Dienstvertrages nach sich ziehen. Denn die gesetzliche Vermutung des § 139 BGB geht davon aus, daß im Zweifel der ganze Vertrag nichtig ist, sofern er eine nichtige Klausel enthält.

Wie jedoch bereits ausgeführt wurde[319], wird dieser Grundsatz im Arbeitsrecht nur sehr eingeschränkt angewandt. Insbesondere dann, wenn die gesetzliche Vermutung des § 139 BGB zu Lasten des unterlegenen Vertragspartners gehen würde, wird die Vermutung des § 139 BGB umgekehrt.

Mit der Nichtigkeit des gesamten Arbeitsvertrages wäre den abhängigen Selbständigen jedoch nicht gedient, da sie sich in der Regel nicht vom Vertrag als Ganzes lösen wollen, sondern lediglich von der angefochtenen vertraglichen Klausel. Darum ist im Zweifel lediglich die vertragliche Klausel als nichtig anzusehen.

b) § 612 Abs. 2 BGB

Auch bezüglich der Bestimmung eines nicht sittenwidrigen Entgeltes ist nach den zum Lohnwucher entwickelten Grundsätzen zu verfahren. Es greift wiederum der Grundsatz des Lohnwuchers nach § 612 Abs. 2 BGB[320]. Da der Dienst- oder Werkvertrag keinerlei Entlohnung durch vertragliche Regelung vorsieht, ist nach der üblichen Entlohnung im Sinne von §§ 612 Abs. 2, 632 Abs. 2 BGB zu fragen. Ist eine zulässige, andere Entlohnung branchenüblich, so ist diese anzunehmen. Ist eine zulässige branchenübliche Entlohnung nicht ersichtlich, so ist über die Grundsätze der fehlgeschlagenen Vergütungserwartung anhand der nächstliegenden Tarifgruppe ein angemessenes Entgelt festzulegen. Sofern gar kein Vergleichsmaßstab greifen kann, ist zumindest das verfassungsrechtlich garantierte steuerfreie Existenzminimum als übliches Entgelt festzusetzen.

Sofern ein Arbeitsverhältnis dem Dienst- oder Werkvertrag so weitgehend gleicht, daß es nur wenige Unterschiede in der Arbeitsorganisation gibt, kann der arbeitsrechtliche Gleichbehandlungsgrundsatz auch eine Gleichstellung mit dem Entgelt für das entsprechende Arbeitsverhältnis gebieten.

---

319 Vgl. die Ausführungen der S. 173 ff.

320 Vgl. *Schiek*, BB 1997, 310 (312).

II. Verlustbeteiligung

Ein besonderer Fall der erfolgsabhängigen Provision ist die Verlustbeteiligung eines Arbeitnehmers. Nach der Rechtsprechung des Bundesarbeitsgerichts ist eine unzulässige Überbürdung des Unternehmerrisikos insbesondere dann anzunehmen, wenn die Vergütungsabrede eine Verlustbeteiligung des Arbeitnehmers vorsieht[321].

Ähnlich gelagert ist eine Entscheidung des Landesarbeitsgerichts Berlin, wonach eine Vereinbarung, derzufolge der Arbeitnehmer auf künftig fällig werdende Ansprüche dann verzichtet, wenn erwartete Drittmittel ausbleiben, jedenfalls dann sittenwidrig sein soll, wenn dadurch das Geschäftsrisiko auf den Arbeitnehmer abgewälzt werden soll[322].

Hierbei handelt es sich um einen Sonderfall der Bezahlung auf Provisionsbasis. Zusätzlich dazu, daß die Entlohnung vom „Erfolg" der Tätigkeit abhängt, wird den Beschäftigten das Unternehmerrisiko in der Form überbürdet, daß sie nicht nur keine Entlohnung erhalten, sondern auch entstehende Verluste decken müssen. Daher finden die dafür entwickelten Grundsätze für arbeitnehmerähnliche Personen Anwendung.

Die Vereinbarung einer Verlustbeteiligung in einem arbeitnehmerähnlichen Dienst- oder Werkvertrag verstößt gegen § 138 Abs. 1 BGB und ist nichtig. Entgegen der Vermutung des § 139 BGB betrifft die Nichtigkeit lediglich die sittenwidrige Klausel. Sofern nötig, greift nun § 612 Abs. 2 BGB ein. Es ist aber ebenso denkbar, daß das Eingreifen des § 612 Abs. 2 BGB entbehrlich ist, da neben der Verlustbeteiligung ein Entgelt vertraglich vereinbart ist, das nicht gegen die guten Sitten verstößt.

III. Ankauf von Arbeitsmaterialien

Ein weiterer Fall der Abwälzung des Unternehmerrisikos ist die vertragliche Abrede, daß Arbeitnehmer oder arbeitnehmerähnliche Personen Materialien ankaufen sollen, die sie für die Ausübung ihrer Tätigkeit benötigen. Arbeitsmaterialien zur Verfügung zu stellen, fällt im Bereich des Arbeitsrechts üblicherweise in den Risikobereich des Arbeitgebers. Für ihn wird die Arbeitsleistung erbracht und er wird diese auch verwerten.

Die Übernahme der Kosten für die Arbeitsmaterialien ist daher eine vertragliche Nebenpflicht nach § 242 BGB, die sich aus den umfassenden Fürsorgepflichten[323] des Arbeitgebers ergibt.

---

321 BAG vom 10. Oktober 1990, AiB 1991, 130 mit zustimmender Anmerkung Mayer; kritisch hierzu hingegen *Adomeit*, FS *Kissel*, S. 1 ff.

322 LAG Berlin vom 17. Februar 1997, DB 1997, 881.

323 Zu den Fürsorgepflichten im einzelnen Palandt-Putzo, BGB, Rdnrn. 96 – 104 zu § 611.

Die nötigen Arbeitsmaterialien für die Ausübung der Arbeit zu besorgen, ist darum regelmäßig Aufgabe des Arbeitgebers[324].

Zwar sind Arbeitsverträge denkbar, die eine Klausel enthalten, die den Arbeitnehmer zur Anschaffung von Arbeitsmaterialien verpflichtet. Der Ankauf von Arbeitsmaterialien spielt im Arbeitsverhältnis allerdings praktisch keine herausgehobene Rolle. Diese Form der Abwälzung des Unternehmerrisikos kommt nur vereinzelt vor und erreicht auch in diesen Einzelfällen finanziell kein großes Ausmaß. Einen Fall des Ankaufs von Arbeitsmaterialien hatte das *Landesarbeitsgericht Hamburg*[325] zu entscheiden. Es hat anhand des Beispiels des Ankaufs eines Laptops samt Software durch den künftigen Arbeitnehmer auf Anraten und aus den Beständen des Arbeitgebers angenommen, daß ein diesbezüglicher Kaufvertrag dann sittenwidrig nach § 138 Abs. 1 BGB sein soll, wenn der Arbeitnehmer den Laptop ausschließlich im Rahmen des Arbeitsverhältnisses nutzt. Es sah hierin eine unzulässige Abwälzung des Risikos des Untergangs, der Abnutzung und der Veraltung des Arbeitsmittels.

Die Abwälzung des Unternehmerrisikos durch den Ankauf von Arbeitsmaterialien ist dagegen im Bereich der abhängigen Selbständigkeit von erheblicher Bedeutung. Prekär werden für die abhängigen Selbständigen insbesondere die Fälle, da sie Arbeitsmaterialien von erheblichem Wert ankaufen müssen, um ihre Arbeit überhaupt ausüben zu können, wie zum Beispiel im Bereich der Fuhrunternehmen[326]. Solche erheblichen finanziellen Belastungen treiben diese Form der neu gegründeten Existenzen nicht selten in den Konkurs[327]. Daher ist insbesondere zu fragen, inwieweit die Rechtsprechung zur Abwälzung des Unternehmerrisikos für den Bereich arbeitnehmerähnlicher Personen fruchtbar gemacht werden kann.

Die Sittenwidrigkeit der vertraglichen Abmachung, daß der Arbeitnehmer die Arbeitsmittel anzuschaffen hat, ergibt sich aus den allgemeinen Überlegungen zur Abwälzung des Unternehmerrisikos. Ebenso wie die Erwirtschaftung von Gewinnen fällt die Anschaffung von Arbeitsmitteln regelmäßig in den Risikobereich des Arbeitgebers. Er kann planen, welche Anschaffungen für ihn Gewinn versprechen können. Dem Arbeitnehmer, der solche unternehmerischen Planungen nicht anstellen kann, kann nicht lediglich das damit verbundene Risiko überbürdet werden.

Die vertragliche Nebenpflicht aufgrund von Fürsorgepflichten nach § 242 BGB, die Arbeitsmaterialien zu stellen, müßte auch für arbeitnehmerähnliche Personen gelten. Vertragliche Vorsorgepflichten treffen ebenso den Dienstberechtigten wie den Arbeitgeber[328].

---

324 LAG Hamburg vom 26. November 1992 LAGE Nr. 7 zu § 138 BGB.

325 LAG Hamburg vom 26. November 1992 LAGE Nr. 7 zu § 138 BGB.

326 Vgl. DIE ZEIT Nr. 24 vom 6. Juni 1997, S. 25 f.

327 Vgl. das Beispiel „Der Fahrer" in DIE ZEIT Nr. 24 vom 6. Juni 1997, S. 25 f.: Hier klagt der Fahrer auf Erstattung von 500.000,– DM. Da er, der Fahrer, die laufenden Kosten für seinen LKW nicht zahlen konnte, mußte er Konkurs anmelden.

328 Palandt-*Putzo,* BGB, Rdnr. 96 zu § 611.

Eine Fürsorgepflicht, Arbeitsmittel zu stellen, wäre zu bejahen, wenn die diesbezügliche Situation der arbeitnehmerähnlichen Personen mit der der Arbeitnehmer vergleichbar wäre. Auch arbeitnehmerähnliche Personen werden für die Herstellung eines Produktes ihres Auftraggebers tätig. Da ihnen, ebenso wie den Arbeitnehmern, unternehmerische Chancen bei der Erstellung des Produktes oder der Erbringung der Dienstleistung fehlen, würde auch ihnen lediglich das typische unternehmerische Risiko aufgebürdet. Der Auftraggeber nutzt somit seine faktische Machtstellung aus, um sich von den Risiken des Unternehmertums weitgehend zu befreien. Da hier die gleichen Überlegungen greifen, die eine solche Abrede bei Vorliegen eines Arbeitsvertrages betreffen, ist diese Klausel im Vertrag mit arbeitnehmerähnlichen Personen ebenfalls sittenwidrig.

Eine Verpflichtung zum Ankauf von Arbeitsmaterialien, der kein hinreichender finanzieller Ausgleich gegenübersteht, verstößt daher gegen § 138 Abs. 1 BGB. Die sittenwidrige Klausel ist nichtig.

1. § 139 BGB

Bezüglich der Vermutung des § 139 BGB kann auf die obigen Ausführungen verwiesen werden. Entgegen § 139 BGB führt die Sittenwidrigkeit nach § 138 BGB nur zur Nichtigkeit der sittenwidrigen Klausel, nicht jedoch des gesamten Vertrages.

2. Ersatz der Aufwendungen

Der Ankauf der Arbeitsmaterialien stellt manchen abhängigen Selbständigen vor existentielle Probleme. Daher ist insbesondere von Bedeutung, daß der sittenwidrige Vertrag rückabgewickelt wird und das Unternehmen selbst die Anschaffungs- und Unterhaltungskosten für die Materialien trägt. Hier könnten die Grundsätze der ungerechtfertigten Bereicherung nach §§ 812 ff. BGB eingreifen.

Im Rahmen des Ankaufs von Arbeitsmaterialien sind zwei Konstellationen denkbar: Zum einen die, daß der Auftraggeber auch das Material verkauft und damit vorher Eigentümer des Materials war. Zum anderen ist die Konstellation möglich, daß der abhängige Selbständige selbst das benötigte Arbeitsmaterial bei einem Dritten anschaffen mußte. Diese beiden Möglichkeiten könnten zu unterschiedlichen rechtlichen Ansprüchen im Rahmen des Ersatzes von Aufwendungen führen.

a) Aufwendungsersatz im Zwei-Personen-Verhältnis

Sofern der abhängige Selbständige das Arbeitsmaterial beim Unternehmer selbst erworben hat, hat er an diesen den Kaufpreis entrichtet sowie selbst die laufenden

Kosten zum Erhalt der Materialien getragen. Zu prüfen ist daher, wie er diese Kosten erstattet bekommen kann.

Ein solcher Anspruch könnte sich zunächst direkt aus der Fürsorgepflicht des Arbeitgebers nach § 242 BGB ergeben. Die Fürsorgepflicht als solche kann jedoch nicht Anspruchsgrundlage für etwaige Ersatzansprüche sein[329]. Der Aufwendungsersatz müßte daher aus einer anerkannten Anspruchsgrundlage herzuleiten sein.

aa) §§ 670, 611 BGB

Ein Anspruch des abhängigen Selbständigen auf Ersatz seiner Aufwendungen könnte sich aus §§ 670, 611 BGB ergeben. Da die Wirksamkeit des Dienstvertrages selbst durch die nichtige Klausel nicht berührt wurde, könnte der Ersatz von Aufwendungen des abhängigen Selbständigen in den Pflichtenkreis des Unternehmens fallen. § 670 BGB verpflichtet den Auftraggeber, die Aufwendungen zu ersetzen, die der Beauftragte zum Zwecke der Ausführungen seines Auftrages macht.

§ 670 BGB ist auch bei der Besorgung einzelner Geschäfte im Rahmen eines Dienst- oder Arbeitsverhältnisses anwendbar[330]. Unerheblich ist daher also, ob es sich um ein Arbeitsverhältnis, um ein Dienstverhältnis, oder, wie in diesem Fall, um ein arbeitnehmerähnliches Verhältnis handelt.

Es muß sich um solche Aufwendungen handeln, die durch die Vergütung nicht abgegolten sind und die den Arbeitnehmer oder Dienstverpflichteten nicht treffen sollen[331].

Die Aufwendungen, die der Auftragnehmer mit der Anschaffung und Unterhaltung der Arbeitsmaterialien getätigt hat, sind von der Entlohnung nicht gedeckt. Da das Unternehmen die Pflicht trifft, dem Auftragnehmer die Arbeitsgeräte zur Verfügung zu stellen, kann die entsprechende Pflicht nicht auch den Auftragnehmer treffen.

Der Umfang des Ersatzes ist recht weit gesteckt. Er soll alle Aufwendungen umfassen, die der Beauftragte für notwendig halten durfte. Der Aufwendungsersatz aus §§ 670, 611 BGB erfaßt damit alle Unterhaltungskosten für die Sachen.

---

329 BAG vom 10. November 1961 E 12, 15; BAG vom 14. November 1991, NZA 1992, 691.

330 Ständige Rechtsprechung seit BAG vom 10. November 1961 E 12, 15; BAG vom 13. 12. 1992, NZA 1992, 746; BAG vom 18. September 1991, 5 AZR 161/91 n. v; BAG vom 20. April 1989, NZA 1990, 27; BAG vom 29. 6. 1988, 5 AZR 450/87 n.v.; BAG vom 8. Mai 1980 E 33, 108; Palandt-Putzo, BGB, Rdnr. 125 zu § 611; *Reichold,* NZA 1994, 488; *Frieges,* NZA 1995, 403.

331 BAG vom 1. Februar 1963, NJW 1963, 1221.

bb) § 812 Abs. 1, Satz 1, 1. Alt. BGB

Durch die Nichtigkeit der Klausel könnten auch die hieraus entstandenen Verfügungen, die die Sache selbst betreffen, betroffen sein. Hierfür kommen die Grundsätze der ungerechtfertigten Bereicherung nach §§ 812 ff. BGB in Betracht.

(1) Ansprüche des Auftragnehmers gegen das Unternehmen

Der Auftragnehmer könnte einen Anspruch auf Rückzahlung des Kaufpreises nach § 812 Abs. 1, Satz1, 1. Alt. BGB haben. Dafür müßte das Unternehmen etwas durch Leistung ohne rechtlichen Grund erlangt haben.

Es müßte es sich bei dem Erlangten zunächst um eine Leistung handeln. Das Unternehmen hat den Kaufpreis, oder einen Teil des Kaufpreises erlangt. Eine Leistung im Sinne des Bereicherungsrechts ist jede auf bewußte und zweckgerichtete Vermögensmehrung gerichtete Zuwendung[332]. Der Auftragnehmer hat das Geld an das Unternehmen gezahlt und war sich dabei dessen bewußt, daß er das Vermögen des Unternehmens mehrt. Eine Leistung liegt somit vor. Das erlangte Etwas ist in dem Vermögensvorteil[333], der aus der Zahlung des Kaufpreises resultiert, zu sehen.

Es müßte weiterhin an einem Rechtsgrund fehlen. Die Klausel, die den Kauf der Arbeitsmaterialien regeln sollte, ist nichtig. Es fehlt daher an einem vertraglichen Rechtsgrund. Es könnte jedoch ein Rechtsgrund vorliegen, wenn es sich bei der Anschaffung um eine Geschäftsführung ohne Auftrag nach §§ 670, 683 S. 1, 677 BGB handeln würde. Denn die echte berechtigte Geschäftsführung stellt einen Rechtsgrund dar[334]. Hierbei ist jedoch zu beachten, daß es sich lediglich um ein Zwei-Personen-Verhältnis handelt. In diesen Fällen greift die GoA nicht ein, weil dadurch das vorrangige gesetzliche Abwicklungsverhältnis der §§ 812 ff. BGB mit seinen Einschränkungen der §§ 814, 817, S. 2 und 818 Abs. 3 BGB umgangen würde[335]. Es fehlt daher ebenfalls an einem Rechtsgrund.

Der Benachteiligte kann demgemäß Herausgabe des Erlangten verlangen[336]. Da das Erlangte der bis dahin gezahlte Kaufpreis ist, kann der Auftragnehmer die Rückzahlung des Kaufpreises verlangen.

---

332 Palandt-*Thomas,* BGB Rdnr. 3 zu § 812; Staudinger-*Lorenz,* BGB, Rdnrn 4 ff. zu § 812

333 BGH vom 7. Oktober 1994, NJW 1995, 53; Palandt-Thomas, BGB, Rdnr. 16 zu § 812.

334 *Larenz/Canaris,* Lehrbuch des Schuldrechts II 2, S. 141.

335 So Palandt-*Thomas,* BGB Rdnr. 11 zu § 677; MüKo-*Seiler,* BGB, Rdnr. 41 vor § 677; Erman-*Ehmann,* BGB, Rdnr. 9 vor § 677; dagegen BGH vom 31. Januar 1963 Z 39, 87; BGH vom 24. September 1987 Z 101, 393 (399); BGH vom 28. Oktober 1992, NJW-RR 1993, 200; Soergel-*Muehl,* BGB, Rdnr. 10 zu § 677.

336 Palandt-*Thomas,* BGB, Rdnr. 101 zu § 812.

(2) Ansprüche des Unternehmens gegen den Auftragnehmer

Der Auftragnehmer ist durch Einigung und Übergabe Eigentümer und Besitzer der Arbeitsmaterialien geworden. Da die Sittenwidrigkeit nur die schuldrechtliche Seite erfaßt, kann das Unternehmen die Materialien nicht nach § 985 BGB herausverlangen. Das Unternehmen könnte jedoch einen Anspruch auf Rückübereignung und Rückgabe aus § 812 Abs. 1, Satz 1, 1. Alt. BGB haben.

Es müßte dafür eine Leistung vorliegen. Das Unternehmen hat die Arbeitsgerätschaften an den Auftragnehmer übereignet und damit zielgerichtet das Vermögen des Auftragnehmers vermehrt. Eine Leistung liegt also vor.

Das erlangte Etwas ist in dem hieraus entstehenden Vermögensvorteil zu sehen.

Es müßte an einem rechtlichen Grund fehlen. Die Klausel, die die schuldrechtliche Begründung für die Übereignung enthielt, ist sittenwidrig und damit nichtig. Sie kann keinen Rechtsgrund darstellen. Die Grundsätze der GoA kommen, wie oben ausgeführt, im Zwei-Personen-Verhältnis nicht zum Tragen. Ein Rechtsgrund liegt damit nicht vor.

Das Unternehmen kann das Erlangte herausverlangen. Das gilt für den Anspruch auf Rückübereignung der Arbeitsmaterialien. Das Unternehmen wird also aus § 812 Abs. 1, Satz 1, 1. Alt. BGB Eigentümerin der Arbeitsgerätschaften.

Ob das Unternehmen dagegen auch einen Anspruch auf Rückgabe hat, könnte fraglich sein. Denn das Unternehmen ist verpflichtet, dem Auftragnehmer für die Zukunft die benötigten Materialien zu stellen. Daher könnte es sich um einen Fall der unzulässigen Rechtsausübung nach § 242 BGB handeln, die Rückgabe der Arbeitsmaterialien zu verlangen. Eine unzulässige Rechtsausübung liegt unter anderem dann vor, wenn eine Leistung gefordert wird, die alsbald zurückzugewähren ist (dolo agit)[337]. Andererseits trifft das Unternehmen keine Pflicht, diese konkreten Arbeitsmaterialien zur Verfügung zu stellen. Der Einwand der unzulässigen Rechtsausübung greift daher nur dann, wenn es diese Arbeitsmaterialien dem Auftragnehmer direkt wieder zur Verfügung stellen will. Andernfalls kann es ebenfalls Rückgabe der Sachen aus § 812 Abs. 1, Satz 1, 1. Alt. BGB verlangen.

Der Auftragnehmer kann dem Unternehmen allerdings seine getätigten Aufwendungen nach den Grundsätzen des § 818 Abs. 3 BGB entgegenhalten. Ersatzfähig sind alle getätigten Aufwendungen bis zur Grenze der aufgedrängten Bereicherung[338].

Nach Bereicherungsgrundsätzen kann das Unternehmen daher die Rückübereignung, eventuell auch Rückgabe der Sache verlangen. Der Auftragnehmer kann nach § 818 Abs. 3 BGB Aufwendungsersatz erhalten.

---

337 BGH vom 21. Mai 1953 Z 10, 75.

338 Palandt-*Thomas,* BGB, Rdnr. 41 zu § 818.

b) Aufwendungsersatz im Drei-Personen-Verhältnis

Etwas anders stellt sich die Situation im Drei-Personen-Verhältnis dar. Hier hat das Unternehmen selbst keine Arbeitsmittel verkauft, sondern der Auftragnehmer hat sich aufgrund der sittenwidrigen Klausel selbst die Arbeitsmaterialen beschafft. Das Unternehmen hat von sich aus damit nichts zur Verfügung gestellt, so daß lediglich die Ansprüche des Auftragnehmers gegen das Unternehmen von Interesse sind.

aa) §§ 670, 611 BGB

Ein Ersatz der Aufwendungen des Auftragnehmers könnte sich wiederum aus Vertrag nach §§ 670, 611 BGB ergeben. Bezüglich der Aufwendungen, die zur Unterhaltung oder Reparatur der Sache getätigt wurden, ergeben sich keine Besonderheiten gegenüber dem Zwei-Personen-Verhältnis. Der Auftragnehmer kann deren Erstattung nach §§ 670, 611 BGB verlangen.

Besonderheiten ergeben sich bei dem Ersatz der Anschaffungskosten für die Sache selbst. Da das Unternehmen nicht die angeschafften Materialien, sondern beliebige geeignete Materialien zur Verfügung stellen muß, kann ihm der Erwerb der Materialien nicht aufgedrängt werden. Stattdessen müßte sich der Auftragnehmer darum kümmern, die Sachen selbst wieder zu verkaufen oder ihren Wertverlust seit Anschaffung errechnen zu lassen. Die Differenz zwischen Anschaffungswert und jetzigem Verkaufswert kann er als Aufwendung vom Unternehmen ersetzt bekommen.

bb) Ergebnis

Der Auftragnehmer kann Ersatz aller seiner Aufwendungen, einschließlich derer, die durch den Erwerb der Sache selbst entstanden sind, vom Unternehmen aus §§ 670, 611 BGB verlangen. Entsprechendes gilt bei Vorliegen eines Werkvertrages. Hier ergibt sich ein Anspruch auf Aufwendungsersatz aus §§ 670, 631 BGB.

IV. Sonstiges

Auch in weiteren Bereichen haben Rechtsprechung und Literatur im Arbeitsrecht Abweichungen von den zivilrechtlichen Regelungen vorgenommen, da diese für die Risikoverteilung im Arbeitsrecht nicht zutreffen. Diese können soweit auf arbeitnehmerähnliche Personen übertragen werden, wie ihnen der Gedanke der Abwälzung des Unternehmerrisikos zugrunde liegt.

1. Betriebsrisikolehre

Eng verbunden mit der Frage des Unternehmerrisikos ist die Betriebsrisikolehre. Ein Arbeitnehmer kann dann seine Dienste nicht erbringen, wenn der Arbeitgeber hierfür notwendige Rohstoffe, Zulieferteile oder andere benötigte Materialien vorübergehend nicht stellen kann. Die arbeitsrechtliche Rechtsprechung hat für diese Situation die Lehre vom Betriebsrisiko[339] entwickelt. Da der Arbeitgeber den betrieblichen Ablauf organisiere, verantwortlich für den Betrieb sei und nicht zuletzt die Erträge erhalte, habe er im Grundsatz das Betriebsrisiko zu tragen. Die Grundsätze der Betriebsrisikolehre sollen immer dann Anwendung finden, wenn der Arbeitnehmer zur Arbeit fähig und bereit ist, der Arbeitgeber ihn aber aus Gründen, die in seinem Betrieb liegen, nicht beschäftigen kann und weder der Arbeitgeber noch der Arbeitnehmer schuldhaft die Ursache für das Unterbleiben der Arbeitsleistung gesetzt haben[340]. In diesem Falle stehe den Arbeitnehmern ein Zahlungsanspruch nach §§ 611 Abs. 1, 615 BGB zu.

Auch die Betriebsrisikolehre knüpft in ihrer Begründung daran an, daß der Unternehmer die unternehmerischen Chancen auf seiner Seite hat und daher auch für die unternehmerischen Risiken einzustehen hat. Die Betriebsrisikolehre kann daher auch für die arbeitnehmerähnlichen Personen Anwendung finden. Ist es arbeitnehmerähnlichen Personen nicht möglich, ihre Arbeit auszuführen, da Materialien von seiten des Unternehmens fehlen, ergibt sich dennoch ein Anspruch auf Zahlung von Entgelt nach § 611 Abs. 1 bzw. § 631 Abs. 1, 632 BGB.

2. Arbeitnehmerhaftung

Auch bezüglich der Arbeitnehmerhaftung hat die arbeitsrechtliche Rechtsprechung Haftungserleichterungen geschaffen. Nach den Vorschriften der §§ 249, 276 BGB müßte ein Arbeitnehmer für alle Schäden einstehen, die er vorsätzlich oder fahrlässig an den Geräten des Arbeitgebers verursacht hat. Diese Regelung hat die Rechtsprechung mit den Grundsätzen der Arbeitnehmerhaftung jedoch erheblich eingeschränkt[341]. Für eine andere Verteilung der Haftung spreche das dem Arbeitgeber zuzurechnende Betriebsrisiko, sowie seine Befugnis zur Gestaltung der Arbeitsbedingungen. Ohne eine Einschränkung der Haftung würde der Arbeitnehmer durch die außerordentlich hohen Haftungssummen im Schadensfall einem unzu-

339 Grundsatzentscheidung RG vom 6. Februar 1923 Z 106, 272 ff. und RAG ARS 3, 116; bestätigt durch Leitentscheidung BAG vom 8. Februar 1957 E 3, 346; seither ständige Rechtsprechung, vgl. BAG vom 23. Juni 1994, DB 1994, 2552; BAG vom 30. Januar 1991, NZA 1991, 519; BAG vom 14. Mai 1986, NZA 1986, 789; BAG vom 9. März 1983 E 42, 94; BAG vom 22. Dezember 1980 E 34, 331.

340 *Schaub,* Arbeitsrechtshandbuch, § 101 II.

341 BAG GS vom 27. Juni 1994, NZA 1994, 1083, Abkehr von der Beschränkung der Haftungserleichterungen auf sog. „gefahrgeneigte Tätigkeiten" vgl. im einzelnen Palandt-*Putzo,* BGB, Rdnr. 156 f. zu § 611.

mutbar hohen Schadensrisiko ausgesetzt werden. Darum ist die Haftung des Arbeitnehmers, der den Arbeitgeber bei Ausführung einer betrieblichen Tätigkeit schädigt, soweit eingeschränkt, daß der Arbeitnehmer in der Regel bei leichter und mittlerer Fahrlässigkeit nicht für den Schaden eintreten muß. Eine Haftung tritt erst bei grober Fahrlässigkeit und vorsätzlichem Handeln ein.

Die Erwägungen, die diese Einschränkung der Haftung im Bereich der Arbeitnehmer rechtfertigen, treffen auch auf arbeitnehmerähnliche Personen zu. Auch hier gestaltet der Unternehmer die Arbeitsbedingungen arbeitnehmerähnlicher Personen, wenngleich nicht durch direkte Weisungen, so doch durch die Eingrenzung der Tätigkeit. Ebenfalls würde arbeitnehmerähnlichen Personen mit der Haftungsverteilung nach §§ 249, 276 BGB ein Risiko aufgebürdet, das im Schadensfall kaum von ihnen getragen werden könnte, sofern es nicht gelingt, eine Versicherung einzudecken, deren Prämien tragbar sind.

Die Grundsätze der Arbeitnehmerhaftung finden daher auch Anwendung auf arbeitnehmerähnliche Personen[342].

Weitere Beispiele für die Abwälzung des Unternehmerrisikos sind Klauseln über Vertragsstrafen[343] und Rückzahlungen bei vorzeitiger Kündigung eines Arbeitnehmers[344]. Die arbeitsgerichtliche Rechtsprechung hält Klauseln über Vertragsstrafen nur bei Vorsatz für zulässig, während in Rückzahlungsklauseln ein Verstoß gegen die Kündigungsregeln des BGB liegen kann. Da durch beide Klauseln ein Teil des Betriebsrisikos abgewälzt werden soll, können diese Beschränkungen nach den oben entwickelten Grundsätzen auch Anwendung auf arbeitnehmerähnliche Personen finden.

V. Ergebnis

Die Überbürdung des Unternehmerrisikos ist im Arbeitsverhältnis nur im Einzelfall zulässig, wenn dafür ein hinreichender Ausgleich geschaffen wird und die Existenz des Arbeitnehmers dadurch nicht gefährdet wird. Generell gilt jedoch das Prinzip, daß die unternehmerischen Risiken bei dem Arbeitgeber liegen, da auf seiner Seite auch die unternehmerischen Gewinnchancen sind. Es verstößt damit gegen die guten Sitten, unternehmerische Risiken auf den Arbeitnehmer abzuwälzen.

Hinsichtlich der Risikoverteilung ist die Situation arbeitnehmerähnlicher Personen wie die der Arbeitnehmer zu beurteilen. Ihre wirtschaftliche Abhängigkeit ergibt sich daraus, daß sie selbst nicht am Markt tätig werden, da sie überwiegend

---

342 Vgl. *Reinecke*, ZIP 1998, 581 (588); vgl. auch *Zeuner*, RdA 1975, 87, der sich allerdings noch auf die Rechtsprechung zur „gefahrgeneigten Tätigkeit" bezog.

343 BAG vom 23. Mai 1984, BB 1984, 2268.

344 BAG vom 18. September 1992, BB 1992, 144.

oder ausschließlich für einen Auftraggeber arbeiten. Daher gelten die Grundsätze der Abwälzung des Unternehmerrisikos auch für arbeitnehmerähnliche Personen. In der Abwälzung der Risiken der Unternehmensführung ist eine Ausnutzung einer Machtstellung zu sehen, wie sie exemplarisch unter § 138 Abs. 2 BGB angeführt ist, wenn auf der anderen Seite nicht auch unternehmerische Chancen eingeräumt werden. Die Abwälzung des Unternehmerrisikos ist damit nach § 138 Abs. 1 BGB als sittenwidrig und damit nichtig zu beurteilen.

Im einzelnen gelten folgende Grundsätze zur Abwälzung des Unternehmerrisikos auf Arbeitnehmer auch für arbeitnehmerähnliche Personen:

Die Vereinbarung einer reinen Provisonsbasis als Entlohnung verstößt gegen § 138 Abs. 1 BGB. Das gilt ebenso für den Sonderfall der Vereinbarung einer möglichen Verlustbeteiligung.

Sittenwidrig ist ebenfalls eine Klausel, die den Ankauf von Arbeitsmaterialien durch den abhängigen Selbständigen zum Inhalt hat. Hieraus entstandene Aufwendungen können nach §§ 670, 611 BGB ersetzt werden. Der Verkauf von Materialien durch den Auftraggeber ist nach §§ 812 ff. BGB rückabzuwickeln.

Auf arbeitnehmerähnliche Personen übertragbar sind weiterhin die Grundsätze der Betriebsrisikolehre und der Arbeitnehmerhaftung. Schließlich unterliegen Vertragsstrafen und Rückzahlungsklauseln den von der Rechtsprechung für das Arbeitsverhältnis entwickelten Restriktionen.

F. Rückgewähr getätigter Investitionen

Im Hinblick auf den Abschluß oder den Fortbestand eines Arbeits- oder Beschäftigungsvertrages mögen abhängige Selbständige auch Investitionen im Hinblick auf ihre Weiterqualifikation oder in anderer Hinsicht tätigen. Kommt der Abschluß oder die Verlängerung des Vertrages nicht zustande, so können abhängige Selbständige diese Investitionen nicht zu seinem Vorteil verwenden. Da sie einen Anspruch auf Vertragsabschluß in der Regel nicht geltend machen können und die Kündigung eines arbeitnehmerähnlichen Beschäftigungsverhältnisses binnen mindestens vier Wochen möglich ist, ist zu fragen, ob sie diesbezügliche Investitionen vom Unternehmen zurückfordern können.

I. Culpa in contrahendo (cic)

Kommt es nicht zum Abschluß eines Vertrages, so kommt ein Anspruch aus der Verletzung vorvertraglicher Pflichten nach den Grundsätzen der culpa in contrahendo (cic) in Betracht.

Auch wenn es nicht zum Vertragsschluß kommt, kann eine Haftung aus Verschulden bei Vertragsverhandlungen entstehen, wenn durch die Aufnahme von Vertragsverhandlungen ein vertragsähnliches Vertrauensverhältnis entsteht, das die Partner zur Sorgfalt verpflichtet[345].

1. Grundloses Abbrechen von Vertragsverhandlungen

Ein Anspruch gegen das Unternehmen könnte sich bei grundlosem Abbruch der Vertragsverhandlungen ergeben. Grundsätzlich sind die Parteien bis zum endgültigen Vertragsschluß in ihrer Entschließung frei, den Vertrag zu schließen oder davon Abstand zu nehmen. Eine Ersatzpflicht besteht nur dann, wenn eine Partei Vertragsverhandlungen ohne besonderen Grund abbricht, nachdem sie in zurechenbarer Weise Vertrauen auf das Zustandekommen des Vertrages erweckt hat[346].

Ein besonderer Vertrauenstatbestand kann sich im Fall der abhängigen Selbständigkeit daraus ergeben, daß das Verhandlungen führende Unternehmen weiß, daß der andere Vertragspartner auf den Abschluß des Vertrages besonders angewiesen ist. Anders als beim Auftreten zweier gleichstarker Vertragspartner hat das Ausbleiben des Vertragsschlusses für den Verhandlungspartner des Unternehmens besonders negative Folgen, da er das Ausbleiben dieses Vertragsschlusses nicht über andere Geschäfte kompensieren kann.

Im Falle der Arbeitnehmerähnlichkeit der mit dem Unternehmen verhandelnden Person kann daher regelmäßig das Vorliegen eines besonderen Vertrauensverhältnisses vermutet werden.

Das Unternehmen muß hierbei schuldhaft nach § 276 BGB, also mindestens fahrlässig, gehandelt haben.

2. Schadensersatz

Liegt eine schuldhafte Verletzung vorvertraglicher Pflichten vor, so ist die Rechtsfolge Schadensersatz nach §§ 249 ff. BGB. Der Verhandlungspartner des Unternehmens kann also Ersatz des ihm entstandenen Schadens verlangen.

II. Positive Forderungsverletzung (pFV)

Ein Anspruch auf Ersatz von Investitionen könnte sich auch im Rahmen eines arbeitnehmerähnlichen Beschäftigungsverhältnisses ergeben, wenn arbeitnehmer-

---

345 Palandt-*Heinrichs*, BGB, Rdnr. 65 zu § 276.

346 BGH vom 7. Oktober 1975, NJW 1975, 1774; OLG Köln vom 1. 8. 1995, NJW-RR 1995, 31.

ähnliche Personen im Hinblick auf des Fortbestehen des Beschäftigungsverhältnisses solche getätigt haben, das Beschäftigungsverhältnis jedoch beendet wird.

1. Pflichtverletzung

Ein Anspruch könnte sich aus positiver Forderungsverletzung wegen Verletzung einer vertraglichen Nebenpflicht ergeben. Das wäre dann der Fall, wenn das Unternehmen die Beendigung so rechtzeitig hätte ankündigen müssen, daß die Investitionen im Vertrauen auf den Fortbestand des Beschäftigungsverhältnisses unterblieben wären. Da einzig das Unternehmen über seine Planung informiert sein kann, nicht jedoch der Beschäftigte, entspricht es dem Grundsatz von Treu und Glauben, daß das Unternehmen arbeitnehmerähnliche Personen alsbaldigst über seine Planungen informiert und hierbei auch die Dispositionen der Beschäftigten berücksichtigt.

Unterläßt es dies, so ergibt sich hieraus ein Anspruch aus pFV.

Diese Pflichtverletzung muß nach § 276 BGB mindestens fahrlässig sein.

2. Schadensersatz

Arbeitnehmerähnliche Personen können aus pFV Ersatz ihres Schadens nach §§ 249 ff. BGB verlangen. Sie können daher aus pFV getätigte Ausgaben zurückverlangen, sofern sie auf den Fortbestand ihres Beschäftigungsverhältnisses vertrauen konnten.

G. Arbeitszeit

Eine Regulierung der vertraglichen Regelungen könnte hinsichtlich der Arbeitszeit geboten sein. Für Arbeitnehmer gilt: Die Arbeitszeitdauer kann sich ebenso aus Einzelarbeitsverträgen, allgemeinen Arbeitsbedingungen, Betriebsvereinbarungen wie aus Tarifverträgen ergeben[347].

I. Tarifverträge

Von besonderer Bedeutung sind hierbei jedoch die Mantel- bzw. Rahmentarifverträge, denn diese legen den Umfang der wöchentlichen Arbeitsverpflichtung fest. 1992 betrug die in den Tarifverträgen festgelegte durchschnittliche wöchentli-

347 *Schmid/Trenk-Hinterberger*, Grundzüge des Arbeitsrechts, S. 61.

che Regelarbeitszeit in den alten Bundesländern 38,07 Stunden, in den neuen Bundesländern 40,12 Stunden[348].

Diese tarifvertraglichen Vorschriften könnten auch auf arbeitnehmerähnliche Personen entsprechende Anwendung finden.

Dagegen steht jedoch, daß die Frage der Festlegung im Hinblick auf die Arbeitszeiten bereits bei der Prüfung des Arbeitnehmerstatus nach der ständigen Rechtsprechung des Bundesarbeitsgerichts ausschlaggebende Bedeutung hat[349]. Dafür, daß es sich bei den Beschäftigten nicht um Arbeitnehmer handelt, gibt häufig die Tatsache den Ausschlag, daß festgelegte Arbeitszeiten eben nicht bestehen. Die arbeitnehmerähnlichen Personen erhalten regelmäßig Aufträge, bei denen es ihnen selbst überlassen bleibt, wann und wie sie diese erfüllen. Entscheidend ist lediglich, daß sie diese erfüllen. Die freie Bestimmung der Arbeitszeit ist deshalb ein wesentliches Element, das eine selbständige Tätigkeit ausmacht. Die entsprechende Anwendung von Tarifverträgen in bezug auf die Arbeitszeit erscheint insofern nicht sachgerecht.

Bedenken können sich jedoch dann ergeben, wenn die zu veranschlagende Zeit als gesundheitsschädlich eingestuft werden muß. Daher ist zu fragen, ob es zumindest Anhaltspunkte für eine gesetzliche Obergrenze gibt, die regelmäßig nicht überschritten werden darf.

II. § 3 AZG

Anders als noch die AZO[350] nimmt § 3 AZG keine explizite Benennung einer wöchentlichen Höchstarbeitszeit vor. § 3 AZG legt jedoch eine tägliche Arbeitszeit von nicht mehr als 8 Stunden fest. Da Samstag ein Arbeitstag im Sinne des AZG ist, ergibt sich hieraus eine wöchentliche Arbeitszeit, die 48 Stunden regelmäßig nicht überschreiten darf. Nach § 3 AZG darf die Arbeitszeit vorübergehend auf 10 Stunden täglich erhöht werden, so daß vorübergehend auch eine Arbeitszeit von 60 Stunden zulässig ist. Diese Arbeitsstunden müssen jedoch innerhalb von sechs Kalendermonaten oder 24 Wochen ausgeglichen werden.

Der Wirkungsbereich dieser Regelung ist jedoch nach §§ 1 und 2 AZG auf Arbeitnehmer beschränkt. Nach § 2 Abs. 2 AZG sind Arbeitnehmer im Sinne des Gesetzes Arbeiter und Angestellte, sowie die zur Berufsbildung Beschäftigten. Eine eigenständige Definition des Arbeitnehmerbegriffs nimmt § 2 Abs. 2 AZG nicht vor. Deshalb ist unter dem Arbeitnehmerbegriff des AZG der herrschende Arbeitnehmerbegriff, der im wesentlichen auf die persönliche Abhängigkeit abstellt, zu verstehen. Dieser Begriff umfaßt die arbeitnehmerähnlichen Personen nicht[351]. § 3

348 *Anzinger*, RdA 1994, 11 (15).

349 Vgl. zum Arbeitnehmerbegriff die Ausführungen auf S. 56 ff.

350 Vom 30. April 1938, RGBl. 1938 I, S. 447.

AZG kann daher keine direkte Anwendung auf arbeitnehmerähnliche Personen finden.

III. § 3 AZG analog

Die Höchstvorschriften über die Wochenarbeitszeiten nach § 3 AZG könnten jedoch analog auf arbeitnehmerähnliche Personen anzuwenden sein. Es müßte sich dafür um eine zulässige Fortbildung bestehenden Rechts handeln, § 3 AZG auf arbeitnehmerähnliche Personen analog anzuwenden.

Hierfür ist zunächst festzustellen, daß § 3 AZG eine Ausnahmevorschrift ist. Entgegen dem Grundsatz der Vertragsfreiheit legt sie für ein bestimmtes Beschäftigungsverhältnis, nämlich ein Arbeitsverhältnis, eine tägliche und wöchentliche Beschäftigungshöchstzeit fest vor, die nicht überschritten werden darf. Der Grundsatz der Vertragsfreiheit nach §§ 241, 305 BGB überläßt es jedem einzelnen, seine Lebensverhältnisse durch Verträge eigenverantwortlich zu regeln[352]. Hiernach ist auch jede Regelung über die Arbeitszeit zulässig. § 3 AZG ist damit eine Vorschrift, die eine Ausnahme von diesem Grundsatz bildet. Mit einer analogen Anwendung des § 3 AZG soll der Grundsatz, eine beliebig lange Arbeitszeit vereinbaren zu können, jedoch nicht für alle Vertragsformen begrenzt werden. Stattdessen geht es darum, einen weiteren Ausnahmefall zu bestimmen, bei dem eine Ausnahme von einer freien Vereinbarung einer Höchstarbeitszeit zulässig ist. Eine analoge Anwendung des § 3 AZG ist daher generell denkbar.

1. Offene Regelungslücke

Hierfür müßte eine Lücke im Gesetz vorliegen. Da § 3 AZG eine Höchstarbeitszeit für Arbeitnehmer bestimmt, ist die Vorschrift im Prinzip anwendbar. Es kommt also nur das Vorliegen einer Regelungslücke in Betracht. Die Norm umfaßt weiterhin den zu prüfenden Anwendungsbereich nicht, da arbeitnehmerähnliche Personen nicht vom möglichen Wortsinn des Begriffs erfaßt werden. Es liegt somit eine offene Regelungslücke vor. Diese könnte im Wege der Analogie geschlossen werden.

---

351 aA wohl *Buschmann/Ulber,* Arbeitszeitrechtsgesetz, Rdnr. 8 zu § 2, nach denen das Gesetz „auf sog. Scheinselbständige, die tatsächlich in einem für Arbeitnehmer typischen sozialen Abhängigkeitsverhältnis stehen", Anwendung finden soll. Hierbei bleibt jedoch unklar, welche Gruppe der abhängigen Selbständigen ins das AZG einbezogen werden soll, sowie ob dies darin begründet sein soll, daß diese dem Arbeitnehmerbegriff unterfallen sollen, oder ob das Gesetz auf sie gelten soll, obwohl sie keine Arbeitnehmer sind.

352 Palandt-*Heinrichs,* BGB, Rdnr. 7 vor § 145.

2. Planwidrige Regelungslücke

Dafür müßte es sich um eine planwidrige Regelungslücke handeln. Es könnte sich um eine nachträgliche Lücke handeln. Das erscheint fraglich, da das AZG erst zum 1. Juli 1994[353] in Kraft getreten ist. Grundlegende technische oder wirtschaftliche Entwicklungen, die der Gesetzgeber zum damaligen Zeitpunkt nicht erkennen konnte, sind seither nicht eingetreten.

Naheliegender ist aufgrund des Verabschiedungszeitraums eher das Vorliegen einer anfänglichen Lücke. Das erscheint zweifelhaft. Es ist weder ersichtlich, daß der Gesetzgeber den Fall der arbeitnehmerähnlichen Person für geregelt hielt, noch daß er diesen Bereich mit dem AZG generell regeln wollte. Dagegen spricht insbesondere die mehrfache Erwähnung der Tatsache, daß das AZG für Arbeitnehmer gelten soll. Dennoch könnte eine anfängliche Lücke dann bestehen, wenn der Gesetzgeber das Problem von seiner grundsätzlichen Motivation her regeln wollte, sich des konkreten Regelungsproblems dennoch nicht bewußt war. Das könnte dann der Fall sein, wenn die veränderten gesellschaftlichen Produktionsbedingungen seit Verabschiedung der AZO in die Überlegungen zur Schaffung des AZG nicht mit eingeflossen sind. Insofern ist zu fragen, ob der Gesetzgeber sich ausdrücklich aufgrund der geänderten gesellschaftlichen Bedingungen dazu durchgerungen hat, ein neues Arbeitszeitgesetz zu schaffen, das damit auch den neuen Beschäftigungsformen Rechnung tragen sollte. Das erscheint indes zweifelhaft. Der Entwurf eines AZG begründete den Handlungsbedarf für die Schaffung eines neuen Gesetzes zur Regelung der Arbeitszeit sowohl mit dem Gesetzgebungsauftrag aus dem Einigungsvertrag als auch mit dem Gesetzgebungsauftrag des Bundesverfassungsgerichts[354]. Motivation war somit sowohl der Wunsch zur Vereinheitlichung bundesdeutschen Rechts als auch der der gesetzlichen Umsetzung der Urteile des Bundesverfassungsgerichts zum Hausarbeitstagsgesetz aus dem Land Nordrhein-Westfalen und zum Nachtarbeitsverbot für Arbeiterinnen. Als Hauptmotivation nennt die Begründung des Entwurfes das vorrangige Ziel des Gesundheitsschutzes[355]. Als Motivation, die AZO zu ersetzen, nennt der Gesetzesentwurf weiterhin die Befreiung des gesetzlichen Arbeitszeitrechtes von der NS-Terminologie, sowie die Entbürokratisierung von Aushangs-, Aufzeichnungs- und Antragspflichten[356]. Die Begründung bezieht sich weiterhin darauf, daß am Grundsatz des Achtstundentages festgehalten werden soll. Sie rekurriert ebenfalls darauf, daß Arbeitszeitschutz im Kern bereits seit 1918/19 und seiner weiteren gesetzlichen Ausgestaltung im Jahre 1923 in dieser Form besteht[357]. Einen Reformbedarf dieser Regelungen aufgrund veränderter Produktionsbedingungen

353 Art. 21 des Arbeitsrechtszeitgesetzes vom 6. Juni 1994, BGBl. 1994 I, S. 1170.

354 BT-Drucksache 12/5888, S. 19.

355 BT-Drucksache 12/5888; S. 19.

356 BT-Drucksache 12/5888, S. 20.

357 BT-Drucksache 12/5888, S. 20.

nennt der Gesetzesentwurf nicht. Da der Gesetzentwurf den Gesundheitsschutz bei der Arbeit als wichtiges Ziel benennt und die Frage, ob mit der Regelung alle schutzbedürftigen Gruppen erfaßt werden können, nicht ausdrücklich problematisiert, kann geschlossen werden, daß der Gesetzgeber meinte, alle schutzbedürftigen Gruppen für den Gesundheitsschutz erfaßt zu haben. Das Problem der abhängigen Beschäftigung, die nicht unter den Arbeitnehmerbegriff fällt, sieht der Entwurf nicht. Das wird auch durch den expliziten Bezug auf die im Prinzip seit 1918/19 bestehende Wochenarbeitszeit untermauert, der aufzeigt, daß diese Regelungen unter Vermeidung bestimmter nationalsozialistischer Begriffe fortgeführt werden. Es liegt also eine planwidrige anfängliche Lücke vor: Der Gesetzgeber meint, mit seinem generellen Anliegen des Schutzes abhängiger Arbeit vor übermäßigen gesundheitlichen Schäden alle in Betracht kommenden Gruppen durch den Arbeitnehmerbegriff erfaßt zu haben.

3. Gleiche Interessenlage

Schließlich müßte eine gleiche Interessenlage zwischen Arbeitnehmern und arbeitnehmerähnlichen Personen in bezug auf § 3 AZG gegeben sein, so daß ein Verstoß gegen den Gleichheitsgrundsatz vorliegt. Diese gleiche Interessenlage müßte im Hinblick auf die Schutzrichtung des Gesetzes gegeben sein. Neben der Erwähnung in der Begründung hat der Gesetzeszweck auch Eingang gefunden in § 1 AZG. Hiernach ist Zweck des Gesetzes, die Sicherheit und den Gesundheitsschutz der Arbeitnehmer zu gewährleisten und die Rahmenbedingungen für flexible Arbeitszeiten zu verbessern, sowie den Sonntag und die staatlich anerkannten Feiertage als Tage der Ruhe der Arbeitnehmer zu schützen. Schutzrichtung des AZG ist es also, eine obere Grenze zu benennen, die die Tarifvertragsparteien nicht überschreiten dürfen, da dann die Gefährdung der Gesundheit als so gravierend angesehen wird, daß eine längere Arbeitszeit als nicht vertretbar angesehen wird. Indes wird diese rechtliche Obergrenze von den Tarifvertragsparteien bereits seit Jahrzehnten nicht mehr ausgeschöpft. Die tarifpolitische Entwicklung, die bei dem Abschluß des VW-Haustarifvertrages mit der Einführung der 4-Tage-Woche sogar zu einer tariflich vereinbarten Arbeitszeit von 28 Stunden geht, bezieht längst eine Reihe von anderen Motiven zur Bestimmung einer tariflich zu regelnden Arbeitszeit ein[358]. Für Arbeitnehmer gelten daher nur in Ausnahmefällen die Regelungen des AZG, in der Regel wird die Arbeitszeit durch eine tarifliche Regelung bestimmt sein.

Das AZG hat daher nicht die Zielrichtung, tatsächliche Vorgaben für die wöchentliche Arbeitszeit zu machen. Statt dessen wird eine Obergrenze benannt, deren Überschreiten bereits zu Beginn der staatlichen Regulierung lohnabhängiger

358 *Buschmann/Ulber,* Arbeitszeitrechtsgesetz, Rdnr. 2 zu § 3.

Tätigkeit in den Jahren 1918/19 als so gesundheitsgefährdend angesehen wurde, daß eine Überschreitung untersagt wurde.

Dieser Schutzzweck müßte für die arbeitnehmerähnlichen Personen in gleicher Weise gelten, um eine Analogie zu rechtfertigen. Hierfür ist zu sagen, daß sich die Schutzbedürftigkeit der Arbeitnehmer nicht allein aus der Gesundheitsgefährdung ergeben kann. Denn in diesem Fall müßte der Grundsatz des AZG für jede, also auch eine selbständige Beschäftigung ohne jede wirtschaftliche Abhängigkeit gelten. In diesem Fall wäre eine Begrenzung der Arbeitszeit jedoch sinnwidrig, da hier die Selbständigen selbst einschätzen, welche Gesundheitsgefährdungen sie in Kauf zu nehmen bereit sind, um ihre selbständige Tätigkeit auszuüben. Für die arbeitnehmerähnlichen Personen ist jedoch festzuhalten, daß sie dies eben nicht selbst bestimmen können, da sie nicht selbständig am Markt auftreten. Sie erhalten über ihren Auftraggeber die Aufträge, die sie bis zu einem bestimmten Termin erledigen sollen. Es obliegt nicht ihnen, mit dem Vertragspartner ihres Auftraggebers andere Bedingungen auszuhandeln, da sie mit diesem in keine Verhandlungen eintreten. Die Schutzbedürftigkeit der arbeitnehmerähnlichen Personen ist also in der Richtung mit der des Arbeitnehmers vergleichbar, als sie nicht selbst die Aufträge und deren Ertrag für sich aushandeln können. Insofern ist zumindest eine Begrenzung der Wochenarbeitszeit geboten, die gesundheitliche Schäden ihrer Beschäftigung vermeidet.

Arbeitnehmer und arbeitnehmerähnliche Personen haben damit hinsichtlich der gesetzlichen Höchstarbeitszeit die gleiche Interessenlage. Ein staatlicher Gesundheitsschutz ist geboten, da sie nicht in ausreichendem Maße selbst über den Schutz ihrer Gesundheit verfügen können. § 3 AZG ist daher analog auf arbeitnehmerähnliche Personen anzuwenden.

4. Zwischenergebnis

§ 3 AZG findet analoge Anwendung auf arbeitnehmerähnliche Personen[359]. Ein Vertrag mit arbeitnehmerähnlichen Personen darf daher eine wöchentliche Arbeitszeit von 48 Stunden und eine tägliche Arbeitszeit von 8 Stunden nicht überschreiten.

H. Arbeitsschutzvorschriften

Zum Schutz von Arbeitnehmern am Arbeitsplatz gelten eine Reihe von Schutzvorschriften. Gesetzliche Ziele und Rahmenbedingungen zum Gesundheitsschutz am Arbeitsplatz regelt das Arbeitsschutzgesetz[360], das in § 1 Abs. 1 des Gesetzes

---

359 Für eine Anwendung des Arbeitszeitgesetzes auf einen Teil der Selbständigen auch *Hümmerich,* NJW 1998, 2625 (2633).

als Ziel bestimmt, den Schutz von Sicherheit und Gesundheit der Beschäftigten bei der Arbeit zu gewährleisten. Mit dem Arbeitssicherheitsgesetz[361], der Arbeitsstättenverordnung[362], sowie der Gefahrstoffverordnung[363] hat der Gesetzgeber weitere Gesetze zum Schutz der Arbeitnehmer am Arbeitsplatz erlassen.

I. Fürsorgepflichten

Aber auch aus den Fürsorgepflichten, die im Arbeitsverhältnis den Arbeitgeber treffen, ergibt sich eine Pflicht zum Gesundheitsschutz. Die vertragliche Fürsorgepflicht für Leben und Gesundheit ist in den §§ 617, 618 BGB geregelt. Nach § 618 Abs. 1 BGB hat der Dienstberechtigte Räume, Vorrichtungen oder Gerätschaften, die er zur Verrichtung der Dienste zur Verfügung gestellt hat, so einzurichten und zu unterhalten, daß der Verpflichtete gegen Gefahr für Leib und Leben soweit geschützt ist, als die Natur der Dienstleistung es gestattet.

II. § 12 HAG-Gefahrenschutz

Einen gesetzlichen Schutz für Heimarbeiter enthält § 12 Abs. 1 HAG. Hiernach müssen die Arbeitsstätten der in Heimarbeit Beschäftigten einschließlich der Maschinen, Werkzeuge und Geräte so beschaffen, eingerichtet und unterhalten sein, daß keine Gefahren für Leben und Gesundheit der Beschäftigten und ihrer Mitarbeiter entstehen.

III. Fürsorgepflichten bei arbeitnehmerähnlichen Personen

Da die gesetzlichen Spezialvorschriften den Arbeitnehmer- oder Heimarbeiterstatus voraussetzen, können ihre Grundsätze nicht auf arbeitnehmerähnliche Personen angewendet werden.

---

360 BGBl. 1996 I S. 1246, geändert durch Gesetz vom 25. September 1996, BGBl. I S. 1476.

361 BGBl. 1976 I, S. 1885, zuletzt geändert durch Gesetz vom 25. September 1996, BGBl. I, S. 1476.

362 BGBl. 1975 I, S. 729; zuletzt geändert durch VO vom 4. Dezember 1996, BGBl. I, S. 1841.

363 BGBl. 1993 I, S. 1782, geändert durch VO vom 12. Juni 1996, BGBl. I, S. 1818.

1. §§ 617, 618 BGB

Problemlos gestaltet sich dagegen die Anwendung der §§ 617, 618 BGB, da sie nicht auf den Arbeitnehmerstatus, sondern lediglich auf die Existenz eines Dienstverhältnisses abstellen. Sofern Tätigkeiten im Unternehmen des Dienstberechtigten stattfinden, ist ein Gesundheitsschutz am Arbeitsplatz somit über die dienstvertraglichen Vorschriften geregelt.

Handelt es sich um eine rein häusliche Arbeit, so finden die Vorschriften über das HAG Anwendung.

2. § 242 BGB, Treu und Glauben

Eine Schutzlücke könnte sich daher ergeben, wenn ein Teil der arbeitnehmerähnlichen Tätigkeit nicht häuslich ist, so daß die Vorschriften des HAG nicht greifen. In diesem Fall ergeben sich jedoch Fürsorgepflichten aus den allgemeinen Vorschriften nach Treu und Glauben (§ 242 BGB). Wenn sowohl für die häusliche Arbeit als auch die Arbeit an einem anderen Arbeitsplatz der Grundsatz gelten soll, daß der Auftraggeber für den Gesundheitsschutz seiner Beschäftigten zu sorgen hat, so kann nicht schlechter gestellt sein, wer einen Teil seiner Arbeit im eigenen Haushalt verrichtet. Es ist damit Bestandteil der vertraglichen Nebenpflichten des Auftraggebers, solche Schutzvorkehrungen für den Arbeitsbereich arbeitnehmerähnlicher Personen zu treffen, daß Gesundheit und Leben nicht gefährdet werden.

J. Weitere materiell-rechtliche Ansprüche

Mit den vorstehenden Überlegungen ist lediglich exemplarisch dargestellt worden, wie ein materiellrechtlicher Schutz arbeitnehmerähnlicher Personen gewährleistet werden kann.

Dieser materiellrechtliche Schutz arbeitnehmerähnlicher Personen läßt sich auch auf andere Bereiche des Arbeitsrechts ausweiten, indem weitere bisher in der Literatur angedachte Lösungsansätze weiterverfolgt werden[364].

---

364 Weitere Beispiele einer möglichen Anwendung arbeitsrechtlicher Schutzvorschriften nennt auch *Hümmerich*, NJW 1998 2625 (2633). Er erwägt unter anderem die Anwendung des § 9 MSchG und des Schwerbehindertengesetz auf arbeitnehmerähnliche Personen.

I. § 613 a BGB analog

Herschel[365] erörterte, welche Rechtsfolgen sich ergeben sollten, wenn der Auftraggeber einer arbeitnehmerähnlichen Person wechselt. Zwar sei § 613 a BGB nach der Systematik des Gesetzes für Dienstverhältnisse aller Art anzuwenden. Jedoch erwähne § 613 a BGB ausdrücklich nur das Arbeitsverhältnis und den Auftraggeber, so daß eine unmittelbare Anwendung ausgeschlossen sei. Jedoch erscheine eine analoge Anwendung des § 613 a BGB geboten. Die Gleichheit der Interessenlage von Arbeitnehmern und arbeitnehmerähnlichen Personen sei so erheblich, daß die Analogie als legitimiert angesehen werden könne.

Das erscheint sachgerecht. Die Schutzbedürftigkeit der arbeitnehmerähnlichen Personen ist darin begründet, daß sie ausschließlich für einen Auftraggeber tätig werden. Ihre wirtschaftliche Existenzgrundlage hängt insoweit mit diesem Auftraggeber zusammen. Wechselt dieser, so müssen ihnen in diesem Zusammenhang aufgrund der vergleichbaren Schutzbedürftigkeit mit Arbeitnehmern auch die aus einem Arbeitsverhältnis herrührenden Rechte zustehen[366].

II. Anwendung des AGB-Gesetzes

In Betracht könnte auch eine Anwendung des AGB-Gesetzes auf arbeitnehmerähnliche Personen kommen.

Hierfür dürfte sich die Ausschlußklausel des § 23 Abs. 1 AGB-Gesetzes nicht auf arbeitnehmerähnliche Personen beziehen. Dies ist strittig. Eine Ansicht[367]

---

365 *Herschel*, FuR 1977, 81 ff.

366 Beschränkt auf das Heimarbeitsrecht verneint das Bundesarbeitsgericht in einer Entscheidung vom 24. März 1998, BB 1998, 1691 ff. die analoge Anwendung des § 613a BGB. Der Gesetzgeber habe eine Gleichstellung der Arbeitnehmerinnen und Arbeitnehmer im Hinblick auf einen Kündigungsschutz dort bejaht wo sie ihm sinnvoll erscheine. Das gelte zum Beispiel für dem kollektiven Kündigungsschutz nach § 102 BetrVG sowie den öffentlich rechtlichen Kündigungsschutz, BAG vom 24. März 1998, BB 1998, 1691 (1692). Diese Argumentation erscheint zwar fraglich. Das Bundesarbeitsgericht hätte auch im Hinblick auf § 613 a BGB erwägen können, welchen Schutzzweck der Übergang eines Betriebes erfolgt. Da dies fehlt, bleibt in den Ausführungen des Bundesarbeitsgerichts ungeklärt, welche Beschäftigten durch die Vorschrift des § 613 a BGB geschützt werden sollen. Auch die Sperrwirkung des Heimarbeitsgesetzes ist m.E. fraglich. Das Problem des Betriebsübergangs könnte zum Zeitpunkt der Verabschiedung des Heimarbeitsgesetzes noch weitgehend unbekannt gewesen sein. Es kann jedoch dahingestellt bleiben, ob für das Heimarbeitsrecht im speziellen eine Analogie Bedenken begegnet, denn über das Heimarbeitsrecht hinausgehende Regelungen, die einer analogen Anwendung des § 613 a BGB auf arbeitnehmerähnliche Personen entgegenstehen, sind nicht ersichtlich. Die Ausführungen des Bundesarbeitsgerichts stehen daher einer analogen Anwendung des § 613 a BGB auf arbeitnehmerähnliche Personen, auf die das Heimarbeitsgesetz keine Anwendung findet, nicht entgegen.

367 *Löwe/Westphalen/Trinkner*, AGBG, Rdnr. 3 zu § 23 I; Staudinger-*Schlosser*, BGB, Rdnr. 3 zu § 23; MüKo-*Basedow*, BGB, Rdnr. 6 zu § 23.

dehnt die Klausel des § 23 Abs. 1 AGBG auch auf arbeitnehmerähnliche Personen aus. Hiernach soll sich der Begriff des Arbeitsrechts in § 23 Abs. 1 AGBG nach der prozessualen Vorschrift des § 5 Abs. 1 2 ArbGG richten. Nach der Gegenansicht[368] soll § 23 Abs. 1 AGBG nicht greifen, so daß das AGB-Gesetz auf arbeitnehmerähnliche Personen Anwendung finden soll. Hiernach sei die Ausnahmebestimmung des § 23 Abs. 1 AGBG eng auszulegen. Während eine Ansicht[369] lediglich die materiellen Vorschriften des AGB-Gesetzes für anwendbar hält, sind nach *Friedrich*[370] auch die formellen Vorschriften der §§ 13 ff. AGBG anwendbar. Von der Anwendung des AGB-Gesetzes ausgenommen sollten jedoch Tarifverträge nach § 12 a TVG bleiben[371].

Da arbeitnehmerähnliche Personen den Selbständigen zuzuordnen sind, sprechen insoweit keine Bedenken gegen deren Einbeziehung in das AGB-Gesetz. Weniger entscheidend als die Einbeziehung in das AGB-Gesetz selbst ist jedoch die Einbeziehung in die diesbezüglichen Schutzgedanken, die bereits anhand der Generalklauseln des § 242 BGB entwickelt wurden. Welcher dieser beiden Wege beschritten wird, dürfte materiellrechtlich keine tiefgreifenden Unterschiede haben.

III. Analoge Anwendung des HAG

Däubler[372] bejaht die analoge Anwendung der Schutzvorschriften des Heimarbeitsgesetzes.

Eine analoge Anwendung des HAG strebt auch *Hromadka* an, der hierin eine materiellrechtliche Ausfüllung eines Schutzes für arbeitnehmerähnliche Personen sieht[373]. Dies leitet er zum einen daraus ab, daß dem Gesetzgeber bei Verabschiedung des HAG lediglich noch das entsprechende Problembewußtsein gefehlt habe, um den Begriff der arbeitnehmerähnlichen Personen allgemein in den Gesetzestext aufzunehmen. Zum anderen schließt er dies zurück aus dem Versuch, einen Teil der abhängigen Selbständigen durch eine Neudefinition des Arbeitnehmerbegriffs zu Arbeitnehmern zu machen. Dies belege unausgesprochen auch die Analogiefähigkeit der Schutzvorschriften des HAG. Auf arbeitnehmerähnliche Personen seien die Bestimmungen für Heimarbeiter daher entsprechend anwendbar, sofern sie

---

368 OLG Frankfurt vom 18. Februar 1986 NJW-RR 1986, 782, 783; Palandt-*Heinrichs*, BGB, Rdnr. 2 zu § 3 23, 24 AGBG, Erman-*Werner*, BGB, Rdnr. 3 zu § 23 AGBG; *Ulmer/ Brandner/Hensen*, AGBG, Rdnr. 7 zu § 23; *Wolf/Horn/Lindacher*, AGBG, Rdnr 37 zu § 23; *Friedrich*, MDR 1979, 190 (192).

369 Palandt-*Heinrichs*, BGB, Rdnr. 2 zu §§ 23, 24 AGBG; *Ulmer/Brandner/Hensen*, AGBG, Rdnr. 7 zu § 23.

370 *Friedrich*, MDR 1979, 190 (191).

371 *Ulmer/Brandner/Hensen*, AGBG, Rdnr. 8 zu § 23.

372 *Däubler*, Arbeitsrecht II, 16.2.2.2.2.

373 *Hromadka*, NZA 1997, 1249 (1265); *Hromadka*, NZA 1998, 1 (5).

keine Besonderheiten enthalten, die auf die Verrichtung der Arbeit in selbstgewählter Arbeitsstätte abstellten.

Dieser Ansatz verallgemeinert insoweit die zur analogen Anwendung des § 29 HAG gemachten Ausführungen[374]. Eine Vorschrift, die nicht auf die Einbindung in den Arbeitsablauf und den Ort der Tätigkeit abstellt, läßt sich nach dem oben Ausgeführten analog auf arbeitnehmerähnliche Personen anwenden. Einer weitergehenden Analogie in bezug auf das HAG stehen damit keine grundsätzlichen Überlegungen entgegen.

Diesem Ansatz wäre lediglich insoweit zu widersprechen, sofern er in der alleinigen Anwendung des HAG auf arbeitnehmerähnliche Personen eine hinreichende Antwort auf deren Schutzbedürftigkeit sehen wollte. Eine alleinige Beschränkung der Anwendung arbeitsrechtlicher Schutzvorschriften auf das HAG würde der Rechtsfigur der arbeitnehmerähnlichen Person nicht gerecht. Allein diese reicht nicht aus, um der mit Arbeitnehmern vergleichbaren Schutzbedürftigkeit von arbeitnehmerähnlichen Personen gerecht zu werden.

Eine solche Beschränkung würde auch dem grundrechtlichen Untermaßverbot nicht gerecht, wonach der unterlegene Vertragspartner nicht gänzlich schutzlos gestellt bleiben darf. Das könnte jedoch z. B. im Bereich des Entgelts der Fall sein. Sofern die Vorschriften über die Heimarbeitsausschüsse keine Anwendung finden oder eine Einrichtung dieser Ausschüsse unterbleibt, würde es an jeglichem Schutz in bezug auf das Entgelt fehlen. Darum ist in diesem Fall die Anwendung der Lohnwucherrechtsprechung auf arbeitnehmerähnliche Personen geboten.

Auch im Bereich des Kündigungsschutzes bietet allein die analoge Anwendung des Heimarbeitsrechts, wie oben dargelegt, keinen hinreichenden Schutz grundrechtlicher Positionen. Über die analoge Anwendung des § 29 HAG hinaus ist insbesondere das Verbot willkürlicher Kündigungen nach § 242 BGB zu berücksichtigen.

Ein Schutz arbeitnehmerähnlicher Personen muß daher in weiten Bereichen über das Heimarbeitsgesetz hinausweisen. Das HAG jedoch in den materiellrechtlichen Schutz arbeitnehmerähnlicher Personen einzubeziehen, begegnet keinen grundsätzlichen Bedenken.

Die analoge Anwendung des HAG erscheint daher sachgerecht, soweit sich nicht der arbeitsrechtliche Schutz hierauf beschränken soll.

IV. Analoge Anwendung des Arbeitsrechts bei Heimarbeit

Beschränkt auf das Heimarbeitsrecht befürwortet *Schnorr von Carolsfeld*[375] eine analoge Anwendung arbeitsrechtlicher Vorschriften.

---

374 Vgl. hierzu die Ausführungen auf S. 223 ff.

Dieser Ansatz berücksichtigt lediglich einen kleinen Teil der arbeitnehmerähnlichen Personen, nämlich den Arbeiter in Heimarbeit. Den großen Teil arbeitnehmerähnlicher Personen, die nicht in Heimarbeit tätig sind, berücksichtigt er nicht. Das ist historisch wohl darin begründet, daß sich zum Zeitpunkt dieser Erörterung erstmals eine weitere größere Gruppe, die nicht den Heimarbeitern angehörte, nämlich die freien Mitarbeiter beim Rundfunk, herausbildete. Das damals neue Problemfeld des vermehrten Auftretens freier Mitarbeiter in wirtschaftlicher Abhängigkeit hatte der Autor daher noch nicht im Blick. Die Erwägungen *Schnorr von Carolsfelds* sind deshalb im Sinne des oben ausgeführten allgemein auf arbeitnehmerähnliche Personen auszuweiten.

K. Gesamtergebnis

Das grundrechtliche Untermaßverbot gebietet es, arbeitnehmerähnliche Personen materiellrechtlich nicht gänzlich schutzlos zu stellen. Hieraus ergibt sich, daß zumindest ein Mindestmaß an arbeitsrechtlichen Schutzvorschriften auf arbeitnehmerähnliche Personen Anwendung findet.

Die Konkretisierung dieser grundrechtlichen Pflichten schlägt sich insbesondere in folgenden Bereichen nieder:

1. Ein unangemessen niedriges Entgelt bei arbeitnehmerähnlichen Beschäftigungsverhältnissen kann sittenwidrig nach § 138 Abs. 1 BGB sein. Ist dies der Fall, so ist die Entlohnung nach den Grundsätzen der fehlgeschlagenen Vergütungserwartung an den Tariflohn anzugleichen, der der in Frage stehenden arbeitnehmerähnlichen Beschäftigung am nächsten kommt.

Verstößt das Entgelt nicht gegen die guten Sitten, so kann es dennoch unbillig niedrig sein und damit gegen den Grundsatz von Treu und Glauben nach § 242 BGB verstoßen. Für eine Korrektur des vertraglich vereinbarten Entgelts sind die Grundsätze der unzulässigen Rechtsausübung heranzuziehen. Auch hierbei ist zur Festlegung eines angemessenen Entgelts nach den Grundsätzen der fehlgeschlagenen Vergütungserwartung zu verfahren.

2. Die Beendigung eines arbeitnehmerähnlichen Beschäftigungsverhältnisses unterliegt den Restriktionen der zivilrechtlichen Generalklauseln, insbesondere des § 242 BGB. Hieraus ergibt sich, daß die Kündigung einen Bezug zum Arbeitsplatz aufweisen muß. Hierbei muß es sich um betriebs-, personen- oder verhaltensbedingte Gründe handeln.

Weiterhin findet § 29 HAG analoge Anwendung auf arbeitnehmerähnliche Personen, so daß zumindest eine Auslauffrist von vier Wochen bei Kündigung zu gewähren ist.

---

[375] *Schnorr von Carolsfeld,* RdA 1968, 404 (407).

3. Beim Übergang vom Arbeitsverhältnis in ein arbeitnehmerähnliches Beschäftigungsverhältnis trifft den Arbeit- bzw. Auftraggeber die Pflicht, über die arbeits- und sozialrechtlichen Folgen des diesbezüglichen Wechsels aufzuklären. Unterläßt er dies, so kann der Beschäftigte diesen Übergang nach § 123 BGB anfechten oder aus positiver Forderungsverletzung die Wiedereinsetzung in das Arbeitsverhältnis verlangen.

4. Ebenso wie im Arbeitsverhältnis hat der Auftraggeber beim arbeitnehmerähnlichen Beschäftigungsverhältnis das Unternehmerrisiko zu tragen. Werden Teile des Unternehmerrisikos ohne Ausgleich vertraglich auf arbeitnehmerähnliche Beschäftigte abgewälzt, so sind entsprechende Passagen sittenwidrig und damit nichtig. Das gilt ebenso für die Grundsätze über das Betriebsrisiko und die eingeschränkte Haftung für Arbeitnehmer. Diese Begrenzungen der Übertragung des Unternehmerrisikos gelten in gleicher Weise für arbeitnehmerähnliche Personen.

5. Arbeitnehmerähnlichen Personen kann ein Anspruch auf die Rückerstattung getätigter Investitionen aus den Grundsätzen der culpa in contrahendo und der positiven Forderungsverletzung zustehen. Das ist dann der Fall, wenn der Auftraggeber durch sein Verhalten in Vertragsverhandlungen einen Vertrauenstatbestand im Hinblick auf den Vertragsabschluß oder die Verlängerung des Vertragsverhältnisses erweckt hat und dies ausblieb. Hat der arbeitnehmerähnliche Beschäftigte im Vertrauen auf diesen Vertragsabschluß Investitionen getätigt, so kann er diese zurückverlangen.

6. Hinsichtlich der vertraglich zulässigen Arbeitszeit findet § 3 AZG analoge Anwendung. Arbeitnehmerähnliche Personen dürfen deshalb nicht länger als 48 Stunden wöchentlich und acht Stunden täglich beschäftigt werden.

7. Ein Mindestmaß an gesundheitlichem Schutz am Arbeitsplatz ist auch bei arbeitnehmerähnlichen Personen zu gewährleisten. Dies ergibt sich aus den §§ 617, 618 BGB, sowie aus den allgemeinen Fürsorgepflichten des § 242 BGB.

8. Ein Schutz für arbeitnehmerähnliche Personen kann weiterhin durch die analoge Anwendung des § 613a BGB, sowie die Anwendung des AGB-Gesetzes gewährleistet werden.

9. Schließlich können weitere Vorschriften des Heimarbeitsgesetzes analog auf arbeitnehmerähnliche Personen angewendet werden.

Kapitel 5

Schlußthesen

1. Es kann ein zunehmender Trend zur Beschäftigung in Form von abhängiger Selbständigkeit ausgemacht werden, der branchenübergreifend ist. Motive für die Zunahme abhängiger Selbständigkeit sind auf Beschäftigtenseite ein Mangel an anderen Beschäftigungsmöglichkeiten, aber auch der Wunsch nach größerer Zeitsouveränität. Auf Seite der Unternehmen geht es zumeist um Kostensenkung durch die Einsparung von Aufwendungen für soziale Absicherung oder um einen kurzfristig zu befriedigenden Bedarf an Arbeitskräften (Seiten 24 bis 32).

2. Die Beschäftigung in Form von abhängiger Selbständigkeit ist dadurch geprägt, daß das Unternehmen sich die exklusive Beschäftigung des Auftragnehmers sichert. Die Risiken des schwankenden Arbeitskräftebedarfs, der sozialen Absicherung und der Bereitstellung von Betriebsmitteln werden dagegen durch die gewählte Vertragsform regelmäßig auf die abhängigen Selbständigen abgewälzt.

Durch die gewählte Vertragsform werden die abhängigen Selbständigen vollständig von der Anwendung einer Reihe von arbeits- und sozialrechtlichen Schutzvorschriften ausgeschlossen. Das betrifft unter anderem den Kündigungsschutz, die soziale Absicherung im Krankheitsfall oder im Alter, die Vorschriften über den Gesundheitsschutz am Arbeitsplatz, sowie die Lohnfortzahlung im Krankheitsfall. Dies ist aufgrund der Tatsache, daß die abhängigen Selbständigen ausschließlich an ein Unternehmen gebunden sind, jedoch problematisch. Aus diesem Grund können sie, im Gegensatz zu Selbständigen, die keine so gestaltete feste Bindung an ein Unternehmen haben, nicht selbst hinreichend für einen diesbezüglichen Schutz sorgen (Seiten 32 bis 54).

3. Der herkömmliche Arbeitnehmerbegriff ist nicht geeignet, diese Personengruppe zu erfassen. Er orientiert sich mit dem Kriterium der „persönlichen Abhängigkeit" ausschließlich am sogenannten Normalarbeitsverhältnis. Hiermit können lediglich solche Fälle der abhängigen Selbständigkeit erfaßt werden, die einen deutlichen Mißbrauch der gewählten Vertragsform darstellen. Das Phänomen der abhängigen Selbständigkeit in seiner Gänze kann jedoch durch den tradierten Arbeitnehmerbegriff nicht erfaßt werden (Seiten 55 bis 68).

4. Auch die Debatte um eine Neudefinition des Arbeitnehmerbegriffs vermag das Phänomen der abhängigen Selbständigkeit nicht abschließend zu erfassen. Zwar ist insbesondere der Ansatz *Wanks,* als Kriterium für die Abgrenzung von Selbständigkeit und Arbeitnehmereigenschaft die freiwillige Übernahme des Un-

ternehmerrisikos heranzuziehen, ein Fortschritt gegenüber dem alleinigen Kriterium der „persönlichen Abhängigkeit". Er erweist sich im Hinblick auf die Erfassung scheinselbständiger Tätigkeiten als wünschenswerte Ergänzung zur Präzisierung der persönlichen Abhängigkeit. Die alleinige Verwendung der Definition der freiwilligen Übernahme des Unternehmerrisikos als Abgrenzungskriterium für die Arbeitnehmereigenschaft heranzuziehen, stößt jedoch ebenfalls auf Bedenken. Er ist in Randbereichen zu unscharf und kann daher ebenfalls zu bedenklichen Ergebnissen im Einzelfall führen. Es erscheint daher eine Neudefinition angezeigt, die die freiwillige Übernahme des Unternehmerrisikos im Rahmen der Prüfung persönlicher Abhängigkeit berücksichtigt.

Auch diese Neudefinition löst jedoch nicht alle Einordnungsprobleme im Zusammenhang mit der rechtlichen Beurteilung abhängiger Selbständiger. Sie ist nicht hinreichend geeignet, die sehr unterschiedlichen Erwerbsformen im Bereich der abhängigen Selbständigkeit in Gänze zu erfassen. Es verbleibt ein erheblicher Anteil an Personen, die weder eindeutig als Arbeitnehmer noch als Selbständige zuzuordnen sind (Seiten 69 bis 82).

5. Die Einordnung der abhängigen Selbständigen in ein System, das ausschließlich in Arbeitnehmer und Selbständige unterteilt, ist in soweit unbefriedigend, da keiner der beiden Begriffe geeignet erscheint, sämtliche Erwerbsformen in diesem Bereich angemessen zu erfassen. Sämtliche Rechtsfolgen der für Arbeitnehmer geschaffenen Schutzrechte hängen nach dieser klassischen Einteilung von der Anerkennung oder Versagung der Arbeitnehmereigenschaft ab. Für die abhängigen Selbständigen scheint es jedoch sowohl wenig befriedigend, sie in sämtliche Schutzvorschriften eines Arbeitsverhältnisses eintreten zu lassen als auch sie gänzlich von arbeitsrechtlichen Schutzrechten auszuschließen. Die Alternative eines „Alles-oder-Nichts" im Arbeitsrecht ist nicht sachgerecht, da sie den Interessen der Beteiligten nicht angemessen Rechnung trägt (Seiten 82 bis 87).

6. Statt dessen bietet der Begriff der arbeitnehmerähnlichen Person einen Ansatz für die Gewährung materiellrechtlicher Schutzrechte jener abhängiger Selbständiger, die durch den Arbeitnehmerbegriff nicht angemessen erfaßt werden können. Dieser Begriff zieht jedoch nach geltender Rechtslage und Rechtsprechung fast ausschließlich formelle Rechtsfolgen nach sich. Fraglich ist daher, ob er auch materielle Schutzrechte enthält (Seiten 87 bis 103).

7. Materielle Schutzrechte könnten sich aus der Kontrolle der Verträge auf deren Angemessenheit und Ausgewogenheit ergeben. Die Arbeitsgerichtsbarkeit geht bei einer solchen Kontrolle von Verträgen den Weg einer Billigkeitskontrolle nach § 315 BGB. Dies erscheint für die typischen Ungleichgewichtslagen im Arbeitsrecht bei Vertragsschluß jedoch nicht sachgerecht. Die Billigkeitskontrolle berücksichtigt nicht hinreichend strukturelle Disparitäten im Arbeitsrecht. Die in der Sache zutreffenden Kontrollen von Verträgen auf deren Ausgewogenheit hin durch das Bundesarbeitsgericht sollte daher statt dessen anhand einer Inhaltskontrolle

von Verträgen erfolgen, die die typische Unterlegenheit eines Vertragspartners hinreichend berücksichtigt (Seiten 106 bis 125).

8. Grundlage für die Gewähr von Schutzrechten könnte die in den Grundrechten verkörperte Wertordnung sein. Die arbeitnehmerähnlichen Personen können sich auf den Schutzbereich des Art. 12 Abs. 1 GG berufen. Art. 12 Abs. 1 GG gebietet die Gewährung eines staatlichen Schutzes, der die Durchsetzung der grundrechtlich geschützten Positionen ermöglicht. Das gilt insbesondere für den Schutz eines unterlegenen Vertragspartners. Hier sind die Gerichte ermächtigt und verpflichtet, eine Inhaltskontrolle von Verträgen auf deren Angemessenheit und Ausgewogenheit vorzunehmen. Diese verfassungsrechtliche Verpflichtung ist jedoch äußerst zurückhaltend zu verstehen. Die Verfassung setzt hier lediglich eine äußere Grenze in Form des grundrechtlichen Untermaßverbots. Hiernach ist lediglich zu gewährleisten, daß der unterlegene Vertragspartner nicht gänzlich schutzlos gestellt bleibt.

Für arbeitnehmerähnliche Personen heißt dies, daß ein materieller Mindestschutz aus Art. 12 Abs. 1 GG geboten ist. Allein als Selbständige ist ihre materielle Stellung bei Vertragsschluß nicht berücksichtigt. Andererseits kann das grundrechtliche Untermaßverbot auch nicht eine materielle Gleichstellung arbeitnehmerähnlicher Personen mit Arbeitnehmern gebieten (Seiten 125 bis 153).

9. Die Zivil- und Arbeitsgerichtsbarkeit ist befugt und verpflichtet, dem grundrechtlichen Untermaßverbot über die zivilrechtlichen Generalklauseln und durch verfassungsrechtlich gebotene Auslegung und Analogien zu den vorhandenen arbeitsrechtlichen Schutzvorschriften nachzukommen (Seiten 153 bis 159).

10. Dem Schutzauftrag der Grundrechte kann die Gerichtsbarkeit insbesondere durch die Anwendung folgender arbeitsrechtlicher Grundsätze auf arbeitnehmerähnliche Personen gerecht werden:

a) Ein unangemessen niedriges Entgelt bei arbeitnehmerähnlichen Beschäftigungsverhältnissen kann sittenwidrig nach § 138 Abs. 1 BGB sein. Ist dies der Fall, so ist die Entlohnung nach den Grundsätzen der fehlgeschlagenen Vergütungserwartung an den Tariflohn anzugleichen, der der in Frage stehenden arbeitnehmerähnlichen Beschäftigung am nächsten kommt.

Verstößt das Entgelt nicht gegen die guten Sitten, so kann es dennoch unbillig niedrig sein und damit gegen den Grundsatz von Treu und Glauben nach § 242 BGB verstoßen. Für eine Korrektur des vertraglich vereinbarten Entgelts sind die Grundsätze der unzulässigen Rechtsausübung heranzuziehen. Auch hierbei ist zur Festlegung eines angemessenen Entgelts nach den Grundsätzen der fehlgeschlagenen Vergütungserwartung zu verfahren.

b) Die Beendigung eines arbeitnehmerähnlichen Beschäftigungsverhältnisses unterliegt den Restriktionen der zivilrechtlichen Generalklauseln, insbesondere des § 242 BGB. Hieraus ergibt sich, daß die Kündigung einen Bezug zum Arbeitsplatz aufweisen muß. Hierbei muß es sich um betriebs-, personen- oder verhaltensbedingte Gründe handeln.

Weiterhin findet § 29 HAG analoge Anwendung auf arbeitnehmerähnliche Personen, so daß zumindest eine Auslauffrist von vier Wochen bei Kündigung zu gewähren ist.

c) Beim Übergang vom Arbeitsverhältnis in ein arbeitnehmerähnliches Beschäftigungsverhältnis trifft den Arbeit- bzw. Auftraggeber die Pflicht, über die arbeits- und sozialrechtlichen Folgen des diesbezüglichen Wechsels aufzuklären. Unterläßt er dies, so kann der Beschäftigte diesen Übergang nach § 123 BGB anfechten oder aus positiver Forderungsverletzung die Wiedereinsetzung in das Arbeitsverhältnis verlangen.

d) Ebenso wie im Arbeitsverhältnis hat der Auftraggeber beim arbeitnehmerähnlichen Beschäftigungsverhältnis das Unternehmerrisiko zu tragen. Werden Teile des Unternehmerrisikos ohne Ausgleich vertraglich auf arbeitnehmerähnliche Beschäftigte abgewälzt, so sind entsprechende Passagen sittenwidrig und damit nichtig. Das gilt ebenso für die Grundsätze über das Betriebsrisiko und die eingeschränkte Haftung für Arbeitnehmer. Diese Begrenzungen der Übertragung des Unternehmerrisikos gelten in gleicher Weise für arbeitnehmerähnliche Personen.

e) Arbeitnehmerähnlichen Personen kann ein Anspruch auf die Rückerstattung getätigter Investitionen aus den Grundsätzen der culpa in contrahendo und der positiven Forderungsverletzung zustehen. Das ist dann der Fall, wenn der Auftraggeber durch sein Verhalten in Vertragsverhandlungen einen Vertrauenstatbestand im Hinblick auf den Vertragsabschluß oder die Verlängerung des Vertragsverhältnisses erweckt hat und dies ausblieb. Hat der arbeitnehmerähnliche Beschäftigte im Vertrauen auf diesen Vertragsabschluß Investitionen getätigt, so kann er diese zurückverlangen.

f) Hinsichtlich der vertraglich zulässigen Arbeitszeit findet § 3 AZG analoge Anwendung. Arbeitnehmerähnliche Personen dürfen deshalb nicht länger als 48 Stunden wöchentlich und acht Stunden täglich beschäftigt werden.

g) Ein Mindestmaß an gesundheitlichem Schutz am Arbeitsplatz ist auch bei arbeitnehmerähnlichen Personen zu gewährleisten. Diese ergibt sich aus den §§ 617, 618 BGB, sowie aus den allgemeinen Fürsorgepflichten des § 242 BGB.

h) Ein Schutz für arbeitnehmerähnliche Personen kann weiterhin durch die analoge Anwendung des § 613a BGB, sowie die Anwendung des AGB-Gesetzes gewährleistet werden.

i) Schließlich können weitere Vorschriften des Heimarbeitsgesetzes analog auf arbeitnehmerähnliche Personen angewendet werden (Seiten 167 bis 270).

Literaturverzeichnis

Adomeit, Klaus, Der untypische Arbeitnehmer – am Beispiel des wissenschaftlichen Angestellten, S. 1 ff. in: *Heinze,* Meinhard / Söllner, Alfred, Festschrift für *Kissel,* München, 1994.

– Der Dienstvertrag des BGB und die Entwicklung zum Arbeitsrecht, in: NJW 1996, S. 1710 ff.

– Die gestörte Vertragsparität – ein Trugbild, in: NJW 1994, S. 2467 ff.

Adomeit, Klaus / *Thau,* Jens, Welche wesentlichen Inhalte sollte ein nach Art. 30 des Einigungsvertrages zu schaffendes Arbeitsvertragsgesetz haben, in: ZRP 1992, S. 350 ff.

Alexy, Robert, Theorie der Grundrechte, Frankfurt, 1994.

Anzinger, Rudolf, Die aktuelle Entwicklung im Arbeitszeitrecht, in: RdA 1994, S. 11 ff.

Appel, Clemens / *Frantzioch,* Petra, Sozialer Schutz in der Selbständigkeit, in: AuR 1998, S. 93 ff.

Ascheid, Reiner, Aktuelle Rechtsprechung zum Einigungsvertrag, in: NZA 1993, S. 97 ff.

Bäcker, Gerhard / *Stolz-Willig,* Brigitte, Förderung von Teilzeitarbeit: Aufgabe für die Tarif-, Sozial- und Gleichstellungspolitik, S. 25 ff. in: *Keller,* Berndt / Seifert, Hartmut, Atypische Beschäftigung, Köln, 1995.

Bauer, Jobst-Hubertus / *Diller,* Martin, Das Ende eines Alptraum?, in: NZA 1999, S. 745 f.

Bauer, Jobst-Hubertus / *Diller,* Martin / *Lorenzen,* Stefanie, Das neue Gesetz zur „Scheinselbtändigkeit", in: NZA 1999, S. 169 ff.

Bauer, Jobst-Hubertus / *Diller,* Martin / *Schuster,* Doris-Maria, Das Korrekturgesetz zur „Scheinselbständigkeit", in: NZA 1999, S. 1297 ff.

Bauschke, Hans-Joachim, Auf dem Weg zu einem neuen Arbeitnehmerbegriff, in: RdA 1994, S. 209 ff.

– Arbeitnehmer, in: AR-Blattei 110 – Arbeitnehmerbegriff, 1995.

Becker, Rudolf, Die freie Mitarbeit, Berlin, 1982.

Becker, Friedrich / *Etzel,* Gerhard (Hg.), Gemeinschaftskommentar zum Kündigungsschutzgesetz und zu sonstigen kündigungsschutzrechtlichen Vorschriften, 3. Auflage, Neuwied, 1989.

Berkemann, Jörg, Rechtsfortbildung – Aspekte tatsächlichen Richterverhaltens, in: KritV 1988, S. 29 ff.

Berkowsky, Wilfried, Die soziale Auswahl nach dem Einigungsvertrag, in: AuA 1995, S. 333 ff.

Berning, Harald, Die Abhängigkeit des Franchisenehmers, Konstanz, 1994.

Berndt, Joachim, Arbeitnehmer oder freier Mitarbeiter, in: BB 1998, 894 ff.

Beuthien, Volker / *Wehler,* Thomas, Stellung und Schutz der freien Mitarbeiter im Arbeitsrecht, in: RdA 1978, 2 ff.

Bielinsky, Harald / *Kohler,* Bärbl, Wie un-normal sind befristete Beschäftigungsverhältnisse? Eine Positionsbestimmung auf der Grundlage empirischer Erhebungen, in: *Keller,* Berndt / Seifert, Hartmut, Atypische Beschäftigung, Köln, 1995.

Bitter, Walter / *Kiel,* Heinrich, 40 Jahre Rechtsprechung des Bundesarbeitsgerichts zur Sozialwidrigkeit von Kündigungen, in: RdA 1994, S. 333 ff.

Bleistein, Franzjosef, Kündigung und Kündigungsschutz im Arbeitsverhältnis, Berlin, 1978.

Boemke, Burkhard, Privatautonomie im Arbeitsrecht, in: NZA 1993, S. 532 ff.

Bötticher, Eduard, Die „sozial ungerechtfertigte Kündigung" im Sinne des KSchG vom 10. August 1951, in: MDR 1952, S. 260 ff.

Bopp, Peter, Kündigung und Kündigungsprozeß im Arbeitsrecht, Stuttgart / Berlin / Köln / Mainz, 1980.

Brecht, Hans-Theo, Heimarbeitsgesetz – Kommentar –, München, 1977.

Buchner, Herbert, Neuregelung des Arbeitsverhältnisrechts, in: DB 1992, S. 1930 ff.

– Scheinselbständige und arbeitnehmerähnliche Selbständige in der Sozialversicherung – Gesetz zu „Korrekturen in der Sozialversicherung, in: DB 1999, S 146 ff.

Bührig, Erich, Der Kündigungsschutz der nicht vom Kündigungsschutzgesetz erfaßten Arbeitnehmer, in: RdA 1955, S. 265 ff.

Büchtemann, Christoph F., „Deregulierung" des Arbeitsmarkts als beschäftigungspolitische Strategie, in: Mitbestimmung 1987, S. 585 ff.

Buhl, Hans-Jürgen, Zur Problematik des Arbeitnehmerbegriffs, Göttingen, 1978.

Buschbeck-Bülow, Brigitte, betriebsverfassungsrechtliche Vertretung in Franchise-Systemen, in: BB 1989, S. 352 ff.

Buschbeck-Bülow, Brigitte, Franchise-System und Betriebsverfassung, in: BB 1990, S. 1061 ff.

Buschmann, Rudolf / *Ulber,* Jürgen, Arbeitszeitrechtsgesetz, Köln, 1994.

Bydlinsky, Franz, Juristische Methodenlehre und Rechtsbegriff, 2. Auflage, Wien / New York, 1991.

Canaris, Claus-Wilhelm, Grundrechte im Privatrecht, in: AcP 1984, S. 201 ff.

– Die Feststellung von Lücken im Gesetz, 2. Auflage, Berlin, 1983.

– Grundrechtswirkungen und Verhältnismäßigkeitsprinzip in der richterlichen Anwendung und Fortbildung des Privatrechts, in: JuS 1989, S. 161 ff.

– Verfassungs- und europarechtliche Aspekte der Vertragsfreiheit, in: *Badura,* Peter / Scholz, Rupert (Hg.), Festschrift für *Peter Lerche,* München, 1993.

– Verstöße gegen das verfassungsrechtliche Übermaßverbot im Recht der Geschäftsfähigkeit und im Schadensersatzrecht, in: JZ 1987, S. 993 ff.

Coester-Waltjen, Dagmar, Die Inhaltskontrolle von Verträge außerhalb des AGBG, in: AcP 190 (1990), S. 1 ff.

– Verbraucherschutz und Inhaltskontrolle, in: Jura 1995, S. 26 ff.

Däubler, Wolfgang, Das Arbeitsrecht 2, 10. Auflage, 1995, Reinbek bei Hamburg.

– Perspektiven des Normalarbeitsverhältnisses, in: AuR 1988, S. 302 ff.

– Tarifvertragsrecht, 3. Auflage, Baden-Baden, 1993.

– Ein Arbeitsvertragsgesetz?, in: AuR 1992, S. 129 ff.

– Das deutsche Arbeitsrecht – ein Auslaufmodell?, in: NJW 1998, 2573 f.

Denninger, Erhard, Vom Elend des Gesetzgebers zwischen Übermaßverbot und Untermaßverbot, S. 561 ff., in: *Däubler-Gmelin,* Herta / Kinkel, Klaus / Meyer, Hans / Simon, Helmut,

Gegenrede – Aufklärung – Kritik – Öffentlichkeit – Festschrift für *Ernst Gottfried Mahrenholz,* Baden-Baden, 1994.

Depenheuer, Otto, Vertragsfreiheit und grundrechtliche Schutzpflichten, in: ThürVBl. 1996, 270 ff.

Derleder, Peter, Rechtliche Grenzen der Verschuldung junger Erwachsener, S. 121 ff., in: Bub, Wolf-Rüdiger / Pick, Erhart / Hanger, Maria / Schmidt, Friedrich, Festschrift für *Johannes Bärmann* und *Hermann Weitnauer,* München, 1990.

– Unterlegenheitsschutz im Vertragsrecht – ein Modell für das Arbeitsrecht?, in: KJ 1995, S. 320 ff.

Dersch, Hermann / Neumann, Dirk, Bundesurlaubsgesetz, 7. Auflage, München, 1990.

Diekhoff, Ludwig, Welche Handelsvertreter haben einen Urlaubsanspruch nach dem BUrlG?, in: DB 1963, S. 1120 ff.

Dieterich, Thomas, Grundgesetz und Privatautonomie im Arbeitsrecht, in: RdA 1995, S. 129 ff.

– Die Arbeitsgerichte zwischen Bundesverfassungsgericht und Europäischem Gerichtshof, in: NZA 1996, S. 673 ff.

– Zur Pflicht der Gerichte, das Recht fortzubilden, in: RdA 1993, S. 67 ff.

Dietlein, Johannes, Das Untermaßverbot, in: ZG 1995, S. 131 ff.

– Die Lehre von den grundrechtlichen Schutzpflichten, Berlin, 1982.

Dietrich, Hans, Empirische Befunde zur „Scheinselbständigkeit", Ergebnisse des IAB-Projekts 4–448V „Freie Mitarbeiter und selbständige Einzelunternehmer mit persönlicher und wirtschaftlicher Abhängigkeit" im Auftrag des Bundesministeriums für Arbeit und Sozialordnung, Nürnberg / Bonn, 1996.

Dörr, Dieter, Die Rundfunkfreiheit und der Status der freien Mitarbeiter, in: ZTR 1994, S. 355 ff.

Dreier, Horst, Grundgesetz, Tübingen, 1996.

Eich, Rolf-Achim, Die Kollektivierung freier Berufe, in: DB 1973, 1699 ff.

Einem, Hans-Jörg, „Abhängige Selbständigkeit", in: BB 1994, S. 60 ff.

Emmerich, Volker, Rechtsprechungsübericht – Sittenwidrigkeit der Bürgschaft naher Angehöriger, in: JuS 1994, S. 707 f.

Endemann, Helmut, Die arbeitnehmerähnliche Person, in: AuR 1954, S. 210 ff.

Eschenbaum, Jürgen / *Niebaum,* Frank, von der mittelbaren Drittwirkung unmittelbar zur staatlichen Bevormundung, in: NVwZ 1994, S. 1079 ff.

Erman, Walter / *Westermann,* Harm Peter / *Küchenhoff,* Klaus (Hg.), Handkommentar zum Bürgerlichen Gesetzbuch.

Band 1: §§ 1–853.

Bearbeiter: *Brox,* Hans / Werner, Olaf / Ehmann, Horst.

9. Auflage, Aschendorf / Münster, 1993.

Ettwig, Volker, Das Scheinproblem der „Scheinselbständigkeit", in: AG 1997, S. 265 ff.

Evers, Jürgen, Die Nichtigkeit von Handelsvertreterverträgen wegen zu geringer Verdienstmöglichkeiten und ihre Rückabwicklung, in: BB 1992, S. 1365 ff.

Falkenberg, Rolf-Dieter, Freier Mitarbeiter – Arbeitnehmer – arbeitnehmerähnliche Person, in: DB 1969, S. 1409 ff.

Fastrich, Lorenz, Die richterliche Inhaltskontrolle im Privatrecht, München, 1992.

– Inhaltskontrolle im Arbeitsrecht nach der Bürgschaftsentscheidung des Bundesverfassungsgerichts vom 19. 10. 1993, in: RdA 1997, S. 65 ff.

Fischer, Gerd, Anmerkung zu den Urteilen des Landesarbeitsgerichts Nürnberg vom 25. Februar 1998 – 4 Sa 670/97 – und – 4 Sa 860/97, in: AiB 1998, S. 297 ff.

Fischer, Robert, Vertragsfreiheit und Sozialbindung, in: DRiZ 1974, S. 209 ff.

Flume, Werner, Rechtsgeschäft und Privatautonomie, S. 135 ff. in: *Caemmerer,* Ernst von / Friesenhahn, Ernst (Hg.), Festschrift 100 Jahre Deutsches Rechtsleben, Karlsruhe, 1960.

Frank, Michael, Sittenwidrigkeit als Folge „strukturell ungleicher Verhandlungsstärke“, in: JuS 1996, S. 389 ff.

Friedrich, Klaus, AGB-Gesetz und Verträge mit arbeitnehmerähnlichen Personen, in: MDR 1979, 190 ff.

Friedrich, Werner, Sozialversicherungsfreie Beschäftigungsverhältnisse 1987 und 1992, S. 65 ff., in: *Keller,* Berndt / Seifert, Hartmut, Atypische Beschäftigung, Köln, 1995.

Frieges, Holger, Der Anspruch des Arbeitnehmers auf Ersatz selbstverschuldeter Eigenschäden, in: NZA 1995, S. 403 ff.

Galperin, Hans, Die Rechtsmängel der Kündigung des Arbeitsverhältnisses, in: BB 1966, S. 1458 ff.

– Grundgedanken und Struktur des Kündigungsschutzes – eine dogmatische Studie, in: RdA 1966, S. 361 ff.

– Unwirksamkeit der Kündigung und Kündigungsschutz, in: BB 1948, S. 305 ff.

Gamillscheg, Franz, Arbeitsvertrag und bürgerliche Kodifikation, S. 299 ff. in: Betten, L. / Boelhouver, F. / Fleuren-van Walsem, J.M. / Peijpe, T. van / Schut, L.A.J., Festschrift für *M. G. Rood,* Leiden, 1997.

Gast, Wolfgang, Arbeitsrecht und Abhängigkeit, in: BB 1993, S. 66 ff.

Geißler, Markus, Die Privatautonomie im Spannungsfeld sozialer Gerechtigkeit, in: JuS 1991, S. 617 ff.

Gerschel, Alfred, Tarifverträge für arbeitnehmerähnliche freie Mitarbeiter, in: FuR 1973, S. 538 ff.

Gierke, Otto von, Die soziale Aufgabe des Privatrechts, Berlin, 1889 – Neudruck: Frankfurt am Main, 1948.

Gittermann, Dirk, Arbeitnehmerstatus und Betriebsverfassung in Franchise-Systemen, Frankfurt am Main, 1995.

Gotzen, Hans-Heiner, Untermaßverbot – was ist das?, in: VR 1994, S. 139.

Grafe, Friederike, Arbeitsvertragsgesetz – Fortsetzung einer Tradition?, in: AuA 1997, S. 3 ff.

– Scheinselbständigkeit fordert zum Handeln heraus, in: AuA 1997, S. 119 ff.

Griebling, Gert, Der Arbeitnehmerbegriff und das Problem der „Scheinselbständigkeit“, in: RdA 1998, S. 208 ff.

Griese, Thomas, Ein Arbeitsvertragsgesetz – Chance und Herausforderung, in: NJW 1995, S. 300 ff.

Groeschke, Peer, Die Haftung einkommensschwacher und vermögensloser Bürgen, in: BB 1994, S. 725 ff.

Grün, Beate, Zur Unwirksamkeit der Verpflichtung vermögensloser Angehöriger bei Bankkrediten, in: NJW 1991, S. 925 f.

– Die Generalklauseln als Schutzinstrumente der Privatautonomie am Beispiel der Kreditmithaftung von vermögenslosen nahen Angehörigen, in: WM 1994, S. 713 ff.

Gusy, Christoph, Richterrecht und Grundgesetz, in: DÖV 1992, 461 ff.

Grunsky, Wolfgang, Arbeitsgerichtsgesetz, 7. Auflage, München, 1995.

Hager, Johannes, Grundrechte im Privatrecht, in: JZ 1994, S. 373 ff.

Hain, Karl-Eberhard, Das Untermaßverbot in der Kontroverse, in: ZG 1996, S. 75 ff.

– Der Gesetzgeber in der Klemme zwischen Übermaß- und Untermaßverbot?, in: DVBl. 1993, S. 982 ff.

Hanau, Peter, Reformbedarf im Arbeitsvertragsrecht, in: ZRP 1996, S. 349 ff.

– Zweites Europarechtssymposium im Bundesarbeitsgericht, in: NZA 1998, S. 467.

Hegels, Wolfgang, Arbeitsvertragsgesetz – jetzt bald oder nie mehr, in: AuA 1994, S. 83 f.

Heinrichsmeyer, Paul, Die Einbeziehung einkommens- und vermögensloser Familienangehöriger in die Haftung der Bankkredite: eine unendliche Geschichte?, in: FamRZ 1994, 129 ff.

Henssler, Martin,. Der Diskussionsentwurf eines Arbeitsvertragsgesetzes des Arbeitskreises Deutsche Rechtseinheit im Arbeitsrecht, in: JZ 1992, S. 833 ff.

Herb, Armin, Telearbeit – Chancen, Risiken und rechtliche Einordnung des Computerarbeitsplatzes zu Hause, in: DB 1986, S. 1823 ff.

Herschel, Wilhelm, Die arbeitnehmerähnliche Person, in: DB 1977, S. 1185 ff.

– Die Rechtsnatur des Vertrags der arbeitnehmerähnlichen freien Mitarbeiter geistiger Berufe, in: *Roeber,* Georg (Hg.), Festschrift für *Benvenuto Samson* zum 90. Geburtstag, S. 47 ff.

– Kündigungsschutz und Wettbewerb, in: RdA 1975, S. 30 f.

– Neue Fragen zur arbeitnehmerähnlichen Person, in: AuR 1982, S. 336 ff.

– Schutz der Betriebszugehörigkeit im Wandel der Zeiten, in: DB 1973, S. 80 ff.

– Wechsel des Auftraggebers arbeitnehmerähnlicher freier Mitarbeiter, in: FuR 1977, S. 81 ff.

Hesse, Hans Albrecht / *Kaufmann,* Peter, Die Schutzpflicht in der Privatrechtsprechung, in: JZ 1995, S. 219 ff.

Hesse, Konrad, Die verfassungsrechtliche Kontrolle der Wahrnehmung grundrechtlicher Schutzpflichten durch den Gesetzgeber, S. 541 ff., in: Däubler-Gmelin, Herta / Kinkel, Klaus / Meyer, Hans / Simon, Helmut (Hg.), Gegenrede – Aufklärung – Kritik – Öffentlichkeit – Festschrift für *Ernst Gottfried Mahrenholz,* Baden-Baden, 1994.

Hessel, Philipp, Kündigungsschutz außerhalb des Kündigungsschutzgesetzes?, in: DB 1952, S. 349 f.

Hetzel, Michael, Das Arbeitsverhältnis im Kleinbetrieb, Freiburg im Breisgau, 1983.

Hildebrandt, Reinhard, Disparität und Inhaltskontrolle im Arbeitsrecht, Göttingen, 1987.

Hilger, Marie Luise, Zum „Arbeitnehmerbegriff", in: RdA 1989, S. 1 ff.

Hille, Hans-Eduard, Freie Mitarbeit, 3. Auflage, Bonn, 1996.

Hillgruber, Christian, Abschied von der Privatautonomie?, in: ZRP 1995, S. 6 ff.

– Der Schutz des Menschen vor sich selbst, München, 1992.

– Grundrechtsschutz im Vertragsrecht, in: AcP 191 (1991), S. 69 ff.

– Richterliche Rechtsfortbildung als Verfassungsproblem, in: JZ 1996, S. 118 ff.

Höland, Armin / *Falke,* Josef, Die Rechtspraxis der Beendigung von Arbeitsverhältnissen – Vorüberlegungen zu einem neuen Forschungsprojekt, Bremen, 1996.

Höfling, Wolfram, Vertragsfreiheit, Heidelberg, 1991.

Hönn, Günther, Kompensation gestörter Vertragsparität, München, 1982.

– Wirksamkeitskontrolle als Instrument des allgemeinen Privatrechts zur Bewältigung von Ungleichgewichtslagen, in: JZ 1983, S. 677 ff.

Honsell, Heinrich, Zur Frage, ob sich vermögenslose, volljährige Kinder eines Hauptschuldners wirksam zur Übernahme einer Bürgschaftsverpflichtung von DM 8500.000,– für diesen verpflichten können, in: JZ 1989, S. 495 f.

– Bürgschaft und Mithaftung einkommens- und vermögensloser Familienmitglieder, in: NJW 1994, S. 565 f.

Horn, Norbert / *Henssler,* Martin, Der Vertriebsfranchisenehmer als selbständiger Unternehmer, in: ZIP 1998, S. 589 ff.

Hoyningen-Huene, Gerrik von, Die Billigkeit im Arbeitsrecht, München, 1978.

Hoyningen-Huene, Gerrik von, / *Linck,* Rüdiger, Kündigungsschutzgesetz – Kommentar –, 12. Auflage, München, 1997.

Hromadka, Wolfgang, Ein Arbeitsvertragsgesetz, in: NJW 1992, S. 1985 ff.

– Arbeitnehmerbegriff und Arbeitsrecht – zur Diskussion um die „neue Selbständigkeit“, in: NZA 1997, S. 569 ff.

– Arbeitnehmerähnliche Personen, in: NZA 1997, S. 1249 ff.

– Zukunft des Arbeitsrechts, in: NZA 1998, S. 1 ff.

– Zur Begriffsbestimmung des Arbeitnehmers, in: DB 1998, S. 195 ff.

Hueck, Alfred / *Nipperdey,* Hans Carl, Arbeitsrecht I, 3.-5. Auflage, Mannheim / Berlin / Leipzig, 1931.

– Arbeitsrecht II, 7. Auflage, München, 1967.

Hümmerich, Klaus, Arbeitsverhältnis als Wettbewerbsgemeinschaft, in: NJW 1998, S. 2625 ff.

Isensee, Josef / *Kirchhof,* Paul, Handbuch des Staatsrechts, Band V, Heidelberg, 1992.

Jarass, Hans D., Das allgemeine Persönlichkeitsrecht im Grundgesetz, in: NJW 1989, S. 857 ff.

Jarass, Hans D. / *Pieroth,* Bodo, Grundgesetz für die Bundesrepublik Deutschland – Kommentar, 4. Auflage, München, 1997.

Julius, Hinrich, Die rechtliche und rechtstatsächliche Lage der „Neuen Selbständigen“, Frankfurt / Main, 1995.

Käßer, Petra, Der fehlerhafte Arbeitsvertrag, Berlin, 1979.

Kaufmann, Erich, Probleme des Kündigungsschutzes in Betrieben ohne Betriebsrat oder bei Umgehung des Betriebsrats, in: RdA 1949, S. 174 ff.

Keller, Berndt / *Seifert,* Hartmut, Regulierung atypischer Beschäftigungsverhältnisse, S. 231 ff. in: *Keller,* Berndt / Seifert, Hartmut, Atypische Beschäftigung, Köln, 1995.

Kempen, Otto Ernst / *Zachert,* Ulrich, Tarifvertragsgesetz, 3. Auflage, Köln, 1997.

Kempff, Gilbert, Grundrechte im Arbeitsverhältnis, Köln, 1988.

Kepper, Michael, Momentan kein Massenphänomen, in: BABl. 1997, S. 3 ff.

Kiehte, Kurt / *Groeschke,* Peer, Vertragsdisparität und strukturelle Unterlegenheit als Wirksamkeits- und Haftungsfalle, in: BB 1994, S. 2291 ff.

Kirsch, Henning, Besprechung zur Festschrift für *Karl Kehrmann,* in: AuR 1998, S. 29 ff.

Kirchhoff, Paul, Die Aufgabe des Grundgesetzes an die rechtsprechende Gewalt, S. 11 ff. in: Reinhart, Gert (Hg.), Richterliche Rechtsfortbildung – Festschrift der Juristischen Fakultät zur 600-Jahr-Feier der Ruprecht-Karls-Universität Heidelberg, Heidelberg, 1986.

Klein, Eckart, Grundrechtliche Schutzpflichten des Staates, in: NJW 1989, S. 1633 ff.

Klein, Martina, Zur Ambivalenz von Teilzeitarbeit, S. 8 ff. in: Klein, Martina (Hg.), Nicht immer aber immer öfter – Flexible Beschäftigung und ungeschützte Arbeitsverhältnisse, Marburg, 1993.

Knütel, Rolf, Befreite Ehefrauen?, in: ZIP 1991, S. 493 ff.

Köndgen, Johannes, Zur rechtlichen Wirksamkeit eines von einem vermögenslosen Verwandten für den Hauptschuldner abgegebenen Bürgschaftsversprechens, in: NJW 1991, S. 2018 f.

– Kurzkommentar zu BVerfG vom 19. Oktober 1993, in: EWiR § 138 BGB 1/94, S. 23 f.

Kohte, Wolfhard, Vertragsfreiheit und gestörte Vertragsparität, in: ZBB 1994, S. 172 ff.

Kramer, Ralph, Die Scheinselbständigkeit und ihr individualarbeitsrechtlichen Folgen, Aachen, 1998.

Kretschmer, Hans-Jürgen, Abhängige und selbständige Erwerbstätigkeit in der Sozialversicherung – Bemerkungen zum Problem der „abhängigen Selbständigkeit“, in: ZSR 1994, S. 462 ff.

– Die Regelungsvorhaben zur Bekämpfung der „Scheinselbständigkeit“ aus Sicht der sozialgerichtlichen Praxis, in: AuR 1997, S. 327 ff.

Kreuder, Thomas, Arbeitnehmereigenschaft und „neue Selbständigkeit“ im Lichte der Privatautonomie, in: AuR 1996, S. 386 ff.

Kronke, Herbert, Zu Funktion und Dogmatik der Leistungsbestimmung nach § 315 BGB, in: AcP 183, S: 113 ff.

Küfner-Schmitt, Irmgard, Tarifliche Regelungsmöglichkeiten für Telearbeit, in: ZTR 1988, S. 81 ff.

Kühling, Jürgen, Arbeitsrecht in der Rechtsprechung des Bundesverfassungsgerichts, in: AuR 1994, S. 126 ff.

Kunz, Jürgen / *Kunz,* Petra, Freie Mitarbeiter Verträge als Alternative zur Festanstellung?, in: DB 1993, 326 ff.

– Typische Abgrenzungsfälle von (Schein-)Selbständigkeit im Lichte der Rechtsprechung, in: BuW 1995, S. 407 ff.; S. 447 ff.

Kunze, Otto, Der neue § 12a Tarifvertragsgesetz, in: UFITA 1975, S. 19 ff.

Lakies, Thomas, Änderung des Kündigungsschutzes und allgemeiner Kündigungsschutz nach § 242 BGB – Verfassungsrechtliche Fragen, in: DB 1997, S. 1078 ff.

Langanke, Annemarie / Hanau, Peter, Kündigungsmöglichkeiten in der öffentlichen Verwaltung nach dem Einigungsvertrag, in: NJ 1993, S. 437 ff.

Larenz, Karl, Allgemeiner Teil des deutschen Bürgerlichen Rechts, 7. Auflage, München, 1989.

– Lehrbuch des Schuldrechts I, 14. Auflage, München 1997.

– Methodenlehre der Rechtswissenschaft, 6. Auflage, Berlin / Heidelberg / New York, 1991.

Larenz, Karl / *Canaris*, Claus-Wilhelm, Lehrbuch des Schuldrechts II 2, 13. Auflage, München, 1994.

– Methodenlehre der Rechtswissenschaft – Studienbuch –, 3. Auflage, Berlin / Heidelberg, 1995.

Leimert, Dirck, § 242 BGB als Kündigungsschutzbestimmung, Frankfurt am Main, 1970.

Leisner, Walter, Grundrechte und Privatrecht, München, 1960.

Lieb, Klaus, Beschäftigungssicherung statt Outsourcing, in: AiB 1996, S. 140 ff.

Lieb, Manfred, Arbeitsrecht, 5. Auflage, Heidelberg, 1994.

– Die Schutzbedürftigkeit arbeitnehmerähnlicher Personen, in: RdA 1974, S. 257 ff.

Limbach, Jutta, Das Rechtsverständnis in der Vertragslehre, in: JuS 1985, S. 10 ff.

– Die Kompensation von Ungleichgewichtslagen, in: KritV 1986, S. 165 ff.

Linnenkohl, Karl, Die Virtualisierung von Arbeitsbeziehungen, in: BB 1998, S. 45 ff.

Linnenkohl, Karl / *Rauschenberg*, Hans-Jürgen / *Reh*, Dirk, Der Begriff des Arbeitnehmers und die „informationelle Abhängigkeit", in: AuR 1991, S. 203 ff.

Löwe, Walter, Bürgen in Sippenhaft dürfen aufatmen, in: ZIP 1993, S. 1759.

Löwe, Walter / *Westphalen*, Friedrich Graf von / *Trinkner*, Reinhold, Kommentar zum Gesetz zur Regelung des rechts der allgemeinen Geschäftsbedingungen, Heidelberg, 1977.

Löwisch, Manfred, Grenzen der ordentlichen Kündigung in kündigungsschutzfreien Betrieben, in: BB 1997, S. 782 ff.

– Kündigungsschutzgesetz, 7. Auflage, Heidelberg, 1997.

Loritz, Karl-Georg, Anmerkung zu BVerfG vom 19. Oktober 1993, in: DNotZ 1994, S. 543 ff.

Lund, Heinrich, Tarifautonomie für arbeitnehmerähnliche Personen, in: BABl. 1974, S. 682 ff.

Mankowsky, Peter, Ausländische Scheinselbständige und internationales Privatrecht, in: BB 1997, S. 465 ff.

Matthies, Hildegard / *Mückenberger*, Ulrich / *Offe*, Claus / *Peter*, Edgar / *Raasch*, Sybille, Arbeit 2000, Reinbek bei Hamburg, 1994.

Matthießen, Volker, Arbeits- und handelsvertreterrechtliche Ansätze eines Franchisenehmerschutzes, in: ZIP 1988, S. 1089 ff.

Maunz, Theodor / Dürig, Günter (Hg.), Kommentar zum Grundgesetz.

Band I: Art 1 – 12.

Bearbeiter: *Scholz*, Rupert.

Loseblatt, 32. Ergänzungslieferung, München, 1996.

Maus, Wilhelm, Die „freien Mitarbeiter" der Deutschen Rundfunk- und Fernsehanstalten, in: RdA 1968, S. 367 ff.

Maus, Wilhelm / *Schmidt*, Klaus, Heimarbeitsgesetz – Kommentar, 3. Auflage. München, 1977.

Mayer, Udo, Anmerkung zum Urteil des Bundesarbeitsgerichts vom 19. November 1997 – 5 AZR 653 / 96, in: AiB 1998, S. 295.

Mayer, Udo / *Paasch*, Ulrich, Deregulierung von Arbeitsbedingungen durch selbständige Beschäftigung, in: WSI-Mitteilungen 1987, S. 581 ff.

– Ein Schein von Selbständigkeit, Köln, 1990.

Medicus, Dieter, Allgemeiner Teil des BGB, 6. Auflage, Heidelberg, 1994.

– Bürgerliches Recht, 17. Auflage, Köln, 1996.

– Der Grundsatz der Verhältnismäßigkeit im Privatrecht, in: AcP 192, S. 35 ff.

– „Geld muß man haben“, in: AcP 188, S. 488 ff.

– Leistungsfähigkeit und Rechtsgeschäft, in: ZIP 1989, S. 817 ff.

– Schutzbedürfnis (insbesondere der Verbraucherschutz) und das Privatrecht, in: JuS 1996, S. 761 ff.

Merlsbach, Erich, Deutsches Arbeitsrecht, Berlin / Leipzig, 1923.

Neumann, Dirk, Der sächsische Entwurf eines Arbeitsvertragsgesetzes, in: DB 1995, S. 2013 ff.

Ministerium für Arbeit, Gesundheit und Soziales des Landes NRW (Hg.), Lohn- und Sozialdumping als Folge von Scheinselbständigkeit, Düsseldorf, 1995.

Mitglieder des Bundesgerichtshofs (Hg.), Das BGB unter besonderer Berücksichtigung des Rechtsprechung des Reichsgerichts und des Bundesgerichtshofs – Kommentar.

Band I: §§ 1 – 240, Bearbeiterin: *Krüger-Nieland,* Gerda, 12. Auflage, Berlin / New York, 1982.

Band II, 1. Teil: §§ 241 – 413, Bearbeiter: *Alff,* Richard, 12. Auflage, Berlin / New York, 1976.

Band 2, 4. Teil: §§ 631 – 811, Bearbeiter: *Steffen,* Erich, 12. Auflage, Berlin / New York, 1978.

Monjau, Herbert, Sozial ungerechtfertigte, sittenwidrige und gegen Treu und Glauben verstoßende Kündigung, in: DB 1951, S. 742 f.

Mostard, Margot / *Willemsen,* Hans-Josef, Diskussionsbericht zum RdA-Symposium am 14. Oktober 1977, in: RdA 1978, S. 29 ff.

Mückenberger, Ulrich, Der Wandel des Normalarbeitsverhältnisses unter Bedingungen einer „Krise der Normalität“, in: GMH 1989, S. 211 ff.

– Krise des Normalarbeitsverhältnisses, in: ZSR 1985, S. 415 ff.

– Perspektiven einer deutschen Arbeitsechtsreform?, in: ZRP 1992, S. 457 ff.

Müller, Gerhard, Das Kündigungsschutzgesetz und Treu und Glauben unter besonderer Berücksichtigung der Rechtsprechung des Bundesarbeitsgerichts, in: DB 1960, S. 1037 ff.

– Gedanken zum arbeitsrechtlichen Kündigungsrecht, in: ZfA 1982, S. 475 ff.

Mostard, Margot / *Willemsen,* Heinz-Josef, Diskussionsbericht zum RdA-Symposium am 14. Oktober 1977, in: RdA 1978, S. 26 ff.

Nägele, Stefan, Wucher – ein arbeitsrechtliches Problem, in: BB 1997, 2162 f.

Niessen, Hermann, Ist das Bundesurlaubsgesetz auf alle Handelsvertreter anwendbar?, in: DB 1963, S. 308 ff.

– Welche Handelsvertreter haben einen Urlaubsanspruch nach dem Bundesurlaubsgesetz?, in: DB 1963, S. 1120 ff.

Nikisch, Arthur, Arbeitsrecht II, 3. Auflage, Tübingen, 1961.

Oetker, Hartmut, Stichworte zum Arbeitsrecht – Arbeitnehmerbegriff, in: AuA 1995, S. 342 f.

– Der arbeitsrechtliche Bestandsschutz unter dem Firmament der Grundrechtsordnung, Stuttgart / München / Berlin / Weimar / Dresden, 1996.

– Gibt es einen Kündigungsschutz außerhalb des Kündigungsschutzgesetzes?, in: AuR 1997, S. 41 ff.

Olenhusen, Götz von, Die freien Mitarbeiter der Medien und § 12a Tarifvertragsgesetz, in: FuR 1975, S. 98 ff.

– Die arbeitnehmerähnliche Person im Presse- und Medienrecht, in: ZUM 1991, 557 ff.

Oppolzer, Alfred, Individuelle Freiheit und kollektive Sicherheit im Arbeitsrecht, in: AuR 1998, S. 45 ff.

Ossenbühl, Fritz, Rechtsprobleme der Freien Mitarbeiter im Rundfunk, Frankfurt am Main, 1978.

Paasch, Ulrich, Abhängige Selbständigkeit, in: WSI-Mitteilungen 1991, S. 216 ff.

Palandt, Otto, Bürgerliches Gesetzbuch, 57. Auflage, München, 1998.

Palme, Antonie, Der Zwischenmeister in der Rechtsprechung, in: RdA 1953, S. 317 f.

Pape, Gerhard, Die neue Bürgschaftsrechtsprechung – Abschied vom Schuldturm?, in: ZIP 1994, S. 515 ff.

– Bundesgerichtshof aktuell – Bürgschaftsrechtsprechung in: NJW 1995, S. 1006 ff.

Papier, Hans-Jürgen, Art. 12 GG – Freiheit des Berufs und Grundrecht der Arbeit, in: DVBl. 1984, S. 801 ff.

– Der verfassungsrechtliche Rahmen für Privatautonomie im Arbeitsrecht, in: RdA 1989, S. 137 ff.

Papier, Hans-Jürgen / *Möller,* Johannes, § 7 SGB IV in der Anwendung durch die Rechtsprechung und das grundrechtliche Bestimmtheitsgebot, in: VSSR 1996, S. 243 ff.

Papsthart, Christian, Anmerkung zu BAG vom 23. Juni 1994, in: AuA 1995, S. 179 f.

Pawlowski, Hans-Martin, Methodenlehre für Juristen, 2. Auflage, Heidelberg, 1991.

Pfarr, Heide M., Arbeitsrecht – ein Tanker im Nebel, in: GMH 1995, S. 633 ff.

– Die arbeitnehmerähnliche Person -Neue Selbständigkeit und deren arbeitsrechtliche Beurteilung, S. 75 ff. in: Engelen-Kefer, Ursula / Schoden, Michael / Zachert, Ulrich, Arbeitsrecht in der Bewährung, Festschrift für Karl Kehrmann zum 65. Geburtstag, Köln, 1997.

Pfarr, Heide M. / *Drüke,* Helmut, Rechtsprobleme der Telearbeit, Baden-Baden, 1989.

Pfau, Birgit / *Spiekermann,* Peter / *Wahsner,* Roderich, Selbst ist der Mann?, Düsseldorf, 1986.

Pieroth, Bodo / *Schlink,* Bernhard, Staatsrecht II – Grundrechte, 12. Auflage, Heidelberg, 1996.

Pietzcker, Jost, Drittwirkung – Schutzpflicht – Eingriff, in: Maurer, Hartmut (Hg.), Das akzeptierte Grundrecht – Festschrift für *Günter Dürig* zum 70. Geburtstag, München, 1990.

Plander, Harro, Flucht aus dem Normalarbeitsverhältnis: An den Betriebs- und Personalräten vorbei?, Baden-Baden, 1990.

Poelmann, Fritz, Zur Arbeitnehmerähnlichkeit von Handlungsgehilfen in: RdA 1949, S. 237 f.

Popp, Gerfried, Arbeitnehmer und Freie Mitarbeiter, in: MDR 1998, S. 18 ff.

Potthoff, Heinz, Verlagsmäßige Heimwerker, in: JW 1921 S. 519 f.

Preis, Ulrich, Die Zeit ist reif für ein modernes Arbeitsvertragsrecht, in: AuA 1996, S. 40 ff.

– Grundfragen der Vertragsgestaltung im Arbeitsrecht, Neuwied / Kriftel / Berlin, 1993.

– Kompensation von Ungleichgewichtslagen in der Rechtsprechung der Arbeitsgerichte und der Zivilgerichte – ein Vergleich, in: AuR 1994, S. 139 ff.

– Prinzipien des Kündigungsrechts bei Arbeitsverhältnissen, München, 1987.

– Rechtsfortbildung im Individualarbeitsrecht, in: RdA 1989, S. 327 ff.

Preis, Ulrich / *Rolfs,* Christian, Gestörte Vertragsparität und richterliche Inhaltskontrolle, in: DB 1994, S. 261 ff.

Preis, Ulrich / *Stoffels,* Markus, Die Inhaltskontrolle der Verträge selbständiger und unselbständiger Handelsvertreter, in: ZHR 160 (1996), S. 442 ff.

Preu, Peter, Freiheitsgefährdung durch die Lehre von den grundrechtlichen Schutzpflichten, in: JZ 1991, S. 265 ff.

Pütz, Michael, § 315 BGB – Rechtsgrundlage einer Inhaltskontrolle bei Disparität der Vertragspartner?, Osnabrück, 1989.

Raiser, Ludwig, Mißbrauch im Wirtschaftsrecht, in: JZ 1972, 732 ff.

– Vertragsfunktion und Vertragsfreiheit, S. 101 ff. in: Caemmerer, Ernst von / Friesenhahn, Ernst (Hg.), Festschrift 100 Jahre Deutsches Rechtsleben, Karlsruhe, 1960.

– Grundrechtsordnung und Privatautonomie, B 3 ff., in: Ständige Deputation des Deutschen Juristentages (Hg.), Verhandlungen des sechsundvierzigsten Deutschen Juristentages, Band II, München / Berlin, 1967.

Rebmann, Theodor / *Säcker,* Fritz (Hg.), Münchener Kommentar zum Bürgerlichen Gesetzbuch,.

Band 1: Allgemeiner Teil, §§ 1 – 240, Bearbeiter: *Kramer,* Ernst / Mayer-Maly, Theo / Ulmer, Peter, 3. Auflage, München, 1993.

Band 2: Schuldrecht, Allgemeiner Teil, §§ 241 – 342, Bearbeiter: *Roth,* Günter H. / Söllner, Alfred, 3. Auflage, München, 1994.

Band 3, 1. Halbband: Schuldrecht, besonderer Teil, §§ 433 – 651k, Bearbeiter: *Schwerdtner,* Peter, 2. Auflage, München, 1988.

Band 3, 2. Halbband: Schuldrecht, besonderer Teil, §§ 607 – 704, Bearbeiter: *Seiler,* Hans-Hermann, 3. Auflage, München, 1997.

Handelsgesetzbuch I, §§ 1 – 104, Bearbeiter: *Hoyningen-Huene,* Gerrick von, München, 1996.

Rehbein, Dieter, Zur Wirksamkeit von Bürgschaften im Spannungsverhältnis zwischen Vertragsfreiheit und sozialer Schutzbedürftigkeit der Bürgern, in: JR 1989, S. 468 ff.

– Zur Mithaftung vermögensloser Angehöriger, in: JR 1995, S. 45 ff.

Reichel, Hans, Rechtsfragen zur Tariffähigkeit, in: RdA 1972, S. 143 ff.

Reichold, Hermann, Geschäftsbesorgung im Arbeitsverhältnis, in: NZA 1994, S. 488 ff.

Reifner, Udo, Die Mithaftung der Ehefrau im Bankkredit – Bürgschaft und Gesamtschuld im Kreditsicherungsrecht, in: ZIP 1990, S. 427 ff.

Reinecke, Gerhard, Der „Grad der persönlichen Abhängigkeit" als Abgrenzungskriterium für den Arbeitnehmerbegriff", S. 463 ff. in: Hanau, Peter / Heither, Friedrich / Kühling, Jürgen, Richterliches Arbeitsrecht, Festschrift für *Thomas Dieterich,* München, 1999.

– Neudefinition des Arbeitnehmerbegriffs durch Gesetz und Rechtsprechung, in: ZIP 1998, S. 581 ff.

– Prozessuale und taktische Problem bei der Geltendmachung der Arbeitnehmereigenschaft, in: DB 1998, S. 1282 ff.

Reinicke, Dietrich / *Tiedtke*, Klaus, Zur Sittenwidrigkeit hoher Verpflichtungen einkommensloser und einkommensschwacher Bürgen, in: ZIP 1989, S. 613 ff.

– Bürgschaft und Wegfall der Geschäftsgrundlage, in: NJW 1995, S. 1449 ff.

Reiserer, Kerstin, „Scheinselbständigkeit" – Arbeitnehmer oder Selbständiger?, in: BB 1998, S. 1258 ff.

Reuter, Werner, Tarifverträge für auf Produktionsdauer Beschäftigte und arbeitnehmerähnliche Personen bei den Rundfunkanstalten, in: FuR 1977, S. 78 ff.

Reuter, Dieter, Grundlagen des Kündigungsschutzes, in: 25 Jahre Bundesarbeitsgericht, München, 1979.

Reuter, Michael, Die Arbeitsaufgabe und der Arbeitnehmerbegriff, Frankfurt am Main, 1985.

Richardi, Reinhard, Arbeitsvertragsgesetz und Privatautonomie, in: NZA 1992, S. 769 ff.

Richardi, Reinhard / *Wlotzke*, Otfried, Münchener Handbuch zum Arbeitsrecht.

Band 1, Individualarbeitsrecht I, Bearbeiter: *Richardi*, Reinhard, München, 1992.

Band 2, Individualarbeitsrecht II, Bearbeiter: *Wank*, Rolf, München, 1993.

Riepenhausen, Bernhard, Tarifverträge für freie Mitarbeiter in Rundfunkanstalten, in: FuR 1977, S. 504 ff.

– Neues Sendevertragsrecht, in: FuR 1982, S. 20 ff.

Rittner, Fritz, Die gestörte Vertragsparität und das Bundesverfassungsgericht, in: NJW 1994, S. 3330 f.

– Über das Verhältnis von Vertrag und Wettbewerb, in: AcP 188 (1989), S. 101 ff.

Röhsler, W., Die ungehörige Kündigung, in: DB 1969, S. 1147 ff.

Rosenfelder, Ulrich, Der arbeitsrechtliche Status von freien Mitarbeitern, Berlin, 1982.

Rüppel, Cornelia / *Kröll*, Michael, Atypische Beschäftigungsformen, in: Die Sozialversicherung 1992, S. 259 ff.

Rüthers, Bernd, Richterrecht als Methoden- und Verfassungsproblem, S. 293 ff. in: Gamillscheg, Franz / Rüthers, Bernd / Stahlhacke, Eugen, Sozialpartnerschaft in der Bewährung – Festschrift für *Karl Molitor*, München, 1988.

Sachs, Michael, Grundgesetz, München, 1996.

Schaub, Günter, Arbeitsrechts-Handbuch, 8. Auflage, München, 1997.

Schelp, Günther, Betrachtungen zum Bundesurlaubsgesetz, in: DB 1963, S. 30 ff.

Schieckel, Dr., Zur Frage der Zuständigkeit der Arbeitsgerichte für die Prozesse der Handlungsagenten, in: JW 1928, S. 2897 ff.

Schiek, Dagmar, Formulararbeitsverträge von Verkaufsfahrern, in: BB 1997, S. 310 ff.

Schimansky, Herbert, Bankvertragsrecht und Privatautonomie, in: WM 1995, S. 461 ff.

Schlachter, Monika, Kreditmithaftung einkommensloser Angehöriger, in: BB 1993, S. 802 ff.

Schleßmann, Karl, Die Kündigung von Arbeitsverträgen, München, 1970.

Schliemann, Harald, Flucht aus dem Arbeitsverhältnis – falsche oder echte Selbständigkeit, in: RdA 1997, S. 322 ff.

Schmalz, Dieter, Methodenlehre für das juristische Studium, 3. Auflage, Baden-Baden, 1992.

Schmid, Hans-Dieter / *Trenk-Hinterberger,* Peter, Grundzüge des Arbeitsrechts, 2. Auflage, Vahlen, 1994.

Schmidt, Eike, Inhaltskontrolle von Schuldverträgen, in: DRiZ 1991, S. 81 ff.

Schmidt, Karsten, Handelsrecht, 3. Auflage, 1987.

Schmidt-Rimpler, Walter, Grundfragen einer Erneuerung des Vertragsrechts, in: AcP 147, 130 ff.

– Zum Vertragsproblem, S. 3 ff. in: Baur, Fritz / Esser, Josef (Hg.), Festschrift für *Ludwig Raiser,* Tübingen, 1974.

Schneider, Peter, Art. 12 GG – Freiheit des Beruf und Grundrecht der Arbeit, in: VVDStRL Band 43, S. 7 ff., Berlin / New York, 1985.

Schnorr von Carolsfeld, Ludwig, Zum Wesen des Heimarbeitsverhältnisses, in: RdA 1968, S. 404 ff.

Schwerdtner, Peter, Anmerkung zu BAG vom 28. 9. 1972, in: JZ 1973, S. 377 ff.

– Offene Probleme des Kündigungsschutzes bei betriebsbedingter Kündigung, in: ZIP 1984, S. 10 ff.

Schwintowski, Hans-Peter, Die wirtschaftliche Leistungsfähigkeit des Schuldners als Maßstab der Wirksamkeit von Verbraucherkreditverträgen, in: ZBB 1989, S. 91 ff.

Seidel, Norbert, Die arbeitnehmerähnlichen Personen im Urlaubsrecht, in: BB 1970, S. 971 ff.

Selzner, Harald, Die betriebsverfassungsrechtliche Mitbestimmung in Franchisesystemen, Bonn, 1994.

Sendler, Horst, Überlegungen zu Richterrecht und richterlicher Rechtsfortbildung, in: DVBl. 1988, S. 828 ff.

Serick, Rolf, Das Verwalterdarlehen zwischen richterlicher Rechtsfortbildung und -fortbildungsblockade, S. 261 ff. in: Reinhart, Gert (Hg.), Richterliche Rechtsfortbildung – Festschrift der Juristischen Fakultät zur 600-Jahr-Feier der Ruprecht-Karls-Universität Heidelberg, Heidelberg, 1986.

Siebert, Wolfgang, Die arbeitnehmerähnlichen Personen, in: BB 1950, S. 47 ff.

– Treu und Glauben im Kündigungsschutzrecht, in: BB 1960, S. 1029 ff.

Siepmann, Klaus, Wer gibt wem was im Arbeitsverhältnis?, in: BB 1991, S. 1931 ff.

Silberschmidt, Wilhelm, Arbeitnehmer und arbeitnehmerähnliche Personen im arbeitsgerichtlichen Verfahren, in: LZ 1928, S. 1505 ff.

Singer, Reinhard, Vertragsfreiheit, Grundrechte und der Schutz der Menschen vor sich selbst, in: JZ 1995, S. 1133 ff.

Sitte, Ralf, Vertragsfreiheit oder soziale Schutzbedürftigkeit?, in: ZSR 1997, S. 544 ff.

Skaupy, Walther, Franchising, München, 1995.

– Replik zu: Franchise-Systeme und Betriebsverfassung von Brigitte Buschbeck-Bülow, in: BB 1990, S. 1061 ff.

– Franchsie-Systeme und Betriebsräte, in: BB 1990, S. 134 ff.

Söllner, Alfred, Der verfassungsrechtliche Rahmen für Privatautonomie im Arbeitsrecht, in: RdA 1989, S. 144 ff.

– Grundriß des Arbeitsrechts, 11. Auflage, München, 1994.

Soergel, Hans-Theodor, Kommentar zum Bürgerlichen Gesetzbuch.

Band 1, Allgemeiner Teil, §§ 1 – 240, Bearbeiter: *Hefermehl,* Wolfgang, 12. Auflage, Stuttgart / Berlin, Köln, 1988.

Band 2: Schuldrecht I, §§ 241 – 432 BGB, Bearbeiter: *Wolf,* Manfred / Basedow, Jürgen, 12. Auflage, Stuttgart / Berlin / Köln, 1990.

Band 3, Schuldrecht II, §§ 516 – 704, Bearbeiter: *Neumann,* Dirk / Kraft, Alfons / Muehl, Otto, 11. Auflage, Stuttgart / Berlin / Köln, 1980.

Band 4, Schuldrecht III, §§ 705 – 853, Bearbeiter: *Hadding,* Walter, 11. Auflage, Stuttgart / Berlin / Köln, 1985.

Spieß, Gerhard, Inhaltskontrolle von Verträgen – das Ende privatautonomer Vertragsgestaltung?, in: DVBl. 1994, S. 1222 ff.

Ständige Deputation des Deutschen Juristentages (Hg.), Gutachten D: Arbeitskreis Deutsche Rechtseinheit im Arbeitsrecht, in: Verhandlungen zum 59. Deutschen Juristentag, Band I, München, 1992.

– Verhandlungen zum 59. Deutschen Juristentag, Band II, München, 1992.

Stahlhacke, Eugen / *Preis,* Ulrich, Kündigung und Kündigungsschutz im Arbeitsverhältnis, 6. Auflage, München, 1995.

Starck, Christian, Der verfassungsrechtliche Schutz des ungeborenen Lebens, in: JZ 1993, S. 816 ff.

Staudinger, Julius von, Kommentar zum Bürgerlichen Gesetzbuch.

Erstes Buch, Allgemeiner Teil, §§ 134 – 138, Bearbeiter: *Dilcher,* Hermann / *Sack,* Rolf, 13. Auflage, Berlin, 1996.

Zweites Buch, Recht der Schuldverhältnisse, §§ 241 – 243, Bearbeiter: *Teichmann,* Arndt / Schmidt, Jürgen, 13. Auflage, Berlin, 1995.

Zweites Buch, Recht der Schuldverhältnisse, §§ 293 – 327, Bearbeiter: *Mader,* Erich, 13. Auflage, Berlin, 1995.

Zweites Buch, Recht der Schuldverhältnisse: §§ 611 – 615, Bearbeiter: *Richardi,* Reinhard, 13. Auflage, Berlin, 1995.

Recht der ungerechtfertigten Bereicherung: §§ 812 – 822, Bearbeiter: *Lorenz,* Werner, 13. Auflage, Berlin, 1995.

AGB-Gesetz,Bearbeiter: *Schlosser,* Peter, 12. Auflage, Berlin, 1983.

Stebut, Dietrich von, Der soziale Schutz als Regelungsproblem des Vertragsrechts, Berlin, 1982.

Steinmeyer, Heinz-Dietrich, Behandlung von Scheinselbständigkeit aus sozialversicherungsrechtlicher Sicht unter Einbeziehung arbeitsrechtlicher Aspekte – Gutachten erstattet im Auftrag des Ministeriums für Arbeit, Gesundheit und Soziales des Landes Nordrhein-Westfalen, Münster / Düsseldorf, 1995.

– Sozialdumping in Europa, in: DVBl. 1995, S. 962 ff.

Stern, Klaus, Das Staatsrecht der Bundesrepublik Deutschland, Band III 1, München, 1988.

Stoltherfoth, Joachim, Tarifautonomie für arbeitnehmerähnliche Personen?, in: DB 1973, S. 1068 ff.

Strick, Kerstin, Diskussionsbericht des Symposium „Arbeitsrecht in Europa" am 5. / 6. März 1998 in Kassel, in: AuR 1998, S. 228 ff.

Struck, Gerhard, Vertragsfreiheit – ein Grundrecht ?, in: Demokratie und Recht 1988, S. 39 ff.

Tiedtke, Klaus, Zur Rechtsprechung des Bundesgerichtshofs auf dem Gebiete des Bürgschaftsrechts seit dem 1. Januar 1986, in: ZIP 1990, S. 413 ff.

– die Rechtsprechung des Bundesgerichtshofs zum Bürgschaftsrecht, in: ZIP 1995, S. 521 ff.

Traeger, Burkhard, Die Reichweite des arbeitsrechtlichen Schutzes, München, 1981.

Trieschmann, Günther, Zur Frage der Rechtseinheit im Urlaubsrecht (Teil 1), in: DB 1963, S. 692 ff.

Trimbach, Herbert / *Kutterer*, Cornelia, Der brandenburgische Entwurf eines Arbeitsvertragsgesetzes, in: NJ 1997, S. 58 ff.

Udke, Brigitte, EU-Arbeitsrecht im Blickpunkt, in: AuA 1998, S. 203 f.

Ulmer, Peter / *Brandner*, Hans Erich / *Hensen*, Horst-Diether, AGB-Gesetz, 7. Auflage, Köln, 1993.

Verbraucherzentrale Hamburg e.V. (Hg.), Hauptsache: Bescheid wissen, Hamburg, 1990.

Vogel, Friedrich-Karl, Neue Selbständigkeit und ihre sozialstaatlichen Grenzen, in: AuA 1997, S. 303 ff.

Vollmer, Herbert, Ordentliche Kündigung im öffentlichen Dienst nach dem Einigungsvertrag, in: AuR 1993, S. 17 ff.

Voswinkel, Stephan, die Regulierung der Leiharbeit. Zeitarbeit zwischen Arbeitsvermittlung und überbetrieblicher Beschäftigung, S. 108 ff. in: Keller, Berndt / Seifert, Hartmut, Atypische Beschäftigung, Köln, 1995.

Walwei, Ulrich, Atypische Beschäftigungsformen: Kongruenz und Divergenz der Interessen, S. 9 ff. in: Keller, Berndt / Seifert, Hartmut, Atypische Beschäftigung, Köln, 1995.

– Ökonomisch-rechtliche Analyse befristeter Arbeitsverhältnisse, Nürnberg, 1990.

Wank, Rolf, Arbeitnehmer und Selbständige, München, 1988.

– Die juristische Begriffsbildung, München, 1985.

– Die „neue Selbständigkeit“, in: DB 1992, S. 90 ff.

– Empirische Befunde zur „Scheinselbständigkeit“, Ergebnisse des IAB-Projekts 4–448V „Freie Mitarbeiter und selbständige Einzelunternehmer mit persönlicher und wirtschaftlicher Abhängigkeit“ im Auftrag des Bundesministeriums für Arbeit und Sozialordnung, Nürnberg / Bochum, 1997.

– Die wesentlichen Inhalte eines Arbeitsvertragsgesetzes, in: DB 1992, 1826 ff.

Weber, Wilhelm, Grundfragen zum Recht der allgemeinen Geschäftsbedingungen, Teil IV, in: DB 1971, S. 177 ff.

Weltrich, Ortwin, Zur Abgrenzung von Franchise- und Arbeitsvertrag, in: DB 1988, S. 806 ff.

Wendeling-Schröder, Ulrike, Outsourcing out?, in: AuR 1995, S. 126 ff.

Wenzel, Leonhard, Kündigung und Kündigungsschutz, 6. Auflage, Neuwied / Kriftel / Berlin, 1994.

Westermann, Harm Peter, Zur Wirksamkeit eines eine Geldschuld begründenden Vertrages bei finanzieller Überforderung des Schuldners, in: JZ 1989, S. 746 ff.

Westphalen, Friedrich Graf von, Das Recht des Stärkeren und seine grundgesetzliche Beschränkung, in: MDR 1994, S. 5 ff.

Wiedemann, Herbert, Anmerkung zu BVerfG vom 7. Februar 1990, in: JZ 1990, S. 695 ff.

– Anmerkung zu BVerfG vom 19. Oktober 1993, in: JZ 1994, S. 411 ff.

Wiedemann, Herbert / *Stumpf*, Hermann, Tarifvertragsgesetz, 7. Auflage, München, 1977.

Wlotzke, Otfried, Neuerungen im gesetzlichen Arbeitsrecht, in: DB 1974, S. 2252 ff.

– Einschränkung des Kündigungsschutzes durch Anhebung der Schwellenzahl und Veränderung der Sozialauswahl, in: BB 1997, S. 414 ff.

Wolf, Manfred, Inhaltskontrolle von Arbeitsverträgen am Beispiel der Befristung einzelner Arbeitsbedingungen, in: RdA 1988, S. 270 ff.

Wolf, Manfred / *Horn*, Norbert / *Lindacher*, Walter, AGB-Gesetz, München, 1984.

Worzalla, Michael, Neue Formen der Selbständigkeit, in: AG 1995, S. 47 ff.

– Arbeitsverhältnis – Selbständigkeit, Scheinselbständigkeit, Neuwied / Kriftel / Berlin, 1996.

Zachert, Ulrich, Die Begründung neuer Arbeitsverhältnisse als Ausstieg aus dem Normalarbeitsverhältnis? – Überlegungen für ein neues Arbeitsgesetzbuch –, in: Däubler, Wolfgang / Bothke, M. / Kehrmann, Karl, Festschrift für *Albert Gnade*, Köln, 1992.

– Die Zerstörung des Normalarbeitsverhältnisses, in: AuR 1988, S. 129 ff.

– Entwicklung und Perspektiven des Normalarbeitsverhältnisses, in: WSI-Mitteilungen 1988, S. 457 ff.

Zeuner, Albrecht, Überlegungen zum Begriff des Arbeitnehmers und zum Anwendungsbereich arbeitsrechtlicher Regelungen, in: RdA 1975, S. 84 ff.

Zöllner, Wolfgang, Immanente Grenzen arbeitsvertraglicher Regelungen, in: RdA 1989, S. 152 ff.

– Privatautonomie und Arbeitsverhältnis, in: AcP 176 (1976), S. 221 ff.

– Regelungsspielräume im Schuldvertragsrecht, in: AcP 196 (1996), S. 1 ff.

– Inhaltsfreiheit von Gesellschaftsverträgen, S. 85 ff. in: Lutter, Marcus / Ulmer, Peter (Hg.), Festschrift 100 Jahre GmbH-Gesetz, Köln, 1992.

Zöllner, Wolfgang / *Loritz*, Karl-Georg, Arbeitsrecht, 4. Auflage, München, 1992.

Sachwortverzeichnis